잡았다,
네가
술래야

잡았다, 네가 술래야

경계성 성격장애로부터 내 삶 지키기

폴 메이슨·랜디 크레거 지음 | 김명권·정유리 옮김

개정·증보 3판

모멘토

추천의 말

"『잡았다, 네가 술래야』 3판에서 폴 메이슨과 랜디 크레거는 경계성 성격장애(BPD)에 관한 이 획기적 명저의 내용을 대폭 업데이트하고 있다. 새로운 정보와 연구 결과를 추가하면서 논의의 수준을 더 높였다. 경계성 성격장애가 있는 사람의 가족이라면 반드시 읽어야 할 책이다."

—대니얼 로벨(임상심리학자. 『당신의 딸이 경계성 성격장애라면』과
『당신의 어머니가 경계성 성격장애라면』 저자)

"이 3판에는 두 저자가 경계성 성격장애인 사람, 그를 아끼는 사람들과 끊임없이 상담하면서 터득해 온 지혜와 요령이 차고 넘친다. 자기애성 성격장애(NPD) 관련 내용을 새로 넣은 것도 정말 반갑다. 인간관계에서 습관적으로 갈등을 심하게 빚는 사람은 흔히 경계성 성격장애에 더해 자기애성 성격장애도 지니고 있다는 것을 나는 법적 분쟁으로까지 비화한 갈등 사례들에서 숱하게 보았기 때문이다. 경계성인 사람의 가족이나 친구, 관련 전문직업인뿐 아니라 (솔직히 말해) 모든 사람이 이 책을 읽을 필요가 있다. 오늘날 우리가 주변에서 흔히 보는 행태, 즉 가장 친밀한 사람을 대상으로 한 놀랍고 터무니없는 행동들의 주된 요인이 뭔지를 이해하고 그에 대처하려 한다면 말이다."

—빌 에디(변호사이자 치료사, 중재인. 『분열』 공저자,
『그는 왜 하필 나를 괴롭히기로 했을까?』 저자)

"『잡았다, 네가 술래야』 3판은 경계성 성격장애뿐 아니라 자기애성 성격장애 행동까지 보이는 사람들을 상대하거나 치료하는 것이 얼마나 간단치 않은 일인지를 더 잘 이

해하는 데 아주 중요한 기여를 하고 있다. 그런 행동엔 여러 요인이 작용했을 수 있으며 다른 진단의 가능성 또한 있다는 점도 고려해야 함을 저자들은 알고 있다. 책에 담긴 조언과 권고는 실용적이고 잘 설명되어 있어서, 이 난감한 장애들을 안고 고투하는 사람과 그 가족, 임상전문가에게 희망을 준다."

—데브라 레즈닉(임상심리학자. 변증법적 행동치료[DBT] 전문가)

"정서적으로 학대받고 있는 내담자들에게 요긴한 지식과 정보를 담고 있다. 이 책에서는 경계성 성격장애(BPD)의 두 유형, 즉 통상적인 것과 비통상적인 것을 구분한다. 통상적 BPD인 사람은 공공연히 자해를 하고 자살 충동을 드러내는 수가 많은 데 비해 비통상적 BPD인 사람은 자신에겐 아무 문제도 없다고 생각한다. 이들은 스스로의 고통을 다른 사람들에게 투사하고, 자신의 해로운 행동에 대해 책임지기를 거부한다. 정서적 학대 전문가로서 나는 이런 행동을 정서적 학대의 하나로 규정한 바 있다.

—베벌리 잉글(국제적으로 인정받는 정서적·성적 학대 전문가,
베스트셀러 『정서적으로 학대받는 여성』과 『자존감 없는 사랑에 대하여』 저자)

"『잡았다, 네가 술래야』는 경계성 성격장애가 어떤 것인지를 가족들이 이해하는 데 교범과 같은 책이다. 여기 담긴 숱한 사례와 예시는 적확하고 극히 사실적이며 공감과 연민에 바탕을 두고 있어서, 경계성 성격장애인 사람이 어떻게 생각하고 느끼는지, 가족 구성원들은 또 그의 행동을 어떻게 겪고 받아들이는지를 실제 그대로 전하면서 깨우침을 준다. 나아가 더없이 까다로운 상황들에 적용할 포괄적 전략과 기법, 반응 방식 등을 가르쳐 주며, 경계성 성격장애의 원인이라든지 도움받을 방법 등에 대한 최신 정보도 제공한다."

—마르갈리스 피엘스타드(『어떻게 당하지 않고 살 것인가』와
『나르시시스트와의 관계에서 회복하기』 저자)

"정말 감탄스럽다! 『잡았다, 네가 술래야』 3판은 현실적으로 유용한 도움말의 종합판이다. 서술 방식이 친근해서, 마치 나를 진심으로 좋아하고 걱정하는 친구의 편지를 읽는 것 같다. 새로 들어갔거나 재정리된 장들—예컨대 유년이거나 십대인 자녀의 경계성 성격장애에 관한 장—은 종전엔 그냥 넘어간 문제들을 다루면서 책의 가치를 더욱 높인다. 내가 매긴 별점은 다섯 개 만점. 강력히 추천한다."

—크리스틴 아더멕(『성인 자녀가 당신의 마음을 아프게 할 때』 공저자)

"경계성 성격장애를 앓는 사람과 함께 사는 방법, 그를 사랑하고 돌보는 방법을 알고 싶어 하는 이들에게 나는 지난 20년간 『잡았다, 네가 술래야』를 최고의 참고서로 추천해 왔다. 한데 이번에 메이슨과 크레거는 자기애성 성격장애를 다루는 법까지 추가하면서 그 명저를 더 낫고 더 새롭게 만들었다. 당신이 주변의 누군가 때문에 항상 살얼음판을 걷는 것 같다면, 이 개정판을 읽으라."

—제프리 C. 우드(심리학자. 『알아차림 명상에 기반한 변증법적 행동치료(DBT) 워크북』 공저자, 『성격장애의 인지행동치료 워크북』 저자)

"『잡았다, 네가 술래야』는 경계성 성격장애 진단을 받은 사람과 밀접한 관계에 있는 이들에게 온전한 삶을 되찾아 주겠다는 당초의 약속을 충실히 지키고 있다. 걱정스럽고 골치 아픈 경계성 행동이 주위 사람에게서 불러일으키는—그리고 관계에 나쁜 영향을 미치는—반응들을 이해하게 해 주고 그런 상황에 대처하는 방법을 두루 일러 주는 해설서이자 지침서다. 읽는 이는 누구나 더없이 유용하고 유익하다고 느낄 것이다."

—니나 브라운(교육학자, 상담 전문가. 나르시시스트의 자녀를 위한 책 『철없는 부모』 저자)

"사랑하는 사람의 경계성 성격장애를 어떻게 다뤄야 할지 상담하러 오는 이들에게 나는 『잡았다, 네가 술래야』를 필독 안내서로 권한다. 주제를 빈틈없이 다루면서도 술술 읽히게 쓰였고, 현실적인 조언과 감정적 배려 간의 균형도 완벽하다. 숱한 사람이 이 책의 도움을 받아 경계성 성격장애라는 복잡하고 오해받는 질환이 야기하는 어려움들에 이름을 붙이고 그 속내를 이해하면서 적절히 반응하게 되었고, 그에 따라 혼란감과 고립감을 극복할 수 있었다."

—대니얼 E. 마틸라(임상사회복지사, 인지행동치료 전문가)

안전벨트를 단단히 매어 둬, 요동치는 밤이 될 거니까.
—베티 데이비스, 영화 〈이브의 모든 것〉에서

다른 사람과의 상호작용에서 벌어지는 일에 대해 아무리 혼란스럽거나,
자기 회의를 느끼거나, 애증이 엇갈리는 모순적 감정을 갖게 된다 하더라도,
우리는 언제나 진실만을 말해 주는 내면의 소리를 완전히 침묵시킬 수는 없다.
우리는 그것이 말하는 진실을 좋아하지 않을지도 모르며,
잠시 멈추어 그 소리를 들으려 하기보다는 그것이 우리 의식의 언저리에서만
웅얼거리게 내버려 두는 수가 많다. 그러나 우리가 관심을 기울일 때,
그 목소리는 우리를 지혜와 건강과 명료함으로 이끈다.
그것은 우리가 온전함을 잃지 않도록 지켜 주는 수호자인 것이다.
—수전 포워드, 심리치료 전문가
『독이 되는 부모』와 『사랑하는 사람이 나를 조종할 때』 저자

이 책을 경계성 성격장애에 의해 삶이 침범된
모든 연령대의 자녀들에게 바친다.
아울러 우리에게 자신의 이야기를 들려주며 슬픔을 나누고
깨달음을 전함으로써 가르침을 준 수많은 이들에게도 드린다.
여러분이 있었기에 이 책을 쓸 수 있었다.

차 례

1부 경계성 성격장애 행동을 이해하기

3부 특수한 문제들 해결하기

3판 머리말

15개 언어로 100만 부 이상. 뉴 하빈저 출판사가 1998년에 『잡았다, 네가 술래야(*Stop Walking on Eggshells*)』 초판을 내놓은 후 지금까지 이 책이 팔린 숫자, 구입한 사람의 수다. 1998년이라면 대부분의 사람이 휴대 전화와 인터넷 사용을 막 시작했을 때다.

처음에 이 책은 많은 출판사에서 퇴짜를 맞았다. "경계성 성격장애라는 게 뭔지 아무도 모른다"는 이유에서였다. 책을 쓸 때도 우리 두 저자는 관련 정보를 하나라도 더 찾기 위해 무척이나 애써야 했다.

지금은 다르다. 이 장애를 지닌 사람이 주인공 중 하나로 나오는 시트콤까지 방영되고 있다(거기서 이 장애가 정확하게 묘사되는 것은 아니지만). 아무튼 BPD(borderline personality disorder, 경계성 성격[인격]장애)라는 이름은 이제 세간에서 흔히 언급되고, 어느 때보다도 많은 사람이 그 의미를 알고 있다. 인터넷에는 임상전문가나 이 장애를 가진 사람, 그 가족들이 올린 정보가 넘쳐 난다.

이 같은 상황이 된 데는 우리 책의 성공이 꽤 큰 기여를 했다. 1996년으로 돌아가 보면, 우리는 많은 가족들을 위한 최고의 경계성 성격장애 안내서를 쓰고자 했다. 하지만 완성된 책은 너나 할 것 없이 모든 이가 찾는

18

경계성 성격장애 기본 지침서가 되었다. 우리 책은 '바이러스식 전파(going viral)'라는 표현이 생겨나기도 전에 이미 그런 바람을 탔던 것이다(바이러스식 전파란 동영상·이미지·이야기 같은 인터넷 콘텐츠가 SNS 등 소셜 미디어를 통해 급속하게 널리 공유되면서 마치 바이러스처럼 퍼져 나가는 것이다. 마케팅에선 '입소문이 나는 것'을 뜻하기도 한다.—옮긴이). 사람들은 경계성 성격장애를 지닌 이는 이러저러하게 행동한다더라는 얘기를 들으면 즉시 자기가 아는 누군가를 떠올리고는 이 책을 샀다. 그중 많은 사람이 가족들을 돕고 아이들을 보호하자는 우리의 뜻을 적극 지지하게 되었다. 그들은 사랑하는 사람의 행동에 이름을 붙일 수 있게 된 것이 자신의 삶을 바꿨다고 말했다.

다음은 개정·증보된 3판의 새로운 내용에 대한 미리보기다.

가장 최근의 경계성 성격장애(BPD) 연구에 대한 업데이트된 정보와, 이 장애에 대한 새로운 전략 및 최근의 놀라운 발견들.

여성만큼 남성에도 초점을: 최근 연구에 따르면 경계성 성격장애가 있는 사람의 절반이 남성인 것으로 드러났다. 따라서 이 판에는 남성의 경계성 성격장애를 얘기하면서 그 장애가 남성과 여성에서 어떻게 다르게 나타나는지를 설명하는 절을 넣었다. '부록 D'에는 가정폭력을 당하는 남성을 위한 특별한 절도 있다.

자기애성 성격장애(NPD)에 관한 정보: 새로운 연구에 따르면 경계성 성격장애가 있는 사람 10명 중 4명가량이 자기애성 성격장애(narcissistic personality disorder) 또한 지녔음이 밝혀졌기 때문에, 이번 판에는 그 장애에 대한 장을 추가했다. 경계성 성격장애에 더해 자기애성 성격장애까

지 있는 사람 대부분은 자신에게 경계성 성격장애가 있다는 것을 부인하고 치료에 저항하는 비통상적 유형이다. 경계성 성격장애를 지닌 사람과 그들을 돌보는 사람들을 숱하게 인터뷰한 랜디 크레거의 경험은 이런 결론을 확인해 준다.

경계성 성격장애가 있는 아이들의 부모를 위한 장의 업데이트와 대폭 확충: 이 장에서는 공감과 이해를 바탕으로 변화를 고취할 뿐 아니라 풍부한 지침과 아이디어 및 정보도 제공한다.

완전히 새로 만든 정보 소스 목록: 경계성, 자기애성 성격장애 관련 서적과 오디오, 웹사이트, 조직 등 도움과 정보와 희망의 수많은 원천들을 소개한다.

통상적(conventional) 경계성 성격장애와 비통상적(unconventional) 경계성 성격장애의 대비에 관한 상세한 정보: 지난 22년 동안 랜디는 저널리스트로서 수천 명을 인터뷰하면서 상이한 두 가지 유형의 경계성 성격장애를 관찰하고 기록했다. 두 집단은 내적으로는 동일한 경계성 특성들을 지녔음에도, 한 유형의 사람은 다른 유형의 사람과 백팔십도 다르게 행동하는 경우가 많다. 이 책에서는 때에 따라 둘 중 한 유형에 대해서만 얘기하기도 하는데, 그럴 경우엔 어느 쪽에 관한 건지를 밝힐 것이다.

첫 번째 집단, 즉 '통상적' 유형은 경계성 성격장애 진단을 받았으며 대개 정신건강 시스템 내에서 찾아볼 수 있는 사람들이다. 그들은 고통스러워하고, 치료를 받으려 하며, 자신에게 경계성 성격장애가 있음을 인정한다. 거의 전부가 자해를 하고 자살 충동을 느끼는 그들은 이 장애에 관한 과학 문헌의 일반적인 묘사에 부합하며, 과학적 연구에 포함될 수 있는 대상이다.

두 번째이자 규모가 훨씬 큰 집단은 자신에게 아무런 문제도 없다고 믿는 사람들이다. 그들은 자신의 모든 고통을 다른 사람들에게 투사하고, 자기 행동에 대한 책임을 결코 받아들이지 않는다(심리 이론에서 부정적 형태의 투사[投射, projection]란 방어기제의 일종으로, 스스로 받아들일 수 없는 자신의 성격, 감정, 행동 따위를 다른 사람의 것, 다른 사람의 탓으로 돌리는 일이다. '투영[投影]'이라고도 한다. ─옮긴이). 그들은 치료를 받는 것에 적극 반대한다. 그리고 문제가 다른 모든 이의 무신경이나 취약성에 있다고 주장한다. 그들은 대개 일상적 기능 수준이 꽤 높다. 그들은 자신의 고통을 자기가 사랑하는 가까운 사람들에게 투사함으로써 부인하며, 그 사람들을 비난의 표적으로 삼는다. 우리는 이러한 유형의 경계성 성격장애를 '비통상적'이라고 부르는데, 왜냐하면 이런 유형에 속하는 사람은 자살 충동을 느끼지 않고 자해를 하지 않아 연구 대상으로 부적합하다고 평가되기 때문이다. 이 두 번째 집단의 사람들은 공식적으로 경계성 성격장애 진단을 받는 경우가 드물다. 역설적이게도, '비통상적'이라는 명칭과 달리 그들은 '통상적'인, 공식 진단을 받은 사람들보다 훨씬 더 흔하다.

2장에서 우리는 이 두 형태의 경계성 성격장애에 대해 자세히 얘기할 것이다.

우리에 대해

이 책의 초판이 출간된 지 몇 년 후 랜디 크레거는 『잡았다, 네가 술래야 워크북─경계성 성격장애가 있는 사람과 함께 살기 위한 실용적 전략(*Stop*

Walking on Eggshells Workbook: Practical Strategies for Living with Someone Who Has Borderline Personality Disorder)』(2002)을 냈고, 2008년에는 경계성 성격장애에 관한 또 하나의 중요한 책인『경계성 성격장애에 대한 가족용 필수 지침서—살얼음판 걷기를 그치게 해 줄 새로운 도구 및 기법 (*The Essential Family Guide to Borderline Personality Disorder: New Tools and Techniques to Stop Walking on Eggshells)*』을 공저했다.

경계성 성격장애가 있는 사람의 가족을 지지하는 활동의 일환으로 랜디는 일본에서 워크숍들을 열었고, 이 장애를 다룬 메이저 영화의 제작에 전문가로서 참여했으며, 사이콜로지투데이닷컴(psychologytoday.com)에서 4년 동안 경계성 성격장애와 자기애성 성격장애에 관한 블로그를 운영하기도 했다. 또한 경계성 성격장애를 주제로 한 다큐멘터리에 출연했으며, '전미 경계성 성격장애 교육연합(NEABPD)'의 학술회의를 포함하여 미국 전국과 일본에서 이 장애에 대한 발표를 했다.

랜디는 2019년에 경계성 성격장애에 대한 교육과 지원에 중점을 둔 온라인 그룹 '무빙 포워드(Moving Forward)'를 운영하기 시작했다(https://groups.io/g/MovingForward). 이는 그녀의 '웰컴 투 오즈(Welcome to Oz)' 그룹을 대체하는 것이다. 그녀는 현재 몇 권의 책을 쓰고 있는데, 그중엔 경계성 성격장애나 자기애성 성격장애가 있는 사람의 아동 학대를 예방하고 치유하는 일에 관한 부모와 조부모를 위한 책, 당신이 아끼는 사람에게 경계성 성격장애나 자기애성 성격장애가 있을 때 상황을 개선케 해 줄 새로운 도구들에 관한 책이 포함된다. 랜디는 또한 1998년에 냈던 소책자『부모들에게 희망을—가족이나 당신 자신의 희생 없이 경계성 성격장애 자녀를 돕는 방법』을『경계성 성격장애 자녀 대처법』이라는 제목 아래 크리스틴 아더멕, 대니얼 로벨과 함께 본격적인 책으로 다시 쓰는 작업을 하고 있다

(2022년 2월에 책이 나왔다.—옮긴이). 이 책들이 출간될 때 알림을 받으려면 그녀의 웹사이트(stopwalkingoneggshells.com)에서 메일링 리스트에 등록하면 된다.

폴 메이슨은 현재 위스콘신주에 있는 어센션 메디컬 그룹의 최고운영책임자다. 여기서 그는 200명이 넘는 임상전문가와 그들의 의료 업무에 관리와 리더십, 운영 지원을 제공하고 있다. 폴은 보건의료관리 공인 자격증을 받았으며 미국 의료기관 경영자협회의 특별회원이기도 하다.

우리 두 저자는 현 시점에 맞춰 개정·증보된 3판으로 당신을 환영한다. 이 책을 찾아 주어 기쁘다. 읽어 가면서 당신은 유용한 도구와 최신 정보, 새로운 사례를 많이 접할 것이며, 무엇보다도 온전한 분별력을, 그리고 희망을 찾을 수 있을 것이다.

1부

경계성 성격장애 행동을 이해하기

$$\bigcirc 1$$

당신이 아끼는 사람에게
경계성 성격장애나
자기애성 성격장애가 있는가?

───────

결혼한 지 15년이 흘렀지만 여전히 나는 내가 무얼 잘못하는지 알 수 없었다. 도서관에 가서 조사해 보고, 의사와 이야기하고, 상담사도 만나고, 관련 기사를 읽고, 친구들과 의논도 해 보았다. 그렇게 의아해하고 걱정하면서, 그녀가 나에 대해 하는 말들을 지나치게 믿으며 내 삶의 15년을 보냈다. 나는 자신을 의심했고, 이유도 모르는 채 고통을 겪었다. 그러던 어느 날, 스톱워킹온에그셸스닷컴(stopwalkingoneggshells.com)에서 드디어 답을 발견했다. 안도감이 밀려오면서 눈물이 났다. 비록 나의 소중한 사람으로 하여금 자신에게 도움이 필요하다는 사실을 인정하게 만들지는 못했지만, 적어도 우리의 상황을 드디어 이해하게 된 것이다. 내 탓이 아니었다. 이제 나는 진실을 안다.

—경계성 성격장애가 있는 여성의 파트너 소피

| 이 책이 당신에게 필요한가? |

당신이 이 책을 집어 든 것은 어떤 이와의 관계에서 항상 긴장하게 되기 때문이다. 당신은 사랑하는 사람이 무슨 말이나 행동을 할지 전혀 예측할 수 없다(이후 거듭 나올 '사랑하는 사람, 아끼는 사람' 같은 말은 가족이나 연인, 친지로서 이 책에서 다루는 성격장애를 지닌 이를 가리킨다.—옮긴이). 그리고 그들 주위에 있으면 살얼음판을 걷는 것처럼 느껴진다. 관계가 순조로울 때에조차 상황이 언제 고통스러운 쪽으로 급변할지 모르기에 불안하다.

- 관계의 초점이 항상 당신이 사랑하는 사람의 필요와 욕구에만 맞춰져 있고 당신의 것에는 전혀 맞춰지지 않는가? 이젠 당신 자신의 필요와 욕구는 잊기 시작했는가?
- 사랑하는 사람이 부당한 요구를 하고 그걸 계속 고집해서, "아니"라고 말해 봐야 아무 소용이 없다고 느끼는가?
- 당신의 관점을 백만 번이나 설명하려고 했지만 한 번도 성공하지 못했는가? 그 사람이 워낙 당신을 이해하려 들지 않아서, 이해할 능력이 있기나 한지 의심하게 되었는가?
- 사랑하는 사람이 당신이 겪고 있는 일에 대해 조금도 공감을 하지 않는가?
- 남들 앞에서는 정상적으로 행동하지만 둘만 있을 때는 당신을 모욕하고 비하하거나 다른 방식으로 아주 못되게 구는가?
- 당신과 싸울 때 당신의 감정이나 논의 중인 문제보다 자기가 이기는 것, 자기가 옳다는 것을 더 중시하는가?
- 얘기를 할 때 혼란스럽게 중언부언하거나, 당신의 말을 왜곡하고는

그것으로 당신을 공격하는가?

- 강박적으로 당신을 비판하고 비난하는가?
- 그가 말하는 것이 종종 논리적으로 이해가 안 되는가?
- 당신이 정말 어떤 사람인지에 대한 균형 잡힌 관점을 그가 완전히 잃었음이 명백한가?
- 자극받은 정도를 훨씬 넘어서는, 강렬하거나 폭력적이거나 비이성적인 분노를 당신을 향해 표출하는가?
- 원하는 것을 얻기 위해선 무슨 말이라도 할 것처럼 당신에게 거짓말을 하고 당신을 조종한다고 느끼는가?
- 자신이 항상 모든 것을 좌지우지해야 한다는 태도를 보이는가?
- 계획대로 일이 진행되지 않거나 자기 뜻이 관철되지 않으면 정신 줄을 놓고 성질을 부리는가?
- 교육 수준이 높거나 직장에서 높은 직위에 있다 해도 정서적 성숙도는 유아와 같은 사람을 대하고 있다고 당신이 느끼는가?
- 당신은 지치고 혼란스럽거나, 그 모든 걸 감당하기가 버겁거나, 당황스럽거나, 우울하거나, 희망이 없어 좌절감이 든다고, 혹은 완전히 오해를 받고 있다고 느끼는가?

이런 질문들에 대해 "예"가 많은 사람이라면, 좋은 소식이 있다. 당신 자신이 이상해진 게 아니라는 얘기다. 당신에겐 잘못이 없다. 그리고 당신은 혼자가 아니다. 당신이 이 같은 일들을 겪는 것은 가까운 사람이 경계성 성격장애(BPD)나 자기애성 성격장애(NPD) 또는 둘 다와 관련된 성격 특성들을 지녔기 때문일 수 있다.

이제부터 우리는 자신이 아끼는 누군가가 이들 두 장애 중 하나 또는 둘 다를 가지고 있다는 사실을 발견한 사람들의 실화를 공유할 것이다. 이 책에 나오는 모든 예가 그렇듯, 이 사례들은 지난 20여 년 동안 온라인으로 공유된 수천 개의 이야기에서 가려낸 것이다. (사생활을 보호하고 신원 노출을 막기 위해 세부 사항 일부는 바꾸었다.)

🍂 경계성 성격장애와 자기애성 성격장애가 모두 있는 여성과 결혼한 존의 이야기

지나와의 결혼 생활은 천국과 지옥을 수시로 오가는 경험에 비유할 만하다. 그녀의 기분은 매 순간 바뀌곤 한다.

심지어 그녀가 요구한 대로 했을 때조차도 화를 낸다. 어느 날 아내는 혼자 있고 싶다며 나에게 아이들을 데리고 어디든 다녀오라고 했다. 하지만 나와 아이들이 집을 나서려 할 때, 아내는 내 머리를 향해 열쇠를 집어던지며 내가 자기를 싫어하는 나머지 함께 집에 있는 것을 견딜 수 없어서 나가는 거라고 소리를 질렀다. 우리가 극장에서 돌아왔을 때, 아내는 아무 일도 없은 듯이 행동했다. 아내는 내가 왜 그때까지도 기분이 안 좋은지를 이해 못 하겠다며 나에겐 화를 잘 삭이지 못하는 문제가 있다고 말했다.

우리가 항상 이랬던 것은 아니었다. 결혼하기 전 우리는 서로에게 열렬히 빠져 환상적인 연애 기간을 보냈다. 그녀는 나를 숭배했으며 여러 면에서 자기에게 완벽한 상대라고 했다. 성생활도 더할 나위 없이 좋았다. 나는 그녀에게 사랑의 시를 써 주었으며 비싼 선물도 아낌없이 했다. 만난 지 4개월 만에 우리는 약혼했고, 1년 뒤 결혼했으며 1만 달러나 들여 꿈같은 신혼여행도 다녀왔다.

그러나 결혼 직후부터 아내는 의미 없는 사소한 것들을 꼬투리 삼아 엄청난 비난과 추궁을 하면서 아픔을 주기 시작했다. 아내는 내가 끊임없이 다른 여자들과 바람피울 생각을 한다고 몰아세우면서 자신의 주장을 뒷받침하는 상상의 사례들을 늘어놓았다. 또한 나의 친구들을 위협적으로 느껴 그들을 내 삶에서 몰아냈다. 그리고 내 사업, 과거, 가치관, 자존심 등 나와 관련된 모든 것에 대해 험담을 했다.

그래도 가끔씩은 예전의 지나 모습으로 돌아가곤 한다. 나를 진정으로 사랑했고 온 우주에서 내가 최고의 남자라고 여기던 그 사람으로 말이다. 아내는 여전히 내가 알고 있는 가장 영리하고 재미있고 섹시한 여성이며, 나는 아직도 그녀를 진심으로 사랑한다. 지나가 항상 이런 사람일 수 있도록 그녀에게 절실히 필요한 도움을 받게 만들었으면 좋겠다.

🌀 경계성 성격장애를 지닌 아이를 양육한 메리의 이야기

입양한 아들인 리처드에게 무슨 문제가 있다는 것을 우리 부부가 알게 된 것은 아이가 18개월 되던 때였다. 그 애는 성미가 까다로웠고 자주 울었으며, 세 시간 동안 계속 소리 지를 때도 있었다. 두 돌이 지나면서부터 리치(리처드의 애칭)는 하루에도 몇 번씩 막무가내로 성질을 부리기 시작했다. 어떤 때는 그 소동이 몇 시간 계속되기도 했다. 우리 가정의는 "애들이 다 그렇죠"라고만 했다.

리치가 일곱 살 때, 우리는 아이 방에서 여덟 살이 되면 죽어 버리겠다고 쓴 쪽지를 발견했다. 리치의 초등학교 교사가 소개하는 정신과 의사를 찾아갔더니, 좀 더 체계적으로 일관성 있게 리치를 대하라고 충고했다. 우리는 긍정적 강화(positive reinforcement, 보상을 통해 특정 행동을 유도하는 것- 옮긴이) 방식에 따라 아이의 잘한 일이나 좋은 점을 칭찬해 주었고, 애정을 담은 엄격함으로 대했으며, 아이의 음식 조절까지도 해 보았다. 그러나 어느 방법도 효과가 없었다.

중학교에 다닐 무렵, 리치는 거짓말을 잘하고, 물건을 훔치고, 무단으로 결석하며, 걷잡을 수 없이 화를 내는 아이가 되어 있었다. 어느 날 리치가 자살하겠다며 칼로 자해를 하고, 우리도 죽이겠다고 협박해 경찰까지 출동했다. 우리가 벌을 주기 위해 리치를 방에 들여보낼 때마다 리치는 아동학대 신고 센터에 전화를 걸었다. 우리 아들은 교사와 가족, 심지어는 경찰도 기만하고 조종했다.

그 아이는 매우 영리해서 마음만 먹으면 자신의 재치와 잘생긴 외모, 그리고 유머 감각으로 사람들을 사로잡아 무엇이든 얻어 낼 수 있었다. 상담사들도 하나같이 리치의 행동은 우리의 잘못 때문이라고 확신했다. 상담사가 리치의 실체를 파악했을 때쯤이면 아이는 그를 다시 만나려 하지 않았다. 새로 찾는 어떤 치료사도 리치의 아주 두툼해진 진료 기록을 꼼꼼히 읽어 보지 않았다.

마침내 리치는 학교에서 교사를 죽이겠다고 협박하는 일을 저질렀고, 그 결과 단기 치료 센터로 보내졌다. 그동안 여러 사람이 리치에게 다양한 진단을 내렸었다. 주의력결핍장애라는 사람도 있었으며, 알려지지 않은 어떤 정신적 충격으로 인해 외상후 스트레스장애(PTSD)를 앓고 있다고 진단한 이도 있었다. 한 정신과 의사는 리치가 '정신병적 장애를 동반한 우울증'에 걸렸다고 말했다. 그러나 대부분의 사람은 리치가 그저 나쁜 아이일 뿐이라고 했다.

네 번의 입원 후, 보험회사에선 더이상 비용을 지급하지 않겠다고 했다. 병원에서는 리치가 집으로 돌아갈 상태가 아니라고 했다. 인근의 정신과 의사들은 우리에게 법원에 가서 리치를 양육하기에 부적격한 부모라는 판정을 받으라고 권했다.

그러던 중 주에서 지원하는 병원에 입원하게 됐고, 거기서 리치는 처음으로 경계성 성격장애(BPD)라는 정식 진단을 받았다. 병원에서는 리치에게 다양한 약을 복용시켰지만, 호전될 가능성은 희박하다고 했다.

리치는 어찌어찌 고등학교를 졸업하고 대학까지 가긴 했으나, 대학 생활은 최악이었다. 리치는 지금 스물세 살인데 정신적 성숙도는 열여덟 살 수준이다. 성인이 되어 조금 나아지기는 했어도, 리치는 아직 버림받을까 봐 두려워하고 지속적인 인간관계를 맺지 못하며, 2년 동안 네 번이나 직장을 그만두었다. 그는 거만하고 불쾌하게 굴곤 하는 데다 남들을 조종하려 들며 자기 생각만 고집하기 때문에, 생기는 친구마다 금방 그의 곁을 떠나 버린다. 그런 이유로 아직도 리치의 경제적 후원자이자 정서적 지주 역할은 우리가 맡고 있다. 리치에게 남은 사람은 우리뿐이다.

🍃 어머니에게 경계성과 자기애성 성격장애가 있는 켄드라의 이야기

나는 소녀스러운 것들에 전혀 관심이 없었지만 어머니는 나를 작은 공주처럼 차려 입히고 친구들에게 자랑스럽게 보여주었다. 그러나 우리만 있을 때는 내가 옷을 더럽힌다거나, 자기 친구들 앞에서 바르게 행동하지 않는다거나, 학교에서 옷을 가장 잘 입고 가장 인기 있는 여학생이 되는 데 관심이 없다고 가차 없이 비난했다. 그런 건 언제나 나의 꿈이 아니라 그녀의 꿈이었는데 말이다.

내 머릿속에서는 그녀가 나에게 했던 모든 나쁜 말들이 담긴, 내가 '나다(nada, 영어 'nothing'에 해당하는 스페인어로 미국인들도 구어에서 종종 쓴다.-옮긴이)' 테이프라고 부르는 것이 끊임없이 재생된다. 지울 수 없는 것 같다. 부모님이 이혼하고 어머니가 나 때문에 가정이 깨졌다고 말한 이후의 시간들, 밥 먹을 때 그녀가 내 매너에 대해 불평하고 그렇게 매너가 엉망이니 내게 친구가 없다고 한 것 등등.

내 나이 마흔두 살인데도 어머니는 여전히 나의 삶, 나의 집과 가족에 관해 무엇이든 트집을 잡아 나에게 잔소리를 해야 한다고 느낀다. 사실 나는 꽤 이름나고 높이 평가받는 소프트웨어 개발자이며 이 분야 최초의 여성 중 한 사람이다. 그러나 어머니의 친구나 동료들은 그런 사실이 의미하는 바를 모르기 때문에 그녀에겐 그게 아무 소용이 없다. 우리 관계는 주로 전화를 통한 것인데, 전화가 울릴 때마다 나는 가슴이 철렁한다. 나는 어머니와 단둘이 있는 걸 한사코 피한다. 한사코.

언니가 경계성 성격장애인 앨리의 이야기

내 언니 세라는 깊은 상처와 고뇌, 정신적 충격을 겪었고, 그로 인해 주위에 흩뿌려진 정서적 유리 조각들을 밟지 않기 위해 나는 어린 시절 대부분을 발끝으로 살금살금 걷듯이 보냈다. 비록 내가 더 어렸지만 어머니는 나에게 세라를 달래고 즐겁게 해 주어야 한다고 가르쳤는데, 이는 마치 화산이 폭발하지 않도록 하는 것과 같았다. 나는 수많은 날을 부족한 잠과 혼돈 속에서 언니에게서 별별 험한 욕을 다 들으며 지냈다. 이게 과연 현실인지 의심스러울 정도였다. 나는 항상 불안하고 긴장된 상태에서 평화를 유지하려고 노력했다. 이것은 내가 오늘날 다른 사람들과 교류하는 방식에 깊은 영향을 미쳤다.

나는 내가 언니를 얼마나 사랑하는지 보여 주려고 언니에게 항상 최선을 다했다. 그러나 최근 들어 나의 정서적, 육체적 안전이 위태롭게 되었다. 언니는 내 자아감(sense of self, 자신의 생각이나 행동이 자기 의지에 따른 것이라는 느낌-옮긴이)을 완전히 무너뜨렸고, 나의 고투와 취약점들을 이용해 나를 공격했으며, 심지어 나를 때리거나 내 물건을 망가뜨리기도 했다. 나는 내 인생에서 가장 어려운 결정을 내려야 했다. 바로 연락을 끊는 것이었다.

좋았던 시간들이 그립다. 상황이 좋을 때는 더없이 좋았으니까. 하지만 지독한 학대나 나 자신을 잃어버린 느낌은 결코 그립지 않다. 내가 정말로 슬플 때는 '연락 단절'이 내가 사랑을 담아 할 수 있는 최선의 행동 중 하나라고 자신에게 다짐한다. 나는 언제나 세라를 사랑할 것이다. 언니는 내가 하는 것과 같은 방식으로 내게 사랑과 관심을 보여 줄 수는 없다는 걸 나 자신이 언젠가는 완전히 받아들일 수 있기를 소망한다.

이러한 경험담들을 읽으며 사랑하는 사람 때문에 심한 시련을 겪는 타인들의 삶을 잠시나마 들여다보았으니 이제는 이 책이 당신을 위한 것인지, 그리고 방금 읽은 이야기들이 당신이 사랑하는 누군가를 떠올리게 하는지의 여부가 명확해졌을 것이다.

더 나아가기 전에 당신의 안전과 행복이 우리의 주된 관심사임을 알아주기 바란다. 그런 의미에서, 당신에게 지금 당장 도움이 필요한지부터 잠깐 확인하자.

| 바로 지금 도움을 구하라는 신호 |

당신의 상황이 다음의 것들 중 하나에라도 해당된다면 이 책을 내려놓고 즉시 도움을 구하라. 나중에 당신이 일단 안전해지고 나서 더 많은 정보와 명확한 이해, 내적 해결을 위해 이 책으로 돌아오면 된다.

당신이 사랑하는 사람이 다음의 행동 중 하나를 한다면(또는 이미 해 버렸다면) 바로 주위 사람에게, 혹은 전문가에게 지원을 요청하라.

- 폭력 행사나 신체적 행동의 위협을 한다. 또는, 별로 다치거나 아프지는 않더라도 폭력적으로 당신에게 손을 대거나, 물건을 부수거나, 어떤 식으로든 신체적으로 안전하지 않다고 느끼게 한다.
- 자녀를 빼앗거나, 그러겠다고 위협한다.
- 당신을 아동학대로 거짓 고발을 하거나, 그렇게 하겠다고 위협한다.
- 당신이 하지 않은 일을 갖고 경찰에 거짓말을 해서 당신이 체포당하거나 법적 문제에 얽히게 하려 든다.
- 법을 어긴다.
- 자신의 불법 행위에 당신이 가담하기를 바란다.
- 당신이나 당신 가족을 위험에 빠뜨린다.
- 당신의 돈을 훔치거나, 당신이나 가족을 재정적 위험에 빠뜨린다.
- 이혼하겠다고 일상적으로 위협한다. *(배우자가 더이상 당신과 함께 살고 싶지 않다고 직설적으로 말한다면 그냥 참고 견디지 말라. 지금 바로 이혼이나 별거 계획을 세우기 시작하라. 그리고 상대가 파탄을 부추긴 것은 당신이라고 비난해도 놀라지 말라.)

당신이 덫에 걸린 것 같아 무력감을 느낀다면 즉시 치료를 받으라. 현재 당신이 음주나 향정신성 약물 복용, 과식을 하거나 자신을 고립시키는

---

* 이 경우엔 빌 에디와 랜디 크레거가 공저한 책 『분열—경계성 또는 자기애성 성격장애인 사람과 이혼할 때 자신을 보호하는 법(*Splitting: Protecting Yourself While Divorcing Someone with Borderline or Narcissistic Personality Disorder*)』(2011, 2판 2021)을 읽어 보라. 그런 다음 배우자의 이혼 요구에 대비하라. 적절한 증빙서류를 갖추어 소송 준비를 하는 데는 일반적으로 몇 달이 걸린다는 점에 유념하라. 배우자가 먼저 이혼 절차를 밟기를 기다릴 경우, 당신이 행동을 시작할 즈음엔 상대가 이미 중요한 문서들, 사진 따위 개인 물품들을 치워 버렸을 수도 있다.

등 건강에 해로운 방식으로 상황에 대처하고 있는 경우에도 적절한 요법이 도움이 될 수 있다. 즉시 도움을 구하는 것은 당신이 다음과 같은 상황에 처했을 때 특히 중요하다.

● 자살이나 자해를 생각했거나 생각하는 중이다.
● 심각하게 우울한 상태다.
● 친구들이 당신의 정신적 또는 정서적 상태에 대해 우려를 표명했다.

다음은 치유의 과정을 시작하기에 좋은 곳이다.

● 전국 가정폭력 핫라인(National Domestic Violence Hotline, 한국의 여성긴급전화는 국번 없이 1366 또는 지역번호+1366, 한국여성의전화는 사무실이 02-3156-5400이고 여성인권상담 전화는 02-2263-6464, 6465)
● 자살예방전화(Suicide Prevention Line, 한국 보건복지상담센터[국번 없이 129]의 자살예방 상담전화는 국번 없이 1393)
● 아동학대 핫라인(Child Abuse Hotline, 한국의 아동학대 신고전화는 국번 없이 112)
● 인터넷 등을 통해 치료사를 검색해 만나 볼 수도 있다.

일단 안전해지면, 당신이 미쳐 가는 중이 아니며 (사랑하는 사람이 뭐라고 주장하든 간에) 그 모든 문제의 원인 제공자도 아니라는 것을 명심하라. 사실은 그 사람에게 성격장애가 있을 가능성이 아주 크다.

| 성격장애란 무엇인가? |

지나나 리치, 켄드라의 어머니, 세라, 기타 수백만의 사람들을 하나하나 따로 보면, 역기능적 성격의 일부로 각기 나름의 특이점과 방아쇠(trigger, 감정적 반응의 촉발 요인-옮긴이), 시한폭탄을 가지고 있는 것 같다. 그러나 이런 성격들은 (앞으로 보게 되겠지만) 각자의 천성이나 양육된 방식, 또는 직업적 성공 수준 등과 무관하게 똑같은 방식으로 역기능적이다. 즉, 그들은 모두 '성격장애(personality disorder, '인격장애'라고도 한다.-옮긴이)'라고 불리는 것을 갖고 있다.

미국의 유수한 종합병원 메이오 클리닉에서는 성격장애를 '정신장애의 한 유형으로, 사고와 기능 및 행동에서 경직되고 건강치 못한 패턴을 보이는 것'이라고 설명한다. 성격장애가 있는 사람은 세상을 당신과 확연히 다른 방식으로 본다. 인간관계와 사회 활동, 일이나 학업에 상당한 문제와 한계를 야기하는 방식으로 보는 것이다.

그렇다면 그냥 특이하거나 강하거나 갈등적인 성격과 성격장애 간의 차이는 정확히 무엇인가? 이를 구별하는 완벽한 방법은 없지만, 지속적으로 주위 사람에게 지장을 주거나, 해독을 끼치거나, 선을 넘는 행동을 하는 사람은 성격장애가 있을 가능성이 매우 크다. 그리고 누구나—장애가 있는 사람 자신은 혹 모른다 해도—뭔가 잘못되었다는 것을 인식하게 마련이다. (한 가지 예외는 그 사람이 공공장소에서는 아주 정상적으로 행동하고 사적으로, 대개 가까운 이에게만 문제되는 행동을 하는 경우다. 이것은 경계성 성격장애를 지닌 사람들에게 드문 일이 아니다.)

정신건강 전문가들은 장기적인 슬픔이 언제 임상적 우울증으로 진전하는지, 매우 마른 사람이 정신질환으로 인해 자신을 뚱뚱하다고 상상하게 될 수도 있는 것은 언제인지, 또는 특이하거나 괴짜인 스타일이 어떤 경우에 실제로 성격장애를 반영하는지 등을 판단해야 하는 경우가 많다. 이럴 때 그들은 1952년부터 미국정신의학회(American Psychiatric Association)에서 발행하고 주기적으로 개정하는 『정신질환의 진단 및 통계 편람(*Diagnostic and Statistical Manual of Mental Disorders*)』(약칭 *DSM*)의 도움을 받는다(국역본도 나와 있다—옮긴이). *DSM*은 다양한 정신 상태를 목록화해서 하나하나 정의하며, 각각의 진단명을 확정하는 데 필요한 기준들을 제시한다.

이 글을 쓰는 시점인 2020년의 *DSM*은 *DSM-5*로 알려진 제5판이다(2013년 발행). 정신질환은 신체질환보다 식별과 정량화, 치료가 더 어려운 경우가 많기 때문에 *DSM-5*에 결점이나 논쟁의 여지가 없는 것은 아니다. 그러나 *DSM-5*는 정신건강 전문가뿐 아니라 연방 정부와 보험 회사에서도 개인의 정신 상태를 평가하는 데 참조하거나 의존한다.

*DSM-5*는 성격장애를 열 가지로 분류하고, 공유하는 주요 특징에 따라 세 개의 '클러스터(cluster)' 즉 '군(群, 무리/집단)'으로 묶는다. A군과 C군은 (마치 편집성 조현병 같은) 기이한 사고와 행동, (극단적인 회피와 우울증 같은) 불안해하고 두려워하는 사고와 행동을 보인다고 되어 있는데, 둘 다 이 책의 범위를 벗어난다. 여기서 우리의 관심사는 B군으로, 지나치게 감정적이고 극적이며 변덕스러운 행동을 특징으로 한다. B군에서 기술하고 있는 성격장애들을 다음에서 요약하고 쉬운 말로 설명하겠다.[*]

---

[*] 임상적 진단 기준과 설명에 대해 더 알고 싶으면 지역 도서관에 가서 직접 *DSM-5*를 읽어 보라.

- **경계성 성격장애**(*borderline personality disorder, BPD*): 격렬한 기분 변화를 보인다. 타인을 흑 아니면 백으로 본다. 충동적으로 행동한다. 실제의 또는 상상된 유기(遺棄, 버림받음)에 의해 매우 강력하게 (그리고 쉽게) 감정과 행동이 촉발된다. 사람들을 (이분법적으로) 미워하지 않으면 사랑하는 것처럼 보인다. 이런 종류의 행동들은 결국 격렬하며 제어하기 힘든 인간관계로 이어진다. ('경계선' 성격장애라고도 한다.-옮긴이)

- **자기애성 성격장애**(*narcissistic personality disorder, NPD*): 매우 자기중심적이며 우월함을 내세우는 겉모습 뒤에 연약한 자기가치감(자아존중감)을 숨기고 있는 것이 보통이다. 그들은 자신이 특별한 대우를 받을 자격이 있다고 믿으므로 이러한 특권의식을 기꺼이 북돋워 줄 사람들을 찾아낸다. 그러고는 그들을 얕잡아보고, 조종하고, 모욕한다.

- **반사회성 성격장애**(*antisocial personality disorder, APD*): 옳고 그름에 상관없이 다른 사람을 희생자로 삼는다. 즉, 다른 사람의 권리를 침해한다. 범법 행위를 한다. 그리고 일관되게 무책임할 수 있다. 그들은 죄책감이나 양심의 가책을 보이지 않는다. 그들은 공감(감정이입)을 할 줄 모른다. 일상적으로 거짓말을 하고, 자신의 이익을 위해 매력과 재치를 사용하여 다른 사람들을 조종할 수도 있다. (이 사람들은 우리가 일상에서 흔히 '소시오패스'라고 부르는 사람들이다.*) ('반사회적' 성격장애라고도 한다.-옮긴이)

---

* 동시에 둘 이상의 B군 성격장애를 지닐 수 있다. 많은 전문가들은 자기애성 성격장애(NPD)와 반사회성 성격장애(APD)의 조합을 설명하기 위해 '악성 자기애(malignant narcissism)'라는 용어를 사용한다. 그러나 이런 분류와 용어는 *DSM-5*에서 정식 진단명으로 인정되지 않는다.

● **연극성 성격장애**(histrionic personality disorder, HPD): 'histrionic'이라는 단어는 '극적인' 또는 '연극조의(과장된)'라는 뜻이다. HPD인 사람들은 진정한 자기가치감이 없기 때문에 다른 사람들의 인정(認定)에 의존한다. HPD인 사람은 주목받고자 하는 욕구가 압도적이어서 종종 지나치게 극적이고, 활기차고, 유혹적이고, 열광적인 방식으로 행동함으로써 주의를 끈다.

우리는 이제 사랑하는 사람과의 어지러운 상황에 대한 당신의 이해가 명확해지기 시작했기를 바란다. 성격장애에 대해 배우는 것은 이러한 장애가 있는 사람과 예측 불가능한 회오리바람 같은 관계에 휘말린 사람들에게 강력하고 삶을 바꾸는 경험이 될 수 있다.

그러나 더 깊이 들어가기 전에 몇 가지 경고가 필요하다.

| 성격장애 아닌가 하는 의심을
당사자에게 드러내지 말라 |

당신은 이 책을 읽으면서 알게 되는 것들을 그런 장애가 있다고 생각되는 사람과 이야기하고 싶어질지 모른다. 이해할 수 있다. 당신의 환상은 이렇게 전개된다; 그 사람의 머릿속 전구에 불이 반짝 들어올 테고, 그는 당신에게 감사하면서 자기 안의 악마를 정복하기 위해 치료에 뛰어들 것이다.

불행히도 현실은 다르다. 당신이 사랑하는 사람은 격노와 부정, 거센 비판, 그리고 그런 장애를 지닌 건 바로 당신이라는 비난으로 반응할 가능성이 매우 크다.

다른 시나리오들도 가능하다. 경계성 성격장애 특성을 가진 사람은 심한 수치심과 절망감을 느껴 자해나 자살을 시도할 수 있다. 또는 당신이 알려 주는 정보를 이용해서 자기 행동에 대한 책임을 부정할 수도 있다. 예컨대 "어쩔 수가 없어. 나는 경계성 성격장애가 있으니까" 같은 말을 하면서.

2장에서 보게 될 텐데, '통상적' 유형의 경계성 성격장애인 사람들 중 일부는 실제로 치료를 받으려 하며, 워낙 엄청난 정서적 고통을 겪고 있어서 (그래서 아마도 자해를 했거나 자살을 시도했었을 수도 있는데) 대체 무엇 때문인지 진단을 받는 것에 마음이 열려 있는 게 사실이다. 그러나 그런 장애가 있을지 모른다는 당신의 생각을 당사자에겐 말하지 않는 것이 가장 좋다. 대신, 그 장애에 대한 희망적이고 낙인을 찍지 않는 자료들을 보여 주고 자신이 그 기준에 들어맞는지를 스스로 판단케 하라.

당신이 사랑하는 사람이 '비통상적' 유형의 경계성 성격장애를 지녔다면 (이런 경우가 더 많을 것이다), 그들은 자신이 아니라 다른 모든 사람이 문제라고 주장할 수 있다. 그들은 치료엔 관심이 없을 것이며, 당신에게 언어적, 정서적 학대를 가할 것이다. 그들이 이른바 DARVO를—즉 부정과 공격, 역전, 피해 주장, 그리고 당신을 가해자로 만들기를—할 확률은 99%다.

DARVO는 일반적으로 다음과 같이 진행된다. "아니, 나한테는 그런 성격장애가 없어(deny, 부정), 이 정신병자야(attack, 공격). 문제가 있는 건 당신이야(reverse, 역전)! 나를 그런 식으로 생각하다니, 믿을 수가 없군(victimhood, 피해 주장). 성격장애인 사람이 있다면 바로 당신이야(offender, 가해자 만들기)."

당신과 당신이 사랑하는 사람은 출발점이 서로 다르다는 것을 명심하

라. 당신은 그의 행동을 설명하고 그가 도움을 받도록 하겠다는 관점에서 생각한다. 그러나 그 사람은 당신의 말을, 그가 미쳤고 그의 모든 것이 잘못되었다고 말함으로써 언쟁에서 이기려 하는 것으로 들을 가능성이 크다.

따라서 사랑하는 사람이 자신의 감정과 행동에 대한 답을 찾도록 도와달라고 '스스로' 요청하지 않는 한 그에게 성격장애가 있는 것 같다는 의심을 말하지 말라.

| 당신이 목격하는 특성을 명확히 정리하기 |

2장과 3장에서 우리는 경계성 성격장애(BPD)와 자기애성 성격장애(NPD)를 깊이 있게 다룰 것이다. 하지만 먼저 당신이 어떤 사람을 상대하고 있는지 더 잘 이해할 수 있도록 아래의 퀴즈를 풀어 보라. 이 두 장애가 일상생활에서 어떤 모습을 보이는지 보다 명확히 파악하는 데 도움이 될 것이며, 이 책에 담긴 정보들을 받아들이고 활용하는 데도 길잡이가 될 것이다. 또한 사랑하는 사람의 성격장애가 '경계성, 자기애성, 또는 둘 다' 중 어느 것일 가능성이 높은지를 아는 데도 도움이 될 테다. (한 사람에게 동시에 둘 이상의 성격장애가 있을 수 있음을 명심하라.)

이 퀴즈는 진단 도구가 아니다. 이것은 배우자나 형제자매, 부모, 자녀, 친구들이, 다루긴 힘들지만 그래도 사랑하는 사람을 묘사할 때 현실에서 흔히 하는 말들의 간단한 목록을 기반으로 한 것이다.

당신이 사랑하는 사람은 경계성인가, 자기애성인가, 아니면
둘 다인가? 당신은 그 사람에 대해 얼마나 우려해야 하는가?

다음 중 어떤 문항이 당신이 사랑하는 사람을 묘사하고 있는가?
그 사람이 자주 하는 언행을 서술하는 항목이 있는지 잘 보고 그런
것에는 표시를 하라.

_____ 1. 그 사람은 사물의 실제 모습보다 그것이 다른 사람들에
게 어떻게 보일지에 더 관심이 있다.

_____ 2. 감정이 눈 깜짝할 사이에 바뀔 수 있다. 하지만 그런 감
정이 일단 격한 것으로 바뀌면 이전 상태로 돌아가기가 어렵다.

_____ 3. 나의 하루가 어땠는지 결코 묻지 않는다. 그의 관심은
항상 자신과 자신에게 일어나는 일에 관한 것이다. 나는 그의 문제
에 귀를 기울이고 유의해야 하지만, 나 자신의 문제는 혼자 해결하
라는 식이다.

_____ 4. 갑자기 상대의 영혼까지 뒤흔드는 분노에 휩싸일 수 있
다. 사소해 보이는 일을 가지고 그럴 때도 많고, 때로는 나로선 전혀
알 수 없는 이유로 그런다. 이런 분노는 나에게 엄청난 충격과 아픔
을 주곤 한다.

_____ 5. 내가 그 사람과 정말 가까워지고 함께 즐거운 시간을 보
낼 때마다 그는 오래지 않아 모든 것을 깨 버린다. 나는 우리가 그
토록 친밀해져서 아주 신이 나는데, 그걸 망쳐 버리는 것이다.

_____ 6. 특권의식이 있어서 무엇이든 자기가 가장 좋은 것을 가져

야 하고, 항상 자신이 우선이어야 한다고 느낀다.

_____ 7. 다른 사람들은 규칙을 따라야 하지만 자기는 무시해도 된다고 생각하는 것 같다.

_____ 8. 내가 자기를 버려 둔다고 느끼면 엄청 속상해한다. 심지어 내가 단지 집에 늦게 왔거나 자기가 원할 때 전화를 받을 수 없는 경우에도 그렇다.

_____ 9. 내가 어디에 있는지 확인하려고 계속 문자나 전화를 한다.

_____ 10. 자기를 사랑한다는 말을 끊임없이 해 주기를 바라지만, 정작 그렇게 말하면 믿지 않는다.

_____ 11. 그의 정서적 삶은 깊이가 별로 없다. 저 안에 무엇이 있는지 파고들어 보려 했으나 별게 없는 것 같다. 그는 너무나 많은 방어막을 치고 있다.

_____ 12. 그에게 나는 최고 아니면 최악이다. 중간은 없다. 그리고 그가 그중 한 쪽으로 느낄 때는 다른 쪽으로 느꼈던 것은 전혀 기억하지 못한다.

_____ 13. 때로 나에게 큰소리로 끔찍한 말들을 퍼부어서 나로 하여금 보잘것없는 존재처럼 느끼게 한다. 그럴 때 나는 가끔 울기도 하지만 그런 게 그에게는 별 소용이 없다.

_____ 14. 자기가 얼마나 참담한 느낌이 들곤 하는지를, 특히 자신에 대해 그렇다는 얘기를 한다. 나는 그가 많은 고통을 겪고 있음을 알 수 있다.

_____ 15. 때때로 칼 같은 도구로 자기 몸을 긋거나 다른 방법으로 신체적 자해를 한다.

_____ 16. 그는 때로 죽고 싶은 느낌이 든다고 말한 적이 있다.

_____ 17. *내가 사랑하는 사람이 기분이 좋으면 우리 아이들도 좋아한다. 그러나 아이들이 아이답게 행동하기 시작하는 순간, 사랑하는 사람은 내가 빨리 그들을 자신에게서 떼어 놓았으면 한다. 아이들이 떨어지지 않으려 하면 소리를 지른다. 나는 그 사람이 아이들 하나하나에게 심한 말을 하는 걸 들은 적이 있다.*

_____ 18. 자신을 위해 가장 좋은 것과 아이들을 위해 가장 좋은 것은 다르다는 점을 알지 못한다. 자기가 외로움을 느끼면 애들을 다 학교에 보내지 않고 집에 잡아 두었다. 나한테 화가 나면 "당신은 나나 아이들을 사랑하지 않아" 같은 말을 한다.

_____ 19. *그는 나와 다른 사람들을 이용한다. 자신을 위해 온갖 일을 하라고 나에게 요구하고, 그 대가로 나에게 해주는 것은 거의 또는 전혀 없다. 그런 행동이 왜 문제인지를 알지 못하는 것 같다.*

_____ 20. 그는 성인이 되었음에도 자기 할 일을 제대로 못 한다. 싫어하는 일이 맡겨지면 직장을 그만둬 버리는가 하면, 위험하거나 가학적인 사람과 연인 관계를 맺는다.

_____ 21. 그는 사회적 지지를 아이들에게 의존하기 때문에 아이들이 충분히 독립적이 되도록 내버려 두지 않는다.

_____ 22. 나는 내 손자들이 걱정된다. 내 아이는 사실 손자들을 안전하게 지킬 능력이 없다. 사회복지사에게 신고하고 싶지만 그러면 다시는 나하고 말을 안 할 것이고 소중한 손자들을 잃을 수도 있다.

_____ 23. *그 사람은 극도로 수동공격적(passive-aggressive)이다.* (수동공격적 행동이란 마음속의 적대감과 공격성을 감추면서 겉으로 드러나

지 않게 상대를 방해하는 행동을 말한다. -옮긴이)

_____ 24. 그는 예컨대 거실을 청소하겠다거나 자기 거처를 구할 것이라고 말해 놓고는 그렇게 하지 않는다. 그러고는 자기가 이런저런 측면에서 피해자이기 때문에 어쩔 수 없었다고 변명한다. 그는 어떤 것에 대해서도 결코 책임을 지지 않는다.

_____ 25. 그는 엄청나게 충동적이다. 사안을 충분히 생각지 않고 행동해서 결국 곤경에 빠진다.

_____ 26. 내가 위기에 처했을 때 그는 나를 받쳐주지 않을 뿐 아니라, 워낙 자신에게만 몰두하고 공감할 줄을 몰라서, 하는 이야기라고는 내 위기가 자신에게 어떤 영향을 미치는지에 관한 것뿐이다.

_____ 27. 그 사람은 어느 날 훌쩍 떠나 버렸다. 모든 것이 괜찮았는데 가 버린 것이다. 이제 그는 사람들에게 내가 자기를 학대했다고 떠들어 대고 있다. 모든 소셜 미디어에 그런 말을 도배하고 있다. 이런 제길, 도대체 어찌 된 일일까?

_____ 28. 승진 같은 내 인생의 좋은 소식들을 그 사람에게 말할 수 없다. 말해 봐야 질투만 하고 내 성취를 깎아내리기 때문이다.

_____ 29. 내가 집에 돌아왔을 때 그가 어떤 기분으로 있을지 전혀 알 수 없다. 행복에서 분노, 우울에 이르기까지 무엇일 수도 있기 때문이다. 그게 나한테는 정말 스트레스다.

_____ 30. 그는 다른 사람들을 부러워하면서 다른 사람들이 자신을 부러워한다고 생각한다.

위의 항목들에 대한 설명:

- 진한 글자로 된 것은 모두 경계성 성격장애의 특징이다.
- *이탤릭체*인 것은 모두 자기애성 성격장애의 특징이다.
- 사랑하는 사람의 장애가 둘 중 하나일 수도 있고 둘 다일 수도 있음에 유념하라.
- 진한 글자의 항목 가운데 당신이 그렇다고 체크한 것이 몇 개인 지 세어 보라. 숫자가 많을수록 당신이 사랑하는 사람에게 경계성 성격장애(BPD)가 있을 가능성이 더 크다.
- *이탤릭체* 항목 가운데 당신이 그렇다고 체크한 것의 개수를 세어 보라. 숫자가 많을수록 사랑하는 사람이 자기애성 성격장애(NPD)일 가능성이 더 크다.
- 당신이 체크한 항목이 모두 몇 개인지 더해 보라. 이 합계가 12 이상이면 우려하는 게 옳고, 많은 시간을 들여 이 책을 꼼꼼히 읽는 것이 현명할 테다. 합계가 16 이상이면 '매우' 우려해야 한다.

| 고갈등 성격(HCP) |

경계성과 자기애성 성격장애, 그리고 다른 몇몇 성격장애가 있는 사람들은 또한 보다 폭넓은 행동 패턴을 공유한다. 기본적으로 이들은 '고갈등 성격(high-conflict personality, HCP)'이다. 치료사이자 변호사, 중재인인 빌 에디가 만든 용어다.

에디에 따르면 고갈등 성격인 사람들은 갈등을 줄이거나 해결하기보다는 습관적으로 갈등을 증가시키는 행동 패턴을 갖고 있다고 한다. 상이한 많은 상황에서 다양한 많은 사람을 상대로 이러한 일이 반복해서 일어나는 게 보통이다. 상황의 특정 요소들이 갈등을 일으키거나 증가시키는 것이 아니다. 진짜 원인은 고갈등 성격이 관계와 갈등을 처리하는 방식에 있다.

다음은 고갈등 성격을 지닌 사람들의 공통 속성이다.

내적 유약함

대부분의 고갈등 성격은 수치심에 기반을 두고 있고, 정서적으로 불안하며, 자신이 무가치한 존재라는 느낌에 괴로워한다. 고갈등 성격의 사람에게, 실수를 인정하는 것은 견딜 수 없고 생각할 수도 없는 일이다. 실수할 수 '있음'을 인정하는 것조차 용납할 수 없다. 그걸 인정하는 건 자아상(self-image)에 치명적일 것이므로 그들은 어떠한 책임도 지려 하지 않는다.

고갈등 성격은 자신의 견해에 결함이 있음을 인정하거나 "미안하다"고 말할 수 없다. 만약 그렇게 한다면 자신이 보잘것없고 열등하고 부끄럽다 느낄 테며, 나아가 이 보잘것없음과 열등함, 부끄러움이 모든 사람에게 생생하게 드러나리라고 생각할 것이다. 그래서 그들은 자기가 알고 있는 어떤 방식으로든 스스로를 방어하려 든다. 다른 사람들에게 큰 상처를 주는 이러한 방어는 그들의 '생존 기술'로서, 그들은 자신이 심리적 죽음으로 여기는 것을 피하기 위해 그게 필요하다고 여긴다. 그들의 심리적 생존을 보장하는 가장 좋은 방법은 자신의 환경과 그 안에 있는 사람들을 항상 통제하는 것이다. 이 때문에 그들은 '내 뜻대로 하든지 떠나든지 해'라는 식으로 행동하며, 타협과 유연성이 불가능해 보인다.

투사, 비난, 탓하기

어떤 사람이 투사(projection)를 하는 것은 자신에게 있는 어떤 특성을 받아들일 수 없기 때문이다. 대신 그들은 그 같은 특성을 다른 사람에게서 보고, 그에게 전가한다. 요컨대 그들은 자신에게서 보기를 거부하는 바로 그 결점을 타인이 가지고 있다면서 그를 비난하는 것이다.

고갈등 성격은 스스로 인지하는 자신의 나쁜 점, 무가치한 점을 다른 사람들에게 투사한다. 이 투사는 합리화나 부정과 비슷한 방식으로 자신을 더 좋게 느끼도록 해 주는 방어기제다.

전부 아니면 전무라는 이분법적 사고

고갈등 성격은 사람이나 상황을 흑백의 양극단으로 가르는 경향이 있다. 그는 당신을 사랑하고 당신을 자신의 소울메이트이자 구원자로 여기거나, 정반대로 당신을 미워하고 자신의 삶을 파괴하려는 사람으로 여긴다.

고갈등 성격은 사람을 높은 곳에 올려놓고 존경하며 칭찬을 퍼붓고 그들의 소울메이트, 절친, 또는 완벽한 파트너가 되겠다고 약속하다가 태도가 돌변해서는 전과 똑같은 상대인데도 끊임없이 허물을 지적하고 때로는 그를 떠나거나 버리기도 하는 경향을 보인다.

고갈등 성격은 회색지대를 허용하지 않는 경우가 많다. 이것을 '분열(splitting)'이라고 한다. 고갈등 성격을 지닌 사람이 "당신은(너는) 언제나 이래", "당신은(너는) 생전 그런 적이 없어" 하는 식으로 말하는 것을 들으면 그의 흑백논리, 전부 아니면 전무(全無)라는 사고를 확인할 수 있을 것이다.

제어되지 않는 감정

일상적인 대화에서도 고갈등 성격인 사람은 자신의 관점에 대해 매우 감정적이 될 수 있으며, 강렬한 두려움이나 분노, 고함 또는 무례함으로 다른 모든 사람을 놀라게 하는 수가 많다. 종종 그들의 감정은 당면 상황이나 논의 중인 문제에 비해 너무 과도하다. 그럼에도 흔히 그들은 자신의 언행이 다른 사람에게 정서적으로 매우 파괴적이고 소모적인 영향을 미칠 수 있음을 전혀 깨닫지 못한다.

고갈등 성격을 지닌 사람은 자주 자신의 감정을 제어할 수 없는 듯해 보이는데, 이런 경우 나중에 자신의 감정 표현 방식을 후회할지도 모른다. 하지만 반대로 자신의 행동이 지극히 적절한 것이었다고 방어하고는 당신도 자기를 지지해 줘야 한다고 강요할 수도 있다.

자신의 감정에 대한 통제력은 잃지 않지만, 남의 감정을 갖고 놀면서 상처를 주는 고갈등 성격도 있다. 그들은 잘 드러나지 않는 방식으로, 때로는 겉으론 매우 차분해 보이는 가운데, 다른 사람들에게서 불편하고 당황스러운 감정을 유발한다. 예컨대 그들이 자신을 돋보이게 하거나 유리한 입장에 서기 위해 거짓말을 했다는 걸 알게 되면 당신은 배신감을 느낄 수 있다. 또는 그들이 당신의 말을 왜곡해서 당신을 불리하게 만들 때 충격을 받을 수도 있다. 아니면 당신보다 지적으로 우월한 듯이 굴 때 초라해진 느낌이 들 수 있다. 또 그들은 당신이 표명한 어떤 우려를 가지고 당신을 깎아내리거나, 비열한 말을 툭 던져 당신에게 상처를 주고는 농담이었다고 주장할 수도 있다.

극단적인 행동

경계성 성격장애를 지닌 사람들은 다음을 포함한 광범위한 극단적 행동을 보일 수 있다.

- 지나치게 감정적인 반응(예컨대 갑자기 물건을 던지거나, 사랑하는 사람에게 더없이 비열한 말을 한다).
- 다른 사람에 대한 노골적인 통제 시도
- 다른 사람의 개인 물품을 숨김
- 상대가 대화에서 빠져나가지 못하게 물리적으로 방해
- 자신에게 동의하지 않는 사람에게 보복하겠다고 위협
- 폭력적이 됨

다음 두 장에서 이런 것들을 비롯한 극단적 행동의 많은 예를 보게 될 것이다.

항상 명심할 것은, 당신의 어떤 말이나 행동이 고갈등 성격을 지닌 사람의 극단적 행동을 '촉발'할 수는 있지만, 그런 행동의 '원인'은 결코 아니라는 점이다. 그보다는 당신의 말과 행동이 그 사람 내면의 깊은 고통을 불러내고, 그것이 다시 그들의 극단적 행동을 낳는 것이다.

| 진단에 집착하지 말라 |

사랑하는 사람이 일단 경계성 성격장애(아니면 자기애성 성격장애, 혹은 둘 다) 진단을 받고 나면 상황이 개선될 것이라고 생각하기 쉽다. 하지만 실제로는 이런 경우가 거의 없다. 그 사람은 의사를 만나거나 진단을 구하는 걸 애초에 거부할 가능성이 더 크다.

당신의 당면 목표는 사랑하는 사람에 대한 기대를 낮추는 것이어야 한다. 그들이 정말 성격장애가 있다면 건강하고 정신적으로 안정된 사람처럼 행동하기를 기대할 수는 없다. 그럴 경우 그들을 실패로 몰아넣고 당신 자신은 낙망하게 되기 십상이다.

이 책에서 우리의 목표는 사랑하는 사람과의(그리고 당신 자신과의) 관계를 가능한 한 탄탄하고 긍정적으로 만드는 데 필요한 자신감과 도구 및 정보를 제공하는 것이다.

그렇다 해도, 이 책의 끝에 이르렀을 때 당신이 앞으로 그 사람과 거의 또는 완전히 접촉을 끊기로 결정한다면 그것 또한 괜찮다. 당신은 특정한 관계를 유지하는 것이 잘하는 일인지 아닌지를 결정할 권리가 있다.

| 희망이 있음을 알라 |

경계성 성격장애와 자기애성 성격장애는 정신의학에서 진단 내리는 것 중 가장 잘못 이해되고 있는 두 가지일 법하다. 그리고 가장 큰 오해는 이런 장애가 있는 사람들은 결코 상태가 좋아지지 않는다는 것이다. 사실 일부는 그렇다. 하지만 좋아지는 사람들도 적잖다.

실제로 당신이 사랑하는 사람이 기꺼이, 열심히 치료를 받으면 상태가 호전될 수 있다. 약물은 이런 장애와 관련된 우울증, 잦은 기분 변화 및 충동성을 줄이는 데 도움이 될 수 있다. 우리가 만난 사람들 중에는 이전에 경계성 성격장애, 자기애성 성격장애, 또는 둘 다로 진단받았으나 회복하여 자신에 대해 만족하고, 기쁘게 사랑을 주고받는 이들도 있다.

사랑하는 사람이 도움과 치료를 거부하더라도 아직 희망은 있다. 당신이 그를 바꿀 수는 없지만, 당신 자신을 바꿀 수는 있다. 자신의 행동 양태를 검토하고 구체적 행동들을 수정함으로써 감정적인 롤러코스터에서 벗어나 삶을 되찾을 수 있다.

이 책을 읽으면서 잊지 말아야 할 것은, 여기서 얻는 지식은 사랑하지만 상대하기가 매우 힘든 사람과 상호작용을 하는 동안 실제로 무슨 일이 일어나고 있는 건지를 당신이 아는 데 도움이 되리라는 점이다. 이해하면서 관찰할 수 있는 것만으로도 힘이 된다.

이제부터 우리는 사랑하는 사람이 바뀌든 그러지 않든 관계없이 당신 자신의 삶을 통제할 수 있게 해 줄 많은 도구와 관점, 방법을 제공할 것이다. 그러니 계속 읽어 나가라. 당신이 '자신을 위해' 무엇을 할 수 있는지를 뒤의 장들에서 더 많이 알게 되리라는 믿음으로.

2

경계성 성격장애란 무엇인가?

───────────────

　이 장을 읽으면서 명심할 것은 당신이 사랑하는 사람이 보이는 행동이 대개 무의식적이라는 점이다. 그 행동들은 당신을 해치려는 것이 아니라 그 자신을 강렬한 정서적 고통으로부터 보호하기 위한 것이다. 이런 인식은 그 사람과 그의 장애를 구분해서 보는 데 도움이 될 것이다.

　흔히들 경계성 성격장애가 있는 사람의 생각과 감정, 행동을 이해하려고 애쓴다. 그들이 우리와 같은 방식으로 생각하고 느낀다고 가정하기 때문이다. 그건 사실과 전혀 다르지만, 그럼에도 이해할 수 있는 실수이기는 하다. 경계성 성격장애를 가진 사람들은 때로 완전히 정상인 것처럼 보이니까 말이다.

　아무튼 그 사람의 행동을 진정으로 이해하려면 당신이 발 딛고 있는 현실을 떠나 경계성 성격장애의 영역으로 들어가야 한다. 이 영역을 더 잘 이해할수록 그와의 관계에서 더 많은 가능성이 열린다.

기본적으로, 경계성 성격장애를 지닌 사람은 자신의 감정 관리를 다른 사람들에게 의존한다. 그들은 자기애, 안정된 기분, 정체감(sense of identity)과 같이 스스로 공급하기 어려운 것들을 다른 사람이 주기를 바란다. 무엇보다도 그들은 끝없는 사랑과 연민으로 자기 내면에 뚫린 공허와 절망의 블랙홀을 채워 줄 돌보미를 찾고 있다.

『나를 여기서 꺼내 줘―나의 경계성 성격장애 극복기(Get Me Out of Here: My Recovery from Borderline Personality Disorder)』(2004)의 저자인 레이철 라일런드는 여러 해 동안 경계성 성격장애가 있었지만 완전히 회복했다. 한 이메일에서 그녀는 자기 행동의 근저에 있던 상반되는 감정들을 다음과 같이 설명한다.

나에겐 항상 무언가에 대한 채워지지 않는 갈망이 있었다. 그 대상을 명확히 규정할 수 없어서 그저 바닥없는 욕구의 구덩이라고 불렀다. 이 때문에 나는 누구에게도 다가가는 것이 두려웠다. 내가 형편없고 정신적으로 불안정한 사람이라는 걸 그들이 알게 될까 봐서였다. 그래서 대상을 다양화하여 많은 친구를 만났고, 그들 중 누구와도 너무 가까워지지 않으려 했다. 그렇게 하면 내가 방심해서 그중 한 친구가 내가 얼마나 이상한 사람인지 알게 된다 해도, 수십 명의 다른 친구가 있으니 괜찮을 것이었다.

그런데 어느 순간 연애 관계가 끼어들었다. 한 사람이 너무 큰 의미를 갖게 되니 위험 부담이 더 커졌지만, 이건 좀 다르다. 그 남자도 나를 필요로 한다. 그러니 이번에는 안전할지도 모른다. 매일 밤낮으로 나와 함께 있어 줘요. 나를 봐, 내 말을 들어, 내가 여기 있어. 아, 믿을 수 없어! 마침내 이 모든 욕구를 충족해 줄 수 있는 사람이 생겼다니!

그런데, 아니 이런! 그는 방해받지 않고 TV를 보고 싶다고 하네. 그럼

나는 도대체 뭘 하라는 거지? 실망스러워…. 젠장, 난 이 남자를 싫어해! 내가 자기한테는 경계를 풀었는데, 그렇게 하는 게 나한텐 얼마나 힘든 일이었는지 모른단 말이야? 나 말고 TV를 보겠다니, 어떻게 감히? 나가서 친구들과 놀고 싶다고? 내 마음에 문제가 좀 있다는 걸 감히 알아내다니! 화가 나고 창피해서 미치겠네. 바닥 모르는 욕구의 구덩이를 그에게 들켜 버렸어.

나는 맹렬히 그를 비난한다. 격렬하게 화를 낸다. 지쳐 쓰러질 때까지 악을 써 댄다. 그러다 정신이 돌아와서는 내가 그에게 얼마나 상처를 줬는지 깨닫는다. 그리고 나 자신을 경멸한다. 그가 나를 떠날 거라는 생각에 죽도록 두렵다. 나는 너무 취약하다. 나는 전혀 강인하지 않다. 제발 날 버리지 마. 당신이 필요해! 어떻게 해야 내 마음을 보여 줄 수 있지?

나는 울고, 애원하며, 그가 얼마나 대단한 사람인지, 얼마나 인내심 있는 사람인지를 이야기해 준다. 날 미워하는 게 당연해! 난 차라리 죽는 게 나아. 내가 없는 편이 당신에겐 훨씬 나을 거야! 오, 제발, 내게 만회할 기회를 줘. 언제 어디서든 황홀한 사랑을 나누자!

아휴! 그가 돌아왔다. 내가 일을 완전히 망치지 않으니 너무나 다행이다. 그는 나를 아낀다….

내가 돌이킬 수 없는 피해를 입혔다는 것을 깨달을 때면, 이런 사이클이 너무 자주 반복되어 내가 되돌릴 수 없을 정도로 일을 망쳐 버렸다는 확신이 들면, 그 사람도 같은 결론에 도달했는지와 상관없이 그 관계를 끊고 또 다른 누군가를 찾는다. 그리고 이런 끔찍한 과정을 또다시 겪는다.

경계성 성격장애를 가진 사람은 부모, 배우자, 자녀 및 형제자매같이 가장 가까운 사람들에게 가장 취약하다. 이들은 그를 포기하거나 거부함으로써 다치게 할 힘이 가장 큰 사람들이다. 그리고 경계성 성격장애가 있는 사람은 누군가가 자기를 떠난다는 생각만으로도 너무 고통스러워서, 그런 상황을 피하기 위해 다른 사람이 떠나기 전에 스스로 관계를 끊어 버릴 수도 있다.

비통상적 유형의 경계성 성격장애인 사람들은 방아쇠 작용을 하는 자극을 받지 않거나 별로 가깝지 않은 사람들과 함께 있을 때는 흔히 아주 정상적으로 행동할 수 있다. 그래서 대부분의 경우 행동이나 말에서 그의 장애가 드러나지 않는다.

그리고 통상적 유형의 경계성 성격장애인 사람 중 일부, 특히 치료를 받는 사람들은 이 장애에 대한 지적 이해도가 매우 높을 수 있다. 나아가 이 주제에 관해 철저히 조사했을 수도 있다. 통상적인 경계성 성격장애를 지닌 사람들은, 극심한 고통을 겪고 있지 않을 때는, 자신의 감정이 항상 현실을 반영하지는 않는다는 것을 이해할 수도 있다. 그래서 자기가 이런저런 방식으로 다른 사람에게 상처를 준 데 대해 매우, 매우 미안해할 수 있다. 하지만 이 같은 이성적 이해는 그들이 몇 시간 또는 몇 분 후에 다시 촉발되어 감정적으로 변하는 것을 막지는 못한다.

다음의 표에서 우리는 경계성 성격장애의 특성들을 사고와 감정, 행동으로 분류했다. 이 장의 나머지 부분에서는 이를 더 자세히 설명해서, 그것들이 당신에게, 그리고 당신의 관계에서 지니는 의미를 스스로 탐구해 볼 수 있도록 할 것이다. 물론 여기서 거론하는 특성들의 강도는 개인별로 달라서, 어떤 것은 심각하게 문제가 되고 다른 것은 덜 심각할 터이다.

〈경계성 성격장애가 있는 사람들에게서 흔히 보는 사고와 감정, 행동〉

사고	지각 및 추론 장애 분열(splitting)—즉, 사물을 혹 아니면 백으로만 보는 것(회색 없음) 흑백 사이를 오간다. 한 모드에 있을 때는 다른 모드에 있었던 기억이 전혀 없다. 어떤 사람을 완벽하다고 떠받들다가는 돌변해서 그를 끌어내리고 폄하한다. 스트레스를 받으면 해리(解離)가 되거나, 자동조종 장치를 켠 듯이 기계적으로 행동하거나, '정신을 놓은' 상태가 된다. 명확한 정체감의 결여
감정	유기(abandonment, 버림받음) 또는 거부의 잠재적 징후에 매우 민감 그에 못지않게, 상대에게 '삼켜지는 것(engulfment)'에 대한 두려움 잘 조절되지 않고 매우 강렬하며 회복이 느린 암울한 기분 아주 쉽게, 그리고 빠르게 변화하는 감정 친밀함을 원하지만, 정작 그런 상황에서는 질식되는 느낌 내면에 공허함의 캄캄한 구멍이 있는 느낌 감당할 수 없을 것 같은 강렬한 정서적 고통 통제할 수 없는 갑작스러운 격노
행동	때때로 극단적일 수 있는 충동성 행위가 낳을 수 있는 결과에 대해 충분히 생각하지 못함 자살 또는 자해(통상적 경계성 성격장애인 사람의 경우) 성행위, 물질남용, 식사, 지출 등과 관련된 강박적 행동 난폭 운전 다른 사람에게 비판과 비난을 퍼부음 제어할 수 없는 분노 때로 신체적인 싸움을 수반하는 충동적 공격성(특히 경계성 성격장애 남성들) 화를 전혀 표출하지 못함(통상적인 경계성 성격장애를 지닌 사람들 일부에서)

경계성 성격장애를 지닌 사람이 이런 생각과 감정, 행동을 잇따라 보이

면 그의 관계 양상은 불안정하고 격렬하며 롤러코스터 같아진다. 그래서 주변 사람들은 마치 지뢰밭에 있는 것처럼 극도로 경계하면서 자신의 말이나 행동이 그 사람의 짧은 도화선에 불을 붙이지 않기를 끊임없이 바라게 된다.

이러한 특성들을 조금 더 자세히 살펴보자. 읽으면서 그중 어떤 점이 당신이 사랑하는 사람을 떠올리게 하는지 눈여겨보라.

| 분열 |

경계성 성격장애를 지닌 사람은 극단적 이상화와 역시 극단적인 평가절하를 통해 다른 사람들을 사악한 마녀 아니면 착한 요정 대모, 성자 아니면 악마로 본다. 그들은 당신이 자신의 필요를 충족시키는 것 같으면 당신을 슈퍼히어로 역할로 캐스팅한다. 그러나 당신이 자기를 실망시켰다고 여기거나 당신에게서 독립하고자 할 때면 당신은 악당이 된다.

경계성 성격장애를 지닌 사람은 개인의 좋은 점과 나쁜 점을 통합해서 보는 데 어려움을 겪기 때문에(그래서 'splitting[분열시키기, 가르기]'이라고 부른다.—옮긴이), 누군가에 대한 현재의 견해는 가장 최근에 있었던 그와의 상호작용에 근거한 것일 경우가 많다. 마치 장기 기억이 없거나 부족한 것과 같다.

경계성 성격장애를 지닌 파트너가 있다면, 그는 당신을 처음 만났을 때 당신이 지구상에서 가장 멋진 사람이라고 생각했을 것이다. 이것은 누구에게나 기분 좋은 일일 테지만, 특히 성장기의 가정에서 자신이 중요한 사람이라고, 또는 있는 그대로의 모습으로 사랑받는다고, 또는 자신의 감정을 자유롭게 표현할 수 있다고 느끼지 못했던 사람들에게는 그야말로 달콤한 꿀과도 같은 것이다.

그러나 오르막이 있으면 내리막도 있는 법. 당신의 경계성 성격장애 파트너는 하루 24시간, 연중무휴로 내내 곁을 지켜 주는 백기사와의 영원히 행복한 삶을 찾고 있다. 당신이 직업, 친구, 가족 등과 관련된 자신의 삶을 계속 살면 그 사람은 질투를 느끼고 당신 삶의 많은 부분을 포기할 것을 요구하고 나설 수 있다. 그 시점에 당신은 떠받들어지던 높은 자리에서 끌어내려져 악당으로 치부된다.

이런 일을 완전히 막을 수는 없지만 사랑하는 사람이 당신을 완벽하다며 떠받들고 싶어 할 때는 그게 당신의 자리라고 생각지 말아야 한다. 그 높은 자리는 사실은 덫이고, 결국은 거기서 험하게 추락할 것이기 때문이다. 그러니 당신이 완벽하고 이상적인 사람이 아니라는 것을 사랑하는 사람에게 상기시키라. 그리고 그가 정반대로 돌변해서 당신을 극도로 폄하할 때는, 그의 분노와 비난이 실은 당신에 관한 것이 아님을 스스로에게 상기시키라.

이 같은 '분열'에는 또 다른 주요 측면이 있다. 경계성 성격장애를 지닌 사람은 종종 자기 자신도 희생자 아니면 영웅으로, 또는 유능한 사람 아니면 무능한 사람으로 가른다는 점이다. ('분열, 이분법적 사고, 흑백사고, 흑백논리, 실무율적 사고' 등은 기본적으로 같은 심리 작용을 가리킨다.—옮긴이)

경계성 성격장애를 지닌 사람들은 보통 가장 최근의 성취나 실패로 자신의 가치를 평가한다. 그들은 다른 사람들을 평가할 때와 꼭 같이 자신도 가혹하게 평가한다. 그래서 때로는 자신이 무엇을 하든 결코 만족스럽지 않다. 또 어떤 때는 자신을 다른 사람들의 무력한 희생자로 간주한다. 심지어 자신의 '희생'이 부분적으로나 전적으로 자기 행동의 결과인 경우에도 마찬가지다.

| 버림받는 것에 대한 두려움 |

당신이 뉴욕의 타임스스퀘어 광장 한복판에서 길을 잃고 혼자 서 있는 아이라고 상상해 보라. 조금 전까지만 해도 엄마 손을 잡고 있었는데 어느 순간 엄마는 군중 속으로 휩쓸려 가 버렸다. 엄마를 찾으려고 미친 듯이 주위를 둘러보지만 어디에도 엄마는 없다.

경계성 성격장애를 지닌 사람들은 거의 언제나 이런 느낌을 갖고 산다. 고립된 듯하고, 불안하며, 혼자라는 생각에 겁에 질리는 느낌. 그들에게, 자신을 아끼고 지지해 주는 사람을 만나는 것은 온통 낯선 이들 사이에서 친근한 얼굴을 찾은 것과 같다. 이 사람이라면 내가 길을 잃은 느낌을 갖지 않게 해 줄 수 있으리라고 그들은 확신한다. 그리고 그 사람이 자기와 함께하겠다고 결정하면 그를 우상화하는 수가 많다.

한데 이 우상화된 사람이 경계성 성격장애인 사람에 의해 '떠나려 한다는 신호'로 해석될 어떤 일을 한다고 치자(이 해석은 맞을 수도 있고 틀릴 수도 있다). 그러면 경계성인 사람은 대개 공포에 빠져 분노를 터뜨리거나, 떠나지 말라고 애원하거나, 둘 다를 한다.

이처럼 경계성 성격장애가 있는 사람은 전혀 별것 아닌 일에도 버림받을지 모른다는 공포에 휩싸인다. 이 장애가 있는 한 여성은 남자 친구가 지하의 공동세탁실에 가려고 아파트를 나가는 것조차 막았다. 그가 집 밖으로 나간다는 생각만 해도 겁이 왈칵 났기 때문이다. 종종 이런 공포는 경계성 성격장애를 지닌 사람을 압도하여 터무니없이 상대를 비난하게 만든다. 예를 들면, 어떤 남자가 경계성 성격장애인 아내에게 자신이 생명이 위험할지도 모르는 병을 진단받았다고 얘기하자 아내는 남편을 잃는 게 두려운 나머지 그에게 왜 의사한테 갔었냐고 불같이 화를 냈다고 한다.

이런 두려움에 대해 경계성 성격장애가 있는 사람이나 그 가족이 들려준 사례를 보자.

🍀 경계성 성격장애가 있는 테스

버림받았다고 느낄 때의 내 감정은 고립감과 공포, 소외감 등이 뒤섞인 것이다. 나는 공황 상태에 빠진다. 배신감과 이용당했다는 느낌이 든다. 죽을 것만 같다. 어느 날 밤 남자 친구에게 전화를 걸었는데, 그는 TV에서 영화를 보는 중이니 끝난 뒤 전화를 하겠다고 했다. 그래서 나는 시간을 보내려고 다림질을 했다. 그는 전화하지 않았다. 좀 더 기다렸다. 여전히 벨이 울리지 않았다. 버림받을 거라는 끔찍한 느낌이 다시 덮쳐 왔다. 바로 전날, 이제 그가 진정으로 나를 사랑한다고 믿기 시작했었기 때문에 더욱 고통스러웠다. 밤 10시에 전화벨이 울렸을 때, 나는 이미 그와 헤어지기로 마음먹고 있었다. 그가 나를 버리기 전에 내가 그를 버리기로. 그러나 전화를 받아 보니 남자 친구는 그때까지 영화를 보고 있었다는 거였다. 자신이 너무 우스꽝스러웠지만 그 고통과 두려움, 그리고 부지깽이로 속을 후비는 듯한 느낌은 정말 생생했다.

🍀 남편이 경계성 성격장애인 베스

경계성인 남편을 달래려고 애쓸수록 그의 반응은 더욱 사나워진다. 내가 포기하고 멀어지기 시작하는 순간, 그는 엉겨 붙는 덩굴로 변한다. 마치 예전 희가극에서 흔히 보던 모자 줍는 광대의 짓거리와 같다. 땅에 떨어진 자기 모자를 잡으려고 몸을 굽힐 때마다 실수로 그걸 더 멀리 차 버리는 것 말이다. 결국 그는 넌더리가 나서 포기한다. 한데 그가 발걸음을 옮기자 바람이 모자를 그에게 날려 보낸다.

🐟 아내가 경계성 성격장애인 아미나

내가 직장에서 귀가하는 게 5분만 늦어도 아내는 내가 어디 있는지 확인하려고 전화를 한다. 그녀는 나를 끊임없이 호출한다. 나는 친구들을 만나러 혼자 외출할 수도 없다. 아내가 워낙 거세게 반응하기 때문이다. 심지어 내가 영화를 보는 동안에도 호출이 온다. 너무 스트레스를 받아서, 아내가 같이 가고 싶어 하는 경우 외에는 친구들을 만나는 것도 중단했다.

| 자기 존재가 삼켜지는 것에 대한 두려움 |

역설적이게도, 경계성 성격장애가 있는 사람들은 일반적으로 가까운 사람에 의해 질식당하는 것에 대한 깊은 두려움 또한 갖고 있다. 그 사람이 자신의 내면세계를 침범하여 그나마 지닌 자아감이 옅어지지 않을까 걱정한다. 그들은 때로 자신이 그 사람에게 장악되지 않을까 두려워한다. (이것이 이른바 '삼켜짐[engulfment, 빠져 들어감, 함입]'에 대한 두려움이다. ─옮긴이)

이런 것이 익숙하게 들린다면, 당신은 사랑하는 사람을 실제로 침범하거나 그의 자아를 축소하고 있지 않은 것이다. 하지만 그렇다 해도 그들의 공포는 멈추지 않는다.

당신은 이것을 잦은 밀고 당기기로 경험했을 수 있다. 당신은 사랑하는 사람과 저녁 시간을 아주 즐겁게 보낸다. 그런데 다음 날 아침에 일어나 자마자 그 사람은 당신에게 시비를 걸거나 몹시 불평을 한다. 어제 당신과 침대에서 껴안고 뒹군 탓에 늦게 일어났다는 것이다. 다른 예로는, 당신에게 헤어지자고 고집하고는 며칠 후에는 재결합하자고 절박하게 호소한다. 이러한 패턴이 계속 반복되면서 실망과 혼란, 파란을 겪게 된다.

| 해리 |

경계성 성격장애를 지닌 사람들은 자신의 요동치는 감정, 또는 삶의 상황과 시련들이 너무 고통스러워서 거기서 완전히 벗어나고 싶은 욕구를 느낄 수 있다. 그래서 그들은 각기 정도는 다르지만 해리(解離, dissociation)가 된다. 스트레스를 많이 받는 상황일수록 해리의 가능성이 커진다. (DSM-5에 따르면 해리란 의식, 감정, 기억, 정체감, 환경 지각, 운동 통제, 행동 등이 정상적으로 통합되지 않고 붕괴하거나 비연속적이 되는 것이다. -옮긴이)

직장에서 집까지 어떻게 왔는지 도통 기억하지 못한 적이 있는가? 매일 다니는 길에 워낙 익숙해서, 당신의 두뇌가 눈과 반사신경으로 하여금 자동적으로 운전하게 하는 경험 말이다. 이런 '정신을 놓은' 듯한 느낌은 경미하고 흔하며 건강상의 문제가 전혀 없는 유형의 해리 현상이다. 그러나 심하게 해리된 사람들은 비현실감 혹은 낯선 느낌이 들거나, 무감각해지거나, 이탈된 느낌을 받는다. 그들은 정신이 '떠나 있던' 동안 정확히 무슨 일이 있었는지 기억할 수도 있고 못할 수도 있다.[*]

---

* 극단적인 해리의 한 유형으로 예전에 '다중성격장애(multiple personality disorder)'라고

극단적인 경우, 경계성 성격장애를 지닌 사람은 짧은 시간 동안 현실과의 모든 접촉을 잃을 수도 있다. 사랑하는 사람이 당신과 함께 겪은 상황을 전혀 다르게 기억한다면, 당신의 기억에 결함이 있는 것이 아니라 상대방의 해리 때문일 수 있다.

| 격노와 기분 변화 |

경계성 성격장애가 있는 누군가와 가까운 사람이라면, 지킬과 하이드 같은 기분 변화(mood swings, '기분 변동'이라고도 하며, 고양된 기분과 우울한 기분 또는 불안 등이 자주 번갈아 나타나는 것-옮긴이)와 분노발작 행동에 대해 아마 잘 알고 있을 것이다.

경계성 성격장애를 지닌 사람은 분노뿐만 아니라 '모든' 감정을 강렬하게 느낀다. 그러나 경계성 분노는 격렬하고 예측할 수 없을 뿐 아니라 일반적으로 논리적 주장이 전혀 통하지 않는다는 점에서 특히 주목할 만하다. 마치 집중호우로 인한 돌발홍수나 갑작스러운 지진, 또는 마른하늘의 날벼락과도 같다. 게다가 나타났다 금방 사라질 수도 있고 몇 시간이나 며칠 동안 지속될 수도 있다.

통상적 유형의 경계성 성격장애를 지닌 사람들 중 일부는 정반대의 문제가 있다. 그들은 자신의 분노를 전혀 표현할 수 없다고 느낀다. 심리학자이자 심리치료 전문가인 마샤 리너핸은 경계성 성격장애가 있으면서 분노

부르던 것이 있는데, *DSM-5*에서는 이 진단명을 '해리성 정체성장애(dissociative identity disorder)'로 바꿨다.

를 과소하게 표현하는 사람은 "조금이라도 분노를 표현하면 통제력을 잃게 될까 봐 두려워하고, 때로는 자기가 사소한 분노만 표출해도 상대방의 보복을 받을까 봐 두려워한다"라고 했다.

통상적, 비통상적 어떤 유형이든 경계성 성격장애를 지닌 사람은 자주 어둡고 격렬하며 불안정한 기분을 견뎌야 한다. 여기에는 일반적으로 불안과 극심한 절망감, 자포자기, 우울감 및 깊은 불행감이 포함된다. 이 같이 암울한 삽화(episode, 질환의 증상이 일정 기간 나타났다가 호전되기를 반복할 때, 그 개별적 발현 사례-옮긴이)들의 빈도나 중증도를 줄이는 데 도움이 될 수 있는 몇 가지 처방약이 있다. 그러나 당신이 사랑하는 사람이 그런 약을 처방받으려면 먼저 성격장애에 대한 치료를 받기 시작해야 한다.

경계성 성격장애를 지닌 사람의 뇌는 대부분 사람들의 뇌와 생화학적으로 다르다. 그의 뇌 구조와 뇌 화학 작용, 둘 다가 툭하면 감정 중추를 최대한 활성화한다. 근육질의 덩치 큰 불량배가 두뇌의 논리 중추를 두들겨 패서 복종시킨다고 상상해 보라. 경계성 성격장애를 지닌 사람들의 뇌가 그렇다. 그리고 보통 사람이라면 대부분 진정된 지 오래일 시점에도 불량배가 여전히 펀치를 날리고 있다. 즉, 당신이 사랑하는 사람은 여전히 속이 뒤집혀 있다.

그렇다 해도, 그가 마구 화를 내거나 폭력으로 당신을 다치게 하는 걸 그냥 받아만 주지는 말라. 설사 당신이 경계성 성격장애를 지닌 사람보다 몸집이 크고 힘이 세더라도 마찬가지다. 이 책 뒤쪽에서 우리는 경계성 분노에서 벗어나는 방법과 그런 분노에 한계를 설정하는 방법을 알려 줄 것이다.

사랑하는 사람이 분노를 터뜨리기 시작하면 아이들을 빨리 피신시키라. 그리고 맞붙어서 화내지 말라. 상황을 악화시킬 뿐이다. 또한 명심하

라. 안전을 확보하는 일에는 누구의 허락도 필요치 않다. 필요하다면 경찰에 전화하라.

당신이 분노의 현장을 떠난 후 사랑하는 사람이 즉각 따라와서는 당신을 방으로 돌아오게 하려고 온갖 종류의 약속을 하더라도 놀랄 것 없다. 그런 뒤엔 다시 분노를 터뜨리거나 앞서 했던 주장을 되풀이할 수도 있지만 말이다. 경계성 성격장애를 지닌 사람들에게 이런 양극단 사이의 중간 지점이란 없다.

다음은 경계성 분노와 기분 변화에 관한 실제 사례들이다.

🌰 경계성 성격장애가 있는 제러미

주변을 통제할 수 없을 때, 나는 예민해지고 화가 나기 시작한다. 스트레스를 받으면 더 심해진다. 방아쇠가 당겨지면 1초도 안 되어 완벽한 평정 상태에서 불꽃 튀는 극단적 분노로 옮겨 갈 수 있다. 나의 이런 성미는 어렸을 때 당한 학대 때문인 것 같다. 어느 순간, 부모님의 학대를 더이상 참을 필요가 없다고 생각했다. 분노로 받아치는 것이 생존 방법이 된 것이다. 그러다 보니 이제는 다른 사람의 감정을 배려하는 일이 어려워졌다. 아니, 사실은 그들이 나에게 상처를 줬으니까 그들도 상처받았으면 좋겠다. 나쁘게 들린다는 것은 알지만, 그게 무언가에 격노해 있을 때 내가 느끼는 감정이다. 나는 그저 살아남기 위해 내가 아는 가장 좋은 방법으로 노력할 뿐이다.

🌰 경계성인 사람과 결혼한 리처드

경계성 성격장애를 지닌 아내 로리에게 2년 동안 학대를 받고 나서 나는 잠시 별거하는 게 좋지 않겠느냐고 했다. 그녀는 나에게 악을 쓰기 시작했고, 내가 단지 다른 여자들과 바람피우고 싶어서 그러는 거라고 했다. 그러곤 내가 자기를 행복하게 해 주지 못한다며 아주 험악한 말들을 해 댔다. 나는 어안이 벙벙해서 입을 딱 벌리고 서 있었다. 그러자 그녀는 접시를 집어 들어 나에게 던졌다.

🌀 경계성인 사람과 결혼한 다나

남편과 함께 사는 것은 천국과 지옥을 끊임없이 오가는 일이다. 나는 그의 두 측면을 '유쾌한 지킬과 끔찍한 하이드'라고 부른다. 나는 항상 살얼음판을 걷는다. 내가 단지 어떤 말을 너무 일찍 또는 너무 빠르게 했다고, 아니면 잘못된 어조나 잘못된 표정으로 했다며 폭발해 버리는 사람의 비위를 맞추려고 애쓰면서.

| 공허감 |

경계성 성격장애를 지닌 사람들은 줄곧 자신의 내면에서 공허함의 캄캄한 구멍을 느낀다. 이 증상은 직접 경험해 보지 않은 사람에겐 설명하기 어렵다.

그러니 이렇게 해 보라. 눈을 감고, 당신이 아는 사람 하나 없고 모두가 당신과 다른 언어를 쓰는 낯선 도시로 곧 이사를 간다고 상상하라. 가족이 없기 때문에 혼자 갈 것이다. 자, 이제는 당신이 지녀 온 영적이거나 종교적인 신념들이 모두 없다고 여기라.

그다음엔 무엇이 당신의 삶을 의미 있게 만드는지 곰곰 생각하고는, 그 의미 있는 것들을 더이상 가질 수 없거나 할 수 없다고 치라. 즉, 지금부터 당신은 아무런 의미 없이 살게 될 테다.

이것이 바로 경계성 성격장애를 지닌 사람들이 거의 항상 느끼는 것이며, 그들이 당신을 마치 타이타닉호의 구명정처럼 꽉 잡으려 들지 모르는 이유다. 혼자 남겨지면 그들은 자신이 누구인지에 대한 의식 즉 정체감이 없어지거나, 자기가 아예 존재하지 않는 듯이 느끼게 된다. 그들은 당신이 그 깊고 텅 빈 구멍을 채워 주리라고 믿는다.

물론 당신에겐 그럴 힘이 없다. 누구도 그렇게 해 줄 수 없다. 경계성 성격장애를 지닌 한 남성은 그것이 마치 바닷물을 숟가락으로 퍼서 그랜드 캐니언을 채우려는 것과 같았다고 말했다.

경계성 성격장애를 지닌 사람이 일상적으로 초래하는 혼돈의 배후에는 이 같은 공허함이 있다. 당신이 사랑하는 사람은 당신이 그 구멍을 채워 주지 못하기 때문에 그토록 화를 낸다. 그리고 당신이 그러지 못하는 이유는 충분히 노력하지 않기 때문이라고 믿는다. 모든 시간을 나와 함께 보내지 않았잖아, 내 모든 요구를 충족시켜 주지 못했고, 당신 자신의 삶을 가지고자 했잖아, 라는 식이다.

경계성 성격장애를 지닌 사람은 대체로 그 공허함을 표현하는 방법을 모른다. 대신 다음과 같이 행동할 수 있다.

- 누구와 함께 있느냐에 따라 다른 사람처럼 행동한다.
- 어떻게 행동하고, 무엇을 생각하고, 어떻게 살아야 하는지에 대한 단서를 주변 사람들에게서 얻으려 한다.
- 혼자 있을 때는 공황 상태가 되거나 지루해한다.
- 혼돈을 야기한다.

경계성 성격장애를 지닌 사람이 찾는 성배는 그의 텅 빈 내면을 마법처럼 채워 주고, 그와 그의 필요들을 돌보아 주고, 다시는 자신이 혼자라고 느끼지 않게 해 줄 배려심과 연민이 깊은 사람이다. 그런데 여기서 경계성 성격장애의 핵심적 역설이 작동한다. 이 장애 때문에 그가 다른 사람들을 밀어내 버리는 언행을 하게 된다는 것이다. 그 결과 그들은 하루 24시간 공허감과 두려움, 공포, 분노를 안고 살게 된다.

다음은 이런 공허함과 명료한 자아감의 결여에 시달리는 한 사람의 이야기다.

✎ 경계성 성격장애가 있는 샐리아

내게는 함께 있는 사람의 특징들을 내 것으로 취하는 카멜레온 같은 능력이 있다. 그러나 이런 행위는 그들보다 나 자신을 속이기 위한 것이다. 그 시간 동안 나는 내가 되고 싶은 사람이 된다. 나는 사람들의 삶을 망치는 일이나 즐기는 일종의 모사꾼, 조종자가 아니다. 그 과정은 사실 의식적인 것도 아니다. 하지만 이런 일이 워낙 오랫동안 지속되다 보니, 나 자신 내가 정말 누구인지조차 모르겠다. 자신이 실체가 없는 것처럼, 가짜처럼 느껴진다. 내게 이런 일에 대한 진정한 통제력이 있다면 위협을 느낄 때마다 '나 자신'으로 돌아가면 그만일 것이다. 하지만 나는 자신이 누구인지 알지 못한다.

| 고통 관리 행동 |

경계성 성격장애를 지닌 사람들은 자신이 느끼는 압도적인 고통을 처리하기 위해 대개 충동적으로, 심지어 무모하게 행동한다.

누구에게나 탐닉하고 싶은 충동이 있다. 그래도 괜찮다면 말이다. 초콜릿 한 상자를 모두 먹어 치우고, 멋진 새 스웨터를 색깔별로 모두 사고, 새해 축하 샴페인을 마지막 한 방울까지 들이켤 것이다. 하지만 대부분의 사람은 그에 따르는 장기적인 결과를 알고 있다. 체중 증가, 막대한 액수의 신용카드 청구서, 또는 심한 숙취 같은 것들. 그런데 경계성 성격장애를 지닌 사람들의 경우, 이런 점을 늘 의식하고 있는 건 아니다. 그리고 의식할 때에도 대개는 자신의 충동을 제어하지 못한다. 경계성 성격장애를 지닌 한 여성은 이렇게 말했다. "우리 두 살짜리 아이가 뭔가를 원할 때는 늘 당장 내놓으라고 해요. 마찬가지로, 쇼핑을 할 때면 나 자신에게 안 된다는 말을 할 수가 없어서 지금 빚이 있는 상태인데도 사고 말지요."

우리 모두는 다음과 같은 경로에 익숙하다. 먼저 어떤 생각을 하고, 그것이 감정으로 이어지고, 이는 다시 행동을 낳는다. 당신은 해고될 것 같다고 '생각하고', 그리 되면 집을 잃을지도 모른다는 두려움을 '느끼고', 그래서 '행동을 취해' 당신을 써 줄 가능성이 있는 회사들에 이력서를 보낸다.*

경계성 성격장애를 지닌 사람의 경우 생각에서 감정으로, 그리고 행동으로 이어지는 순서는 같지만 종종 당초의 생각이 타당하지 않거나 비합리적이다. 또한 그 생각은 흔히 고통스러운 것이어서 충동적인 반응으로 이어지기도 한다.

예를 들어 보자. 오린의 상사는 복도에서 그를 지나칠 때 웃어 보이거

---

* 이와 관련해 '인지행동치료(cognitive behavioral therapy, CBT)'라는, 기본적 유형을 공유하는 일군의 요법들이 있다. 이 치료에서는 먼저 생각을 바꿈으로써 기분을 바꾸고, 그래서 행동에 영향을 주는 식으로 사람들의 삶을 개선하고자 한다.

나 시간을 내서 그와 대화를 나누지 않았다. 자신에 대한 거부를 탐지하는 오린의 안테나가 작동하기 시작한다. 그는 지난 2년 동안 자기가 얼마나 열심히 일했는지, 그리고 상사가 그의 진가를 얼마나 알아주지 않는지를 생각한다. 곰곰 그런 생각을 하다 보니 심하게 화가 난다.

다음번 복도에서 그 상사와 마주쳤을 때 오린은 큰 소리로 묻는다. "저 좀 보세요! 요즘 저한테 말을 안 거는 이유가 뭡니까? 제가 뭐 잘못한 게 있나요? 지난번 인사고과에선 뛰어나다고 평가했으면서 말이에요." 하지만 사실은 아무 문제도 없었다. 그의 상사는 깊은 생각에 빠져 있었고, 바빴을 뿐이었다.

물질남용은 경계성 성격장애 환자, 특히 남성에게 흔한 유형의 고통 관리 방식이다. 이런 사람들은 다음과 같은 양상을 보일 수 있다.

- 두 가지 이상의 약물을 남용한다(예컨대 코카인과 알코올).
- 우울해한다.
- 자주 위험한 사고를 겪는다.
- 자살 시도를 한다(두 번 이상일 수 있다).
- 약물이나 알코올을 남용하지 않는 경계성 성격장애 환자보다 충동 조절 능력이 더 떨어진다.

유감스럽게도, 경계성 성격장애를 지닌 사람이 약물이나 알코올 또는 둘 다를 남용하는 경우, 그들의 행동 중 어떤 게 경계성 성격장애와 관련되고 어떤 게 물질남용에서 비롯된 건지를 밝히기가 어려울 수 있다.

| 경계성 성격장애가 있는 사람의
또 다른 특성들 |

경계성 성격장애를 지닌 사람들의 특성 중에는 이 장애에 대한 *DSM*(『정신질환의 진단 및 통계 편람』)의 공식 정의에는 포함되지 않지만 흔히 관찰되는 점들이 있다. 다음과 같은 것이다.

자신의 감정이 사실과 일치한다는 강력한 느낌

우리는 누구나 자신이 무엇을 믿을지 결정하는 데 어느 정도까지는 감정을 사용한다. 광고주와 정치인 들은 이것을 알고 있다. 그래서 우리의 마음을 사로잡고 경쟁자가 형편없게 보이도록 하는 TV 광고들을 만든다.

그러나 경계성 성격장애나 다음 장에서 보게 될 자기애성 성격장애를 지닌 사람들은 자신의 모든 감정이 100% 사실이며 정확하다고 여긴다. 그들은 항상 자신의 '감정적 현실(emotional reality, 이와 대립되는 것이 '물리적 현실'이다.—옮긴이)'을 근거로 행동한다. 논리와는 아무 상관이 없다.

사랑하는 사람의 감정이 잘못되었다고 논리적으로 설득하려 해 본 사람은 그게 얼마나 가망 없는 일인지를 알 테다. 그래서 우리는 그런 식의 대응을 권장하지 않는다. 이 책 뒤쪽에서 몇 가지 효과적인 대안을 보게 될 것이다.

만연한 수치심

존 브래드쇼의 『당신을 얽어매는 수치심의 치유(*Healing the Shame That Binds You*)』(1988, 국역본 『수치심의 치유』)는 경계성 성격장애만에 관한 책은 아니지만, 유독성 수치심과 그것이 초래하는 감정과 행동에 관한 설명에서 경계성 성격장애인 사람들이 어떻게 느끼는지를 잘 요약하고 있다.

유독성 수치심이란 자신이 인간적으로 결함이 있다는 만연한 감각으로 경험된다. 그것은 이제 우리의 한계를 알려 주는 한낱 감정이 아니라 일종의 존재 양태, 핵심적 정체성이다. 유독성 수치심은 자신이 가치 없다는 느낌, 완전히 고립되고 공허하며 혼자라는 느낌을 준다. 자신에게 노출되는 것, 그것이 유독성 수치심의 핵심에 놓여 있다. 수치심에 기반을 두고 살아가는 사람은 타인에게 자신의 내면을 드러내지 않으려고 경계하지만, 더욱 중요하게는 스스로에게도 자신을 노출시키지 않으려 한다.

브래드쇼는 수치심을 격렬한 분노, 극단적인 비난과 탓하기, 부적절한 보살핌, 공동의존(4장 참조), 중독 행동(탐닉성 행동), 과도하게 사람들의 비위를 맞추는 것, 섭식 장애 따위의 근본 원인으로 본다.

통상적 유형의 경계성 성격장애를 지닌 사람들은 자신의 수치심에 강하게 사로잡히는 경향이 있다. 비통상적 유형의 사람들은 자신에겐 그런 수치심이 전혀 없다고 타인에게는 물론이고 스스로에게도 부정하는 경향이 있다.

충동적 공격성

경계성 성격장애를 지닌 사람들은—어쩌면 갑자기—위협을 가하고, 물건을 부수고, 화난 어조로 소리 높여 말할 수도 있다. 일부는 폭력적이 되기도 한다. 경계성 성격장애가 있는 한 여성은 다음과 같이 말한다.

때때로 나는 약혼자에게 당신이 나를 사랑한다면 그러지 않았을 거라고 하면서 그의 모든 행동을 비난한다. 그를 비하하고 탓하는 것은 내가 버림받거나 남부끄러운 일을 당할지도 모른다고, 혹은 왠지 그가 나에게 사랑을 보이지 않는다고 느껴서다. 그래서 나는 두려워진다. 너무 속이 상해서 소리 지르고 악을 쓰고 물건들을 넘어뜨린다. 나는 의사결정을 엉망으로 한다. 바로 어제 나는 그에게 마구 화를 내면서 약혼반지를 쓰레기통에 던졌다. 모든 것이 괜찮다는 걸 깨닫게 되면 나는 매우 안심이 되면서 부끄러워져서 다시는 그런 식으로 생각하지 않으리라고 마음속으로 맹세한다. 하지만 항상 다시 그러곤 한다.

명확하지 않은 경계

경계성 성격장애를 지닌 사람들은 개인적인 경계를 설정하고 유지하는데 어려움을 겪는다. 경계성인 한 남자는 다음과 같이 설명한다.

나는 완벽하게 친밀한 관계에는 경계라는 것이 없다고 믿으며 자랐다. 경계란 사람들 사이의 균열을 의미할 뿐이었다. 경계는 내가 다른 사람과 분리되어 혼자여야 하며, 스스로 정체성을 가져야 함을 의미했다. 나는 내가 분리된 정체성을 지닐 만하다고 생각지 않았다. 내게 필요한 것은 완전한 밀착 아니면 완전한 고립이었다.

통제의 문제

경계성 성격장애를 지닌 사람은 자신이 다른 사람들을 통제하고 있다는 느낌이 필요할 때가 많은데, 이는 그가 자기 자신을 도무지 통제할 수 없다고 느끼기 때문이다. 또한 스스로 취약하며 두렵다고 느끼기 때문에 자신의 세상을 가능한 한 많이 통제해서 예측과 관리를 좀 더 쉽게 하고자 한다.

취약한 사람은 수치를 당하기가 쉽다. 경계성 성격장애를 지닌 이에게 타인에 대한 통제는 아무도 자기를 부끄럽게 만들 수 없도록 하는 방법의 하나다. 하지만 실제로는 종종 타인을 승산 없는 상황에 밀어 넣거나, 혼란을 일으키거나, 그들이 자기를 통제하려 든다고 비난함으로써 그들을 통제하려 한다.

이와 반대로, 경계성인 사람들 중 일부는 통제 불능의 느낌에 대처하는 방법으로 자신의 모든 힘을 포기하고 남들이 모든 결정을 내려 주는 생활 방식을 택할 수도 있다. 여기엔 군에 입대하거나 사이비 종교 등 컬트 집단에 합류하는 것도 포함될 수 있다. 또는 공포나 강압으로 자신을 통제하는 가학적인 사람과 관계 맺는 것을 택하기도 한다.

대상항상성 부족

외로움을 느낄 때, 우리 대부분은 다른 사람들이 나를 사랑한다는 사실을 기억함으로써 자신을 달랠 수 있다. 이들이 멀리 떨어져 있거나 심지어 이미 세상에 없다 하더라도 큰 위안이 된다. 이처럼 눈앞에 있지 않은 대상도 어딘가에 존재한다는 것을 받아들이고 가까이 느끼는 능력이나 상태를 '대상항상성(object constancy)'이라고 한다.

경계성 성격장애를 지닌 사람 중엔 속상하거나 불안할 때 자신을 달래기 위해 사랑하는 사람의 이미지를 떠올리기가 어려운 이들이 많다. 그들에겐 어떤 사람이 물리적으로 곁에 있지 않으면 정서적 차원에서 그 사람은 아예 존재하지 않는 셈이다. 사랑하는 사람이 당신에게 전화, 문자 또는 이메일을 자주 한다면 바로 그런 이유에서다. 그래야 당신이 아직 거기에 있고, 여전히 자신을 아낀다는 것을 확인할 수 있으니까.

상황에 따른 역량 차이

경계성 성격장애가 있는 어떤 사람들, 특히 비통상적인 유형의 사람은 특정한 상황에서는 매우 유능하고 자신감이 높으며 자기통제도 잘한다. 직장이나 학교에서 성취도가 높으며 수행 능력이 아주 좋은 사람도 많다. 매우 지적이고 창의적이며 예술적인 사람 또한 많다.

당신이 사랑하는 사람이 어떤 상황에서는 그토록 자신만만하게 행동하다가 다른 상황에서는 외견상 아무런 이유 없이 무너져 내리는 것을 보면 매우 혼란스러울 것이다. 이 같은 '상황적 역량(situational competence)', 즉 상황에 따라 대응하는 능력에 차이가 나는 것이 경계성 성격장애의 특징 중 하나다.

타인에 대한 불신

경계성 성격장애가 있는 사람들은 근본적으로 자신에겐 사랑이나 관심을 받을 자격이 없다고 믿기 때문에 다른 사람을 신뢰하지 못한다. 그래서 몇 번이고 안심시켜도 당신의 말을 받아들일 수 없다. 그러는 사이, 그 사람 내부의 블랙홀은 결코 채워지지 않는다.

거짓말, 윤색, 그릇된 설명

우리가 설명했듯이 경계성 성격장애를 가진 사람은 종종 매우 감정적인 렌즈를 통해 상황을 경험하고 기억하며, 자신의 감정이 사실에 부합한다고 확신한다. 따라서 그들은 실제의 진실과는 거의 또는 전혀 관련이 없을 수 있는 자신만의 '감정적 진실'을 얘기하기도 한다.

다른 경우, 그들은 진실을 윤색하고, 즉 과장하거나 미화하고는 시간이 지나면서 그것을 더 꾸미거나 스스로 믿기 시작한다.

경계성 성격장애를 가진 사람은 우리가 가끔 그러는 것과 똑같은 이유로 거짓말을 하기도 한다. 자신을 더 좋게 보여 주고 싶어서, 또는 부정적인 결과를 피하거나 실수를 인정하지 않기 위해서 말이다. (경계성 성격장애가 있는 사람에게 실수는 곧 그 자신이 '잘못된 존재'임을 뜻한다는 것을 기억하라.)

자기몰두

경계성 성격장애가 있는 사람의 16~39%(추정한 사람에 따라 수치가 다르다)는 자기애성 성격장애도 가지고 있지만, 경계성 성격장애만 있는 많은 사람도 때로 자기몰두적(자기도취적)인 행동을 할 수 있다. 그들은 자꾸 주위의 관심을 자신에게 끌어 모으려고 한다. 그러기 위해 두 가지 방법을 흔히 쓰는데, 하나는 병에 걸렸다고 열심히 호소하는 것이고(그 병은 실제일 수도 있고 과장되거나 상상된 것일 수도 있다), 또 하나는 사람들 앞에서 부적절하게 행동하는 것이다.

당신의 사랑을 시험하기

경계성 성격장애를 가진 사람은 당신이 진정으로 그를 아낀다는 사실을 믿지 못하거나, 당신이든 다른 누구든 왜 그러겠는지 이해를 못 하기 때문에, 수시로 당신의 사랑을 시험할 수 있다. 그것도 당신이 불쾌해하거나 화가 나거나 해를 입을 수 있는 방식으로 행동함으로써 그런다(심리학에서는 이런 것을 '행동화[acting out]'라고 하는데, 내면에 억눌려 있는 고통이나 그와 관련된 충동을 행동으로 표출하는 감정 해소의 한 방법이다.−옮긴이). 그리고 이런 시험에 대한 당신의 반응에 주목한다. 경계성 성격장애가 있는 사람들의 지극히 감정적인 논리에 따르면, 자기가 당신에게 어떤 못된 짓을 했는

데 당신이 불평하거나 마음 상하지 않고 받아들인다면 그건 당신이 자기를 아낀다는 걸 보여 주는 것이라고 생각한다. 반면에, 대부분의 사람이 그러겠듯 당신이 화를 내거나 불쾌함을 드러내는 식으로 반응한다면, 그건 당신이 자기에게 진정으로 긍정적인 감정을 갖고 있지 않다는 뜻이라고 본다.

예를 들어, 당신이 사랑하는 사람과 정오에 제인스 카페에서 만나 점심을 들기로 했다고 하자. 당신은 11시 56분에 도착했는데, 경계성 성격장애인 그 사람은 한 시간 이상 늦은 1시 2분에야 나타났다. 그가 내세운 논리는 이렇다. '당신이 진정 나를 사랑한다면 내가 늦은 것을 용서하고, 당신 자신의 모든 욕구는 제쳐 두고 나의 필요와 욕구를 충족시켜 주는 데에만 집중해야 한다'는 것이다. 경계성 성격장애인 청소년과 성인 자녀들이 특히 이 같은 '사랑 테스트'를 할 가능성이 높다. 부모가 두려움이나 의무감, 죄책감 때문에 이러한 시험을 참고 견딜 것임을 알기 때문이다.

그러나 이런 '사랑 테스트'를 받는 사람은 어떤 경우든 지게 되어 있다. 당신이 짜증이나 화를 내거나, 개인적 경계를 고수하거나, 경계성 성격장애를 가진 사람에게 책임을 물음으로써 시험에 실패할 경우, 그는 자기에 대한 당신의 사랑이 부족하다는 것을 당신 스스로 확증했다고 느낄 수 있다. 당신은 그에 더해, 자신이 누구에게도 사랑받을 가치가 없다는 그의 생각 역시 확인해 준 것으로 받아들여진다. 반면에 당신이 그의 부당한 행동을 용인함으로써 시험을 통과한다면 그는 향후 이런 행동을 더 강화해서, 예를 들면 다음번 점심 약속 때는 두 시간 늦게 나타날 수도 있다. 그러다가 당신이 결국 화를 내면, 당신은 나쁜 사람이 되고 그들은 희생자가 된다.

"무슨 테스트가 이래? 어떤 경우에도 두 사람 다 망하는 거잖아!" 하며 의아해할 수 있다. 맞다. 경계성 성격장애가 없는 사람에게는 이런 시험은 말이 안 되는 것이다. 하지만 경계성인 사람의 세계에서는 완벽하게 말이 된다.

자신의 원치 않는 특성을 다른 사람에게 투사

경계성 성격장애, 특히 비통상적 유형의 것을 가진 사람들은 자신이 누구인지에 대한 명확한 감각이 결여되고, 공허해하며, 자신에게 본질적으로 결함이 있다고 느끼기 때문에 종종 자신의 불쾌한 특성과 행동 또는 감정들을 부인한다. 그러고는 자신의 이런 특성들을 타인에게—대개는 파트너나 자신을 깊이 아끼는 다른 사람—에게 돌린다.

치료사인 엘리스 벤험은 투사(投射)란 손에 든 거울로 자신을 응시하는 것과 같다고 설명한다. 자신이 못생겼다고 생각하면 거울을 돌리면 그만이다. 짜잔! 이제 거울 속의 못생긴 얼굴은 다른 누군가의 것이다.

때로 투사는 사실에 근거한 과장이기도 하다. 예를 들어, 당신은 사랑하는 사람에게 약간 짜증이 났을 뿐인데 그는 당신이 자기를 미워한다고 비난할 수 있다. 아니면, 바짓가랑이를 기어오르는 지네 때문에 당신의 주의가 잠깐 산만해졌는데 그는 당신이 무례하게 자기를 무시하고 있다고 말할 수도 있다.

그러나 투사는 경계성 성격장애를 지닌 사람의 순전한 상상에서 나오기도 한다. 점원에게 신발 매장으로 가는 길을 물어보았을 뿐인데, 그는 당신이 점원과 시시덕거렸다고 비난할 수도 있다.

어느 쪽이든, 경계성인 그 사람의 무의식적인 희망은, 이 불쾌한 것을 당신에게 던져 버려서(투사) 스스로에 대해 더 나은 기분을 느끼려는 것이다. 그렇게 해서 몇 분 동안은—길면 몇 시간까지도—정말 기분이 좋아진다.

하지만 얼마 지나지 않아 고통이 돌아온다. 그래서 그들은 하고 또 하고, 계속해서 투사 게임을 할 수밖에 없다.

여기서 유념할 점은 이런 투사가 정당하지 않을 뿐 아니라 논리적으로도 전혀 말이 안 될 수 있다는 것이다. 경계성 성격장애를 가진 한 여성은 이렇게 설명했다. "나는 내 자신이 너무 싫어서 제대로 기능할 수가 없어요. 내가 증오감에 빠져 허우적거릴 때는 그 증오가 주변의 모든 사람, 모든 것을 삼켜 버려요. 그리고 모든 사람에게 그런 혐오감을, 주로 남편에게지만, 느끼는 것이 지극히 당연하다는 느낌이 들지요. 그가 너무너무 역겹고, 한심할 정도로 멍청한 것 같아 보여요."

어린아이 같은 세계관

경계성 성격장애가 있는 사람의 세계관은 때때로 어린아이의 그것처럼 보일 수 있다. 사실 우리가 논의한 모든 사고와 감정, 행동의 패턴들(분열, 유기와 삼켜짐에 대한 두려움, 정체성 문제, 통제 욕구, 투사, 타인 조종, 공감의 결여 등)은 모두 정상적 아동의 특정 발달 단계들에 상응한다. 많은 전문가들은 정서 발달이라는 측면에서 보면 경계성 성격장애를 가진 사람은 두 살짜리 어린아이라고 말한다.

에릭 에릭슨의 심리사회적 발달 모형에 따르면 신생아가 거치는 첫 단계에는 기본적으로 어떤 것과 어떤 사람을 믿어야 하고, 어떤 것과 어떤 사람을 믿지 말아야 하는지를 배우게 된다. 생후 18개월부터 36개월까지인 둘째 단계는 자율성과 수치심·의심(회의감) 중 어느 쪽의 비중이 더 커질지에 관한 것이다. 이 둘째 단계에 아이들은 자제력을 배우고 더 많은 독립성을 원하게 된다. 경계성 성격장애가 있는 사람들은 이 두 초기 단계의 정상적인 과제들 중 일부에 여전히 어려움을 겪고 있다.

경계성 성격장애가 있는 한 여성은 이렇게 말했다. "나는 정말 어린애 같은 느낌이에요! 사람들은 내게 '철 좀 들어라'라고 하지요. 내가 걸핏하면 울고 성질을 부린다고 꾸짖으면서요. 내가 그러고 싶어서 그런다고 생각하는 걸까요? 자신의 감정에 지배당하는 걸 재미있어 한다고? 내가 20년치의 성숙을 몇 분 만에 해내리라고 정말 믿는 걸까요? 진짜 두 살배기한테 그런 요구를 하진 않을 거잖아요. 그러니 나한테도 바라지 말아야죠."

양극성 장애와 경계성 성격장애

양극성 장애(bipolar disorder, 예전 명칭은 조울병 또는 조울증)와 경계성 성격장애는 삶에 상당한 고통과 괴로움을 주는 정신질환이다. 이 둘은 흔히 비슷한 것으로 묶여 이야기되지만, 실은 진단 기준과 치료법이 매우 다른 별개의 장애다. 양극성 장애는 기분장애(mood disorder)에 속하는 반면, 경계성 성격장애는 이름 그대로 성격장애의 하나다.

양극성 장애인 사람들은 때때로 우울증인 것처럼 보이며 길게 지속되는 심한 우울 삽화를 경험한다(이 점은 주요우울장애, 흔히 말하는 '우울증'인 사람과 매우 비슷하다). 이들은 슬픔을 느끼고, 삶의 활동에 흥미를 잃으며, 자신이 쓸모없다고 여기고, 무언가에 집중하거나 주목하는 것을 어려워한다. 이들은 또한 조증(mania) 삽화도 겪는데, 그 특징은 충동적인 행동과 기분 고양, 잠이 필요 없을 정도의 에너지 고조, 질주하듯 빠르게 이어지는 생각, 그리고 무비판적인 자신감에서 과대망상에까지 이르는 과대 사고 등이다.

경계성 성격장애를 지닌 사람들은 일반적으로 불안정한 기분과 우울 증상을 보이는 게 사실이다. 그러나 경계성 성격장애는 기분의 변화로 정의하지 않는다. 이 장애를 지닌 사람들의 기분 변화는 일상에서 어떤 일들을 겪느냐에 달려 있는데, 이는 양극성 장애에서 조증과 울증의 주기가 외부 사건과 별 상관이 없는 것과는 다르다.

또 다른 차이점은, 양극성 장애의 주기는 느려서 월 단위나 연 단위로 측정되는 반면에 경계성의 기분 변화는 순식간에 일어날 수 있다는 것이다. 그뿐 아니라, 양극성 장애는 조증과 우울증만을 포함하는 데 비해 경계성 성격장애에서는 '모든' 감정이 수시로 오르락내리락한다. 분노, 질투, 행복, 기타의 감정들을 아주 강렬하게 느낀다.

경계성 성격장애의 감정 기복은 관계나 상황에 의존하기에, 임상 전문가들은 이 장애가 우울증이나 양극성 장애만큼 심각하거나 사람을 무력화하는 것은 아니라고 믿었다. 물론 이제 우리는 그런 생각이 틀렸다는 걸 알고 있다. 또 우리는 경계성 성격장애가 양극성 장애와 조현병(정신분열병)을 합한 것보다 더 흔하다는 사실도 알고 있다.

경계성 성격장애와 양극성 장애는 치료 방식이 매우 다르다. 양극성 장애인 사람들은 대개 증상을 호전시키기 위해 약물치료가 필요하다. 그러나 경계성 성격장애의 핵심 요소를 치료하는 약은 없다. 다만 충동성이나 감정 기복 같은 경계성 성격장애의 특정 증상을 치료하는 데에 세 종류의 약물(항우울제, 기분 안정제와 미량의 항정신병 약물)을 쓰고 있다.

| 경계성 성격장애가 있는 사람의 가족 |

가족 중에 중독자가 있는 경우, 전체 가족 체계가 결국은 중독자와 그의 중독을 중심으로 해서 지극히 건강치 못한 방식으로 조직되는 것이 일반적이다. 마찬가지로, 가족 중에 경계성 성격장애를 지닌 사람이 있으면 결국은 가족이 하는 모든 일이 경계성인 사람과 그의 생각, 감정, 행동 및 요구를 중심으로 돌아갈 수 있다. 그 과정에서 다른 식구들의 정당한 필요와 욕구가 희생되기도 할 테다. 이들 가족 구성원은 매일 자신의 자의식(self-awareness. '자기인식, 자아인식'이라고도 하며 자신의 인격과 개별성, 느낌, 동기, 욕구 등을 잘 알고 이해하는 것을 말한다.−옮긴이)과 경계를 조금씩 잃어서, 더 이상 자신이 누구인지 모르게 되는 수도 있다.

이런 가족 체계의 중심에는 경계성 성격장애를 지닌 사람이 있으며, 그는 관심과 정서적 안도를 간절히 원하는 사람이다. 그는 혼자서는 행복할 수 없기 때문에 다른 누군가가 행복의 열쇠를 쥐고 있다고 믿는다. 그에겐 자신을 행복하게 '해 줄' 다른 사람이 필요하다. 그는 스스로를 달래거나, 진정시키거나, 불안이나 분노, 기타 감정을 혼자 처리할 수 없다. 그래서 책임을 떠안아 주고, 편안하게 해 주고, 모든 것을 더 좋게 만들어 줄 다른 사람이 있어야 하는 것이다. 이렇듯 더 나은 기분을 추구하는 과정에서 그는 다른 가족 구성원 누구든 조종할 수도 있다.

다음은 경계성 성격장애를 지닌 한 여성(이후 장애에서 회복됨)이, 자기가 다른 가족 구성원들을 어떻게 대했는지 설명한 것이다.

나는 종종 사건이 끝난 후에야 내 동기를 깨닫는다. 한번은 남편이 크리스마스 날 나를 무시하는 바람에 너무 화가 나서 남편의 면전에서 방금 그가 나에게 준 선물을 모두 부수기 시작했다. 내가 가장 사랑하는 선물인 연애시집을 찢어 버리려 하자 남편은 나를 만류했다. 그 책이 눈에 들어왔을 때, 나는 내가 그걸 결코 망가뜨리지 않을 것임을 알았다. 실제 나의 관심은 남편이 나를 저지하려 드는지 보는 것이었다. 내가 혼자 살았다면 이런 사건은 일어나지 않았을 것이다. 그런데 내가 왜 그랬을까? 그 답은 추하고 아프고 부끄럽고 역겨운 것이었다. 조종하려고 그런 거니까. 나는 깊은 부끄러움을 느꼈다.

> [경계성 성격장애를 지닌 사람들은] 타인을 조종하려 드는 게 분명할지라도, 본인은 자기 행동을 그렇게 생각지 않는다. 그들은 자신의 필요를 그들이 아는 유일한 방법으로 충족하려고 노력할 뿐이다. 지금 당장 누군가가 자기를 분노나 불안, 괴로움, 임박한 절멸의 느낌에서 구해 주어야 한다. 그들은 자기를 달래 주고 기분이 나아지게 해 줄 반응을 이끌어 내기 위해 노력하는 것이다.
>
> ─래리 J. 시버(의사, 성격장애 연구의 선구자)

| 남성의 경계성 성격장애 |

2008년의 한 연구에 따르면(우리의 경험으로도 그러한데) 경계성 성격장애인 사람의 절반은 남성이고 절반은 여성이다. 이 장애가 있는 사람 대부분이 여성이라는 일반적 견해는 완전히 잘못된 것이다.

많은 남성은 어린 시절부터 분노 이외의 감정을 갖지 않도록(또는 표현하지 않도록) 배웠다. 그 결과, 경계성 성격장애가 있는 남성의 대부분은 자기가 느끼는 격렬한 감정, 잦은 기분 변화, 그리고 진정하는 데에 오랜 시간이 걸리는 것 등에 대처할 채비가 되어 있지 않다. 이런 문제들을 함께 의논할 친구가 없는 이도 많다. 그리고 경계성인 남성 대다수는 치료를 받으려 들지 않는다. 그러니 경계성 분노가 여성보다 남성에게서 흔히 더 폭발적이라는 것도 전혀 놀랍지 않다.

이런 분노 때문에 경계성 성격장애 남성은 종종 법적 문제를 일으키며, 교도소에 가는 수도 있다. 그런데 안타깝게도 경계성인 남성은 흔히 오진되거나, 아무런 진단도 없이 그냥 학대자나 살인자, 폭력범, 가해자 또는 끔찍한 놈으로 치부되고는 그만이다. 다른 여성 때문에 버림받은 여성이 자기를 버린 파트너를 죽이고 자살했다면 많은 임상전문가들이 '그 여자는 아마 경계성 성격장애였을 것'이라고 생각한다. 그러나 남성이 같은 일을 저질렀다면 임상전문가는 그가 자살했다는 사실을 잊는 경향이 있다. 그들은 그 범죄를 가정폭력이라 부르고 그 남자를 살인자로 낙인찍고는 더이상 따지지 않는다.

경계성 성격장애 진단에서 명백한 성별 편견이 있음은 여러 연구로 입증되었다. 임상전문가에게 '크리스(Chris)'라는 표본 환자에 대한 정보를 제공하고 이 환자가 여성이라고 말하면 남성이라고 했을 때에 비해 경계성 성격장애로 진단할 가능성이 상당히 더 컸다. 이름도 병력도 똑같은 동일 환자인데도 말이다('크리스'는 남자 이름 'Christopher'의 애칭이자 여자 이름 'Christina, Christine'의 애칭이기도 하다. ─옮긴이).

경계성 성격장애가 있는 남성과 여성의 차이점

다음의 특징들은 경계성 성격장애 여성보다 같은 장애를 지닌 남성에게 더 흔하다.

- 물질남용
- 불안정한 관계
- 경계성 성격장애와 자기애성 성격장애의 병존
- 경계성 성격장애와 반사회성 성격장애의 병존
- 충동성
- 공격성(이 특성의 성별에 따른 수준 차이를 통제한 후에도)

다음의 특징들은 경계성 성격장애 남성보다 같은 장애의 여성에게 더 흔하다.

- 치료를 받은 이력
- 섭식장애
- 불안장애
- 외상후 스트레스장애(PTSD)
- 우울증이나 양극성 장애와 같은 주요 기분장애
- 정신장애에 대한 약물 복용

| 마지막 몇 마디 |

경계성 성격장애는 홍역이나 신종 코로나바이러스감염증(COVID-19) 같은 전염성은 없다. 그러나 경계성 성격장애 행동에 노출된 사람들은 시간이 지남에 따라 자기도 모르게 이 장애의 역동(力動, dynamics)의 일부가 될 수 있다(이 맥락에서 역동이란 장애 당사자와 주변 사람들의 심리적 과정과 행동, 상호작용의 패턴을 말한다. ―옮긴이). 친구나 파트너, 가족 구성원은 죄책감과 자책, 우울, 격노, 부정, 고립, 혼란의 독성 순환 속에 갇혀 있다고 느끼기도 한다. 그래서 그들은 별 효과가 없거나 상황을 더 악화시키는 방식으로 대처할 수도 있다. 한편, 경계성 성격장애를 지닌 사람은 자신의 건강치 못한 행동을 강화한다. 그의 감정과 행동에 대한 책임을 다른 사람들이 짊어져 주기 때문이다.

경계성 성격장애를 지닌 사랑하는 사람이 보이는 행동은 당신에 관한 것이 아님을 명심하라. 당신은 위협이나 승산 없는 상황, 묵살과 무시, 격노, 기타 부당해 보이는 방법으로 통제당하거나 이용당하는 느낌을 받을 수 있다. 그러나 경계성 성격장애를 지닌 사람이 무슨 말을 하든, 일어나고 있는 모든 일은 당신에게서 기인한 게 아니라 그 장애와 그가 느끼는 내면의 깊은 고통에서 나온 것이다.

이 장에는 좋은 소식이 없는 것처럼 보일지 모르지만, 그렇지 않다. 당신의 삶을, 그리고 사랑하는 사람과의 관계를 개선하기 위한 첫걸음은 그들이 대체 왜 그렇게 행동하는지를 이해하는 것이다. 그들은 장애 때문에 당신의 현실을 찾아오지 못하니 당신이 그들의 현실로 여행해야 한다. 이 장에서 당신이 한 일이 바로 그것이다.

3

자기애성 성격장애 이해하기

나르시시스트는 다른 사람들의 기대와 선호에 따라 자신을 정의해야 한다는 심적 압력을 받는다. 그들은 이만하면 됐다는 내적 감각에 의존하기보다는 인정과 안도감을 구하는 데 집착한다. 칭찬이나 아첨을 끊임없이 받지 못하면 그들[의 우월감과 특권 의식은 약해지고 불안정해진다. 깊이를 모를 구덩이 위에 지은 집이 삐걱거리기 시작하고, 방바닥이 위태로우리만큼 얇게 느껴지기 시작한다.

— 마크 에튼슨, 『나르시시즘을 벗긴다―당신 삶 속의 나르시시스트를 이해하기 위한 길잡이』

"경계성 성격장애에 관한 책에 왜 자기애성 성격장애에 대한 장이 들어 있지?"라고 궁금해할지 모른다. 좋은 질문이다.

기억하겠지만, 이 책의 앞부분에는 임상전문가들이 예전엔 경계성 성격장애의 특성들을 정의하고 묘사할 때 정신건강 시스템에서 이 장애로 진단받은 사람들에 대한 관찰을 토대로 했다는 요지의 얘기가 나온다. 그런데 이러한 방식은 사람들을 오도할 소지가 있는 것으로 판명되었다. 관찰 대상의 압도적 다수가 지닌 경계성 성격장애가 특정 종류, 즉 통상적 유형의 것이었기 때문이다.

2008년에 한 연구팀은 병원과 클리닉(병원보다 작은 규모의 외래 진료소 또는 특정한 질환을 진단하고 치료하는 곳—옮긴이)에서 경계성 성격장애로 치료받는 사람들이 이 장애를 지닌 모든 사람을 대표하는 표본은 결코 아니라는 것을 발견했다. 사실 그들은 소수 집단에 불과하다.[*]

이 연구팀은 정신건강 시스템 안에 들어온 사람들을 평가하는 대신, 지역사회로 나가서 3만 5,000명과 대면 인터뷰를 했다. 그들이 새로이 알게 된 많은 것들 중 하나는, 경계성 성격장애가 있는 사람의 비율이 *DSM*에서 1990년대 이후 주장해 온 것과 달리 인구의 2.0%가 아니라 약 5.9%라는 점이었다. 그렇다면 늘어난 사람들은 어디서 온 것일까? 바로 비통상적인 경계성 성격장애를 지닌 이들이었다. 거의 전부가 공식적으로 진단받지 않았고, 정신건강 시스템에 들어와 있지 않았으며, 대부분이 남자였다. 그리고 통상적 경계성 성격장애인 사람 한 명당 비통상적 유형은 두 명꼴이었다.

그에 더해 이 연구팀은 경계성 성격장애를 지닌 사람의 거의 40%가 자기애성 성격장애(NPD)를 '함께' 가지고 있다는 것도 발견했다. 다시 말해서, 사랑하는 사람이 경계성 성격장애가 있고 현재 치료를 받고 있지 않다면 그에게 자기애성 성격장애도 있을 확률이 대략 40%이다. (사랑하는 사람이 남성이라면 이 비율이 조금 더 높다. 자기애성 성격장애를 지닌 사람 즉 나르시시스트의 약 65%가 남성이기 때문이다.)

---

[*] 이 연구의 영문 개요는 https://pubmed.ncbi.nlm.nih.gov/18426259/에 있다. 논문 전체를 읽고 싶으면 https://www.ncbi.nlm.nih.gov/pmc/articles/PMC2676679/로 가 보라. 여기 담긴 중요한 결과들은 랜디 크레거가 지난 22년 동안 수행해 온 포커스 그룹(표적집단) 연구 결과와 매우 유사하다.

따라서 자기애성 성격장애를 자세히 살펴보는 것이 중요하다. 먼저 이 장애를 전체적으로 검토한 뒤, 앞의 2장에서 경계성 성격장애에 대해서 한 것과 같은 방식으로 구체적 특성들을 얘기하겠다.

| 건강한 자기애와 병적인 자기애 |

우리 모두는 세상이 우리를 거듭 쓰러뜨려도 끈질기게 다시 일어나기 위해 어느 정도 자기애적(나르시시스트적) 특성이 필요하다. 큰 선거에서 패하고 2년 뒤에 다시 출마하는 정치인이나, 최근 출연한 영화가 망하니까 스스로 독립영화를 만드는 여배우를 생각해 보라. 건강한 자기애는 우리가 어려운 시기를 견뎌 내도록 돕고, 회복력을 더 키울 수 있게 돕는다.

자기애성 성격장애는 이 같은 건강한 기능에서 기능 장애 또는 역기능으로 경계를 넘어선다. 나르시시스트는 대부분의 사람과 다른 현실에 살고 있다. 이 '대체 현실'에서 그들은 비유하자면 왕이나 여왕이 되도록 태어났기 때문에, 땅을 일궈 농사짓고 배를 채우고 밤이면 몸으로 잠자리를 덥히는 소작농의 삶에 대해서는 거의 또는 전혀 생각하지 않는다.

| 자기애성 성격장애의 주요 개념과 용어 |

거짓 자아(false self, 때로 '가면[the mask]'이라고도 함): 경계성 성격장애를 지닌 사람들과 마찬가지로 나르시시스트 대부분은 자신이 부족하고 무가치하며 수치스럽다는 등의 느낌을 은폐하기 위해 이런 원치 않는 특성들을 다른 사람에게 투사한다. 그런데 나르시시스트는 거기서 그치지 않고 한 걸음 더 나아간다. 부족하거나 나쁘거나 무가치하지 '않은' 정도로는 턱없이 모자란다. 그들은 '다른 누구보다도 나아야' 하는 것이다. 이를 위해 그들은 거짓 자아를 구축한다. 이는 자신의 부끄러운 모든 것을 가리는 슈퍼맨의 가면과 같다. 게다가 나르시시스트는 가면을 쓰고 시간이 지남에 따라 (사람마다 정도는 다르지만) 그게 가면이라는 사실을 잊는다. 그들은 자신의 거짓 자아를 받아들이고 믿는다. 그러나 이 거짓 자아는 〈피터 팬〉에 나오는 작은 요정 팅커 벨과 같다. 사람들이 믿어 주지 않으면, 거짓 자아는 비유컨대 병에 걸리고 죽을 수 있다.

이것이 나르시시스트가 자신은 '결코' 실수를 저지르지 않는다며 실수를 저질러도 결코 인정하지 않고, 어떤 일에도 결코 책임을 지려 하지 않으며, 당신(또는 다른 사람)이 자신보다 더 잘할 수 있는 일이 있다는 것을 결코 인정하지 않는 이유다. 나르시시스트로 하여금 치료를 받게 하거나 어떤 식으로든 변하게 하는 것이 그토록 어려운 한 가지 요인이 바로 이 거짓 자아다. 이들의 관점에서 생각해 보라. 자신이 슈퍼히어로라고 믿는 것과, 자신이 무가치한 사람이라고(그래서 자신의 고통을 면밀히 검토하는 게 필요하다고) 느끼는 것 중 하나를 선택해야 한다면, 과연 어느 쪽을 택하겠는가?

자기애적 공급(narcissistic supply): 자동차가 휘발유로 달리고, 모든 인간이 음식과 물을 먹으며 사는 것과 마찬가지로, 나르시시스트들은 '자기애적 공급'이라고 부르는 것으로 산다. 나르시시스트는 자신에게 자존감을 줄 수 없기 때문에 다른 사람들로부터 자주 자존감을 공급받아야 한다. 이 같이 지속적인 자기애적 공급은 거짓 자아를 부풀려지고 강력한 상

태로 유지하는 데 필수적이다.

자기애적 공급의 예로는 감탄, 칭찬, 관심, 선망, 인상적인 직함, 값비싼 물건 소유, 특별 대우, 아첨, 남들의 두려움, 인정, 긍정, 존경, 박수갈채, 유명인 지위, 성적 정복, 수상, 기타 나르시시스트를 특별한 존재, 승리한 자로 보이게 해 줄 모든 수단들이다.

자기애적 손상(narcissistic injury): 어떤 이유로든 자기애적 공급이 중단되거나 나르시시스트가 무언가로 인해 비난이나 비판을 받는 경우, 그 결과는 '자기애적 손상'이다. 문제의 상황과 관련된 사건, 행동(또는 행동의 부재), 발언이나 생각 등은 거짓 자아의 가면을 날려 버림으로써 나르시시스트의 실체를 폭로할 위험이 있다. 이런 자기애적 손상은 그들에게서 자신이 지극히 취약하며 수치스럽다는 느낌, 부족함의 느낌을 촉발한다.

흔히 보는 자기애적 손상에는 파트너나 직장을 잃는 것, 법적 분쟁에서 지는 것 등이 포함된다. 나르시시스트에게는 논쟁에서 지거나, 평범하고 쉽게 용서될 수 있는 실수를 하는 것조차 자기애적 손상의 원인이 될 수 있다. 이혼은 중대한 자기애적 손상을 줄 수 있다. 많은 나르시시스트들이 법정에서 마치 동네 깡패처럼 행동하면서 곧 전처나 전남편이 될 사람에게 앙갚음을 하고, 자녀를 분쟁의 한가운데로 끌어들이는 것은 이 때문이다.

자기애적 분노(narcissistic rage): 나르시시스트의 분노는 경계성 성격장애가 있는 사람의 분노와 비슷하다. 정상적인 화내기와 달리 이런 분노는 대개 불합리하고, 그것을 유발한 사안에 비해 지나치며, 몹시 공격적(또는 수동공격적)이다. 이런 반응으로는 격렬한 분노 폭발, 부글거리는 원한,

묵살, 신랄한 야유 등이 있다. 굴욕감이나 당혹감이 클수록 나르시시스트의 분노는 더 극심해질 것이다.

이제 나르시시스트들이 대개 어떤 식의 사고와 감정, 행동을 보이는지 살펴보자.

〈자기애성 성격장애가 있는 사람에게서 흔히 보는 사고와 감정, 행동〉

사고	자신이 우월하고, 남다른 권리가 있고, 특별하며, 법 위에 있다고 믿는다. 지금보다도 더 우월하고 더 특권 있는 완벽한 세상에 대한 환상을 갖고 있다.
감정	다른 사람의 입장을 헤아리지 못한다. 자신 외에는 누구와도 공감할 수 없다. 아침부터 밤까지 존경과 감탄이 필요하다. 그런 것들이 사라지는 순간, 내면에 깔려 있는 수치심과 무가치감이 고개를 쳐들 것이기 때문이다.
행동	원하는 것을 얻기 위해 일상적으로 다른 사람들을 장기판의 졸처럼 이용한다. 자신이 타인에게 상처를 주든 말든 신경 쓰지 않으며, 타인을 돕는 데 관심이 없다. 자기 이외의 모든 '미천한 것들'에 대해 오만하게 행동한다.

이러한 특성들 일부를 클로즈업해서 자세히 들여다보겠다. 2장에서 그랬듯이, 당신이 사랑하는 사람을 떠올리게 하는 것이 있는지 눈여겨보라.

| 강한 우월감과 특권의식 |

나르시시스트는 자만심으로 가득 차 있다. 그들은 자신이 다른 사람들보다 우월하며, 따라서 원하는 모든 것을 가질 특권이 있어야 한다고 절대적으로 확신한다. 그들은 예컨대 아이스크림을 먹을 때도 다른 사람

들의 두 배를 원하고, 다른 누구도 자기만큼 먹지 못하게 했으면 한다. 그들은 빨간 페라리를 원하고, 그걸 몰고 다닐 때도 교통 규칙은 특별하지 못한 사람들에게나 적용되지 자기 같은 사람과는 무관하다고 생각한다. 그들은 다른 우월한 사람들과만, 그리고 그런 이들의 필요에 부응하는 클럽이나 시설, 조직들과만 관계를 맺으려 든다.

나르시시스트들은 자신의 우월의식을 떠받치기 위해 종종 자신이 누구인지, 무엇을 했고 이루었는지, 어떤 직위를 맡았는지, 어떤 찬사를 받았는지에 대해 거짓말을 하거나 과장한다.

나르시시스트의 특권의식은 건강한 자존감('자아존중감', '자기가치감', 혹은 '자부심'이라고도 함)과 같지 않다. 건강한 자존감은 있는 그대로의 자신을 존중하고, 자기가 인생에서 좋은(그렇다고 반드시 특별하지는 않은) 것들을 향유할 자격이 있다는 믿음을 키운다. 우리는 스스로의 열성과 노력 및 헌신의 결과인 성취를 통해 자존감을 형성한다.

이에 반해, 나르시시스트는 일이나 노력 또는 성취와 아무 관련 없는 특권의식을 가지고 있다. 그들은 자기가 세상의 중심이 아니라는 것을 전혀 배우지 못한 어린애와 같다. 그래서 당장의 요구가 받아들여지지 않으면 어린애처럼 몹시 화를 낸다. 다른 사람들이 자신의 욕구를 충족시키기 위해 바삐 움직이지 않으면 응징해야 한다고 생각한다. 나르시시스트들은 오만하고 도도하게 행동하는 수가 많다. 특히 식당 종업원이나 소매점 직원같이 자기보다 '아래'의 존재라고 여기는 사람들에게 더욱 그렇다.

나르시시스트들이 느끼는 우월감을 잘 보여 주는 세 가지 이야기가 있다.

🍀 나르시시스트와 결혼했던 샘

나의 전처 세라는 스코키 교외에 살게 된 후 자신이 시카고의 모든 사람보다 위에 있다고 믿었다. 나를 만났을 때 그녀는 자기가 큰 광고 대행사의 크리에이티브 디렉터였으며, 아이들은 아이비리그 대학에 다녔고, 자기는 제트기로 세계를 누비는 유명인들과 함께한 적도 있다고 했다. 그녀는 자신의 개인적 배경과 가정교육, 교양이 모두 훌륭한 듯이 말했다.

몇 달 후, 나는 그녀가 단지 생산직 보조 인턴이었으며, 코카인과 암페타민을 과도하게 사용했었다는 것을 알게 되었다. 게다가 그녀는 나를 만나기 15년 전부터 아이 딸린 전업주부였다….

전 남자 친구가 나르시시스트였던 케이티

자신에 대해 기분이 좋을 때면 그는 내가 자기한테는 부족하다는 듯이, 그래서 나를 떠나야겠다는 듯이 행동했다. 다음과 같은 식으로 말하면서 말이다. "나는 자기가 내가 원하는 사람인지 모르겠어. 어쩌면 결코 모를 거야. 내 생각에 난 더 많은 것을 원해. 그리고 나에게 관심을 표하는 다른 여자들이 많다는 걸 알아. 어쩌면 그들과 데이트를 해 봐야 할지도 몰라." … 그럴 때 나는 이렇게 답했다. "괜찮아. 자기가 그렇게 느낀다면 내가 물러날 거야." 한데 내가 그러면 그는 태도를 바꿔서, "아니야, 자기를 잃고 싶지는 않아"라고 말하곤 했다. 그건 모두 게임이었다. 내가 그 게임을 그만두자 나는 '사악한' 사람이 되었다.

전 여자 친구가 나르시시스트였던 로비

그녀는 자신이 보기에 '영적'이며 대부분의 사람보다 더 '깨어 있는' 이들과만 어울리고 싶어 했다. 그녀의 친구들은 '상류'의 직업을 갖고 있는 사람들이며, 자기도 그 덕에 멋진 파티와 모임, 워크숍, 시 낭송회 같은 데 참석한다고 했다.

| 공감 결핍 |

나르시시스트들은 당신뿐 아니라 누구와도 입장을 바꿔 생각할 줄을 모른다. 그들은 무슨 일에 대해서도—심지어 사랑하는 누군가의 죽음에도—당신이 어떻게 느낄지를 상상하지 못한다. 버림받는 것에 대한 두려움이 경계성 성격장애의 핵심 특징인 것과 마찬가지로, 이러한 공감 즉 감정이입의 결핍은 자기애성 성격장애의 핵심적 특징이다. 위기 상황에서든 일상적인 대화에서든 나르시시스트가 당신의 말을 귀담아 듣고 위로해 주거나 정서적으로 지지해 줄 것을 기대하지 말라.

이 같은 공감 결핍은 우리 대부분에게 매우 이질적으로 느껴진다. 사실 많은 동물들에게서도 공감의 증거를 볼 수 있지 않은가. 하지만 공감의 결핍은 자기애성 성격장애의 전형적인 특징 중 하나다. 그 결핍이 얼마나 심각한지 당신은 깨닫지 못할 수도 있다. 예컨대 당신과 가까운 친척이 사망하거나 당신이 중병에 걸려 사랑하는 사람의 지지가 정말로 필요한데도 그는 오히려 당신의 그런 안 좋은 일이 '자신의' 삶을 손상한다고 불평하는 걸 들을 때까지는.

이러한 공감 결핍은 나르시시스트가 친밀한 관계를 가질 능력 또한 없음을 의미한다. 이것은 받아들이기 힘든 얘기라는 걸 안다. 그러나 우리는 당신이 사랑하는 사람의 우월감의 허울 아래에 무엇이 '부재'하는지에 대해 정직해지기를 권한다. 그들의 내면에는 꽃피우기를 기다리고 있는 사랑과 배려의 잠재력이란 없다.

다음은 나르시시스트를 사랑하는 사람들이 공감 결핍에 대해 말한 내용이다.

🍀 언니가 나르시시스트였던 루스

내가 얼마나 상처를 받았는지 한 시간쯤 자세히 설명하면, 그녀는 얼음처럼 차갑게 앉아 있곤 했다. 자기가 말할 차례가 되자 그녀는 내가 한 말 한마디 한마디를 다 박살냈고, 결국 나는 내 느낌을 털어놓은 것에 대해 사과해야 했다. 나는 이런 위험 신호를 무시하고 나 자신과 다른 사람들에게 언니에 대해 변명을 했다.

🍀 전 남자 친구가 나르시시스트였던 랜디

내 파트너는 … 내가 그런 식으로 느끼는 게 잘못이며, 그게 내 마음에 들지 않는다면 나한테 뭔가 문제가 있는 거라고 말하곤 했다.

나르시시스트는 자신이 타인에게 가하는 고통을 고려하지 않는다. 그들은 다른 사람들의 인식을 전혀 믿지 않는다. 그들은 자신의 것과 상충하는 생각이나 감정에는 당최 관심이 없다. 그들이 당신의 말을 경청하거나, 인정하거나, 이해하거나, 지지하기를 기대하지 말라.

—레스 파커(심리학자)

그렇다고 나르시시스트인 누군가가 당신에게 적절한 때에 그럴싸한 선물을 주는 일이 없으리라는 것은 아니다. 나아가 그들은 사람들이 공감을 보일 때 보통 말하는 것들을 흉내 낼 수도 있다. 그러나 이런 것은 그저 보여 주기 위한 것이지 진심이 아니다.

| 존경과 관심에 대한 지속적인 욕구 |

나르시시스트가 충분한 존경과 관심을 받지 못할 때, 그들은 자신이 뜨거운 벽장 속의 꽃처럼 시들어 버릴 거라고 느낀다. 이러한 자기애적 공급 부족에 대한 반응으로 그들은 보통 다른 사람들을 맹렬히 비난한다.

나르시시스트들이 일반적으로 보이는 이 같은 행동에 대해 두 사람의 이야기를 들어 보자.

🍀 전 여자 친구가 나르시시스트였던 톰

나의 이전 여자 친구는 끊임없이 인정받고 사랑받고 찬양받아야 했다. 매일 아침 출근길과 퇴근길에 전화를 하지 않으면 몹시 화를 내곤 했는데(우리는 같이 살지 않았다), 그러면서도 내가 자기에게 전화를 하는 것이 마치 압력처럼 느껴진다고 말하면서 당혹스러워하기도 했다. 그녀는 "전화가 오면 받아야 한다는 건 싫은데, 그래도 내가 중요한 존재라는 걸 확인해야 하니까 자기가 전화를 걸어서 응답기에 메시지라도 남겨 주었으면 해"라고 말했다. 이런 태도는 나의 문자를 시도 때도 없이 원하는 것에서도 마찬가지였다. 그녀의 문자에 몇 분 안에 응답하지 않으면 다시 문자를 보내 "내 문자 받았어?"라고 확인하곤 했다.

🍀 아버지가 나르시시스트였던 네디마

내 결혼식에서 아버지는 나와 말을 하려 들지 않았다. 신부의 아버지인 당신에 대한 배려가 소홀했다는 이유에서였다. 그러고는 나머지 가족들에게 자신이 받은 마음의 상처를 호소하며 공감을 구했다. 신혼여행에서 돌아왔을 때 남동생은 내가 사진사에게 이복형제들 사진은 찍지 말라고 했다고 비난했다. 물론 나는 그런 짓을 하지 않았다. 그들을 찍은 사진도 아주 많이 갖고 있었다. 그러나 아버지는 모든 사람에게 내가 그런 짓을 했다고 떠드셨다.

| 강박적 공상 |

나르시시스트들은 무한한 성공, 권력, 명석함, 아름다움, 또는 이상적인 사랑에 대한 공상에 일상적으로 탐닉한다. 이것은 부분적으로 그들이 내면의 공허함을 물리치고, 자신이 특별하며 통제력이 있다고 느끼며, 결함을 지닌 하찮은 사람이라는 느낌을 피하는 방법이다.

물론 우리 누구나 공상을 하지만, 대부분은 현실과 공상을 쉽게 분별할 수 있다. 나르시시스트들은 종종 마술적 사고와 현실 사이의 경계를 걷거나 넘어선다. 그리고 일단 그 선을 넘으면 자신의 공상을 다른 사람들에게 현실로 제시하고 '가스라이팅(gaslighting)'을 할 수도 있다. (가스라이팅은 학대적 관계에서 흔히 볼 수 있는 일종의 정서적 학대다. 그것은 타인으로 하여금 자신의 생각과 기억, 그리고 주변에서 일어나는 사건들에 대해 의심하도록 만듦으로써 그를 조종하는 행위다. 가스라이팅을 과도하게 당하는 피해자는 자신이 제정신인지조차 의심하게 될 수 있다. 가스라이팅이라는 용어는 1938년에 연극으로 상연되고 1940년과 1944년 두 차례 영화로 만들어진 〈가스등[Gas Light]〉에서 유래했다.)

한 여성은 이런 행위를 다음과 같이 묘사했다.

남편이 나르시시스트였던 유코

치료를 시작하기 전, 남편은 우리의 계획을 세울 때 지금 당장의 현실에 바탕을 두지 않고 갑작스러운 돈벼락(로또 당첨)에 대한 환상의 시나리오를 전제로 하여 세우는 경우가 많았다. 우리 관계에 대해서도 그는 현실적 근거가 없는 '영원한 행복'의 시나리오를 만들어 놓았다. 그는 이 영원한 행복의 시나리오를 워낙 확고하게 믿고 있어서, 우리가 서로에 대한 신뢰와 정직성의 문제들을 얘기해야 한다는 나의 말은 그에게 들리지조차 않았다.

나르시시스트는 맡겨진 역할을 그대로 연기하는 배우와 같다. 그들은 노련한 거짓말쟁이이며, 더 문제인 것은 자신의 거짓말을 믿는다는 점이다. 거짓말을 잘하다 보니 그들은 자기가 진실이라고 내세우는 것과 거짓을 구분하지 못한다. 그들은 과거의 기억을 꺼내 재정리해서 자신을 좋아 보이게 만들 수도 있다. 그들은 잘못을 인정하는 경우가 거의 없으며, 결코 미안하다는 말을 하지 않는다.

—로켈 러너(『내 애정의 대상은 거울 속에 있다-나르시시스트에 대처하기』 저자)

| 타인에 대한 착취 |

나르시시스트들은 일상적으로 다른 사람들을 부당하게 이용한다. 그들은 칠장이나 정원사, 피아노 조율사처럼 소송을 할 여력이 없는 소규모

업자들에게 줘야 할 돈을 아무렇지도 않게 떼어먹을 수 있다. 그들은 단지 파트너의 질투를 유발하기 위해 다른 사람과 데이트할 수도 있다. 그리고 몇 걸음을 덜 걸으려고 장애인 전용 공간에 주차할 수도 있다.

그들은 또한 타인이 자신을 위해 하는 일에 고마워하지 않는다. 사실, 당신이 관대하거나 남들을 잘 돌보는 성격이라면, 그들은 당신을 최악으로 대할 수 있다. 다음은 몇 가지 사례.

♣ 전 남자 친구가 나르시시스트였던 아니카

내 남자 친구 제임스는 내가 직장에 있는 동안 내 집에 침입했다. 귀가해 보니 집안이 온통 들쑤셔져 있었다. 나는 즉시 그에게 전화를 걸어 이 문제를 따졌다. 그는 자기가 그랬다고 인정하고는 그게 불만이라면 경찰에 전화하라고 했다.

♣ 아내가 나르시시스트인 리존

우리 집은 돈이 많은 것도 아닌데 아내인 실라는 값비싼 실크 드레스와 진주 귀걸이를 여럿 사들였다. 그녀는 보험이 적용되지 않는 불필요한 성형수술도 받았다. 그걸 굳이 해야 하냐고 내가 어렵사리 묻자 그녀는 수술을 취소했다고 거짓말을 했다.

♣ 남편이 나르시시스트인 애비

남편 댄은 자기가 늦게 귀가했을 때 스스로 저녁 식사를 데워 먹을 수는 없잖으냐고, 그러니 내가 밤에 아이들과 외출해서는 안 된다고 나를 설득하려 들었다.

102

| 미숙한 정서 발달 |

기억하겠지만 2장에서 우리가 설명하기를, 경계성 성격장애(BPD)가 있는 사람들은 정서 발달 측면에서 에릭 에릭슨이 말한 심리사회적 발달의 둘째 단계—18개월에서 36개월 사이 아이들의 '자율성 대 수치심과 의심(회의감)' 단계—에 머물러 있다고 했다. 그런데 자기애성 성격장애(NPD)가 있는 사람, 즉 나르시시스트들은 이보다 다소 뒤인 넷째 단계, 즉 에릭슨이 '근면성 대 열등감'으로 설명하고 일반적으로 6~11세 어린이가 거치는 단계에 머물러 있다.

이 단계에서 아이들은 숙달감, 도덕감각 및 자신감을 개발하는 법을 배운다. 그러나 이전 단계를 거치면서 충분히 발달하지 않은 아이—즉 신뢰와 주도성, 자율적 학습 능력 등을 발전시키지 못한 아이—는 자라면서 자신에게 성공할 능력이 있는지 의심하게 될 것이다. 이 단계에서 돌봐 주는 성인들의 지원을 받지 못하면 자존감이 낮아지고, 결국 열등감이 강해질 수 있다.

이 연령기는 아이들이 직접적인 감독 없이 자신의 감정을 표현하고 충동을 조절하는 방법을 배우는 시기이기도 하다. 그들은 자기 행동의 결과를 인식하고, 자신의 감정을 이해하고, 공감을 보이고, 고통받는 사람을 보았을 때 도움을 줄 수 있어야 한다. 그런데 이게 바로 나르시시스트인 성인들이 어려워하는 일들이다.

분노를 제외하면 나르시시스트들은 감정적으로 얕은 삶을 살고 있다. 자신과 다른 사람들 모두에게 워낙 많은 것을 숨겨야 하기 때문이다. 이런 얕음은 그들을 알기 어렵게 만드는데, 이는 그들에겐 겉모습 이면의 실체라 할 게 별로 없어 보이기 때문이다. 이는 경계성 성격장애를 지닌 사람 대부분이 매우 광범위한 감정을 느끼고 표현하는 것과 정반대다.

경계성 성격장애와 자기애성 성격장애를 모두 가진 사람은 양쪽의 특성들을 '모두' 나타낼 수 있다. 여러 층으로 된 케이크를 생각해 보라. 비유하자면, 케이크 층 사이사이의 필링 층은 경계성 성격장애, 케이크 층은 자기애성 성격장애라 할 수 있다. 다시 말해, 양자의 특성들은 나란히 존재하지만 한데 섞이지는 않는다. 양쪽의 특성이 상반되는 경우(예컨대 경계성 성격장애가 있는 사람은 감정이 격렬하고, 자기애성 성격장애를 가진 사람은 감정이 얕다)에는 일반적으로 한쪽 장애가 지배적이며, 그게 어느 쪽이냐에 따라 가장 자주 나타나는 특성이 결정되는 경향이 있다. 그렇긴 해도, 각 개인의 성격은 모두 독특하다.

| 사람들에게 노출되는 것에 대한 두려움 |

나르시시스트에게, 자신이 숨겨 온 수치가 공개적으로 드러나는 것은 두렵고 견딜 수 없는 일이다. 그래서 그들은 두 가지 행동을 한다. 하나는 이런 노출을 피하기 위해 거짓말을 하고, 타인과의 상호작용을 회피하고, 사람들을 오도하고, 타인을 터무니없이 비난하는 것이고, 다른 하나는 자신의 수치심을 타인에게 투사하는 것이다.

| 나르시시스트의 두 가지 유형 |

자기애성 성격장애에는 꽤 잘 구분되는 두 가지 유형이 있다. 오만형 나르시시스트와 연약형(또는 내현적[covert]) 나르시시스트다. 하나씩 살펴보겠다.

오만형 나르시시스트

오만형 나르시시스트(grandiose narcissist)는 매우 자신감 있고 확신에 찬 것처럼 보인다. 그들은 자신의 우월성을 절대적 사실로 믿는다. 그들은 자기에게 '조금이라도' 부정적인 피드백을 하거나 자기를 정중히 대하지 않는 사람에게는 복수하려 들거나 분노를 터뜨릴 것이다. 그들은 관계에는 관심이 거의 없고 권력과 통제는 엄청 중시한다. 그들은 속 깊이 숨겨진 수치심에도 불구하고 흔히 수치를 모르는 듯이 행동한다.

이런 CEO를 생각해 보라. 수천 명을 해고하고 남은 직원 대부분에게 임금 인상을 거부하고는, 주주가치를 제고하는 이 같은 결정들을 내림으로써 회사가 수백 수천만 달러를 절약하게 해 주었다고 자기 공치사를 하더니, 그러니까 자신의 연봉을 엄청 올려 줘야 한다고 요구한다. 이런 정치인은 또 어떤가. 자기 사무실을 새로 꾸미는 데 수십만 달러를 들이고, 정부 돈으로 개인적 여행을 하는가 하면, 특정 업계에 혜택이 가도록 맞춤형 입법을 해 주고는 그쪽 사람들에게서 정치 후원금을 받는다.

오만형 나르시시스트는 자기애적 손상을 입으면 자신은 전혀 흠이 없고 완벽하다고 주장하면서 무자비하고 무제한적인 반격을 개시할 것이다. 그들은 잠재적인 위협으로 여겨지는 모든 사람, 모든 것을 곧바로 말살하려 들 것이다.

[나르시시스트의 자신에 대한] 과대한 느낌(자신을 남보다 더 중요한 존재로 여기는 것)에 대처하는 비결은 '반사적 반응'이 아니라 '대응'을 하는 것이다. (…) '대응'을 할 때 당신은 내적 여유를 가지고 지금 무슨 일이 일어나고 있는지를 인식하고 이후에 나아갈 최선의 길을 선택할 수 있다. 나르시시스트들은 불안을 느낄 때 사려 깊고 균형 잡힌 방식으로 대응할 수가 없다. 그러한 감정은 그들의 거짓 자아를 불안정하게 만들 위험이 있기 때문이다. 당신의 과제는 나르시시스트가 할 수 없는 일을 하는 것이다.

모험한다 치고 당신 자신의 취약성 안으로 들어가 보라. 나르시시스트의 과대성 행동이 당신에게서 유발하는 나쁜 감정을 회피하지 말고 느껴 보라. 그러한 감정을 느끼면서 그것에 반사적으로 반응하지 않을 수 있다면, 그 감정이 실은 그 나르시시스트의 것임을 알 수 있을 테다. 나르시시스트는 자신이 좋은 사람이거나 중요한 사람, 또는 사랑받을 만한 사람이 아니라는 불쾌한 감정들을 당신에게 던져 준 것이다. 이렇게 불쾌한 감정들을 당신에게 넘김으로써 나르시시스트는 그가 결코 대놓고 말할 수 없는 무엇을 전하고 있는 것이다. 당신이 일단 이걸 알고 나면 어떻게 대응할지를 선택할 수 있다.

—마크 에튼슨(『나르시시즘을 벗긴다』의 저자)

연약형 나르시시스트

연약형 나르시시스트(vulnerable narcissist)는 세 가지 중요한 면에서 오만형 나르시시스트와 다르다.

1. 연약형 나르시시스트는 일반적으로 자기애의 표출이 덜 노골적이다. 그들은 자기가 '완벽'하거나 '최고'라고 선언하기보다 그냥 자신감 있고 유능하다는 인상을 주위에 발산하기만 하는 수가 많다. 당신이 그에게 신발 끈이 풀렸다고 지적한다면, 그들은 화를 내며 자기를 멍청이로 보이게 하려느냐고 비난하기보다는 허리를 굽혀 끈을 묶을 가능성이 더 크다. 그들의 자기애는 시간이 어느 정도 지나야 드러나기도 한다.

2. 비판과 실패에 맹렬한 비난으로만 반응하는 오만형 나르시시스트와 달리 연약형 나르시시스트는 진정한 감정적 반응을 보일 수 있다. 그들은 자기애적 손상에 직면하면 굴욕감이나 모멸감, 공허함을 느낄 수 있다. 그들은 위축되어 타인과의 상호작용에서 물러나 자신이 어떻게 희생자가 되었는지에 대한 이야기를 엮어 낼 수도 있다. 또, 비판이나 실패 때문에 심각하게 우울해질지도 모른다.

3. 연약형 나르시시스트는 종종 수동공격적이다. 그들은 당신의 제안에 열광적으로 동의하고는 당신이 없으면 정반대의 행동을 할 수 있다. 그들은 약속을 하고는 어기거나, 일을 미루적거리거나, 시무룩하게 굴거나, 매우 고집스러울 수 있다.

오만형과 연약형 어느 쪽이든, 자기애성 성격장애를 일으키는 원인이 무엇인지 우리는 아직 모른다. 유전적 원인과 환경적 원인이 모두 관련된 것으로 보이긴 하지만 말이다. 경계성 성격장애를 지닌 사람들과 마찬가지로 나르시시스트들은 뇌의 중요한 영역에서 차이가 있는 것 같다. 경계성 성격장애의 경우, 감정과 관련된 뇌 영역에서 차이를 볼 수 있다. 자기애성 성격장애에서는 그 차이가 공감과 관련된 영역에서 보인다.

| 나르시시스트의 치료 |

전부는 아니더라도 대부분의 나르시시스트는 결코 나아지지 않을 것이다. 그들은 다른 사람들이 무슨 말을 하든 어떻게 하든, 평생 똑같은 행동 양태와 사고방식을 유지할 것이다.

일부 나르시시스트는 회복하거나 호전된다. 적어도 한 가지 치료법은 이 장애가 있는 일부 사람들에게서 효과가 입증되었다. 웬디 비하리는 이 분야의 최고 전문가이자 『나르시시스트 무장 해제하기(*Disarming the Narcissist*)』(국역본은 『자아도취적 이기주의자 대응심리학』)이라는 책의 저자이며 나르시시스트들을 위해 특별히 개발된 스키마 치료(schema therapy)의 전문가다. 비하리는 스키마 치료처럼 세심하게 구조화된 요법만이 나르시시스트의 방어막에 구멍을 뚫을 수 있다고 주장한다.

비하리는 또한 나르시시스트가 치료를 받게 하려면 치료받지 않을 경우 매우 심각하고 매우 고통스러운 결과가 있어야 한다고 굳게 믿는다. 예를 들어, 치료받으러 가지 않는다면 파트너가 그를 떠나거나, 부모가 그와 의절하거나, 직장을 잃게 될 것임을 그가 알도록 해야 한다. (그럼에도 나르시시스트가 치료를 받지 않기로 했을 경우엔 예고했던 결과가 '반드시' 뒤따르게 해야 한다.)

한편, 치료를 받으러 가는 것과 치료되기 위해 필요한 일을 실제로 하는 것은 전혀 다른 문제다. 많은 나르시시스트들은 치료사의 마음을 사로잡거나 그에게 창피를 주려 하기도 하고, 문제가 있는 건 자기가 아니라 다른 사람들이라고 설득하려 들기도 한다. 치료사도 인간인 이상 실수를 할 수 있기 때문에 때로는 나르시시스트들의 이런 시도가 성공한다. 치료가 성공하려면 나르시시스트는 또한 치료사 앞에서 가면을 벗는 걸 마다하지 않아야 한다. 이는 그가 일시적으로라도 무가치감과 수치심, 공허함, 외로움에 휩싸일 수 있음을 감수해야 한다는 뜻이다.

그리고 치료사는 자신을 상대로 지지를 구하거나, 사로잡으려 들거나, 창피를 주려 하는 나르시시스트의 시도에 굴하지 않을 만큼 숙련도가 아주 높고 자신감이 강하며 영민해야 한다. 마지막으로, 당신이 사랑하는 나르시시스트는 여러 해 동안 지속적으로 치료를 받으며 스스로 공을 많이 들여야 한다. 평생 보여 온 행동 패턴에서 벗어나려면 정말 진지한 노력이 필요하다.

| 경계성 성격장애와 자기애성 성격장애의 공통점과 차이점 |

경계성 성격장애가 있는 많은 사람이 자기애성 성격장애도 가지고 있기 때문에 이 둘을 구분해 내기가 쉽지 않을 수 있다. 경계성 성격장애가 비통상적 유형의 것일 경우에 특히 그렇다. 이를 구분하는 것이 치료자가 하는 일의 일부일 경우가 적잖다.

여기서 두 개의 체크리스트를 제시하겠다. 당신이 사랑하는 사람이 자기애성 성격장애인지, 비통상적 경계성 성격장애인지, 이 둘을 모두 가지고 있는지, 혹은 자기애성 성격장애와 통상적 경계성 성격장애를 같이 가지고 있는지, 아니면 이중 어느 것도 가지고 있지 않은지를 잠정적으로라도 판단하는 데 도움이 될 것이다. 첫 체크리스트에서는 유사점을, 그다음 체크리스트에서는 차이점을 살펴본다.

비통상적 경계성 성격장애인 사람과 나르시시스트의 유사점

● 둘 다 우리 대부분은 스스로 수행할 수 있는 기능들을 타인에게 의존한다. (경계성 성격장애인 사람은 자기 기분의 관리를 다른 사람들에게 의존하고, 나르시시스트는 자신의 낮은 자존감을 다른 사람들이 받쳐 주기를 바란다.)

● 둘 다 감정이 바로 사실이 되는 '대체 현실'에서 살고 있다.

● 둘 다 자신의 '나쁨'을 타인에게 투사하고, 그 사람을 비난의 표적으로 삼는다.

● 둘 다 자신을 제외한 모든 사람을 탓한다. 둘 다 자신이 틀렸거나 실수했다는 것을 인정하지 않는다.

● 둘 다 자신의 말과 행동에 책임을 지지 않는다.

● 둘 다 남들을 비판하고 재단하는 경향이 있다. 그리고 둘 다 자신이 항상 옳아야 한다.

● 둘 다 원한이나 유감을 품고 자신을 피해자로 여길 수 있으며, 사랑하는 사람들이 자신의 한탄을 들어 주고 위로하는 파티를 열어 주기를 기대할 수 있다.

● 둘 다 듣기 싫은 말은 듣지 않으려고 한다.

● 둘 다 전혀 별일 아닌 것에도 극도로 질투할 수 있다.

- 둘 다 엄청난 수치심을 느끼며, 이를 여러 겹의 자기기만으로 숨긴다.
- 둘 다 자주 거짓말을 한다.
- 둘 다 안전하다고 느끼기 위해 타인과 환경을 통제하려 든다. 그러한 통제를 통해 경계성 성격장애인 사람은 정서적 안정을 유지하며, 나르시시스트는 자존감을 떠받친다.
- 둘 다 정서적으로 민감한 문제를 촉발하여 극적인 상황을 초래할 수 있는 자극들에 극도로 민감하다.
- 둘 다 많은 관심을 필요로 한다.
- 둘 다 자신의 필요와 욕구를 충족하는 일에 너무 바빠서 타인을 위한 에너지가 거의 남아 있지 않다.
- 둘 다 정서적 발달이 저해되어 있다. 경계성 성격장애인 사람들은 약 두 살 수준에 머물러 있다. 나르시시스트들은 여섯 살 정도다.
- 둘 다 대부분의 사람은 어린 시절에 이미 숙달한 문제들에 대해 여전히 어려움을 겪고 있다.
- 둘 다 일단 촉발되면 논리가 전혀 먹히지 않는다.
- 둘 다 정서적으로나 언어적으로 가학적일 수 있다.
- 둘 다 불안정하거나 손상된 관계들을 가지고 있으며, 이런 관계들은 비판과 비난으로 점철되고 종종 상대방이 어쩔 수 없이 떠나게 만드는 것으로 끝난다.
- 둘 다 가스라이팅, 묵살, 정서적 협박, 불합리한 기대, 마술적 사고 같은, 남을 조종하거나 강압하는 기술들을 사용할 수 있다.
- 둘 다 사물을 흑 아니면 백으로 본다. 회색지대란 없다.

경계성 성격장애(통상적, 비통상적 불문)인 사람과 나르시시스트의 가장 중요한 차이점

경계성 성격장애(BPD)	자기애성 성격장애(NPD)
이들의 주된 문제는 버림받는 데 대한 두려움(유기공포)이다.	이들의 주된 문제는 자기애적 공급을 통해 자아의 요구를 충족하는 것이다.
감정이 매우 가변적이고 아주 강렬하다.	분노를 제외하고는 감정이 얕다.
버림받음과 삼켜짐(2장 참조)에 대한 두려움	만연한 과대감(誇大感)
자살 생각, 자해	자신은 무엇이든 최상의 것을 가질 자격과 권리가 있고, 남들이 따르는 규칙을 따를 필요가 없다는 의식
버림받거나 상처받았거나 취약하다는 느낌을 겉으로 드러냄	남을 착취하는 경향
해리	자신의 중요성에 대한 과장된 느낌
불안정한 자아감	강한 우월감
만성적인 공허감	타인에 대한 공감(감정이입)이 없음
타인에게 진정한 관심을 가질 수도 있음	착취하거나 감명시키거나 조종하기 위해서가 아니면 타인에 대해 알려 들지 않음

압력솥 안에서 살다

경계성 성격장애 행동이 당신에게 미치는 영향

경계성 성격장애를 지닌 사람과 함께 사는 것은 두께가 얇고 안전밸브에 결함이 있는 압력솥 안에서 사는 것과 같다.

경계성 성격장애를 지닌 사람과 함께 사는 것은 영속되는 모순어법 속에서 사는 것과 같다. 무수한 모순들이 끝도 없이 이어지는 듯하다.

나는 세탁기의 소용돌이 속에 들어갔다 막 나온 듯한 느낌이다. 세상이 빙빙 돌고, 어디가 위고 아래이며 옆인지 통 분간할 수가 없다.

—BPD센트럴닷컴(www.BPDCentral.com)의 '웰컴 투 오즈' 가족회원 지지 커뮤니티에서

경계성 성격장애가 있는 사람들은 자기혐오로 가득 차 있다. 그래서 다음과 같은 행동을 할 수 있다.

- 남들이 자기를 싫어한다고 비난한다.
- 남들에게 너무 비판적이고 툭하면 크게 화를 내서 사람들이 결국은 그를 떠나고 싶어진다.
- 남들을 탓하고 자신이 희생자인 양 행동한다.

경계성 성격장애는 홍역처럼 전염되는 병은 아니다. 그러나 경계성 행동에 노출된 사람은 자기도 모르는 사이에 그 심리적 역동의 불가결한 구성요소가 되어 버린다. 친구들, 배우자나 연인, 다른 가족 구성원들은 경계성 성격장애를 지닌 사람의 행동을 대개 자신에 대한 공격으로 받아들이며, 죄책감과 자기비난, 우울감, 분노와 부정, 고립, 혼란이 끊임없이 반복되는 악성의 덫에 걸려들었다고 느낀다. 그들은 이에 대처하고자 노력하지만, 그 방식은 대부분 장기적인 효과가 없거나 아예 상황을 더 악화시키는 것들이다.

한편, 경계성 성격장애인 사람 자신에게서 비롯된 느낌이나 행동에 대한 책임을 당신이 받아들임으로 해서 그들의 불건강한 행동은 더욱 강화된다.

이 장에서 우리는 사람들이 경계성 성격장애 행동에 반응하는 몇 가지 일반적인 방식에 대해 이야기할 것이다. 또한 경계성 행동이 개인적으로 당신에게 어떤 영향을 미칠 수 있는지 판단하는 데 도움이 될 질문들도 제시하겠다.

| 경계성 성격장애에 관해 흔히 하는 생각들 |

다음은 경계성 성격장애를 지닌 사람과 가까운 관계에 있는 이들이 흔히 하는 생각이다. 그들 모두가 꼭 이렇게 생각하는 것은 아니다. 어떤 것이 당신의 상황에 들어맞는지는 스스로 분별해야 한다.

믿음과 사실

믿음: 이 관계에서 생기는 모든 문제에 대한 책임은 나에게 있다.

사실: 당신과 상대방에게 각각 50%의 책임이 있다.

믿음: 경계성 성격장애가 있는 이 사람의 행동은 모두 나와 관련된 것이다.

사실: 경계성 성격장애가 있는 이 사람의 행동은 생물학적 요인과 환경 요인이 결합하여 빚어낸 복잡한 장애에 기인한 것이다.

믿음: 내게는 이 사람의 문제를 해결할 책임이 있다. 내가 안 하면 아무도 하려 들지 않을 것이다.

사실: 경계성 성격장애가 있는 사람의 삶을 책임져 주려 듦으로써 당신은 그가 자신을 제대로 돌볼 수 없다는 메시지를 주고 있는지도 모른다. 당신은 또한 자신에게 초점을 맞춤으로써 그와의 관계를 바꿀 기회를 피하고 있다.

믿음: 내가 옳다는 것을 경계성 성격장애인 사람에게 설득할 수 있다면 이 문제들이 사라질 것이다.

사실: 경계성 성격장애는 생각하고 느끼고 행동하는 방식에 깊이 영향

을 미치는 심각한 장애다. 설득력이 아무리 좋아도, 말로써 어떤 사람을 경계성 성격장애에서 놓여나게 하지는 못한다.

믿음: 그 사람의 비난이 틀렸다는 점을 내가 증명할 수 있다면, 그는 나를 다시 신뢰하게 될 것이다.

사실: 신뢰의 결여는 경계성 성격장애의 큰 특징 중 하나로, 당신의 행동과는 아무런 상관이 없으며, 그들이 세상을 보는 방식과 관련된다.

믿음: 누군가를 진정으로 사랑한다면 그가 가하는 신체적, 정서적 학대를 감내해야 한다.

사실: 당신이 자신을 사랑한다면 누군가가 당신을 학대하도록 용인하지 않을 것이다.

믿음: 경계성 성격장애가 있는 건 그 자신도 어쩔 수 없는 일 아닌가. 그러므로 그의 행동에 대해 내가 책임을 물어서는 안 된다.

사실: 물론 그가 원해서 경계성 성격장애를 갖게 된 것은 아니다. 그러나 적절한 도움을 받는다면 타인에 대한 행동을 조절하는 법을 배울 수 있다.

믿음: 개인적인 경계를 설정하는 것은 경계성 성격장애가 있는 사람에게 상처를 준다.

사실: 개인적인 경계를 설정하는 것은 '모든' 관계에서 필수적이며 한쪽이, 또는 양쪽 모두가 경계성 성격장애를 가지고 있는 관계에서는 특히 그렇다.

믿음: 내가 처한 상황을 개선하기 위한 어떤 시도가 효과가 없을 경우, 포기하지 말고 성공할 때까지 같은 시도를 계속해야 한다.

사실: 당신은 그 실패에서 배워 새로운 것을 시도할 수 있다.

믿음: 경계성 성격장애를 지닌 사람이 어떤 행동을 하건 나는 사랑과 이해와 지지를 보내면서 무조건적으로 수용해야 한다.

사실: 그 사람을 사랑하고 지지하고 수용하는 것과 그의 행동을 사랑하고 지지하고 수용하는 것 사이에는 큰 차이가 있다. 실제로, 그의 불건강한 행동을 지지하고 받아들이는 것은 그런 행동을 계속하라고 격려하면서 당신의 고통을 영구히 지속시키는 일이 될 수 있다.

| 경계성 행동에 대한 비탄 |

경계성 성격장애가 있는 사람에 의해 무자비하게 폄하당하는 사람의 대부분은 자기가 무슨 일을 해도 그가 좋게 봐주던 때를 또렷이, 소중하게 기억하고 있다. 경계성인 사람의 가족들 중엔, 예전에 자기네를 사랑하던 그 사람은 죽고 전혀 알지 못하는 누군가가 그의 몸을 차지하고 있는 듯하다고 말하는 이도 있다.

우리가 인터뷰한 어떤 사람은 이렇게 말했다. "제가 암에 걸렸다면 어쨌든 한 번밖에 죽지 않잖아요. 그런데 이 정서적 학대는 나를 무수히 죽게 만들어요. 그리고 항상 불안하고 초조하게 만들죠."

『죽음—성장의 마지막 단계(Death: The Final Stage of Growth)』(1975, 국역본 『죽음 그리고 성장』)의 저자 엘리자베스 퀴블러로스는 '비탄(悲歎)'의 다섯 단계(five stages of grief)'를 설명한 바 있다(1969년에 낸 책『죽음과 죽어감(*On Death and Dying*)』에서 처음 제시한 이 모델의 명칭을 옮길 때 '비탄' 대신에 '죽음, 슬픔, 애도, 분노' 같은 말을 쓰기도 한다.—옮긴이). 이 단계들은 경계성 성격장애인 사람을 아끼는 이들의 경우에도 적용할 만하기에, 우리의 논의에 맞추어 정리했다.

부정(denial)

경계성 성격장애가 있는 이를 사랑하는 사람들은 그의 행동을 변호하기도 하고, 그의 행동이 남다르다고 생각하기를 거부하기도 한다. 그들이 고립되어 있을수록 경계성 성격장애를 부정할 가능성이 커진다. 외부와의 접촉이 없으면 무엇이 정상인지에 대한 균형감각을 잃어버리기가 쉽기 때문이다. 경계성 성격장애가 있는 사람은 자기 행동이 다른 사람 탓이라고 남들을 설득하는 기술이 뛰어난 경우가 적잖다. 이 때문에 당신은 그가 경계성 성격장애임을 계속 부정하게 될 수 있다.

분노(anger)

어떤 이들은 경계성 성격장애가 있는 사랑하는 사람의 성난 공격에 반격으로 맞선다. 그러나 이것은 불에 기름을 붓는 것과 같다. 다른 이들은 분노로 대응하는 것은 적절치 않다고 주장한다. 이렇게 말하는 사람도 있다. "누군가가 당뇨병이 있다고 해서 그에게 화를 내지는 않지요. 그렇다면 경계성 성격장애가 있다고 해서 화를 내서야 되겠습니까?"

느낌에는 지능지수가 없다. 느낌은 그저 느껴질 뿐이다. 슬픔, 분노, 죄책감, 혼란, 적개심, 짜증, 좌절감, 이 모두가 정상적인 느낌으로, 경계성 행동에 직면한 사람이 자연스럽게 느낄 법한 것들이다. 이는 당신과 경계성 성격장애인 사람의 관계가 어떤 것이든 마찬가지다. 그렇다고 사랑하는 사람에게 분노로 대응해야 한다는 말은 아니다. 당신의 모든 감정을 발산할 장소, 그에게서처럼 멋대로 심판받지 않고 그냥 받아들여진다고 느낄 수 있는 안전한 장소가 필요하다는 것이다.

타협(bargaining, 협상)

이 단계의 특징은 사랑하는 사람의 행동을 '정상'으로 되돌리기 위해 여러 가지 양보를 한다는 것이다. 당신의 생각은 이런 식으로 전개된다. "내가 이 사람이 원하는 일을 한다면 우리 관계에서 내가 원하는 것도 얻을 수 있겠지." 우리 모두는 인간관계에서 타협을 한다. 그러나 경계성 성격장애를 가진 사람을 만족시키기 위해 당신이 치르는 희생은 매우 클 수 있다. 게다가 그에게는 어떤 양보도 충분치 않을 수 있다. 머지않아 더 많은 '사랑의 증거'가 필요해질 테고, 그러면 새로운 타협이 이뤄져야 할 것이다.

우울(depression)

타협에서 당신이 얼마나 큰 대가를 치렀는지 깨달았을 때 우울감이 밀려온다. 그 대가란 예컨대 친구와 가족을 잃는 것, 자존감, 취미 등을 잃는 것이다. 그래도 경계성 성격장애가 있는 사람은 변하지 않았다. 변한 것은 당신이다.

🐚 세라

3년 동안 그는 내가 문제라고 말했다. 나의 결점들이 모든 일을 망친다는 것이었다. 나는 그의 말을 믿었다. 나의 가까운 친구 중 그가 좋아하지 않는 몇몇에게 등을 돌리기도 했다. 내가 필요하다는 그의 말 때문에 회사에서 서둘러 귀가하곤 했다. 그러다 우리는 크게 다퉜다. 지금 나는 외롭고 우울하다. 기댈 수 있는 사람이 아무도 없기 때문이다.

간절한 소망은 쉽사리 죽지 않는다. 경계성인 아버지나 어머니를 둔 자녀는 그들의 사랑과 인정을 얻기 위해 수십 년을 노력하기도 한다. 그러다 무엇을 해도 소용없다는 사실을 깨닫게 되면, 자신이 부모에게서 사실 받아 보지도 못한 무조건적 사랑의 상실을 슬퍼하는 데 다시 여러 해를 보낼수 있다.

🎗️ 프랜

경계성 성격장애가 있는 아들에 대해 내가 가졌던 꿈이 결코 이루어질 수 없으리라는 것을 깨달은 순간부터 나는 여러 해를 슬퍼하면서 보냈다. 그 애의 치료사가 만약 아들이 치료 시설에서 남은 생을 보내야 한다면 어떻게 하겠느냐고 내게 물었을 때 나의 본격적인 애도가 시작됐다. 나는 흐느껴 울 수밖에 없었다. 내게 있었다고 생각했던 아이는 그 아이의 미래에 대해 내가 그렸던 꿈과 함께 죽어 버렸다고 치료사는 설명했다. 그러나 애도가 끝나면 나는 새로운 아들을 가지게 될 것이다. 그 애를 위한 새로운 꿈과 함께.

수용(acceptance)

당신이 경계성 성격장애를 지닌 사람의 '좋은' 면과 '나쁜' 면들을 조화롭게 통합하고 그가 둘 중 어느 한쪽이 아니라 둘 다라는 사실을 깨닫게 될 때 수용의 단계가 온다. 경계성인 사람을 사랑하는 많은 이들은 이 단계에서 자신의 선택들에 대한 책임을 받아들이는 것과 타인에게도 그의 행동에

대한 책임을 지우는 것을 배운다. 따라서 자기 자신과 경계성 성격장애를
지닌 사람에 대한 보다 명확한 이해에 기초하여 두 사람의 관계에 관한 결
정들을 스스로 내릴 수 있게 된다.

| 경계성 행동에 대한 일반적 반응 |

경계성 행동은 그를 사랑하는 사람들에게서 다양한 반응을 유발한다.
여기서는 그중 흔히 보이는 반응들을 살펴보겠다.

당혹

✎ 필

처음에는 보이고 들리는 모든 것이 정상적인 듯하다. 그러다가 갑작
스럽게 현실의 기이한 왜곡과 전도(顚倒)가 온다. 아내가 돌연, 나로선 감
조차 잡을 수 없는 이유로 나에게 고래고래 소리를 지르자 시공연속체에
뭔가 문제가 생겨 내가 바닥으로 내동댕이쳐진 것이다. 불현듯 나는 깨닫
는다. 내가 경계성 구역으로 넘어왔음을!

필이 그토록 황당해한 것은 경계성 성격장애의 핵심적 특징 중 하나인
'충동적 공격성(impulsive aggression)'이라는 반응 때문이다. 랜디 크레거가
공저자로 참여한 『경계성 성격장애에 대한 가족용 필수 지침서』(2008)에 따
르면, 충동적 공격성은 갑작스럽고 적대적이며 폭력적이기까지 한 반응으
로, 자신이 곧 거부되거나 버림받을지 모른다는 위협감이 좌절감과 겹쳐

질 때 촉발된다. 이런 느낌들은 그 원인이 명백할 수도 있고, 보이지 않는 무엇에 의해 촉발되었을 수도 있다(필이 처했던 상황은 아마 후자였을 것이다).

크레거가 충동적 공격성에 붙인 구어체의 별명은 '보더라이언(borderlion, 'borderline'과 'lion'을 합성한 농조의 용어-옮긴이)'이다. 그 공격성은 경계성 성격장애가 있는 사람의 감정이 너무나 강렬하고 압도적이어서 더 이상 억제될 수 없을 때 스스로 우리에서 풀려나는 사나운 짐승과 같기 때문이다. 보더라이언의 '발톱'은 외부로 향할 수도 있고(격노, 욕설, 신체적 폭력), 내부로 향할 수도 있다(자해, 자살 기도)(크레거, 앞의 책).

자존감의 상실

베벌리 잉글은 『정서적으로 학대받는 여성(The Emotionally Abused Woman)』(1990)에서 정서적 학대가 자존감에 미치는 영향을 다음과 같이 설명한다.

정서적 학대는 사람의 마음속 가장 깊은 곳에 상처를 내는데, 이때 생기는 흉터는 몸에 생긴 것보다 훨씬 오래갈 수 있다. 정서적 학대의 경우, 모욕과 암시, 흠잡기, 그리고 비난 등은 피해자의 자존감을 서서히 좀먹어, 결국 자신이 처한 상황을 현실적으로 판단할 수 없는 지경에까지 이르게 된다. 정서적으로 워낙 녹초가 되어, 그녀는 자신이 당하는 학대를 스스로의 탓으로 돌린다. 정서적 학대의 피해자는 자신이 아무런 가치도 없는 존재라고 확신한 나머지 다른 누구도 자기를 원하지 않으리라고 믿을 수도 있다. 그들은 자기가 갈 수 있는 다른 곳이 전혀 없다고 믿기 때문에 학대받는 관계에 그냥 머무른다. 그들의 궁극적인 두려움은 바로 혼자가 되는 것이다.

덫에 갇히고 무력한 느낌

경계성 성격장애가 있는 사람의 행동은 엄청난 고뇌를 유발하지만 그 관계를 떠나는 것은 불가능하거나 있기 어려운 일로 보인다. 당신은 그와의 관계에 갇혀 버렸다고 생각할 수 있는데, 이는 사랑하는 그 사람의 안전에 대해 당신이 과도하게 책임감을 느끼거나, 그의 느낌과 행동이 당신 때문은 아닐까 하고 지나친 죄책감을 갖기 때문이다. 경계성 성격장애인 사람의 자살 위협이나 다른 사람을 해치겠다는 위협은 그를 사랑하는 사람을 무력화하면서 그 관계를 떠나는 것을 너무 위험한 일로 느끼도록 만들 수 있다.

물러남

당신은 문제의 상황에서 정서적으로나 신체적으로 물러날 수 있다. 일을 늦게까지 하거나, 뭔가를 잘못 말할까 봐 두려워 침묵을 지키거나, 그와의 관계를 아예 끝내는 것 등이 여기에 포함된다. 이럴 때 경계성 성격장애가 있는 그 사람은 버림받았다고 느껴 더욱 격하게 행동할 수도 있다. 또, 아이들이 오랜 시간 경계성인 사람 곁에 남겨질 수 있는데, 이럴 경우 그가 아이를 학대하더라도 당신은 옆에 없으니 그들을 지켜 주지 못할 것이다.

죄책감과 수치심

비난이 오랜 기간 거듭되면 세뇌 효과가 생길 수 있다. 비난받는 사람이 모든 문제의 근원은 자신이라고 믿게 될 수 있는 것이다. 이런 일이 아이들에게 일어날 경우 피해가 더욱 크다. 그들은 부모를 우러러보는 데다 경계성 성격장애가 있는 성인의 비난이나 억측에 이의를 제기할 능력이 없기 때문이다.

경계성 성격장애 자녀를 둔 부모 또한 이러한 위험에 노출되어 있다. 대부분의 부모가 흔히 저지르는 실수를 했을 때에도 그들은 자신이 형편없는 부모라고 여긴다. 우리가 인터뷰한 일부 부모들은 과거 자신의 행동 중 어떤 것이 아이에게 장애를 갖게 만들었는지 알아내려고 애쓰면서 끊임없이 스스로를 질책했다. 행동에서 잘못된 점을 찾지 못하면 그들은 문제가 생물학적인 것임이 분명하다고 결론짓는다. 하지만 그렇다고 책임감에서 벗어나는 건 아니다. 왜냐하면 자녀의 유전자도 자기네 책임이라고 생각하게 되기 때문이다.

해로운 습관으로 도피

과도한 음주, 과식, 물질남용, 기타 건강에 해로운 습관들은 경계성 성격장애를 지닌 사람을 사랑하는 이들뿐 아니라 다른 많은 사람들도 스트레스를 극복하기 위해 기대는 전형적인 방법이다. 이런 것들은 처음엔 불안과 스트레스를 감소시킨다. 그러나 이 같은 대처 방법들이 상습화하고 몸 깊이 배어들면 상황은 오히려 더 나빠진다.

고립

경계성 성격장애가 있는 사람의 예측 불가능한 행동과 심한 기분 변화 때문에 주변 사람은 자신의 친구 관계들을 이어 가기가 어려울 수 있다. 이유는 다음과 같다.

- 사랑하는 사람의 경계성 행동을 자신의 친구들에게 변명하거나 감싸주는 것은 정서적으로 매우 지치는 일이어서, 친구 관계의 유지가 그만한 노력을 들일 가치는 없다고 생각하는 사람들도 있다.
- 경계성 성격장애를 지닌 사람을 사랑하는 많은 이들에 따르면 친구들은 종종 지나치게 단순하거나 받아들일 수 없는 해결책을 제시해오는데, 그럴 때마다 '이들은 나를 이해하지 못하는구나' 하는 느낌이 든다는 것이다.
- 경계성 성격장애인 사람에 관한 자신의 말을 친구들이 믿지 않거나 힘든 사정을 계속 듣는 걸 지겨워해서 우정을 잃었다는 사례도 적지 않았다.

경계성 성격장애인 사람을 사랑하는 이들이 외부로부터 고립되는 것은 장애를 가진 사람이 자신 이외의 모든 관계를 끊으라고 강요하기 때문인 경우 또한 많다. 대부분의 경우 그들은 그런 요구를 받아들인다. 그리하여 그들이 고립되고 나면 몇 가지 일이 일어날 수 있다.

- 그들은 경계성 성격장애인 사랑하는 사람에게 정서적으로 더 의존하게 된다.
- 바깥세상과 단절되어서 경계성 성격장애 행동을 판단하는 데 필요한 비교 대상이나 정보가 없으므로, 경계성인 사람의 터무니없는 행동들이 정상처럼 느껴질 수 있다.
- 친구들이 더이상 두 사람의 관계를 지켜볼 수 없으므로 무엇이 잘못되었는지 얘기해 줄 수도 없다.

모든 것이 마음속에 억눌려 있는 상태에서, 경계성인 사람을 사랑하는 이들은 문제를 스스로 해결하도록 남겨진다.

고도의 각성과 신체적 질병

분명한 이유 없이 어느 순간 갑자기 화를 내고 욕을 하는 사람의 주변에 있는 것은 무척 스트레스를 받는 일이다. 예측 불가능해 보이는 행동을 조금이라도 통제하기 위해, 경계성 성격장애가 있는 사람을 아끼는 이들은 자주 '경계 태세'에 들어간다. 이처럼 긴장 속에서 사는 데는 고도의 신체적, 심리적 각성 상태가 요구되는데, 그런 상태가 오랫동안 지속되면 스트레스에 대항하는 신체의 자연적 방어체계가 점점 무너지고, 결과적으로 두통이나 궤양, 고혈압을 비롯한 신체적 증상과 질환들이 나타나게 된다.

경계성 성격장애를 지닌 사람에게 물드는 사고와 정서

경계성 성격장애를 지닌 사람을 아끼고 돌보는 사람들은 흔히 그 자신도 흑백논리로 사물을 보게 되고, 어떤 문제에 대해 전부 아니면 전무(全無)라는 식의 해법만을 찾게 되기도 한다. 변덕스러운 기분 역시 그들에게서 아주 흔하게 나타나는 특징인데, 경계성인 사람의 기분이 좋을 때는 그들도 덩달아 기분이 좋고 그 사람의 기분이 나쁘면 그들의 기분도 나빠지곤 하기 때문이다.

어떤 면에선 경계성 성격장애가 있는 사람이 자기 삶의 롤러코스터에 당신을 함께 태우고 다니는 셈이다. 괴로운 일이긴 하지만, 경계성 성격장애를 지니고 산다는 게 어떤 건지를 엿볼 수 있는 기회이기도 하다.

공동의존

당신은 종종 친절함에서 우러나온 용감하고 영웅적인 행동을 할지 모른다. 치러야 할 대가가 무엇인지는 개의치 않으며 말이다. 경계성인 사람을 아끼는 많은 이들은 그를 돕기 위한 노력의 일환으로 다음과 같이 행동한다.

- 자신의 화를 삼킨다.
- 스스로의 필요와 욕구를 옆으로 제쳐 둔다.
- 다른 사람들은 절대 견딜 수 없을 만한 행동들을 받아 준다.
- 똑같은 잘못을 몇 번이고 거듭 용서한다.

이것은 경계성 성격장애가 있는 사람을 사랑하는 이들이 흔히 빠지는 함정이다. 그 사람이 불행한 어린 시절을 보냈고, 당신이 그걸 보상해 주겠다며 노력하는 경우에 특히 그렇다.

많은 사람들은 경계성 성격장애인 사람을 위해 (혹은 그들과 싸우지 않으려고) 자기 자신의 욕구나 필요를 제쳐 놓는 것이 그들을 돕는 길이라고 생각한다. 동기는 훌륭하지만 실제로는 이런 태도는 경계성인 사람의 부적절한 행동을 허용하거나 강화하는 결과를 낳을 수 있다. 그들은 그런 행동을 하더라도 자신에게 돌아오는 부정적인 결과가 거의 없다는 걸 알게 되고, 따라서 스스로를 바꿀 동기가 없어지는 것이다.

경계성 행동을 계속 참아 준다고 그 사람이 행복해지는 경우는 거의 없다. 그리고 당신이 그의 행동을 모두 참고 견딘다 해도 다른 사람들은 그렇게 못 하기 때문에 그는 고립될 수 있다. 당신 자신도 그런 자세를 얼마나 오래 견지할 수 있겠는가. 경계성 성격장애가 있는 아내가 겪었던 끔찍한 어린 시절을 보상해 주기 위해 다년간 모든 것을 덮어 주고 참아 왔던 한 남편은 우리에게 이렇게 말했다. "아내가 무슨 짓을 하든지 나는 아내를 버리지 않는 데에 전념했어요. 그러던 어느 날 깨달았죠. 그 대신 나 자신을 버렸다는 사실을."

🍀 딘

아내와의 관계에서 나는 실패자처럼 느꼈다. 나는 아내가 필요한 도움을 받도록 설득만 할 수 있다면 모든 일이 잘되리라고 생각했다. 아내의 가혹한 언행에도 불구하고 나는 결코 떠날 수 없을 것 같았다. 이미 삶에서 너무나 많은 불운을 겪은 사람을 내가 어찌 버릴 수 있겠는가? 내가 조금만 더 노력하면 어린 시절 아내가 받은 모든 학대를 보상할 수 있으리라고 생각했다.

이런 생각은 언젠가 내가 정말 아내를 떠나려고 했을 때 뚜렷해졌다. 크고 슬픈 눈으로 내가 돌아와서 행복하다고 말하던 아내의 표정을 절대로 잊지 못할 것이다. "뭐가 기쁜 거요?"라고 물었을 때 그녀는 이렇게 대답했다. "당신이 아니면 이 세상 누가 내 삶을 더 좋게 만들어 주겠어요?" 나는 상담사를 만나 보기로 했다. 어느 날 그가 말했다. "자신을 너무 과

신하는 것 아닙니까? 스스로를 신이라고 생각하세요? 신이 아니잖아요. 당신이 책임질 일이 아니에요. 당신은 결코 부인을 바꿀 수 없습니다. 그 사실을 받아들여야 합니다. 그리고 자기 삶을 살기 위해 필요한 결정들을 내리세요."

(공동의존[codependency]은 '공의존, 동반의존'이라고도 한다. 중독이나 성격장애, 질병 같은 것 때문에 주위에 의존하는 사람을 오랜 기간 돌볼 때 나타날 수 있는 현상인데, 그 주요 형태 중의 하나가 이 사례에서처럼 돌보는 이가 자신의 욕구와 감정을 낮은 순위에 두면서 상대의 욕구 충족과 문제 해결에 지나치게 몰입하고, 거기서 자신의 가치와 정체성을 찾는 것이다. -옮긴이)

| 두 사람의 관계에 미치는 영향 |

언어폭력이나 인지된 조종 행위, 방어기제 같은 경계성 행동은 사람 사이의 신뢰와 친밀감을 부숴 버릴 수 있다. 이러한 행동들 때문에 그 관계는 당신에게 안전치 못한 것이 된다. 당신의 깊은 감정이나 내밀한 생각들에 상대가 사랑과 관심과 염려를 보일 거라고 더이상 확신할 수 없기 때문이다.

수전 포워드와 도나 프레이저의 공저서 『정서적 협박(*Emotional Blackmail*)』(1997, 국역본은 『사랑하는 사람이 나를 조종할 때』)에 따르면, 정서적으로 협박받는 사람들은 어떤 주제들에 대해서는 경계심이 매우 커지며, 그들 삶의 주요 부분들, 예를 들어 자신의 부끄러운 행위, 공포와 불안의 느낌, 미래에 대한 희망, 그리고 자기가 변하고 발전하고 있음을 보여주는 것들 등을 다른 사람과 공유하는 걸 중단해 버릴 수 있다고 한다.

누군가와의 관계에서 언제나 살얼음판을 걷듯이 조심조심해야 한다면 결국은 무엇이 남을까? 피상적인 한담, 어색한 침묵, 그리고 팽팽한 긴장뿐일 테다. 인간관계에서 안전감과 친밀감이 사라지면 연기에만 익숙해지게 마련이다. 행복하지 않은데 행복한 척한다. 모든 일이 괜찮지 않은데도 그렇다고 말한다. 한때는 애정과 친밀함이 우아하게 어우러진 춤이던 것이, 진정한 자기를 점점 더 숨기는 사람들의 가면무도회로 변해 버린다.

| 이것은 정상일까? |

어떤 행동이 정상적인지 아닌지를 판단하는 일은 매우 어려울 수 있다. 그럴 때 다음의 질문들이 도움이 될 법하다. "그렇다"라는 대답이 많다면, 당신 주변의 경계성 성격장애를 지닌 사람이 당신의 삶에 어떤 영향을 미치고 있는지 진지하게 살펴보기를 권한다.

- 건강하고 행복한 인간관계를 맺고 있는 사람들이 당신에게 "그 사람의 행동을 왜 아직까지 참고만 있는지 이해하지 못하겠네"라고 말하는가?
- 당신은 그렇게 말하는 사람들과의 만남을 피하려 드는가?
- 경계성인 사람의 행동을 일부라도 남들에게 숨길 필요가 있다고 느끼는가?
- 사랑하는 그 사람을 보호하거나 그와의 관계를 지키기 위해 다른 사람들을 배신하거나 거짓말을 한 적이 있는가?
- 당신은 점점 고립되어 가고 있는가?

- 사랑하는 그 사람과 함께 시간을 보낸다는 생각이 불쾌한 신체 감각을 불러일으키는가?
- 스트레스와 관련된 듯싶은 병이 있는가?
- 사랑하는 사람이 당신에게 법적, 사회적, 재정적 어려움을 일으키려고 시도함으로써 당신에 대한 분노를 표출한 적이 있는가?
- 이런 일이 한 번 이상 있었는가?
- 당신이 임상적 진단을 받아야 할 만큼 우울해져 간다고 느끼는가? 우울증의 징후는 다음과 같다.

  —일상 활동들에 점점 흥미를 잃어 간다.

  —삶의 즐거움이 줄어든다.

  —체중이 늘거나 준다.

  —불면증 등 잠자는 데 어려움이 있다.

  —자신이 무가치한 존재라고 느낀다.

  —항상 피곤하다.

  —집중하는 데 어려움을 겪는다.
- 자살을 고려해 본 적이 있는가? 당신이 없는 것이 친구나 사랑하는 사람들에겐 차라리 나으리라고 생각하는가? (이 질문에 그렇다고 대답했다면, 즉시 도움을 구하라.)
- 경계성 성격장애가 있는 사람과의 관계 때문에 당신의 근본적인 가치와 신념에 어긋나는 행동을 한 적이 있는가? 이제는 당신이 믿는 바를 확고하게 내세울 수 없게 되었는가?
- 경계성 성격장애인 사람의 행동이 아이들에게 미치는 영향에 대해 걱정하는가?
- 학대가 일어나는 것을 막기 위해 중재해 본 적이 있는가?

- 당신 또는 당신이 사랑하는 사람이 서로를 신체적으로 위험한 상황이나 그런 위험이 가능했던 상황에 처하게 한 적이 있는가?
- 당신은 주로 두려움이나, 의무, 죄책감에 기초하여 결정을 내리는가?
- 두 사람의 관계가 호의와 배려보다는 힘과 통제에 더 초점이 맞춰져 있는 것 같은가?

2부에서는 사랑하는 사람이 몰아 대는 감정의 롤러코스터에서 내려와 당신 삶의 주도권을 되찾을 방법과 그 단계들을 이야기하겠다.

삶의 주도권을 되찾는다

이제 경계성 성격장애에 대해, 그것이 당신의 삶에 어떤 영향을 미치는지에 대해 더 잘 알게 되었을 테니 다음은 당신의 삶을 성공적으로 관리하고 주변을 휩싼 혼돈에 휘말리지 않기 위한 구체적 전략들을 배울 차례다. 당신이 그 장애 자체를 바꾸거나 그걸 지닌 가족 구성원으로 하여금 치료를 받게 할 수는 없지만, 그 사람과의 관계를 근본적으로 바꿀 힘은 분명 있다.

이 책의 초판에서 우리는 변화를 일으키는 다양한 기법을 특별한 순서 없이 설명했다. 이번 3판에서는 이 책의 공저자인 랜디 크레거의 2008년 저서 『경계성 성격장애에 대한 가족용 필수 지침서: 살얼음판 걷기를 그치게 해줄 새로운 도구 및 기법』에서 제시된 틀을 원용하여 한 단계 높인 내용을 가지고 당신을 안내하겠다.

도구들 자체는 이 책과 겹치는 부분이 있지만, 『가족용 필수 지침서』는 그런 도구들을 가장 우선시하여, 읽는 이로 하여금 생각을 정리하고 구체적 기술들을 배우며 상황에 압도되지 않고 해야 할 일에 집중케 해 주는 단계적 시스템을 세우고 있다.

도구들은 다음과 같다.

〈도구 1〉당신 자신을 잘 돌보라: 지지를 구하고 연대 의식을 느낄 수 있는 커뮤니티 찾기, 사랑하는 마음으로 자신을 분리하기, 자신의 감정을 잘 파악하고 조절하기, 자존감 높이기, 마음챙김 하기, 더 많이 웃기, 심신의 웰니스(wellness, 신체적, 정신적, 그리고 사회적으로 건강하고 안정된 상태-옮긴이)를 개선하기.

〈도구 2〉무엇이 당신으로 하여금 꼼짝 못 하게 갇힌 느낌을 갖게 하는지 알아내라: 선택은 자신이 하는 것임을 인정하고 책임지기, 타인을 구해 내려 하지 말고 도와주기, 두려움과 의무감, 죄책감 등을 잘 다루기.

〈도구 3〉 당신의 생각과 말이 상대에게 가닿도록 소통하라: 안전을 무엇보다 중시하기, 분노를 다루기, 적극적으로 경청하기, 비언어적으로 의사소통하기, 분노와 비판을 완화시키기, 느낌을 알아주기, 공감하며 인정하기.

〈도구 4〉 사랑하는 마음으로 경계를 설정하라: 경계(boundaries, limits)의 문제들, '스펀지처럼 반응하기'와 '거울처럼 반응하기'의 선택, 경계성인 사람과의 논의를 준비하기, 변화를 위해 끈기 있게 노력하기, 그리고 DEAR(Describe[서술], Express[표현], Assert[주장], and Reinforce[강화]) 기법.

〈도구 5〉 올바른 행동을 강화하라: '간헐적 강화'의 효과.

유념할 것은, 이제부터 읽게 될 내용은 『가족용 필수 지침서』의 후반부에 서술된 시스템을 상세히 소개하는 게 아니라는 점이다. 여기서는 그 시스템의 요소들을 일별할 뿐이다. 그러나 이것만으로도 당신의 삶을, 그리고 경계성인 사람과의 관계를 성공적 관리의 궤도에 올리는 데 좋은 출발점이 될 것이다.

경계성 성격장애는 복잡한 장애이며, 예상할 수 있겠듯이 이 장애가 있는 사람은 행동을 예측하기가 어렵다는 점을 명심하라. 여기서 제시하는 전략들을 각자의 특수한 상황에 맞도록 조절하여 사용하라. 이상적으로는, 당신이 이러한 기법들을 스스로에게 맞추어 조절하고 통합하여 당신 삶의 일부가 되도록 하는 일을 잘 도와줄 치료사를 찾는 것이 좋다.

⬡ 5

당신의 내면을 변화시키기

———————

당신의 동의 없이는 누구도 당신에게 열등감을 줄 수 없다.

—엘리너 루스벨트

│ 경계성인 사람을 억지로 치료받게
만들 수는 없다 │

당신에게 좋은 소식이 있다. 당신의 모든 의견과 생각, 느낌에 대한 권리는 당신에게 있다. 좋건 나쁘건, 옳건 그르건, 그것들은 당신의 일부다. 당신을 당신으로 만드는 것들이다. 당신에게 안 좋은 소식도 있다. 다른 모든 사람 역시 자신의 의견과 생각, 느낌에 대한 권리가 있다는 것이다. 당신은 다른 사람의 의견에 동의하지 않을 수 있고, 그들도 당신에게 동의하지 않을 수 있다. 하지만 괜찮다. 다른 모든 사람이 당신 방식대로 보고 느끼도록 설득하는 것은 당신이 할 일이 아니다.

당신이 사랑하는 사람이 자신과 타인에게 상처 주는 행동을 하는 걸 지켜보는 일은 매우 속상하고 가슴 아플 수 있다. 그러나 무엇으로도 다른 사람의 행동을 통제할 수는 없다. 게다가 당신이 해야 할 일도 아니다. 물론, 경계성 성격장애가 있는 사람이 아직 미성년인 자녀라면 이야기가 다르지만. 그 경우에도 당신은 단지 자녀의 행동에 영향을 미칠 수 있을 뿐이지 그걸 통제할 수는 없다. 당신이 할 일은 다음의 것들이다.

- 자신이 누구인지를 알라.
- 스스로의 가치와 신념에 따라 행동하라.
- 자신이 원하는 것과 필요한 것이 뭔지 주변 사람들에게 알리라.

당신은 은근하거나 노골적인 보상이나 처벌을 통해 그들이 당신 뜻대로 하게끔 권장할 수 있다. 그렇다 해도 어떻게 행동할지 결정하는 것은 그들 자신이다.

당신이 사랑하는 사람이 부정하는 이유

당신 곁의 경계성 성격장애가 있는 사람에게 도움이 필요하다는 사실을 당신은 분명히 알지 모른다. 그러나 당사자에게는 전혀 분명치 않을 수 있다. 자신에게 성격장애가 있을지 모른다고 인정하는 것은 고사하고, 완벽하지 않은 구석이 있음을 시인하는 것만으로도 그들은 수치감과 자기회의의 늪에 빠질 수 있다.

'자기'라는 것이 거의 없고 공허감만 있다고 상상해 보라. 게다가 겨우 알아볼 수 있을 정도로 작은 '자기'에게 뭔가 잘못된 게 있다고 생각해 보라. 경계성 성격장애가 있는 사람 중 많은 이에게 이런 상황은 마치 존재하기를 멈추는 것과 같다. 누구라도 등골이 서늘해질 느낌이다.

이런 상황을 피하기 위해 경계성 성격장애가 있는 사람들은 아주 강력하고 흔한 방어기제를 발동시키곤 한다. 바로 '부정(denial)'이다. 분명한 증거가 있는데도 자신에게 잘못된 점이 없다고 주장한다. 그들은 자신을 잃기보다는 차라리 직장이나 친구, 가족 같이 다른 아주 중요한 것들을 잃으려 할 것이다. (이 점을 이해한다면, 경계성이면서 도움을 받겠다고 나서는 사람이 얼마나 용기 있는 이인지 깨닫게 될 테다.)

처음에는 더없이 힘들어 보였으나 결국은 당신이 이뤄 낸 일을 떠올려 보라. 예컨대 학사 학위 취득이나 체중 15kg 감량 같은 것 말이다. 목표 달성에 대한 강렬한 욕구가 실제로 그것을 이루는 데 얼마나 큰 동력이 되었는지 되새기자. 이번에는 거꾸로, 당신에게 그 목표를 피하려는 강렬한 욕구가 있었다고 상상해 보라. 다른 사람이 당신에게 학위를 받게 하거나 15kg을 빼도록 만드는 일이 얼마나 가능했겠는가?

경계성 성격장애가 있는 사람들은 흔히 자기 문제와 직면하는 걸 피하려 든다. 곁에 있는 사람들이 그러기를 바란다 해도 마찬가지다. 그들은 도움을 청하게 될 수도 있고, 행동을 바꾸기 위해 노력하게 될 수도 있다. 그러나 당신이 원하는 때에 그러는 것은 아니다. 그들이 변화한다면, 자기가 원하는 때에 자기 나름의 방식으로 그럴 것이다. 준비도 되기 전에 자신에게 문제가 있음을 시인하라고 강요하는 것은 해로울 수 있다.

🐝 린다

문제를 부정하는 것은 우리 경계성 성격장애를 지닌 사람들이 고통과 두려움을 통제하는 데에 도움이 되는 대응기제(coping mechanism, 대처기제)다. 두려움이 클수록 부정도 커진다. 부탁건대, 아직 내면의 암흑을 마주할 준비가 되지 않은 경계성 성격장애자의 부정을 벗겨 내려 하지 말라. 그게 그들을 살아 있게 해 주는 유일한 것일 수도 있으니까.

그래, 경계성 성격장애가 있는 사람이 어떤 관계를 망쳤다고? 그들은 다음 관계, 그다음 관계로 계속 넘어가면서 똑같이 행동한다. 경계성 성격장애인 누군가가 자신의 행동 때문에 직장을 잃었다고? 그는 그건 상사 탓이라고 비난하고, 다음 직장, 그다음 직장으로 계속 옮겨 가면서 똑같은 말을 한다. 자녀의 양육권을 잃었다고? 망할 놈의 사법제도 때문이라고 할 것이다. 변화에 대한 두려움과 미지의 것에 대한 두려움은 매우 강력하다. 따라서 부정도 대단히 강력할 수 있다. 그리고 경계성 성격장애가 있는 사람의 경우, 두려움이 워낙 크고 포괄적이며 너무나 압도적이어서 부정이 절대적일 수 있다.

그 사람은 언제 도움을 구할까

경계성 성격장애가 있는 사람이 도움을 구하도록 동기를 부여하는 것은 무엇일까? 일반적으로 사람들은 변화에 따른 이득이 변화에 대한 장애물보다 크다고 믿을 때 자신의 행동을 바꾼다.

그런데 변화를 유발하는 촉매는 매우 다양하다. 어떤 사람에게는 자신이 경계성 성격장애를 가지고 살면서 겪는 극심한 감정적 혼란이 변화에 대한 두려움보다 더 견디기 힘들다는 사실이 촉매가 된다. 다른 사람들에게 그 촉매는 자신의 행동이 자녀들에게 어떤 영향을 미치는지를 깨닫는 것이다. 또 다른 사람들은 자신의 행동 때문에 소중한 사람을 잃고 난 후에야 경계성 성격장애라는 악마를 직시하게 된다.

✎ 레이철 라일런드(경계성 성격장애 극복기인 『나를 여기서 꺼내 줘』의 저자)

예전에 경계성 성격장애자였던 사람으로서 나는 그 장애가 있는 사람이 변하려면 촉매 역할을 할 어떤 충격이나 격동이 있어야 한다고 믿는다. 살아 오면서 여러 차례 억지로 떠밀려서 치료를 받았는데, 나에겐 변해야겠다는 진정한 욕구가 없었다. 그저 무언가를 잃고 싶지 않았을 뿐인데, 그런 자세로는 변화를 일으킬 수 없었다.

나에게 촉매 역할을 한 충격은 내가 화를 못 참고 네 살배기 아들의 허벅지와 얼굴이 새빨개지도록 때렸을 때 아이가 보인 눈빛이었다. 아들은 아무 잘못도 하지 않았다. 내가 엄마이고 싶지 않았던 순간에 아이가 눈앞에 있었기에 때린 것이다. 그리고 아이가 울기 시작하자 그것이 내 화를 더 돋웠다. 나는 더 세게 때렸다.

결국 아이는 울음을 그쳤다. 그리고 공포에 휩싸여 휘둥그레진 그의 두 눈에서 나는 오래전 나 자신의 눈을 보았다. 잊으려고 평생 안간힘을 써 온 그 눈을.

내가 한 짓을 돈을 잘 벌지 못하는 남편 탓으로 돌릴 수는 없었다. 권력에 굶주린 상사나 고약한 이웃, 또는 나에게 앙심을 품었다고 굳게 믿었던 수많은 사람들 탓으로 돌릴 수도 없었다. 아들의 무력하고 겁에 질린 눈을 바라보며 나는 모든 게 나 자신의 잘못이라는 걸 알 수 있었다. 그 순간 나는 깨달았다. 이 모양이 되어 버린 나로는 더이상 살 수 없다는 것을.

가족이라 해도 그 사람이 도움을 구하게 만들 수 없다

랜디 크레거가 공저한 『경계성 성격장애에 대한 가족용 필수 지침서』에 따르면 울거나, 그 사람의 결함을 지적하거나, 논리적으로 설득하려 들거나, 간청이나 애원을 하는 것 같은 기법들은 경계성 성격장애가 있는 사람에게 치료받을 동기를 부여하는 데 역효과를 낸다. 이런 시도는 대부분의 경우 흠잡기와 역공격만을 낳는다("도움이 필요한 사람은 내가 아니라 당신이야!").

최후통첩도 도움이 안 된다. 경계성 성격장애를 지닌 사람은 자기가 사랑하는 사람이 위협을 정말로 실행할까 봐 두려워서 (어쩌면 파트너나 다른 가족 구성원과 함께) 치료사를 만나는 데 동의할 수 있다. 그러나 치료는 전혀 진척되지 않는다. 아무리 최고의 경계성 성격장애 임상전문가라 해도 도움받고 싶어 하지 않는 환자를 도울 수는 없기 때문이다.

눈앞의 위협이 일단 사라지면 그들은 치료를 중단할 핑계를 찾아 낸다. 그 치료사가 유능해서, 경계성 성격장애인 사람이 갖고 있는 피해자라는 느낌을 강화하지 않고 그의 핵심적인 문제들에 능숙하게 초점을 맞추는 사람이라면 특히 더 그럴 수 있다. 하지만, 치료사가 경계성인 사람이 말하는 모든 것을 액면 그대로 받아들이고 더는 캐물어 알아내려 하지 않으면—이런 경우가 적잖은데—본의 아니게 그들의 뒤틀린 생각을 강화하여 상황을 더 악화시킬 수 있다.

당신이 할 수 있는 일

당신 삶 속에 있는 경계성 성격장애인 사람을 변화시키고 싶어 하는 것은 전혀 잘못된 일이 아니다. 당신이 생각하는 대로, 그가 도움을 받는다면 훨씬 더 행복해지고 당신과의 관계도 개선될지 모른다. 그러나 감정의 롤러코스터에서 내리기 위해서는 당신이 다른 누군가를 바꿀 수 있다는, 혹은 그래야 한다는 환상을 버려야 한다. 그런 믿음을 버릴 때에만 당신의 진정한 힘을 찾아 발휘할 수 있게 된다. 당신 자신을 바꾸는 힘 말이다.

등대를 떠올려 보자. 등대는 해변에 서서 배들이 항구로 안전하게 들어올 수 있도록 불을 비춰 준다. 등대는 서 있던 자리를 떠나 바닷물을 헤치고 들어가서 배꼬리를 잡고 "잘 들어, 이 바보야! 네가 계속 이 진로로 가면 바위에 부딪쳐 산산조각이 날지도 몰라"라고 말할 수 없다.

그렇다. 배 한 척 한 척은 스스로의 운명에 대해 자기 몫의 책임을 지니고 있다. 배는 등대 불빛에 인도받을지, 아니면 그냥 자기 길을 갈지 선택할 수 있다. 등대는 배의 선택에 대해 책임이 없다. 등대가 할 수 있는 일은 가능한 한 최선의 등대가 되는 것이다.

| 경계성 행동을 당신 개인에 대한 것으로 받아들이지 말라 |

경계성 성격장애가 있는 사람은 세상을 흑백논리로 보는 경향이 있다. 그리고 다른 모든 사람도 자기와 같은 방식으로 세상을 본다고 생각한다. 이런 태도 앞에서, 자기 존재의 가치를 확고하게 인식하는 사람은 그렇지 못한 사람보다 현실에 대한 객관적 감각을 유지하기가 쉽다. 그 같은 사람은 경계성 성격장애가 있는 이가 자기에 대해 언제 어떤 감정을 보이는지에 영향받지 않고 행복감과 안정감을 느낄 수 있다. 상대가 뭐라 하든 자신은 신도 악마도 아니라는 사실을 잘 알고 있기 때문이다. 그러나 대부분의 사람은 경계성 성격장애가 있는 이의 이분법 앞에서 혼란에 빠지지 않는 방법에 관해 약간의 안내가 필요하다.

같은 말, 다른 해석
경계성 성격장애가 있는 사람을 보호하려는 이는 그가 자기를 칭송할 때는 남들에게 도움을 청하지 않는 게 보통이다. 그러나 경계성인 사람들이 쓰는 분열(splitting, 이분법적 사고, 흑백논리)이라는 동전에는 앞면(이상화)뿐 아니라 뒷면(폄하)도 있다는 사실을 잊지 말아야 한다. 그가 해 주는 좋은 말들을 꼭 믿지 말라는 것은 아니다. 그런 말을 들으며 흐뭇해해도 좋다. 다만, 부응하기 어려울 만큼 지나친 칭찬이나 과장에는 주의해야 한다.

너무 이른 사랑과 헌신의 고백에도 조심해야 한다. 그런 고백들은 당신의 실제 모습보다는 경계성인 사람의 환상에 바탕을 두었을 수 있기 때문이다. 그들은 모든 일을 너무 부정적이거나 너무 이상적으로 볼 수 있으므로, 당신 자신의 견해를 굳건히 유지하는 게 중요하다.

때로는 실제 사건보다 그것에 대한 경계성인 사람의 해석이 분열 현상을 부추기기도 한다. 응급실로 실려 온 아이를 치료하는 의사를 떠올려 보자. 아이는 끔찍한 교통사고를 당해 심하게 부상을 입었다. 의사는 최선을 다하지만, 병원에 왔을 때 이미 빈사 상태여서 어찌해 볼 도리가 없었다. 의사는 대기실로 나가 부모에게 아이의 죽음을 알려 준다. 그러나 아이의 아빠는 현실을 쉽게 받아들일 수 없다.

"이 돌팔이 같은 놈!" 그는 소리 지른다. "딸애의 상태는 전혀 심각하지 않았어. 살릴 수 있었다고. 다른 의사가 치료했다면 분명히 살았을 거야. 당신 윗사람들하고 관계 당국에 다 말하겠어!"

대부분의 의사들은 아버지가 딸의 죽음으로 인한 충격 때문에 폭언과 비난을 퍼붓고 있다는 사실을 알 것이다. 그들은 수많은 가족들을 위로해 봤고 사랑하는 사람의 죽음 앞에서 이런 반응이 흔하다는 점을 알고 있기에, 그 아버지의 말을 개인적인 공격으로 받아들이지는 않을 테다. 즉, 그 의사는 아버지의 감정에 대해 책임을 느끼지 않으리라는 얘기다. 아버지의 반응은 특정 상황과 관련된 것이지, 자신과는 거의 상관이 없음을 알고 있기 때문이다.

위의 예에서 아버지의 반응을 유발한 사건은 외적이고, 명백하며, 극적인 것이다. 아이가 죽지 않았는가. 경계성 성격장애의 경우에는 말싸움의 원인이 사건 자체가 아니라 경계성인 사람의 그 사건에 대한 해석일 수도 있다. 이미 알고 있을지 모르지만, 같은 말이나 행동을 놓고 당신과 경계성인 사람은 전혀 다른 결론을 내릴 수 있다. 다음은 그런 상황에 관한 두 가지 예다.

1. 로버트가 한 말:

오늘은 늦게까지 일해야 돼. 정말 미안한데, 오늘 저녁 우리 계획은 취소해야 할 것 같아.

캐스린이 들은 말:

나는 오늘 저녁 당신과 만나고 싶지 않아. 이제 당신을 사랑하지 않기 때문이야. 난 다시는 당신을 보고 싶지 않아.

캐스린이 한 말(화난 어조나 울먹이는 소리로):

당신이 어떻게 이럴 수 있어! 당신은 날 전혀 사랑하지 않았던 거야. 당신을 증오해!

2. 톰이 한 말:

난 내 딸이 정말 자랑스러워. 어제 야구 경기에서 홈런을 쳐서 팀을 승리로 이끌었거든. 축하의 의미로 오늘 저녁 다 같이 영화 보러 가자.

록샌이 들은 말:

나는 당신보다 내 딸을 더 사랑해. 그 애는 재능이 있는데 당신은 안 그렇잖아. 이제부터 나는 모든 사랑과 관심을 딸에게 주고 당신은 무시할 거야.

록샌의 생각:

내가 문제가 있고 흠이 있는 인간임을 그가 알아챈 거야. 이제 그는 나를 떠날 거야. 하지만 아냐, 나에겐 문제도 없고 흠도 없어. 나는 잘못된 게 전혀 없어. 그러니 문제가 있는 사람은 바로 톰이야.

록샌이 한 말:

아니, 난 영화 보러 가고 싶지 않아. 왜 당신은 내가 뭘 원하는지 물어보지 않는 거야? 당신은 내 생각을 눈곱만큼도 안 해. 당신은 정말 지독히 이기적이고 남을 지배하려 드는 사람이야.

록샌과 캐스린이 왜 남자들의 말을 그렇게 해석했는지 우리로서는 알 수 없다. 버림받을지 모른다는 두려움을 느꼈기 때문일 수도 있다. 혹은 뇌 속 화학물질의 이상 때문에 이런 경계성 행동이 생기는지도 모른다. 다시 말해서, 무엇이 그들의 행동을 촉발했는지는 알 수 있지만—톰과 로버트의 말 때문이다—그런 행동의 원인은 모를 수 있다는 것이다..

경계성 행동의 촉발 요인과 원인은 다르다

경계성 행동을 당신 개인에 대한 것으로 보고 기분 나쁘게 받아들이지 않기 위해서는 경계성 행동의 '원인(cause)'과 '촉발 요인(trigger, 방아쇠)' 간의 차이를 이해하는 것이 아주 중요하다. 경계성 행동은 당신의 극히 일상적인 언행에 의해서도 쉽게 촉발되는데, 그렇다고 당신이 그 행동의 원인을 제공했다고 할 수는 없다.

당신이 운이 나쁜 하루를 보내고 있다고 상상해 보자. 새로 산 값비싼 우산을 버스에 두고 내렸음을 직장에 도착한 후에야 깨닫는다. 실수로 새 옷에 커피까지 쏟는다. 게다가 상사는 당신이 공들여 제안한 프로젝트를 사장이 취소시켰다고 말한다. 컴퓨터를 켜고 보니 바이러스가 모든 파일을 파괴해 버렸다. 백업 파일을 만들어 뒀어야 하는데 그럴 여유를 갖지 못했던 것이다. 바로 그때 언제나 태평스러운 동료가 활짝 웃으며 다가와 말한다. "와~ 오늘 정말 날이 좋은데! 살아 있다는 것에 감사하게 만드는 그런 날이야, 안 그래?"

"별로야. 나 지금 일하고 있잖아. 조용히 좀 해 줄래?" 당신은 쏘아붙인다.

동료는 당신의 무례한 반응을 촉발했다. 하지만 그가 그런 반응의 원인은 아니었다. 당신이 경계성 성격장애가 있는 누군가를 아끼고 사랑한다면 그들이 종종 당신에겐 이해되지 않는 방식으로 행동한다는 것을 받아들일 필요가 있다. 『정신질환이 있는 사람과 함께 사는 법(How to Live with a Mentally Ill Person)』(1996)이라는 책에서 크리스틴 아더멕은 이렇게 말한다.

정신적인 병이 있는 사람은 가끔 비이성적으로 행동하게 마련이라는 사실을 당신이 받아들이기 시작하면 내적 스트레스와 긴장이 좀 완화된다. … 일단 그러고 나면 좀 더 효과적인 대응기제들을 발달시킬 수 있게 된다. '이러저러한 경우엔 어떻게 하지?' '나는 이렇게 저렇게 해야 해' 같은 생각에 휘둘리지 않고 모든 일을 있는 그대로 보고 대처할 수 있으며, 그러는 가운데 어떤 대응법이 효과적인지를 알아내게 되는 것이다.

지지와 인정을 구하라

당신은 경계성 성격장애가 있는 사람을 아끼고 사랑하는 다른 누구도 알지 못할 수 있다. 이 장애에 대해 들어 본 사람조차 주변에 없을지 모른다. 그렇다면 당신은 주위 사람들의 도움을 거의 혹은 전혀 받지 못할 것이며, 당신과 함께 '현실 점검(reality check)'을 해 줄 이도 없을 것이다('현실 점검' 또는 '현실 직시'란 자신의 희망이나 예상, 상상 등을 배제하고 현실을 있는 그대로 보는 것이다.-옮긴이). 이러한 이유로 1995년 이 책의 공저자 랜디 크레거는 '웰컴 투 오즈(Welcome to Oz)'라는 이름으로 경계성 성격장애가 있는 사람들의 가족을 위한 지지 커뮤니티(BPDCentral.com, 현재는 stopwalkingoneggshells.com)를 만들었다. 커뮤니티의 회원들은 서로 사연을 공유하면서 경계성 성격장애인 사람과의 삶에 대해 이야기를 나눈다. 그들 대부분은 여기서 자기와 비슷한 상황에 있는 다른 사람들을 처음 만났다.

많은 회원들이 우리에게 말하기를, 이 커뮤니티에서 받은 가장 큰 도움은 자기 곁에 있는 사람의 경계성 행동을 객관화하도록, 즉 자기에 대한 공격으로 받아들이지 않도록 해 준 것이라고 했다. 올라온 사연들이 모두 아주 비슷했기 때문에 경계성 행동이 그걸 당하는 자신에 관한 게 아니라는 사실을 확실히 알게 된다는 얘기다. 그래서 많은 사람이 큰 안도감을 느낀다.

지역이나 인터넷의 지지모임(지원모임)에 가입하는 것은 그 사람의 행동을 객관화하는 데 도움이 될 수 있다. 모임 가입이 가능하지 않다면, 기꺼이 귀를 기울이고 당신의 말을 믿어 줄 친구나 가족 구성원에게 사정을 털어놓을 수도 있을 것이다. 이 경우, 당신과 경계성 성격장애를 지닌 사람 사이에서 곤란해하지 않을 사람과 이야기하는 것이 가장 좋다.

그 사람의 행동은 당신에 대한 것이 아니다

경계성 성격장애를 지닌 남편이 바람을 피워 왔음을 알게 된 한 여성이 우리에게 물었다. "남편이 결혼 기간 내내 바람을 피웠으며 그에 대해 줄

곧 거짓말을 했다고 그러는데 어떻게 그걸 나 자신에 관한 문제로 받아들이지 않을 수 있겠어요? 다른 여자 때문에 떠나겠다는데 내 기분이 좋아야 하는 건가요?" 우리는 그녀에게, 그 일에 대해 곰곰 생각하며 슬픔을 견디고 삭여 내는 것은 필요하지만 그 일을 자신에 대한 공격처럼 받아들이는 것은 전혀 다른 문제라고 설명했다.

당신이 시내에서 가장 멋진 홀에서 결혼식 피로연을 열 계획을 세웠다고 가정하자. 그런데 결혼식 바로 이틀 전에 그곳에 벼락이 떨어져 완전히 불타 버렸다. 다른 장소를 물색해 봤지만 모두 예약이 꽉 차 있는 상황이다. 당신은 기분이 엉망이 되고 화도 날 테다.

그런 상황에서 당신이 번개에 의해 개인적으로 공격당했다고, 즉 번개가 당신을 알고 당신 삶을 비참하게 만들려고 일부러 그랬다고 생각지는 않을 것이다. 불가항력적인 일에 대해 스스로를 탓하지는 않으니까. 그런데 바로 이런 것이 경계성 성격장애가 있는 사람의 행동 앞에서 많은 사람이 보이는 태도다. 그들은 자신이 낙뢰의 근원이라고 믿으며 오랜 세월을 보낸다. 사실은 벼락이 빨려드는 피뢰침일 따름인데도.

유머 감각 잃지 않기
경계성인 사람의 가족 중 많은 이들은 유머 감각을 지니는 게 도움이 된다고 말한다.

🐝 행크
10월 어느 날, 경계성 성격장애가 있는 아내와 나는 내 친구 벅이 여는 핼러윈 파티에 가려고 준비를 했다. 나는 만화 「스누피」의 찰리 브라운으로 분장했다. 줄무늬 셔츠를 입고 스누피 인형을 든 내 모습은 영락없는 찰리 브라운이었다. 아내는 루시로 분장해, 한 손에는 럭비공을, 다른 손에는 팻말을 하나 들었다. "정신과 상담, 50센트만 내세요!"라고 쓰인 것이었다. (아이로니컬하지 않은가?)

벽이 문을 열었을 때 끔찍한 깨달음이 머리를 때렸다. '핼러윈 파티가 아니잖아!' 다른 사람들은 모두 스웨터와 진바지를 입고 있었다. 우리 세 사람, 나와 아내, 아내의 친구는 동시에 내가 실수했음을 깨달았다.

아내는 곧바로 몹시 성을 내며 내가 얼마나 멍청한지에 대해 장황히 떠들어 대기 시작했다. 평소라면 나는 아내의 분노와 언어폭력에 두려움과 불안, 혼란스러움을 느꼈을 것이다. 그러나 이번에는 왠지 웃음을 참을 수가 없었다. 그래서 아내가 격렬히 화를 내는 동안 나와 아내 친구는 줄곧 깔깔댔다. 그 다음번 아내가 울화통을 터뜨렸을 때 나는 그때의 일을 떠올렸다. 그리고 아내의 행동에 어떻게 반응할지에 대한 선택권이 나에게 있음을 깨달으면서 기분이 나아졌다.

| 스스로를 소중히 돌보라 |

당신 곁의 경계성인 사람은 자신이 원해서 그 장애를 갖게 된 게 아니다. 당신 또한 그 사람에게 경계성 성격장애에 걸려 달라고 하지 않았다. 그러나 당신이 경계성인 누군가를 사랑하는 전형적인 사람이라면, 그가 지닌 문제들에 대한 책임을 대부분 혼자 짊어질 것이다. 그리고 아마 당신이, 오직 당신만이 그 문제들을 해결할 수 있다고 생각할 테다.

경계성인 사람을 사랑하는 이들 중엔—특히 그와의 관계를 스스로 선택한 이들은—살아가면서 타인의 문제를 해결해 주고 그들을 구하고자 애쓰는 사람이 많다. 이런 자세는 자신이 다른 사람을 바꿀 수 있다는 환상을 심어 준다. 그러나 그 같은 환상은 경계성인 사람의 삶을 바꿀 수 있는 유일한 인물, 즉 본인으로 하여금 자신에 대한 책임감에서 멀어지도록 할 따름이다. 당신은,

- 하루 24시간을 사랑하는 사람의 아픔을 같이 느끼며 보낼 수 있다.
- 당신의 삶을 유보한 채, 그 사람이 당신과 같은 식으로 생각하게 되기를 마냥 기다릴 수 있다.
- 당신의 정서적 삶이 온통 그 사람의 순간적 기분에 휘둘리도록 내버려 둘 수도 있다.

그러나 이중 어떤 태도도 경계성 성격장애가 있는 사람을 돕지는 못한다.

우리와의 인터뷰에서 심리학자인 하워드 와인버그는 이렇게 말했다. "경계성 성격장애가 있는 사람의 친구와 가족들은 어떤 상황에서건 안정적이고 명확한 태도를 보여 줘야 합니다. 그 사람을 거부해도 안 되고, 반대로 지나친 애정과 보호로 숨이 막히게 해도 안 되죠. 그가 자기 자신을 돌보도록 해야 하며, 스스로 할 수 있는 일들을 대신 해 줘서는 안 됩니다. 이렇게 하면서 그 사람을 돕는 가장 좋은 방법은 그에게서 눈을 돌려 당신 자신의 생각과 자세를 추스르는 것입니다."

🦋 퍼트리샤

경계성 성격장애가 있는 사람을 떠나지 않기로 결정하신 가족 여러분, 감사합니다. 정말 감사합니다! 우리에게는 당신들의 사랑과 지지가

절실히 필요합니다. 우리를 믿어 주고 우리가 나을 것이라고 용기를 주시기 바랍니다. 그러나 머무르기로 한 당신들도 필요하다면 치료를 받으시고, 경계성인 사람과 지내는 과정에서 자기 자신을 잃어버리지 않도록 조심하십시오. 자신의 정체성을 잃어버려선 안 됩니다. 늘 당신이 우선이어야 합니다. 왜냐하면 당신이 스스로를 잃어버리면 경계성인 사람을 지지해 줄 이는 사라지고 많은 문제를 지닌 또 한 사람이 곁에 있게 될 뿐이니까요.

사랑하는 마음으로 분리한다

어떤 가족들은 사랑하는 마음을 지닌 채 경계성 성격장애가 있는 사람에게서 자신을 분리하는 연습을 한다. '사랑하는 마음으로 자신을 분리하기(detaching with love)'는 알코올 중독자로 인해 삶에 영향을 받는 가족과 친지들의 모임 '알아넌(Al-Anon Family Groups, 약칭 Al-Anon)'에서 개념을 제시하고 장려해 온 것이다. 이 모임에서 개인적 경계에 관한 선언문을 만들었는데, '알코올 중독'이라는 말만 '경계성 성격장애 행동'으로 바꾼다면 경계성인 사람을 아끼는 이들에게도 적절한 지침이 될 수 있다. 그 한 부분을 보자. ('Al-Anon'은 알코올 중독자들의 모임인 'Alcoholics Anonymous[익명의 알코올 중독자들, 약칭 AA]'를 줄인 명칭인데, AA와는 별개의 조직이다. 한국의 알아넌 사이트는 http://www.alanonkorea.or.kr/-옮긴이)

알아넌(Al-Anon)에서 우리는 개인들에겐 다른 사람의 질병이나 그로부터의 회복에 대한 책임이 없다는 것을 배운다.

우리는 다른 사람의 행동에 대한 집착을 버리고, 더 행복하고 감당하기 쉬운 삶, 존엄성과 권리를 지닌 삶을 영위하기 시작한다.

알아넌에서 우리는 배운다.

- 다른 사람들의 행동이나 반응 때문에 고통받지 않는 것을.
- 다른 사람의 회복을 위해서라는 명목으로 우리 자신이 이용당하거나 학대받는 것을 허용하지 않는 것을.
- 다른 사람이 스스로 할 수 있는 일을 대신 해 주지 않는 것을.
- 위기를 만들지 않는 것을.
- 상황의 자연스러운 흐름 속에서 위기가 발생한다면 그것을 막지 않는 것을.

분리는 친절한 것도, 불친절한 것도 아니다. 내가 그로부터 분리하는 사람이나 상황에 대한 부정적 판단이나 비난을 의미하지도 않는다. 그것은 단지 다른 사람의 알코올 중독['경계성 성격장애 행동'으로 바꾸어 읽으라]이 미치는 나쁜 영향에서 우리 자신을 떼어 놓는 방법의 하나일 뿐이다.

분리는 가족들이 자신의 상황을 현실적, 객관적으로 보도록 도와줌으로써 현명한 판단을 내릴 수 있게 해 준다.

당신의 삶을 되찾는다

당신 자신의 행복을 더이상 미루지 말라. 지금 바로 그것을 거머쥐라. 당신의 삶을 되찾기 위해 오늘 당장 할 수 있는 일들이 많다. 조용히 생각할 수 있는 시간을 가지라. 그런 시간은 사랑하는 사람과 당신이 서로 분리된 개인들이라는 사실을 상기시켜 줄 수 있다. 경계성 성격장애를 지닌 사람은 자신이 일시적인 떨어짐을 견딜 수 있다는 것을 배울 테고, 당신이 돌아왔을 때 여전히 자기를 아껴 주리라는 것을 알게 될 테다. 혼자 있는 시간을 가지면 실제로 관계를 더 강화할 수 있다.

> 그 사람의 치료사가 되려 하지 말라. 그건 당신의 역할이 아니다. 만약 경계성 성격장애인 사람이 당신에게서 그런 종류의 도움을 받기 원한다면, 정신건강 전문가를 찾아가라고 권하라. 그 사람과 접촉이 끊겼다면 그의 심리를 돌아보며 분석하는 데 시간을 들이지 말라. 이젠 당신이 할 일이 아니다. 사실은 처음부터 그랬다.

세 개의 C와 세 개의 G를 기억하라.

- 내가 원인이 아니다(I didn't cause it).
- 나는 통제할 수 없다(I can't control it).
- 나는 낫게 해 줄 수 없다(I can't cure it).
- 그 사람을 들볶지 말라(Get off their back).
- 그 사람에게서 비켜서라(Get out of their way).
- 자신의 삶을 살라(Get on with your own life).

그리고 자신에게 친절해지라. 여기에 몇 가지 아이디어가 있다.

- 미술관을 가라.
- 엄청나게 비싼 초콜릿 트러플을 사 먹으라.
- 친구와 가족들을 찾아다니라.
- 자원봉사를 하거나 정치 활동에 참여하라.
- 어떤 한 사람도—그에게 장애가 있든 없든—당신의 모든 필요를 채

위 줄 수는 없다는 걸 깨달으라.

- 친구들과의 우정에 소홀했다면 다시 돈독하게 만들라.
- 외출을 했을 때, 경계성 성격장애가 있는 사람에 관한 얘기로 시간을 다 보내지 말라.
- 극장에 가서 영화를 보라.
- 새로운 음식을 먹어 보라.
- 긴장을 풀고 즐기라!

재미있게 지내라. 당신이 자신을 위해 시간을 좀 쓴다 해도 세상은 아무 문제 없이 잘 돌아갈 터이다. 그리고 당신은 상쾌해진 기분과 더 넓어진 시야를 가지고 돌아올 수 있을 것이다.

만약 당신이 과식, 과음을 하거나 그 외의 해로운 대응기제를 쓰고 있다면 당장 멈추어야 한다. 필요하다면 해당 분야의 전문가에게 도움을 받으라. 경계성 성격장애와 관련된 기대는 현실적인 수준으로만 하라. 경계성 행동은 여러 해에 걸쳐 진전되기 때문에 뿌리가 깊게 내려져 있다. 기적을 바라지 말라. 작은 개선이라도 크게 기뻐하고, 경계성인 사람의 좋은 점들에 대해 감사하라.

🍀 타냐

내가 모든 것을 바로잡을 수는 없다는 점을 스스로에게 일깨우는 것이 도움이 된다. 내가 무력감을 느끼는 상황에 있다고 해서 실패자인 건 아니라는 것을 나는 계속 상기한다.

내 치료사는 나 자신을 돌보는 일에 죄책감을 느끼지 말라고 했다. 하지만 그래도 괜찮다고 정말로 느끼려면 시간이 좀 걸릴 테다. 스스로의 감정을 잘 관리해야 한다는 것을 안다. 하지만 가끔은 나 자신의 삶을 잠시라도 되찾고 싶을 때가 있다.

당신의 정체성과 자존감을 강화한다

당신 삶의 한 부분인 사람이 끊임없이 당신을 나무라고 비판한다면 당신의 자존감은 바닥으로 떨어지기 쉽다. 자존감이 본디부터 낮았다면 상황은 더욱 심각해질 수 있다. 우리가 인터뷰한 몇몇 사람—특히 경계성 성격장애가 있는 아버지나 어머니 밑에서 자라 성인이 된 사람들—은 스스로 더 나은 대접을 받을 자격이 없다고 믿었기 때문에 다른 사람이 자신을 이용하도록 내버려 두었다고 했다. 그들은 마치 자신에 대한 경계성 부모의 폄하가 옳았다는 걸 증명이라도 하려는 듯이, 극히 부당한 근로 조건 하에서도 계속 일을 하거나 자기도 모르게 스스로를 방해해 왔던 것이다.

경계성 성격장애가 있음에도 자녀와 주변 사람들에게 잘해 줄 수 있는 사람들이 적잖다. 그러나 상당수는 그렇지 못하다. 만약 경계성인 사람과의 관계가 당신의 자존감에 부정적인 영향을 준다면 그 피해를 복구할 방법을 즉각 찾아야 한다. 그에게서 당신의 가치를 인정받거나 입증받으려 하지 말라. 그래 줄 능력이 없을지 모르기 때문이다. 그들이 당신에게 애정이 없다는 얘기가 아니다. 다만 지금은 자신의 문제와 욕구들에 치여 있을지 모른다는 뜻이다.

뒤의 6장에서 우리는 어떻게 경계를 설정하고 분노나 비난, 비판에 어떻게 반응할 것인지를 살펴볼 것이다. 그 부분을 주의 깊게 읽고 거기에 나오는 소통 기법들을 실생활의 여러 상황에서 활용하되, 그 전에 친구와 함께 충분히 연습해 보기 바란다. 이제는 다른 사람이 당신에게 퍼붓는 말들—얼마나 못되고 끔찍한 사람인가 등등—을 듣고만 있지 않아도 된다. 당신에게는 선택권이 있다.

　마지막으로, 경계성 성격장애가 있는 사람과 살면서 받는 스트레스에 대처할 수 있도록 치료를 받기 바란다. 경계성 성격장애인 사람을 사랑하는 이들을 대상으로 우리가 실시한 조사에 따르면, 응답자의 75%가 치료를 받아 본 경험이 있었다.

| 자신의 행동에 대해 책임지라 |

　경계성 성격장애가 있는 사람의 종잡을 수 없는 변덕에 이리저리 치이는 당신은 자신이 태풍에 마구 날리는 구겨진 신문 같다고 느낄 수 있다. 그러나 당신은 그 관계에서 스스로 생각하는 것보다 큰 힘을 가지고 있다. 당신은 자기 행동은 물론이고 골치 아픈 경계성 행동에 대한 자신의 반응도 통제할 수 있기 때문이다. 당신이 스스로에 대해, 그리고 과거에 당신이 내렸던 결정들에 대해 잘 이해하고 나면, 길게 보아 당신 자신에게는 물론이고 경계성인 사람과의 관계에도 좋은 영향을 줄 새로운 결정들을 내리는 일이 더 쉬워지게 마련이다.

　수전 포워드와 도나 프레이저는 저서 『정서적 협박』에서 어떻게 '회피'조차도 하나의 행동이 될 수 있는지에 대해 얘기한다.

　　우리는 매일같이 다른 사람들에게 우리가 무엇을 수용하고 무엇은 수용할 수 없는지, 우리가 직면하기를 거부하는 것은 무엇인지, 그냥 넘어가는 것은 또 무엇인지 등을 보여 줌으로써 그들이 우리를 어떻게 대해야 하는지를 가르친다. 다른 사람의 골칫거리 행동에 대해서는, 우리가 그것에 관해

요란을 떨지 않으면 그 행동이 사라질 수 있다고 믿기도 한다. 그러나 그럴 때 우리가 보내는 메시지는 이것이다. "그게 통했어. 계속 그렇게 해 봐."

어떤 사람들은 자신이 책임져야 할 부분을 솔직히 인정하는 이 단계가 매우 어렵다고 느끼기도 한다. 그들은 항상 머릿속에서 경계성 성격장애인 사람의 비난하는 목소리를 듣기 때문이다. "봤지? 모든 것이 자기 잘못이야. 자기한테 뭔가 문제가 있다고 내가 그랬잖아" 같은 소리를. 이 같은 사람들은 책임을 인정하는 일이 경계성인 사람의 비난에 동의하는 것이나 다름없다고 느낄 수 있다. 당신이 이들 중 하나라면 당장 그 목소리를 침묵시키라. 우리는 당신이 그들의 행동을 유발했다거나 그 행동의 원인이 되었다고 말하는 게 아니다. 당신이 사랑하는 사람이 예전에 먹혔든 문제 행동들을 반복하는 것은 당신이 자기도 모르게 그것을 허용하기 때문일 수 있음을 지적하려는 것이다.

그 관계는 당신의 필요나 욕구에 부응하는 것이다

우리와의 인터뷰에서 하워드 와인버그는 말했다. "당신이 경계성 성격장애가 있는 누군가를 아낀다면 한 가지 점을 기억해야 합니다. 당신 성격이 뭔가 병적이어서 그 사람을 선택한 게 아니라는 점 말입니다. 그가 당신에게 소중했기 때문에 택한 것이지요."

경계성 성격장애가 있는 사람과 당신의 관계가 완전히 부정적이라면 이 책을 읽고 있지 않을 것이다. 그냥 관계를 끝내 버리면 그만이니까. 그러니 그 관계에서 무언가가 당신의 필요나 욕구를 채워 준다고 볼 수 있다. 경계성 성격장애인 사람과의 관계를 유지케 하는 의식적 혹은 무의식적인 이유들은 그 관계가 스스로 선택한 것인가(친구나 연인) 혹은 선택하지 않은 관계인가(가족이나 친척)에 따라 다양할 수 있다.

경계성 성격장애인 사람과의 비정상적인 관계를 유지하는 많은 이에게 그 이유는 상대가 놀라울 만큼 흥미롭거나, 애교가 있거나, 명석하거나, 매력적이거나, 재미있거나, 재치가 넘치거나, 마음을 흔들기 때문이다. 한 여성은 경계성 성격장애가 있는 남자 친구를 처음 만났을 때, 태어나서 처음으로 자기와 같은 유의 사람을 만난 느낌이었다고 했다.

🐚 다이앤

나는 경계성 성격장애를 지닌 사람을 아끼는 이들이 왜 그 장애의 병적 측면이라든지 그 사람의 분노나 못된 행동들에 대해 열심히 이야기하는지 이해할 수 있다. 경계성 성격장애가 있는 사람에게는 자기 자신뿐 아니라 가까운 이들까지 파괴하는 힘이 있다. 이야기를 통해 그런 괴로움을 배출하는 것은 정신건강을 위해 좋은 일이다.

그런데 경계성 성격장애에 대한 책이나 토론, 또는 임상적 언급 같은 데서 사람들이 그 관계를 시작한 이유에 관한 얘기를 찾아보기는 쉽지 않다. 당신이 경계성 성격장애가 있는 사람과 사랑에 빠진 것은 파괴되고 싶은 갈망 같은 게 있어서가 아니었다. 그 사람에게서 뭔가 좋은 점들을 보았기 때문이다. 그런 좋은 점들은 나쁜 점들과 똑같이 그 사람의 일부다.

파괴적인 나쁜 점들이 드러나기 시작했을 때, 당신은 그의 좋은 점이 결국은 나쁜 점을 이겨 내리라고 자신에게 되뇌며 견뎌 냈다. 글쎄, 그럴 수도 있고 아닐 수도 있다. 당신은 학대받기를 즐기는 사람이 아니라 낙관주의자다. 당신의 낙관적 믿음이 정당한 것으로 판명될지는 확신할 수 없지만 말이다. 아무튼 자신의 낙관을 포기하고, 종종 큰 기쁨을 주기도 하는 관계를 놓아 버리는 일은 그리 쉽지 않다.

변명하지 말고, 상황의 심각성을 부인하지도 말자

희망을 잃지 않는 일은 매우 중요하다. 누구든 좋은 면과 나쁜 면이 함께 있는 것도 사실이다. 그러나 희망은 상황에 대한 현실적인 인식과 변화 가능성의 판단에 의해 조절되어야 한다.

케빈의 여자 친구 주디는 명석하고 재능 있으며 아주 매력적인 여자였다. 무엇보다도, 그녀는 케빈을 사랑했다. 그래서 케빈은 다른 사람들에게는 경종을 울렸을 주디의 행동들을 간과했다. 한 예로, 어느 날 주디는 케빈의 직장에 나타나 상사와 동료들이 보는 앞에서 그에게 소리를 질러댔다. 며칠 뒤까지도 케빈은 주디가 왜 그렇게 화가 났었는지 알 수 없었다.

또한 주디는 정부의 보조금을 받으면서 바퀴벌레가 우글대는 아파트에서 케빈과 아홉 살 된 자기 아들과 함께 사는 형편이었음에도, 크리스털 화병이나 유명 디자이너의 옷 같은 사치품들을 충동적으로 구매했다. 아들을 아파트에 혼자 내버려 둔 채 쇼핑을 가기도 했다.

주디는 케빈과 사소한 말다툼을 할 때마다 그를 아파트 밖으로 내쫓고 그의 물건들을 망가뜨리곤 했다. 이러한 행동이 자주 반복되자 케빈은 소중하게 여기는 것들을 부모님 집으로 옮기기 시작했다. 어느 날, 케빈의 친구가 주디의 행동은 정상이 아니라고 그를 설득하려 하자 케빈은 어깨를 으쓱하며 답했다. "뭐 완벽한 사람이 어디 있겠어? 어떤 관계에도 문제는 있게 마련이야."

케빈은 주디와의 관계를 유지하고 그 관계에서 오는 자신의 고통스러운 느낌에 대처하는 방법으로 부정이라는 방어기제를 쓰고 있는 것이다.

이 시점에 케빈은 그녀와의 갈등을 피하기 위해 어떤 행동이라도 할 가능성이 높다. 그러나 그가 문제를 부인하는 것은 주디의 부정적인 행동을 조장하고 강화하게 될 뿐이다. 케빈이 이 문제들을 다루기 시작해 왜 주디가 그를 그토록 형편없이 대우하게 내버려 두는 건지를 따져 보게 되려면 친구들의 뒷받침과 객관적 시각이 필요하다. 케빈은 왜 주디와의 관계가 그처럼 부당한 대우를 감내할 정도로 자신에게 중요한지에 대해서도 곰곰 생각해 볼 필요가 있다.

간헐적 강화의 효과를 이해하기

지렛대(레버)가 설치된 상자 속에 쥐 한 마리가 있다고 하자. 당신은 쥐에게 지렛대를 누르도록 학습을 시킨다. 쥐가 지렛대를 다섯 번 누를 때마다 쥐에게 먹이를 주어 보상한다. 쥐는 그 사실을 금방 배운다. 그러나 먹이 주기를 멈추면 쥐는 지렛대 누르는 일을 그만둔다.

이번에는 쥐에게 먹이를 주되 간헐적으로만 준다고 하자. 즉, 보상 간격을 유동적으로 한다. 이런 것을 '간헐적 강화(intermittent reinforcement)'라고 하는데, 어떤 때는 쥐가 지렛대를 두 번 누르면 보상을 하고, 어떤 때는 열다섯 번 누를 때까지 기다린다. 이처럼 보상 간격이 오락가락하면 쥐는 언제 먹이를 받게 될지 알 수 없다. 그러다가 다시, 먹이 주는 것을 아예 멈춘다. 쥐는 계속 지렛대를 누른다. 스무 번을 누른다. 먹이가 안 나온다. 좀 더 누른다. 그 쥐는 이렇게 생각할 것이다. "어쩌면 이 인간이 이번에는 내가 지렛대를 아흔아홉 번 누르기를 기다리고 있는지도 몰라."

어떤 행동이 간헐적으로 강화되면, 모든 보상이 사라지고 난 후 그 행동을 완전히 그만두기까지 훨씬 더 오랜 시간이 걸린다. 간헐적 강화는 쌍방향으로 작용할 수 있다. 경계성 성격장애를 지닌 사랑하는 사람의 기분이 좋을 때 당신은 간헐적으로 강화 즉 보상을 받는다. 언제 다시 그의 기분이 좋아져서 또 보상을 해 줄지 예측할 수는 없지만, 어쩌면 곧 그럴 수도 있음을 안다. 반면, 그 사람도 당신에게서 간헐적 강화를 받을 수 있다. 그가 경계성 행동을 할 때 가끔 당신이 그의 요구에 굴복한다면 말이다.

몰리는 이렇게 말한다. "저는 지금 손드라의 매력적인 행동에 사로잡혀 있어요. 전 이렇게 생각하죠. '아, 이게 바로 내가 알던 그 사람이야.' 나의 이성은 손드라에게 돌아가지 말라고 해요. 하지만 나의 감정은 그와 반대로 말하네요."

> 경계성 성격장애가 있는 사람이 당신을 가혹하게 대하는데도 불구하고 그에게 '중독된' 것처럼 느낀다면, 그 관계에서 간헐적 강화가 작용하고 있는 것은 아닌지 잘 살펴볼 일이다.

롤러코스터 타기의 들뜸에 대하여

경계성 성격장애가 있는 사람과의 관계가 잘 나갈 때는 그저 좋은 정도가 아니라 '지극히' 좋다고 많은 사람이 말한다. 치켜세우는 말, 집중적인 관심, 집착 등은 그 대상인 당신의 자아를 매우 들뜨게 만든다. 누군가에게 그토록 중요한 존재라는 느낌은 흥분과 함께 자신감과 힘을 준다. 특히 당신이 이전에 숭배의 대상이 되어 본 적이 없었다면 이 낯선 흥분이 즉각 인지될 것이다.

당신은 그런 기분을 다시 느끼기 위해 치켜세우는 말과 집중적 관심을 고대하게 될 수도 있다. 그리고 얼마 후 치켜세우기가 서서히 줄어들기 시작하면 당신은 그것이 그리워서 사랑하는 사람이 다시 당신을 우상화하게 만들려는 시도까지 할 것이다. 여기에 간헐적 강화의 법칙이 다시 적용된다. 경계성 성격장애가 있는 그 사람은 아마도 당신과의 관계가 지속되는 내내 간헐적으로 집착과 치켜세우기를 할 것이기 때문이다. 그리고 이는 양자의 관계에 대한 당신의 헌신을 더욱 강화하게 된다.

🐝 짐

아내가 처음 나에게 집착하는 모습을 보였을 때 나는 무척 기분이 좋았다. 솔직히 나는 내가 그 정도로 관심을 받을 만하다고 생각해 본 적이 없기 때문이었다. 다른 여자들은 나에게 별로 눈길을 주지 않았다. 그런데 아내는 나를 숭배하다시피 했다. 주위에 우상처럼 받들어 주는 사람이 있으면 자신에 대해 기분이 좋아지게 마련이다.

그러나 우리의 관계는 마치 중독 같은 것이었다. 나는 아내에게서 계속 집착과 숭배라는 중독 물질을 공급받으려 했다. 자기모멸에다 미묘한 수치심까지 느끼면서도 어쩔 수 없이 그랬다("당신을 사랑하는 나 자신이 싫어").

롤러코스터 같은 우리의 관계는 그렇게 시작되었다. 현기증을 일으킬 정도로 아득한 높이를 오가며 나는 갑작스럽고 절망적인 낙하와 지그재그 코스, 말도 안 되게 곤두박질치는 회전과 아연실색케 하는 급정지, 그리고 나중에 찾아드는 멍멍함과 적막과 맥 빠짐 등에 휘둘려야 했다.

어떻게 빠져나올 것인가

모든 선택에 위험이 도사리고 있어서 옴짝달싹 못 할 것 같으면서도 뭔가 하기는 해야 한다고 느끼는가? 이 관계에 대한 당신의 만족도는 경계성 성격장애가 있는 사람에게 중요한 변화가 일어나는 것에 달려 있는가? 아직은 분명 일어나지 않았지만.

랜디 크레거의 공저서 『경계성 성격장애에 대한 가족용 필수 지침서』는 이 장애를 가진 사람을 돌보는 이들로 하여금 꽉 갇혀 버린 느낌을 갖게 하는 여섯 가지 가장 흔한 이유와 그에 대처하는 방법을 열거하고 있다.

정서적 학대에 의해 형성되는 불건강한 유대: 상대를 통제하고, 위협하고, 벌주고, 고립시키는 등 경계성인 사람이 하는 행동들은 그를 돌보는 이들에게서 동기 부여의 부족과 혼란, 의사결정의 어려움을 야기할 수 있고, 이런 것들이 그들을 계속 묶어 놓을 수 있다.

두려움의 감정: 현실적인 문제에 대한 우려(경계성 성격장애인 저 사람이 혼자서 제대로 살 수 있을까?)에서부터 갈등에 대한 공포, 미지의 것에 대한 두려움까지 다양하다.

의무와 역할 및 책임: "엄마 생일인데 어떻게 안 찾아뵙겠어?"

죄책감: 이것 때문에 가족 구성원들이(특히 부모가) 판단력을 잃고 자신에게 '용서받기' 위해 말도 안 되는 정도로까지 경계성인 사람의 행동을 받아 줄 수 있다.

낮은 자존감: 자존감이 낮은 사람들은 착하게 행동함으로써 자

신의 수치심을 달래려 하는 경우가 많다. 이때 '착함'은 자신이 느끼는 부족함을 만회하기 위해 자기 자신을, 그리고 자신이 삶에서 원하는 것을 희생하는 데서 온다.

구조하려는 욕구: 경계성인 사람의 '구조자'들은 그를 돕겠다는 최선의 의도에서 출발한다. 그들은 평화를 유지하고 갈등을 피하기 위해 종종 무엇이든 할 것이다. 여기엔 자신의 잘못이 아닌 일에 대한 책임을 떠맡는 것까지 포함된다. 그러나 궁극적으로 그들은 조종당했다고 느끼면서 분노하고 좌절하게 된다.

당신이 빠져나오려면 다른 접근 방식을 취해야 한다. 경계성 성격장애가 있는 가족 구성원에게만 관심을 쏟아붓지 말고, 자신을 자세히 살펴보라. 그리고 보다 '독립된 나'가 되기 위해 노력하라.

크레거는 다음과 같이 쓰고 있다. "자신의 선택을 인정하고 책임지라. 당신 삶 속의 사람, 행동, 사건에 반응하는 방식은 당신 자신이 결정한다는 것을 인식해야 한다. 당신에게는 선택권이 있다. 꼭 즐거운 것들만은 아니지만, 그럼에도 선택권임은 분명하다. 당신이 법률 문서를 쓰는 것이 아닌 한 '그가 나를 ~하게 만들었다', '그녀가 억지로 ~하라고 했다' 같은 말들은 버리라. '나는 ~해야 해'라고 말하는 대신 '지금 나는 ~하는 걸 선택한다'라고 말하라. 그러고는 새로운 생각들에 마음을 열라. 그동안 해 온 것들이 효과가 없었다면, 뭔가 다른 것을 시도하라."

『경계성 성격장애에 대한 가족용 필수 지침서』의 제안 중엔 다음과 같은 것들이 있다.

- 좀 더 진정성 있게, 당신 자신의 마음가짐과 신념에 따라 행동하라.
- 과거에서 배우라. 이러한 감정이 익숙한가? 비슷한 상황에 처한 적이 있는가?
- 다른 사람을 구조하려 들지 말고 도와주라. 경계성인 가족 구성원이 자기 문제의 해결책을 스스로 찾을 수 있다는 신뢰를 표현하라. 그의 자신감을 키우는 데 도움이 된다.
- 그 사람으로 하여금, 당신이 그에게 원하는 모습이 아니라 있는 그대로의 자기 모습을 보일 수 있게 하라. "아무 때나 내가 필요하면 불러. 하지만 당신의 선택과 그 결과는 당신의 몫이야"와 같은 건강한 지원 메시지를 보내라.

스스로 결정을 내리자

스스로 결정을 내릴 권한이 있다고 인정하는 일은 새로운 선택을 하고 당신의 삶을 더 나은 쪽으로 변화시키기 위한 첫걸음이다.

경계성 성격장애가 있는 사람을 사랑하는 어떤 이들은 그 관계 속에서 자신이 무력하다고 생각한다. 하지만 실제로 그들이 느끼는 감정은 무력감이 아니라 두려움이다. 두려움과 불안은 무력한 것과는 다르다. 당신은 경계를 설정하고 변화를 추구하려는 자신의 노력이 사랑하는 사람의 분노에 부딪힐까 봐 두려워할 수 있다. 그래서 그의 부정적인 반응을 피하기 위해 '무력함'을 느낀다고 표현하는 것이다. 그에 더해, 자신이 무력하다는 믿음은 스스로를 위해 변화를 시도하거나 더 나은 삶을 만들어 가는 일에 대한 책임감을 없애는 역할도 할 수 있다. 당신은 자신이 '무력하다'

는 것은 곧 자신이 '피해자'임을—그러니까 다른 누가 그 자신의 상황에 대한 책임을 당신에게 돌릴 수 없다는 것을—뜻한다고 생각할지도 모른다.

당신의 관계와 당신의 삶을 바꿀 수 있는 힘이 당신 자신에게 '있다는' 사실을 이해해야 한다. 처음에는 그게 무척 겁날 것이다. 그러나 다른 길은 없다. 두려움이 당신의 모든 선택과 관계를 지배하는, 상당히 불행하고 불만족스러운 삶을 사는 것 외에는.

그런 대우를 받을 이유가 없다

당신은 아무런 관계도 갖지 못하는 것보다는 정서적으로 학대받는 관계라도 있는 편이 낫다고 때로 생각하는가? 고독한 것보다는 상처를 받는 편이 나아 보일 때도 있겠지만, 학대받는 관계에 오래 머물게 되면 자기를 잃어버리게 되는데, 그보다 더한 외로움이 어디에 있겠는가. 자존감에 문제가 있는 사람들은 비난과 탓하기에 아주 취약해서, 나중에는 자신이 그런 대우를 받을 만하다고 믿게 된다. 그들은 경계성 성격장애가 있는 사람에게서 떠나면 다른 누구도 자신을 원하지 않으리라고 생각한다. 심지어 정서적으로 건강하던 사람도 자신의 가치를 의심하기 시작할 수 있다.

🪰 앨릭스

왜 내가 학대받는 관계에서 여러 해를 보내는지 곰곰이 생각해 봐야 했다. 나는 두려움을 극복해야 했고, 나를 숭배하지도 비하하지도 않으면서 잘 대해 줄 사람과 관계를 맺을 자격이 나에게 있다는 것을 배워야 했다.

🐾 존

　　내가 이 관계에 그냥 머물렀던 큰 이유 중 하나는 무의식적으로 내가 그 고통과 번뇌를 겪어 마땅하다고 생각했기 때문임을 깨달았다. 나는 그 같은 생각을 바꾸기 위해 노력하고 있다. 앞으로는 그런 여자들에게 끌리지 않도록 말이다.

　　모든 사람은 건강한 관계를 가질 권리가 있다. 그러나 몇 달 혹은 몇 년 동안 과도한 비난과 탓하기, 경계성 분노를 견디다 보면 경계성 성격장애가 있는 사람을 사랑하는 이들 대부분은 자신이 건강한 관계를 가질 자격이 있는지 의문이 들기 시작한다. 당신은 자신에게 다음과 같은 권리들이 있다고 생각하는가?

- 한 인간으로서 존중받을 권리
- 신체적, 정서적 필요를 충족할 권리
- 그저 당연한 존재가 아니라 가치 있는 존재로 여겨질 권리
- 파트너와 효과적으로 소통할 권리
- 사생활을 존중받을 권리
- 서로 통제하기 위해 끊임없이 싸우지 않을 권리
- 자신에 대해, 자신의 관계에 대해 좋게 느낄 권리
- 서로 신뢰하고 가치를 인정하고 지지할 권리
- 그 관계의 안과 밖에서 성장할 권리
- 자신의 의견과 생각을 가질 권리
- 관계에 머물거나 떠날 것을 결정할 권리

알고 있겠듯이, 권리는 누군가가 나서서 옹호하지 않는 한 존중되거나 인정되지 않는다. 당신의 권리를 옹호할 준비가 되었는가?

타인을 구하려 드는 당신의 문제를 직시하기

공동의존(codependence, 공의존, 동반의존) 전문가인 멜로디 비티는 저서 『공동의존, 더이상은 없다(*Codependent No More*)』(1987, 국역본 『공동의존자 더이상은 없다』)에서 자신이 다른 사람을 구조해야 한다고 느끼는 이들을 위해 일련의 질문을 만들었다. 그 일부를 표현을 좀 바꾸어 소개한다.

- 다른 사람의 생각과 행동과 느낌에 대해 책임감을 느끼는가?
- 누군가가 당신에게 자기 문제를 얘기하면, 그 문제를 해결해 주는 것이 당신의 의무라고 생각되는가?
- 충돌을 피하기 위해 화를 억누르는가?
- 무언가를 주기보다 받기가 더 어려운가?
- 왜 그런지는 몰라도, 대인관계가 위기 상황일 때 삶이 더 즐거운 듯한가? 삶이 너무 평탄한 사람과 관계를 맺으면 따분해지겠기에 그런 사람을 파트너로 택하는 걸 피했는가?
- 당신이 어떤 일이나 어떤 사람을 참고 견디는 게 마치 부처님 같다고 사람들이 얘기하는가? 마음 한구석에서 그런 평가를 즐기는가?
- 자기 삶의 문제들을 푸는 일보다 다른 이들의 문제에 집중하는 일을 더 하고 싶은가?

자신의 문제에 집중하기

어떤 사람들은 다른 사람을 바꾸려고 노력하는 게 자신을 바꾸는 것보다 쉽다고 생각한다. 이들은 다른 사람의 문제에 집중하면서 자기 문제를 회피하곤 한다. 당신은 그렇지 않은지, 몇 가지 묻겠다.

- 당신은 경계성 성격장애가 있는 사람과 별개의 인간으로서 자신이 누구인지 확실히 알고 있는가?
- 당신은 삶의 이 시점에 자신이 원하는 위치와 상태에 있다고 느끼는가?
- 경계성 성격장애가 있는 사람과의 관계에 집중하지 않았다면 당신이 지금처럼 외면하지 않고 챙겼어야 했을 자신의 일들은 없는가?
- 하루 중 얼마 동안을 경계성인 사람과의 관계에 대해 걱정하면서 보내는가?
- 그 사람과의 삶이 완벽하다면 걱정에 들이던 그 많은 시간을 어떻게 쓰겠는가?

🐌 나나

만나는 남자 친구마다 워낙 상식 밖의 행동들을 했기 때문에, 나 자신의 행동이 지닌 문제를 간과했다. 그러다 알게 되었다. 뭔가 실수를 했을 때 즉시 인정하는 것, 그리고 경계성 성격장애가 있는 사람의 격노와 탓하기 앞에서까지 정직하고 열린 자세를 갖는 것이 내 책임이라는 점을. 나는 경계성인 남자 친구들과 겪은 모든 문제가 나 자신의 문제들의 확대된 형태였다는 사실을 깨달았다.

나도 남을 혹평하는 사람이었던 것이다. 나 역시 남을 탓하며 책임을 회피하는 경향이 있었으며, 자신의 진정한 느낌들을 외면해 왔다. 내 안에도 많은 수치심이 쌓여 있었고, 다른 사람을 신뢰하고 그들과 정직하게 소통하는 데 어려움이 있었다. 나 역시 세상에 대한 깊고 쓰라린 반감을 안고 사는 데 누구 못지않았다.

　나의 행동이 이처럼 비틀리고 멋대로였다는 사실에 나는 큰 충격을 받았다. 그때까지 나는 모든 것이 내 이상한 남자 친구들 탓이라고 생각해서, 그들만 변한다면 전부 괜찮아지리라고 생각했다. 그러나 어느 날 나는 아픔과 함께 깨달았다. 내가 경계성 성격장애가 있는 사람들을 위한 고결한 순교자가 아니며, 나처럼 기꺼이 고통을 받으려는 사람에게 수여되는 메달 따위는 애초부터 없다는 사실을.

| 이제 어디로 가나 |

스스로에게 다음과 같은 질문을 던져 보라.

- 어쩌다가 이런 상황에 처했는가?
- 나 자신에 대해 무엇을 배웠는가?
- 과거에 어떤 선택들을 했는가? 그 선택들은 현재의 나에게도 최선인가?
- 나 자신을 지키는 일을 막는 것은 무엇인가? 그것에 대해 무엇을 할 수 있는가?
- 이 관계에서 내가 책임져야 하는 것은 무엇인가? 나는 그것에 관해 무엇을 할 수 있는가?

우리는 과거에 당신에게 일어난 일들과 당신이 한 선택들에 대해 당신을 비난하려는 것이 아니다. 그저 당신만이—경계성 성격장애가 있는 사람도, 치료사도, 친구도 아니다—이런 문제들을 풀어 낼 수 있다는 사실을 지적할 따름이다. 모든 일이 정말로 당신에게 달려 있다. 경계성 성격장애를 지닌 이를 사랑하는 많은 사람들은 진지한 성찰을 통해 자신에 대해 발견한 것들이 대단히 소중하다고 말한다.

🍃 앨릭스

경계성 성격장애가 있는 사람 주위에 있음으로써 얻게 된 가장 귀한 선물은 이것이었다. 나 자신에 대해 알게 되었고, 내가 타인과 어떻게 상호작용을 하는지도 알게 되었다는 것. 비록 내가 겪은 관계들이 고통스럽기는 했지만, 그 모두가 지금의 나를 만드는 데 필요한 경험이었다.

🍃 매릴린

나는 삶을 생각 없이 살아온 사람에서 의식 있는 삶을 사는 사람으로 나아갈 수 있었다. 누군가 말하기를 반성하지 않는 삶은 살 가치가 없다고 했다. 나는 기쁘게 말하겠다. 내 삶은 살 가치가 매우 크다!

🍃 러셀

내가 처한 상황들을 개인적 성장과 깨달음을 위한 기회로 보는 것은 나에게 큰 도움을 준다. 이제 나는 모든 갈등과 시련을 해결할 수 없는 위기로 보는 데서 벗어나, 문제가 있는 사람은 바로 나라는 사실을 인정하며(나는 이 사람의 행실이 정말 싫다), 열린 마음으로 나 자신에 대해 더 많은 것을 알고 싶다. 그 초점은 나의 무력감보다는 나의 선택으로 옮겨 갔다. 내가 한 선택들로부터 나는 많은 것을 배울 수 있다.

172

이 장에서 우리는 당신 자신의 생각과 자세를 바꿈으로써 경계성 성격 장애 행동에 더 잘 대처하는 방법들을 탐구했다. 큰 줄기를 요약하면, 경계성인 사람을 억지로 치료받게 만들 수는 없다는 사실을 인정하고, 그들의 행동을 당신 개인에 대한 것으로 받아들이지 말며, 자신을 돌보고, 자기 행동에 책임을 지라는 것이다.

다음에는 당신이 경계성 성격장애인 사람과 상호작용 하는 방식을 어떻게 바꿀지를 첫걸음부터 살펴보겠다.

6

당신이 처한 상황을 이해하기

경계 설정과 기술 연마

| 격렬한 반응의 촉발 요인을 알아내라 |

당신 곁의 경계성 성격장애를 지닌 사람이나 당신 자신이 무언가에 격렬한 반응을 보인다면, 그 사람이나 당신의 '방아쇠(trigger)' 중 하나가 당겨졌기 때문일 가능성이 크다. '핫 버튼'이라고도 하는 방아쇠란 사람의 내부에 겹겹이 쌓인 원망이나 후회, 불안감, 분노, 두려움 등을 말하는데, 이것들이 건드려지면 당사자는 아픔을 느끼면서 자동적으로 감정적 반응을 하게 된다. 당신이나 당신 곁의 경계성 성격장애를 지닌 사람에게서 감정적인 반응을 촉발하는 구체적 행동이나 말, 또는 사건이 무엇인지를 알아내면 그러한 반응이 언제 나타날지 예측하고 그에 대처하기가 보다 수월해질 수 있다.

정보 축적하기

경계성 성격장애를 지닌 사람의 가족들이 그의 행동 패턴을 일지 형식으로 기록해 놓으면 그 행동들을 이해하고 객관화하는 데 도움이 된다. 특히 이 장애가 있는 아이의 부모들은 아이가 올바른 진단과 치료를 받는 데 이런 기록이 좋은 참고 자료가 된다고 말한다.

경계성인 사람을 관찰만 하든 아니면 그의 기분이나 행동에 대해 간단한 메모를 하든, 의도는 사랑하는 그 사람에 대해 무슨 판정을 내리려는 것이 아니라 그의 행동에 감정적으로 반응하기를 멈추고 그 경험에서 뭔가를 배우려는 것이다. 만약 당신의 행동과 경계성인 사람의 행동이 아무런 상관도 없어 보인다면, 그의 행동이 당신에 관한 게 아니라는 사실을 더욱 명확히 이해하게 될 것이다.

그의 외부에 있는 무언가가 경계성 행동을 촉발하는 듯해 보인다면 상황을 잘 살펴보고 어떤 요인이 작용한 건지 판단해 보라. 그런 요소들의 예를 들면 다음과 같다.

- 그 사람의 전반적인 기분
- 그 사람의 스트레스 수준이나 책무들
- 시간대
- 음주 여부
- 배고픔이나 피곤함 같은 신체적 요인들

● 주위 환경

그의 행동에서 어떤 패턴을 찾을 수 있다면 행동을 예측하기가 좀 용이
해질 것이다.

🦋 포샤

샌디와 나는 경계성 성격장애일 가능성이 있는 아이의 부모다. 우리
는 아들의 기분과 행동을 가로세로 칸이 있는 용지에 그래프로 그렸다. 그
래프의 수치는 극심한 절망 -10에서부터 극도의 낙관 +10까지이며, 0은
중립적인 기분이다. 아들의 심리치료사는 우리가 만든 자료를 보고 깜짝
놀랐다. 자료는 아이가 경계성 성격장애인지 양극성 장애(조울증)인지를 치
료사가 판단하는 데 큰 도움을 주었다.

🦋 헨리

일지를 쓴 것은 아니지만, 10년을 바버라와 지내면서 그녀의 기분이
대략 6주를 주기로 순환한다는 것을 깨달았다. 주기는 이런 식으로 나타
났다.

1. 폭발적이며 폭력적인 분노가 10분에서 몇 시간까지 계속된다.
2. 침묵의 기간이 이틀에서 닷새까지 지속된다.
3. 부드럽고 쾌활하며 다정한 행동이 사나흘 지속된다. (상황이 좋
   을 때는 나에게 사과를 하고, 심지어 무엇 때문에 자신이 '정신 나
   간 행동'을 하는지 알아내 달라고까지 한다.)
4. 4주에서 길면 10주까지 상황이 서서히 나빠진다. 이 기간에 바버
   라는 점점 더 비판적이 되어 다른 사람을 책망하고 쉽게 화를 낸

다. 앞서 자신이 사과한 말들을 부정하기도 한다. 마지막으로 분노 폭발이 나타나고서 주기는 새롭게 반복된다.

이런 패턴을 일단 인지하고 나니 바버라의 행동을 예측할 수 있었고, 우리의 상황이 좀 더 제어 가능해졌다고 느끼게 되었다.

당신 자신의 방아쇠

이 책을 위해 우리가 인터뷰한 많은 사람들은 자기 곁의 경계성 성격장애를 지닌 사람이 상대방, 즉 그들을 격발하는 방아쇠가 무엇인지 알고 있는 듯하다고 말했다. 그래서 위협을 느낄 때면 의식적으로든 무의식적으로든 고통스러운 감정으로부터 자신을 방어하기 위해 하는 행동을 통해 이 방아쇠를 당긴다는 것이다.

예를 들어 설명하자. 경계성 성격장애가 있는 남편과 사는 자존감이 아주 낮은 여자가 있었다. 자라면서 이성 친구를 거의 사귀어 보지 못한 그녀는 남편과 고등학교 때 결혼을 했다. 남편이 그녀를 정서적으로 학대했기 때문에 결혼 생활은 어려웠다. 그러나 그녀가 떠나겠다고 할 때마다 남편은 자기 외에는 아무도 그녀를 원하지 않을 것이며, 그녀가 괜찮은 일자리를 얻을 수 있을 만큼 똑똑하지도 않고 재능도 없기 때문에 경제적으로 결코 자립할 수 없으리라고 말했다.

경계성 성격장애를 지닌 사람의 말이나 행동 중 어떤 것은 상대를 괴롭고 자존심 상하게 만들 수 있는 반면, 어떤 것은 아무렇지도 않을 수 있다. 그 사람의 언행에 그냥 반응만 하지 말고, 자신의 반응을 잘 관찰하고 검토해 보라. 그의 비난이 사실인가? 조금의 진실이라도 있는가? 그의 말을 통째로 받아들이거나 일절 거부할 필요가 없음을 명심하기 바란다. 그 사람의 말에 분열(흑백논리)이나 지나친 일반화('당신은 언제나' 혹은 '당신은 절대로' 같은 표현들), 비논리적인 연결("당신은 나를 싫어하기 때문에 파티에 데려가지 않은 거야") 따위가 있는지 잘 살펴보라.

어떤 핫 버튼들은 너무나 많이 눌러져서 아주 작은 건드림도 고통스러울 수 있다. 당신의 핫 버튼에는 다음의 것들이 포함될 수 있다.

- 경계성 성격장애가 있는 사람이 당신을 부당하게 비난하는 것
- 당신의 욕구와 필요, 느낌, 반응을 무시하거나 거부하는 것
- 당신을 지나치게 칭찬하거나 받드는 것(이것은 후에 올 폄하나 비난을 위한 장치일 수 있기 때문이다)
- 이 밖에, 불같은 분노나 행동화(acting out) 같은 경계성 행동에 흔히 선행하는 상황이나 조건(한 예로, 어떤 여성은 전화벨이 울릴 때마다 자신의 경계성 성격장애 어머니가 전화하는 게 아닐까 두려워 몸을 떨었다)

FOG—두려움, 의무감, 죄책감

수전 포워드와 도나 프레이저는 『정서적 협박』에서 사람들을 정서적 협박에 취약하게 만드는 특성으로 두려움(fear), 의무감(obligation), 죄책감(guilt)을 뽑았다. 이를 FOG(안개)로 줄여 부르기도 한다. 이 '안개'는 당신의 선택을 모호하게 만들 뿐 아니라 선택지를 정서적 협박자가 제시하는 것으로 한정시킨다.

- **두려움:** 당신은 무언가를 잃을까 봐 두려워하고 있을지 모른다. 그 것은 사랑이나 돈, 인정이거나 자녀 면접교섭권(이혼한 부모의 경우―옮긴이), 혹은 관계 그 자체일 수도 있다. 자신의 분노를 두려워하거나, 감

정 조절을 못하게 될까 봐 두려워하는지도 모른다.

● *의무감:* 포워드는 이렇게 말한다. "정서적 협박을 가하는 사람은 추억을 이를테면 '의무감 채널'처럼 이용해, 자기가 우리에게 너그럽게 행동했던 때를 쉬지 않고 재생해 보여 준다. 그래서 우리의 의무감이 스스로를 존중하고 돌보려는 생각보다 강해지면 그걸 이용할 방도를 곧바로 찾아낸다."

● *죄책감:* 당신의 정상적인 행동이 경계성 성격장애가 있는 사람의 방아쇠를 당겼을 때, 그는 자신이 기분 상한 데 대한 책임을 당신에게 전가한다. 당신이 비뚤어진 행동을 했다고 비난할 뿐 아니라 자기에게 상처를 주기 위해 일부러 그랬다고 할 수도 있다. 당신은 그들의 주장에 의문을 제기하지 않고 그저 죄책감으로 반응하기 쉽다.

대응 방법

당신 자신의 방아쇠가 무엇인지 알게 되는 것만으로도 경계성 행동에 대응하기가 더 쉬워질 수 있다. 경계성 행동에 대처하는 다른 전략을 몇 가지 살펴보자.

● *자신의 문제를 해결하려고 노력하기:* 예컨대 앞에서 언급한 자존감 낮은 여성의 경우, 치료사를 만나 자신이 왜 스스로를 그리 낮게 평가하는지 알아볼 수 있다. 또는 전문 기술을 익히기 위해 학교에 다니거나, 보수가 많은 자리를 얻으려고 직업훈련을 받을 수도 있다. 이런 식으로 자존감을 높이면 경계성인 사람의 비난을 객관화하여 그 영향을 안 받게 되는 것이—나아가 그 관계를 떠나는 것도—이전보다 쉬워진다.

- *다른 사람들을 상대로 현실 점검을 해 보기:* 경계성인 사람이 당신에게 배은망덕하다, 무능하다, 혹은 다른 무슨 점이 나쁘다고 하면 당신 친구들에게 그런 말들이 진실을 담고 있다고 생각하는지 물어보라.
- *당신의 방아쇠가 당겨질 만한 상황에 처하지 않도록 하기:* 당신에게는 스스로를 돌볼 권리가 있다.
- *눈에 보이는 반응을 최소화하기:* 경계성인 사람이, 자기가 당신의 방아쇠를 당겼을 때 원하는 효과가 나타난다는 사실을 의식적 혹은 무의식적으로 알게 되면 그 행동을 반복할 가능성이 크다.
- *다른 사람의 생각을 통제할 수는 없다는 것을 깨닫기:* 모든 사람을 만족시킬 수는 없다. 특히 자신의 불행을 당신에게 투사하는 사람을 만족시키기는 더더욱 어렵다. 이제 경계성 성격장애를 지닌 사람의 내면세계에 대해 책임지는 일을 그만두고 당신 자신의 내면세계를 책임지기 시작하라.

| 개인적 경계를 설정하라 |

개인적 경계(personal boundaries, personal limits)는 어느 지점에서 당신이 끝나고 타인이 시작되는지를 알려 준다. 경계는 당신이 누구인지, 무엇을 믿는지, 다른 사람을 어떻게 대하는지, 그리고 다른 사람들이 당신을 어떻게 대해야 하는지를 정의한다. 마치 달걀 껍데기처럼 경계는 당신에게 형태를 주고 당신을 보호한다. 마치 게임의 규칙처럼 경계는 당신의 삶에 질서를 부여하고 당신이 자신에게 이로운 결정들을 하도록 도와준다.

건강한 경계는 소프트 플라스틱처럼 어느 정도 유연하다. 휘어지기는 하지만 부러지지는 않는다. 하지만 당신의 경계가 지나치게 유연하다면 위반과 침범이 일어날 수 있다. 그럴 경우 당신은 다른 사람의 느낌과 책임을 떠맡게 되고, 자신의 느낌과 책임은 잊어버리게 되기 쉽다.

반대로, 당신의 경계가 너무 경직되어 있으면 사람들은 당신을 차갑고 소원한 사람으로 볼 것이다. 경직된 경계는 방어벽이 될 수 있기 때문이다. 그 방어벽은 다른 사람들뿐 아니라 자신의 느낌도 차단한다. 그래서 당신은 슬픔이나 분노, 혹은 다른 부정적 감정들을 느끼는 데 어려움을 겪을수 있다. 때로는 행복감을 비롯한 긍정적인 감정들도 느끼지 못할 수 있다. 다른 사람들로부터, 심지어는 스스로의 경험으로부터도 단절된 듯한 느낌이 들지도 모른다.

멜로디 비티는 저서 『공동의존, 더이상은 없다』에서 경계를 설정하는 것은 삶과 유리된 과정이 아니라고 말한다.

경계 설정이란 우리에게 무슨 일이 생기든, 어디를 가든, 누구와 함께 있든 상관없이 자기 자신을 돌보는 법을 배우는 것과 직결되는 일이다. 경계는 우리가 누려 마땅한 것은 무엇이며 그렇지 않은 것은 무엇인가에 대한 우리의 믿음에 뿌리를 두고 있다.

경계는 개인적 권리—특히 우리가 우리 자신으로 살 수 있는 권리—에 대한 깊은 인식에 연원을 둔다. 경계는 우리가 스스로를 가치 있게 여기고 신뢰하며, 내면의 소리에 귀 기울이는 것을 배울 때 생겨난다. 경계는 우리가 무엇을 원하고 필요로 하며 무엇을 좋아하고 싫어하는지가 모두 중요하다는 확신으로부터 자연스럽게 도출된다.

개인적 경계는 다른 사람의 행동을 통제하고 바꾸는 데 쓰이는 게 아니다. 사실 당신의 경계는 다른 사람들에 관한 게 전혀 아니다. 그것은 당신에 관한 것이고, 스스로를 돌보기 위해 무엇을 해야 하는지에 관한 것이다. 예를 들어, 당신은 참견하기 좋아하는 시댁이나 처가 식구들이 툭하면 아이를 언제 가질 거냐고 묻는 일을 그만두게 할 수는 없을지 모른다. 그러나 그들의 질문에 대답을 할지 말지, 그들과 얼마큼의 시간을 보낼지 등은 스스로 조절할 수 있다.

때로 당신은 자신의 개인적 경계를 무시하기로 할 수도 있다. 가령 어느 날 연로한 아버지가 빙판에서 넘어졌다고 하자. 아버지는 다친 것이 나을 때까지 당신 가족과 함께 지내도 좋겠느냐고 묻는다. 당신은 사생활을 중시하지만 아버지를 사랑하기 때문에 그러시라고 답한다. 여기서 중요한 점은 당신에게 선택권이 있다고 느끼는 것이다. 선택권이 있고 없고의 차이는 누군가에게 선물을 주는 것과 강탈당하는 것의 차이와 같다.

정서적 경계

정서적 경계란 당신의 감정을 다른 사람의 감정으로부터 구분하는 보이지 않는 경계선을 말한다. 이 경계선은 어디서 당신의 감정이 끝나고 다른 사람의 감정이 시작되는지를 표시할 뿐만 아니라, 당신이 취약함을 느낄 때 당신의 감정을 보호하는 일을 도우며, 누군가에게 친밀감과 안전감을 느낄 경우 그 감정에 상대방이 접속할 통로를 제공한다.

건강한 정서적 경계를 지닌 사람들은 자신의 생각과 감정을 이해하고 존중한다. 즉 그들은 자신을 존중하고, 자신의 고유성을 존중하는 것이다. 『경계—네가 끝나고 내가 시작되는 곳(*Boundaries: Where You End and I Begin*)』(1993)이란 책을 쓴 앤 캐서린은 이렇게 말한다. "'아니요'라고 말할 수 있는 권리는 정서적 경계를 강화합니다. 마찬가지로, '예'라고 말할 수 있는 자유, 감정에 대한 존중, 차이의 수용, 그리고 표현의 허용 역시 정서적 경계를 강화하지요."

건강한 사례들

다음의 사례들은 건강한 정서적 경계를 지니고 자신의 생각과 느낌을 존중하는 사람이 어떤 식으로 행동하는지를 잘 보여준다.

- 댄은 자기 아버지에게 경계성 성격장애가 있다고 믿는다. 남동생 랜디는 형의 생각에 동의하지 않는다. 댄은 1년쯤 아버지를 만나지 않았지만 랜디는 아버지와 매주 한 번 정도 저녁 식사를 함께 한다. 댄과 랜디는 아버지에 대해 다른 관점을 가지고 있으나 그 문제에 대해 논의하는 것이 껄끄럽지 않다. 두 사람은 형제 관계와 부자 관계가 별개임을 알기 때문에 그들 간의 우애를 즐긴다.
- 로버타의 애인 캐시는 로버타가 친구들과 만나는 것을 싫어한다. 캐시도 늘 함께 초대받지만 그녀는 로버타의 친구들과 교유하는 것을 '완전한 시간 낭비'라고 생각하기 때문에 항상 집에 그냥 있겠다고 한다.
  "제발 가지 마, 네가 없으면 너무 외로워." 어느 날 저녁 로버타가 외출하려고 옷을 갈아입자 캐시가 눈물을 글썽이며 말한다. 로버타는 캐시에게 오늘 밤 계획에 대해 일주일 전에 얘기했음을 다정하게 상기시키며, 그러니 캐시에게는 오늘 밤 혼자서 또는 다른 친구와 무엇을 할지 생각할 시간이 있었다고 말한다. 하지만 캐시는 계속 울면서 말한다. "넌 더이상 나를 사랑하지 않는 게 분명해."

로버타는 이렇게 대답한다. "넌 지금 내가 너를 거부하거나 버린다고 느끼는 것 같아. 그런 느낌은 고통스러울 거야. 그렇게 믿으면서 스스로의 기분을 나쁘게 만들 수도 있고, 아니면 네가 왜 항상 내 사랑을 의심하는지에 대해 곰곰 생각해 볼 수도 있어. 이 얘기는 돌아와서 다시 하자. 11시쯤에 올게."

개인적 경계의 이점

경계의 설정과 유지는 어려운 일일 수 있지만, 성공적으로 이루었을 때 얻는 혜택은 값어치를 따질 수 없을 만큼 귀중하다.

경계는 당신이 누구인지 정의하는 것을 도와준다

경계는 정체성에 대한 고민과 긴밀하게 엮여 있다. 약한 경계를 지닌 사람들은 정체감의 발달이 불완전한 경우가 많다. 경계가 약하거나 아예 없는 사람은 자신의 신념과 감정을 다른 사람의 그것과 구분하는 데 어려움을 겪을 수 있다. 그들은 또한 자기의 문제와 책임을 다른 사람의 문제, 책임과 혼동하곤 한다. 정체성이 불확실한 그들은 종종 다른 사람의 정체성을 받아들이거나, 자신에게 익숙한 한 가지 역할에만 동일화를 한다(예컨대 어머니 역할, 경영자 역할, 심지어 경계성 성격장애를 지닌 사람 역할 등).

잘 발달된 경계를 지닌 사람들은,

- 자신을 다른 사람으로부터 적절히 구별한다.
- 자신의 감정이나 신념, 가치를 잘 알고 그것에 대해 책임을 진다.
- 감정, 신념, 가치를 자기가 누구인지를 정의하는 중요한 부분들로

본다.

- 다른 사람의 신념과 감정을 존중한다. 그것이 자신의 신념, 감정과 다르더라도 마찬가지다.
- 다른 사람의 가치와 신념이 그 사람이 누구인지를 정의하는 데 자신의 경우와 똑같이 중요하다는 것을 이해한다.

경계는 당신의 삶에 질서를 부여한다

당신이 누군가의 변덕스러운 욕구에 항상 휘둘려야 한다면, 당신의 삶은 중심을 잃고 곤두박질치기 쉽다. 경계성 성격장애가 있는 사람은 마음대로 규칙을 바꾸고, 충동적으로 행동하며, 자기 편한 대로 아무 때고 상대방의 관심을 요구하는 경향이 있다. 경계는 당신이 그의 이런 행동들에 대처하는 것을 도움으로써 줄에 매달린 꼭두각시처럼 느끼지 않게 해 줄 수 있다.

경계는 또한 당신과 다른 사람들의 관계를 명확히 규정하는 것을 도와준다. 적절한 경계를 미리 설정해 놓는 것은 미래에 생길지 모르는 문제들을 피하는 데도 도움을 줄 수 있다.

경계는 당신에게 안정감을 준다

경계가 없는 사람들은 항상 다른 사람에 의해 좌지우지된다. 그들은 자신을 대상으로 한 타인의 행동에 무력감을 느끼며 그게 욕설이든 뭐든 다 받아들이게 된다. 그에 반해, 경계를 설정한 사람들은 타인의 행동 중 어떤 것을 용인하고 안 할지에 대한 선택권이 자신에게 있음을 알기 때문에 자기 삶에 대한 통제감이 더 크다. "아니"라고 말할 수 있는, 진정 자신의 것인 힘을 갖게 되면서 안정감과 통제감도 생기는 것이다.

예를 들어 설명해 보자. 제인과 벤은 몇 개월 동안 만나 왔다. 그런데 제인은 그녀에 대한 마음을 확실히 정하지 못하는 벤 때문에 아주 힘들다. 벤이 자신을 사랑할 때는 세상이 모두 내 것 같지만, 그가 한 발짝 물러나 "그냥 친구로 지내고 싶어"라고 하면 우울하고 혼란스럽다.

어느 날 벤이 제인에게 할 말이 있다고 하더니 "나 다른 사람이 생겼어"라고 한다. "하지만 정말 내가 원하는 사람인지는 잘 모르겠어. 그런지 아닌지 확실해질 때까지 너와 그 사람을 동시에 만나고 싶어."

이러한 상황에서 명확한 경계는 제인으로 하여금 자신을 지킬 수 있게 해 주며, 두 사람의 관계에서 그녀가 무엇을 원하는지를 벤에게 말할 수 있게 해 준다. 제인은 건강한 경계를 지니고 있기 때문에 자신의 필요와 욕구도 벤의 그것 못지않게 중요함을 안다. 제인은 벤의 행동이 그녀에게 어떤 영향을 미쳤는지 얘기할 수 있고, 벤의 '동시 데이트' 제안을 자신의 가치와 신념에 기초하여 검토해 볼 수 있다. 제인은 자신에게 다양한 선택지가 있음을 안다. 그중 하나는 "너를 좋아는 하지만 우리의 관계가 내 필요와 욕구를 충족하지 못하니 헤어지자"라고 얘기하는 것이다.

경계는 밀착이 아니라 친밀을 촉진한다

과거에는 두 사람이 결혼을 하면 하나가 된다고 생각했다. 그러나 요즘의 많은 신부와 신랑은 하나 더하기 하나는 그저 둘이라고 믿는 듯하다. 이는 많은 커플들의 결혼식에서 칼릴 지브란이 쓴 『예언자(The Prophet)』(1976)의 한 부분이 낭송되는 데서도 알 수 있다. 결혼에 관한 구절에서 지브란은 커플들에게 함께하면서도 서로 공간을 두라고 충고한다. "함께 서 있으라. 그러나 너무 가까이 서 있지는 말라. 사원의 기둥들도 서로 떨어져 있고, 참나무와 삼나무는 서로의 그늘 속에선 자랄 수 없다."

지브란은 건강한 경계를 말하고 있다. 그것의 반대인 '밀착 (enmeshment, '과도 연관'이라고도 한다.—옮긴이)'은 서로 너무나 가까이에서 자라 가지와 뿌리가 뒤얽혀 버린 참나무와 삼나무에 비교될 수 있다. 머지않아 두 나무 모두 자랄 공간을 잃게 되고, 여기저기가 죽어 가고, 당초에 지녔던 성장 잠재력을 다 실현하지 못하게 된다.

> 양쪽이 의식적으로 양보를 주고받는 행위인 타협과 달리 밀착은 상대방을 기쁘게 하기 위해 자신의 정체성이나 욕구를 부정하는 것을 수반한다.

앤 캐서린은 『경계—네가 끝나고 내가 시작되는 곳』에서 이렇게 말한다.

밀착은 두 사람의 개별성이 관계에 의해 희생당할 때 생긴다. 사랑에 빠지는 것은 흥분되는 일, 몰두하게 만드는 일이다. 그러나 사실 이는 관계의 단계 중에서 두 사람이 꽤나 뒤얽히는 시기다. 나와 똑같은 생각과 감정을 지닌 사람이 곁에 있으니 내 존재의 정당성을 확인받는 듯하다. 정말 멋진 느낌이다. 그러나 결국 두 사람의 인식은 차이를 보이게 마련이다. 그 차이를 어떻게 다루느냐가 두 사람의 관계에 결정적으로 중요하다.

때로는 한 사람이 상대방에게 겁을 주어 그의 견해와 관점, 선호 등을 포기하도록 만들기 때문에 밀착이 생긴다. 다른 경우엔, 한 사람이 상대방에게 가까움을 느끼고 싶은 나머지 자발적으로 상대방의 견해들을 받아들여서다. 자신의 일부를 부인하는 것이 혼자이기보다는 낫다고 생각한다. 적어도 처음에는 말이다. 그러나 다른 사람을 기쁘게 하기 위해 자신의 일부를 희생하는 것의 문제는 그 방법이 장기적으로는 통하지 않는다는 데 있다. 여러 해가 걸릴지도 모르지만 결국은 관계를 얻은 대신 자신을 잃었음을 깨닫게 될 테다. 자신을 공유하기 위해서는, 상대에게 '나'를 내놓기에 충분할 만큼 자신의 개별성에 대한 의식이 있어야 한다. 설사 당신 자신이 누군지에 대한 충분한 이해가 있다 해도 다른 사람과 친밀해지기 위해서는 시간과 열린 마음, 심판하려 들지 않는 태도, 귀 기울임, 그리고 수용하는 마음이 필요하다.

경계의 문제들

운이 좋은 사람들은 어렸을 적부터 개인의 권리나 경계가 무엇인지, 그런 게 왜 중요한지를 가르쳐 준 부모나 다른 역할 모델들이 있었다. 유감스럽게도 많은 성인들은 어린 시절부터 경계가 손상되거나 짓밟히는 가운데, 혹은 아예 경계라는 걸 모르는 채 성장했다. 대개의 경우, 부모들이 자녀의 경계와 권리를 일상적으로 침범하거나 자녀에게 적절치 못한 역할을 강요했던 것이다.

경계 침범의 유형에 따라 아이들이 성인이 되었을 때 다른 종류의 문제를 초래한다.

- 부모나 다른 보호자가 아이를 의존적인 사람으로 키웠다면, 성인이 된 그 아이는 자신이 완전해지기 위해서는 다른 사람이 필요하다고 믿을 수 있다.
- 쌀쌀맞거나 방임하는 부모의 아이들은 후에 타인과 정서적으로 소통하기가 힘들지 모른다.

188

● 자녀를 통제하고 지배하는 부모는 타인들에겐 아무런 권리도 없다
  고 가르친다.
● 아이에게 지나치게 간섭하는(과잉양육) 부모는 아이들이 스스로의 정
  체성을 확립하기 어렵게 만들 수 있다.

경계성 성격장애가 있는 사람 중 일부는 어린 시절에 성적 혹은 신체적
학대를 경험했다. 그러한 종류의 학대는 개인적 경계에 대한 가장 끔찍한
형태의 침범이다. 학대, 굴욕, 수치심은 개인적 경계를 심각하게 손상한다.
학대받은 아이들은 자신에 대한 다른 사람의 신체적인 행위나 정서적 처우
를 어떤 것까지 허용해야 하며, 타인들과 상호작용을 어찌 해야 사회적으
로 적절한 것인지 등에 대해 혼란을 느낀다.

어린 시절에 학대를 경험한 성인들은 타인과의 사이에 두꺼운 벽을 쌓
아 자신을 보호하려 하거나, 신체적 또는 정서적인 상호작용을 회피하면
서 타인과는 감정을 거의 나누지 않기도 한다. 그와 정반대로, 지나치게
개방적이 되는 사람도 있다. 그들은 자신을 좋아하지도 않는 사람과 성적
인 관계를 갖기도 한다.

학대를 경험한 아이들은 또한 고통과 혼란을 부정하는 법을 배우기도
하고, 그것들을 정상적이며 적절한 것으로 받아들이게 되기도 한다. 당시
자신이 느꼈던 감정은 옳지 않았거나 중요치 않았다고 생각하게 되는 것
이다. 경험을 통해 그들은 당장의 생존—학대를 당하지 않는 것—에만 집
중하는 것을 배우기 때문에 중요한 발달 단계를 놓치게 된다. 그 결과, 자
신의 정체성을 발달시키는 데 문제를 겪는다.

🐚 카멀라

나의 어머니와 아버지는 신체적으로, 성적으로, 그리고 정서적으로 나를 학대했다. 그들은 나를 전혀 사랑하지 않았고 내가 어떻게 느끼든 관심이 없었기 때문에, 나는 분리(separation)와 개별화(individuation)라는 자연스러운 발달 과정을 경험할 기회가 없었다.

어른이 되었을 때 나는 겉보기엔 정상 같은 상태로 '현실' 세계로 나갔다. 나에게는 '타인'의 개념이 없었고, 경계라는 것도 전혀 존재하지 않았다. 나의 미성숙한 자아감으로는 주위 사람들이 나 자신의 확장으로만 보였다. 나는 나 자신에게 그러듯이 다른 사람들을 미워하고 학대했다.

내가 정상적인 관계를 가지려 했을 때, 다른 사람들의 경계는 나에게 최악의 적이었다. 경계를 지닌 사람들은 "아니"라고 말할 수 있었다. 나에겐 "아니"는 곧 죽음이었다. 뱃속 깊은 곳에서 그 공포를 느끼곤 했다. 사람들은 나를 요구와 욕심이 많고 혼란의 연속이며, 끝없이 남을 통제하고 조종하려 드는 사람으로 보았다. 하지만 사실은 그 모든 것이 충족감을 끝없이 갈구하는, 상처받았으며 겁에 질린 소녀, 성장하고 생존하기 위해 아직도 안간힘을 쓰고 있는 소녀의 울음이었다.

건강한 경계를 가지지 못한 사람들은 방어기제가 필요한데, 그것들은 친밀감에 손상을 주게 마련이다. 여기에는 다음의 것들이 포함된다.

- 통제하기
- 타인과의 상호작용에서 물러나기
- 탓하고 비난하기
- 합리화

- 주지화(主知化, intellectualization. 무의식적 갈등과 정서적 스트레스를 회피하기 위해 사실과 논리, 즉 지적인 이해에만 집중하는 방어기제-옮긴이)
- 욕설
- 완벽주의
- 흑백논리
- 위협
- 엉뚱한 문제, 즉 거짓 쟁점으로 싸우기
- 타인에 대한 과도한 걱정

"이런 방법들은 감정을 회피하고 대화를 피하는 데 편리하지요"라고 앤 캐서린은 한 인터뷰에서 말했다. "보다 건강한 대안은 자신의 진실한 감정을 얘기하는 것입니다."

경계성 성격장애가 아닌 사람들 역시 경계가 약할 수 있다. 그러나 그것은 다른 방식으로 표현되기 쉽다. 경계성인 사람들이 자신의 행동과 감정에 책임을 지지 않으려 하는 것과 달리, 이들은 다른 사람의 말이나 행동에 과도하게 책임지려는 경향을 보인다. 이런 성향은 어린 시절의 경험에서 생겨난 것일 수 있다. 어떤 사람들은 어렸을 때 부모나 다른 사람을 정서적 또는 신체적으로 돌보는 역할을 해야 했다. 많은 경우에 그런 아이들은 자기 자신의 필요와 욕구는 부인하고 다른 사람의 감정과 생각, 문제에 대해 책임을 떠맡는 것을 배운다.

❧ 존

내가 열한 살이 되던 해에 남동생이 생겼다. 그 1년 후 쌍둥이 여동생들이 태어났다. 안 그래도 늘 살림이 빠듯했기에 식구가 늘자 돈이 큰 문제가 되었다. 중학생인 나에게 맡겨진 일은 방과 후 바로 집으로 돌아와 동생들을 돌보고 저녁을 준비하는 일이었다. 어느 날 집으로 오는 버스 안에서 크로스컨트리 달리기 팀이 준비운동을 하는 모습을 보았다. 나도 그들과 함께 뛰고 싶다는 생각이 들었다.

내가 그 팀에 들어가도 되겠느냐고 부모님에게 여쭤 보았을 때, 어머니는 울면서 말했다. "존, 네가 아니면 누가 동생들을 돌보겠니? 아이들을 돌보려고 내가 직장을 그만두면 우리는 더 싼 아파트로 옮겨야만 할 거야." 아버지는 나에게 화를 냈다. "이기적인 녀석 같으니라고. 한 번쯤 다른 사람 생각을 좀 해 줄 수는 없어?"

존의 부모는 그가 자신과 부모의 욕구를 별개의 것으로 보지 못하도록 억눌렀다. 부모의 사랑을 잃지 않기 위해 존은 그의 진정한 느낌들을 부정해야 했다. 어른이 되고 나서도 존은 그 습관을 버리지 않았다. 그 편이 익숙하고 안전하게 느껴졌기 때문이다. 또한 존은 자신의 감정은 중요하지 않다고 배우며 자랐다. 그렇기 때문에 성인이 되어 경계성 성격장애가 있는 사람과 연인 관계가 되었을 때 그녀로부터 자신의 경계를 지키는 일이 어려울 수밖에 없었다. 그런 걸 해 본 적이 거의 없었으니까.

과거로부터 온 각본

경계성 성격장애인 사람들 중 일부는 책임감이 너무 없고, 경계성이 아닌 어떤 사람들은 책임감이 너무 많다. 자신들이 과거로부터 온 고통스러운 각본을 재연하고 있다는 사실을 알지 못한 채, 경계성 성격장애가 있는 사람은 그를 사랑하는 사람에게 자신의 아픔과 분노의 초점이 되어 달라고 설득하려 든다. 사랑하는 사람은 종종 아주 기꺼이 이 요구를 들어준다.

경계성 성격장애인 사람과 그를 사랑하는 당신 간의 이 '거래'는 세상에서 살아남기 위해 해야 하는 일이 무엇인가에 대한 깊고 주로 무의식적인 믿음에 뿌리를 둔 것일 수 있다. 다른 누구로부터 분리되는 느낌은 경계성 성격장애가 있는 사람에게 큰 공포를 주기 쉽다. 그들은 거부당하고 버림받았으며 혼자라고 느낀다. 그러므로 가까운 사람이 독립적이 되거나 독자적으로 사고하는 것을 의식적 혹은 무의식적으로 막게 된다.

🍃 카멀라

지금보다 상태가 안 좋았을 때, 나는 자기를 보호할 줄 모르는 사람만 보면 바로 표적으로 삼았다. 솔직히 말해, 누군들 쉽게 맞힐 수 있는 목표물을 원하지 않겠는가? 그러나 내가 했던 행동, 경계성 성격장애가 있는 많은 사람들이 하는 행동은 게임도 아니며 재미 삼아 하는 일도 아니다. 그건 생존에 관한 것이다. 건강한 경계를 가지고 있는 사람들을 보면 나는 자신이 너무나 문제가 많고 통제 불능이며 너무나 상처받기 쉬운 존재로 느껴졌다.

이에 대한 응답으로, 경계성인 사람을 사랑하는 많은 이들은 그 사람의 부정적 반응을 불러일으킬 만한 일은 뭐든 하지 않으려고 노력한다. 적어도 처음에는 그렇다. 그들은 스스로를 내세우게 되면 그 관계를 잃고 사랑받지 못하는 외톨이가 되리라고 걱정한다. 한편, 자신이 아는 유일한 방법으로 고통을 다스리는 경계성인 사람들은 당신으로 하여금 스스로가 이기적이거나 책임감이 없거나 애정 없는 사람이라고 믿게 만드는 데 능숙할 수 있다. 시간이 흐르면서 당신은 자신이 경계성 성격장애인 사람의 비뚤어진 현실 감각에 부응하기 위해 얼마나 멀리 왔는지조차 알지 못하게 될 수 있다.

경계가 없을 때 겪는 일들

경계가 없으면 경계성 행동은 완전히 통제 불가능해질 수 있다. 우리가 인터뷰한 사람들 중에는 경계성 성격장애가 있는 아내가 다른 여성과 통화하는 것을 불편해하기 때문에 업무용 전화조차 받지 않는다는 사람도 있었고, 몇 번에 걸친 경계성 배우자의 외도, 혼외 임신, 성병 감염 등을 참고 사는 사람도 있었으며, 경계성인 사람에게서 "바라는 게 너무 많고 남을 통제하려는 인간"이라는 비난을 들을까 보아 자신의 필요나 욕구는 아예 표현조차 않고 사는 사람도 있었다.

경계성 성격장애인 사람을 사랑하는 또 다른 이들은 그 사람의 비난 때문에 보람 있는 활동이나 우정을 포기하거나, 가족과 친구들에게 그 사람의 행동을 감싸 주는 거짓말을 하거나, 반복되는 신체적 학대를 참거나, 십 년 이상 부부관계를 하지 않고 지내거나, 그가 혼자 있기 싫어해서 오랜 기간 집 밖으로 나가지 않았다고 했다. 심지어 그가 자녀를 학대하도록 내버려 둔 사람들도 있었다.

과거에 당신은 누군가가 당신의 개인적 경계를 침범하도록 내버려 두었을 수도 있다. 하지만 그 사실이 그들에게 또다시 그럴 권리를 주는 것은 아니다. 당신이 허락하지 않는 한 말이다. 아무튼 우선 해야 할 일은 당신의 경계가 어디까지인지를 정하는 일이다.

당신의 경계는 경계성 성격장애인 상대방도 돕는다

처음에는 경계 설정이 겁나는 일로 느껴질 수 있다. 그러니 당신이 경계를 세우는 것이 자신만을 위한 일이 아니라는 점을 기억하는 게 중요하다. 당신이 개인적 경계를 설정하고 지키는 것은 곁에 있는 경계성인 사람에게도 혜택을 준다. 실제로, 그가 당신의 경계를 침범하도록 내버려 두거나 경계 자체를 아예 설정하지 않는 것은 상황을 더 악화시킬 수 있다. 어떤 사람들은 자신의 모든 필요와 욕구를 제쳐 놓는 것이 사랑하는 사람을 '고치는' 길이라고 착각하고 있다. 그건 사실이 아니다.

조지

나는 킴이 나를 어떻게 대하는지에 신경 쓰지 않는다. 사실 그녀가 나에게 고통을 주는 일을 많이 하기는 했다. 그러나 경계성 성격장애에 관해 배운 것들 덕에 나는 그녀의 고통이 내 고통보다 훨씬 크다는 사실을 안다. 그래서 내가 킴의 삶에 중요한 도움을 준다는 게 기쁘다. 결국 우리 삶의 목적이란 서로를 돕는 것 아니겠는가?

조지의 동기는 칭찬할 만하다. 그러나 길게 보았을 때, 자신의 필요나 욕구를 포기하는 일은 그의 아내에게도 자신에게도 도움이 되지 않는다. 조지가 킴의 감정이나 행동에 책임을 져 준다면, 킴은 책임질 필요가 없어진다. 그러면 킴은 스스로의 행동이 자신과 주변 사람들에게 어떤 영향을 미치는지 살펴볼 필요도 없게 된다. 다른 사람들과 킴 자신이 그녀의 행동에 대해 책임을 묻고, 그녀 스스로 변해야겠다고 결심하고 난 뒤에야 킴은 나아질 것이다. 그러지 않으면 그녀의 문제는 더 악화될 수 있다.

조지는 킴과의 관계를 얼마나 오래 유지할 수 있을까? 자신에게 많은 상처를 준 사람과 관계를 유지하기 위해 끝내는 친구, 안정감, 자존감 같은 것들을 다 포기하겠는가? 이것이 그가 자기네 아이들에게 모범으로 보이고 싶은 것인가?

당신이 적절한 경계를 설정하고 지킨다면, 당신 자신의 필요를 돌보고 자신의 삶을 사는 법을 배운다면 사랑하는 그 사람과의 관계를 오래 유지할 가능성이 훨씬 커지며, 궁극적으로 그 관계가 행복하고 성공적인 것이 될 가능성도 함께 커진다. 경계를 설정하고 지킴으로써 당신은 경계성인 사람과 다른 가족 구성원들에게 본보기가 될 수 있다. 당신의 군건하고 일관성 있는 경계는 경계성 성격장애인 사람이 결국 자신의 경계를 세우도록 도와줄 것이다.

경계를 설정할 권리

경계성 성격장애를 지닌 사람을 사랑하는 이들은 이런저런 영역에 경계를 설정해도 좋은지에 대한 승인을 종종 자기 외부에서 찾으려 한다. 그들은 또 자신의 경계 중 하나가 지켜지지 않았을 때 화를 낼 권리가 있는지 의문스러워한다.

경계성인 사람을 아끼는 이들뿐 아니라 다른 많은 사람들도 자신의 느낌을 정당한 것과 정당치 않은 것으로 양분하는 듯하다. 예를 들어, 당신 친구 수가 점심 약속에 30분 늦었다고 하자. 수가 드디어 도착해서는 왜 늦었는지 설명도 사과도 하지 않는다면 당신은 자신의 화난 기분을 정당하다고 볼 테다. 그러나 아예 약속 장소에 나타나지도 않은 그녀가 실은 교통사고를 당했음을 다음 날에야 알게 된다면 당신은 오지 않는 사람에게 화를 냈던 일이 정당하지 않다고 생각할 것이다.

사람들은 또 누구의 감정이나 욕구가 '옳은지'를 가지고 서로 따지는 데 아주 많은 시간을 들인다. 특히 누구의 욕망이 더 '정상적'인지를 놓고 끊임없이 논쟁한다. 해리엇 골더 러너는 『분노의 춤(The Dance of Anger)』 (1985, 국역본 『무엇이 여자를 분노하게 만드는가』)이라는 저서에서 이러한 사고의 오류에 대해 설명하고 있다.

우리 대부분은 자신의 생각이 '진실'에 가장 부합하며 만약 다른 모든 사람이 자기하고 똑같이 생각하고 반응한다면 이 세상은 훨씬 좋은 곳이 될 거라고 은밀하게 믿는다. 특히 부부들과 한 가족의 구성원들은 모두가 동의해야 하는 단 하나의 '현실'이 있는 듯이 행동하기 쉽다.

그러나 우리가 해야 할 일은 우리의 생각과 느낌을 명확하게 알리고 우리의 가치와 믿음에 일치하는 책임감 있는 결정을 내리는 것이다. 다른 사람을 우리의 방식 혹은 우리가 그에게 원하는 방식으로 생각하고 느끼게 만드는 것은 우리의 일이 아니다. 우리는 다른 사람을 바꾸거나 통제할 수 있다는 환상을 버려야 한다. 그런 후에야 우리의 진정한 힘을 되찾을 수 있다. 자신을 변화시키고, 자신을 위해 지금까지와는 다른 새로운 행동을 할 수 있는 힘을.

앞에 들었던 수의 예로 돌아가자. 당신은 수가 약속에 늦었는데 전화도 없고 사과도 하지 않아서 화가 났다. 그러나 수의 생각은 좀 다르다. 친구가 늦으면 혼자서라도 먼저 점심을 먹었어야 하고, 그렇게 하지 않았다면 화가 난 데 대한 책임은 당신 자신에게 있다는 것이다.

당신이 화가 '나야 하는지'를 논의하는 것은 아무 소용이 없다. 화가 나는 것은 엄연한 사실이기 때문이다. 당신이 할 일은 수에게 그 기분을 전하는 것이며, 수가 할 일은 당신에게 자신의 느낌을 전하는 것이다. 당신의 사고방식이 옳다고 수를 설득해야 한다고 생각할 필요는 없으며 그렇게 해서도 안 된다. 약속 시간에 늦는 데 대한 그녀의 태도를 알게 되었으니 다음부터는 비슷한 일에 대비해 자신을 보호하기만 하면 된다.

"내가 이기적인가?"

사람들이 흔히 걸리는 또 다른 덫은 자신의 욕구가 이기적이라고 믿는 것이다. 서른두 살 난 여성인 바브는 이렇게 말한다. "제가 계속 어머니 기분을 맞춰 드리려고 노력할 수 있을지 저 자신도 모르겠어요. 매 순간 저는 어머니를 돕는 일밖에는 생각하지 않아요. 그러나 가끔은 이런 생각도 들어요. '정말 더이상은 못하겠다'고요. 제가 이기적인 건가요?"

경계를 설정하고 지키는 일은 결코 이기적인 게 아니다. 그것은 정상적이며 모든 사람에게 필요한 일이다. 경계성 성격장애를 지닌 사람을 사랑하는 어떤 이들은 단지 스스로를 돌보려는 자신의 행동조차도 '이기적'이 아닌가 하는데, 그것은 잘못된 생각이다.

🍀 테럴

내가 어렸을 때 우리 집에서 '이기적'이라는 말은 모욕이었다. 그것은 오직 '나쁜' 사람들만이 추구하는 것이었다. 그러나 나는 내가 자신을 돌보기 시작한 후에만 다른 사람들도 제대로 돌볼 수 있다는 사실을 배웠다.

경계 설정을 위한 지침

랜디 크레거는 『경계성 성격장애에 대한 가족용 필수 지침서』의 '사랑하는 마음으로 경계를 설정하라' 장에서 '5C' 계획 방법을 이야기한다. 다음은 간단한 요약이다.

경계를 명확히 하라(Clarify your limits)

퍼트리샤 에번스는 『언어폭력적 관계—어떻게 알아보고 어떻게 대응할 것인가(*The Verbally Abusive Relationship: How to Recognize It and How to Respond*)』(1996, 국역본 『언어폭력—영혼을 파괴하는 폭력에 맞서는 법』)라는 책에서 모든 인간관계에 필수적인 몇몇 권리들이 있다고 말한다. 예컨대 다음과 같은 것이다.

- 상대방으로부터 정서적으로 지지, 격려, 배려를 받을 권리
- 상대방에게 나의 말이 경청되고 정중하고 존중심 있는 반응을 받을 권리
- 상대방의 것과 다르더라도 나 자신의 관점을 가질 권리
- 당신의 감정과 경험이 진정한 것이라고 인정받을 권리
- 과도한 비난과 책망, 비판, 가혹한 평가에서 자유로운 삶을 살 권리
- 정서적, 신체적 학대를 받지 않고 살 권리

다음의 질문들을 자신에게 해 보면 당신의 개인적 경계에 대해 더 잘 이해하게 될 것이다.

- 무엇이 당신을 아프게 하는가?
- 무엇이 당신을 기분 좋게 하는가?
- 그 관계를 위해 당신이 포기할 수 있는 것은 무엇인가?
- 다른 사람들의 행동 중 어떤 것들이 당신을 화나게 하고 이용당하는

느낌을 주는가?

- 다른 사람의 부탁에 죄책감을 느끼지 않고 "싫어"라고 말할 수 있는가?
- 다른 사람의 신체적 접근을 어디까지 허용할 수 있는가?
- 어느 정도의 거리에서부터 불안하거나 불편한 느낌이 들기 시작하는가?
- 당신 곁의 경계성 성격장애가 있는 사람은 당신의 신체적 경계를 존중하는가?

이 모든 질문에 하룻저녁이면 답할 수 있으리라고 생각지 말라. 한 달이라 해도 마찬가지다. 경계를 설정하는 일은 평생 지속되는 과정이다.

경계 없음의 대가를 따져 보라(Calculate the costs)

경계가 '없는' 것은 당신에게 어떤 영향을 미치는가? 크레거는 『가족용 필수 지침서』에서 이렇게 말한다. "우리는 그날그날의 삶을 꾸려 가는 데 너무 바빠서 우리를 괴롭히는 것들에 대해 꾸준히 파악하고 생각하려 들지 않는다. … [우리는 그것들을] 무시하고 그저 사라지기만을 바란다."

경계 침범 시의 벌칙을 생각해 두라(Come up with consequences)

경계가 없어서 당신이 어떤 대가를 치르고 있는지를 마음에 새기면서, 당신의 가족 구성원이 경계를 대놓고 침범했을 때('가정'이 아니라 현실이다!) 어떻게 할 것인지 생각해 두라. 벌칙의 강도는 침범된 경계의 중요성에 비례하도록 하라.

합의를 이루어 내라(Create a consensus)

이상적으로는 온 가족이 같은 방식으로 일관되게 행동해야 한다.

가능한 결과들을 고려하라(Consider possible outcomes)

가족 중 경계성인 사람이 이 문제에 대해 당신이 얼마나 진지한지 시험해 보기 위해 어긋난 행동을 할 경우, 일단은 상황이 더 나빠진다(경계 설정 작업을 계속하면 결국은 좋아질 테지만). 그러니 그런 경우에 대비하라. 당신이나 그 사람에게 안전치 않은 상황이 될 수 있다면 전문가의 도움이 필요할지도 모른다.

| 분노와 비난을 완화시키라 |

🍀 스티브

가르침을 얻기 위해 고승을 찾아간 사람의 얘기를 읽은 적이 있다. 그는 차 마시는 시간에 고승과 탁자를 사이에 두고 마주 앉게 되었다. 고승은 손에 막대기를 들고 이렇게 말했다. "당신이 차를 마신다면 이 막대기로 당신을 칠 것이오. 당신이 차를 마시지 않는다면 이 막대기로 당신을 칠 것이오." 자, 이런 상황에서 당신은 어떻게 하겠는가? 나는 답을 찾은 것 같다. 그 막대기를 뺏으면 된다.

5장에서 소개한 객관화(depersonalization)와 분리(detachment)의 기술은 바로 이 '막대기를 뺏는' 방법이라고 할 수 있다. 여기서 소개하는 완화(defusing) 기술도 같은 효과를 낼 수 있다. 이 장에서 소개하는 기술들을 일상의 상황에서 연습하되, 처음에는 경계성 성격장애가 아닌 사람을 상대로 하는 것이 좋다.

실제의 열띤 상황에서 당신이 화를 내게 되거나, 당황하거나, 앞에서 얘기한 도구들을 잊어버려도 걱정할 필요는 없다. 누구나 그럴 수 있기 때문이다. 지금 당신은 훈련된 전문가조차도 해내기가 쉽지 않은 일을 해 가고 있다는 사실을 명심하기 바란다. 그러니 당신의 작은 성공 하나하나에 상을 주도록 하라.

비전투적인 의사소통 스타일을 취하기

좋은 의사소통을 위한 첫 단계는 남의 말을 잘 듣는 것이다. 당신이 들을 차례가 되면 철저히 들으라. 당신이 앞으로 할 말을 생각하지 말라. 당신이 하지 않은 말이나 행동에 대해 상대방이 비난을 할 경우에도 바로 방어하려 들거나 그의 말을 듣기를 멈추지 말라. 나중에 그에 대해 얘기할 기회를 얻을 것이다.

상대방의 말이나 몸짓, 표정, 어조 등에 주목하라. 그 사람의 감정을 확인하는 데 도움을 준다. 경계성 성격장애를 지닌 사람들이 항상 자신의 감정을 인지하는 것은 아닌데, 그들에게 세심히 귀를 기울이면 말로 표현하지 못하는 것까지 듣고, 표면 아래 숨은 감정들까지도 느낄 수 있을 것이다.

메리 린 헬드먼은 『말이 상처를 줄 때―비난으로부터 자존감을 지키는 법(When Words Hurt: How to Keep Criticism from Undermining Your Self-

Esteem)』(1990)이라는 책에서 이렇게 말한다.

경청하기 위해서는 집중과 마음챙김이 필요하다. 오로지 말하는 사람에게만 초점을 맞추고, 당신이 말하고 싶은 것은 잊어야 한다. 당신을 비판하는 상대방의 관점에 결국 동의하게 되든 그렇지 않든 간에, 일단 잘 듣는 것은 당신에게 배움의 기회를 준다.

헬드먼은 경청을 방해하는 요소들로서, 듣는 이가 자신의 관점에 몰두하는 것, 주의를 흩뜨리는 생각들, 상대방이 무슨 얘기를 할지 이미 알고 있다고 여기는 것, 그리고 자신의 기대나 예상에 맞추어 상대방의 말을 곡해하는 것 등을 든다. (경계성 성격장애의 치료에서 마음챙김이 하는 역할에 대한 설명은 '부록 B'에 있다.)

당신이 진정으로 듣고 있음을 보여 주는 방법으로는 침묵하기, 말하기 전에 잠시 머뭇거리기, 눈 맞추기(위협적으로 느껴지지 않는다면), 상대방을 향해 몸을 돌리기, 팔짱을 풀기, 그리고 적절한 순간에 고개를 끄덕이기 등이 있다.

바꾸어 말하기와 반영하며 경청하기

'나' 진술을 하라. 경계성 성격장애가 있는 사랑하는 이에게 당신이 반응할 때는 '너'에 대해서 말하지 말고 '나'에 대하여 말하라. 관련 용어를 쓰자면, '너' 진술('you' statement)을 하지 말고 '나' 진술('I' statement)을 하

라는 얘기다. 당신은 다른 사람의 마음을 읽을 수 없다. 그의 의도와 감정에 대해 틀릴 수도 있는 것이다. 그러나 자신에 관해서는 전문가다. 당신이 자신의 감정과 동기를 설명하고, 다른 사람은 그 자신의 감정과 동기를 설명하도록 한다면 문제가 생길 소지가 별로 없다.

한 가지 예를 들자. 당신과 동료 셸비는 사무실에서 전화 받는 일을 도와야 한다. 그런데 당신이 셸비보다 전화를 더 많이 받는 것 같다. 셸비는 점심시간을 길게 쓰고, 몇 시간씩 사무실을 비우기도 한다. 사무실에 있을 때도 셸비는 바쁘다며 당신에게 자기 전화를 대신 받고 메시지를 알려 달라고 부탁하곤 한다.

당신은 셸비와 얘기를 좀 하기로 마음먹는다. 다음은 '너' 진술의 예들이다. 이 말들은 모두 셸비의 속마음을 추측하고 있다는 점에 유의하라.

- "나한테 일을 떠맡기다니 너 참 이기적이야."
- "네가 오랜 시간 점심을 먹는 건 전화를 받지 않기 위해서지?"
- "이 사무실에서 너 혼자만 바쁜 사람이라고 생각하는 모양이네."

세상 누구도 다른 사람이 내 의도에 대해 이러쿵저러쿵하는 것을 듣고 싶어 하지 않는다. 경계성인 사람은 특히 그렇다. 더군다나 이런 종류의 진술은 비판을 불러오기 쉽다. 셸비가 점심시간을 오래 쓰는 이유에 대한 당신의 추측이 틀렸다면 어떡하겠는가? 설사 당신이 옳다고 해도, 셸비가 자신의 이기심과 오만함에 대한 당신의 말에 동의하겠는가? 제대로 인정받지 못했다는 느낌은 경계성인 사람을 촉발하는 주요한 '방아쇠'라는 점을 기억하라. '나' 진술은 당신이 이런 방아쇠를 피해 가도록 도와준다.

다음은 당신이 셸비와의 대화에서 쓸 수 있는 '나' 진술의 예다. 목소리와 태도에서 자신감을 보이라. 말을 더듬지 말고, 감정이나 의견을 갖는 걸 미안해하는 듯이 행동하지 말라.

- "내가 느끼기에는 내가 너보다 더 자주 전화를 받는 것 같아. 문제는 전화 받는 일 때문에 내 업무를 다 끝낼 수 없다는 점이야. 이 문제에 대해 얘기를 좀 나눌 수 있을까?"
- "전화를 너무 자주 받다 보니 내 일을 마치기가 어려워. 전화 받는 일을 둘이 똑같이 나누는 걸로 알고 있는데 말이야. 시간을 잡아서 이 문제에 대해 너하고 얘기 좀 했으면 해."

일반적으로 '나' 진술은 상대를 덜 방어적으로 만들고, 문제의 해결책을 함께 찾는 일에 마음을 더 열게 한다. 물론, 당신은 '나' 진술로 말하고 있는데 경계성 성격장애가 있는 사람은 '너' 진술로 들을 가능성도 있다. 그러나 포기하면 안 된다. 시간이 지나면서 그 사람도 당신의 말을 있는 그대로 받아들이기 시작할 수 있으니까.

요점을 정리하여 말한 이에게 들려주라. 상대방이 표현한 감정과 그가 한 말들의 요점을 정리하여 들려줌으로써 당신이 적극적으로 듣고 있음을 보여 주는 것도 경계성 성격장애가 있는 사람과의 의사소통에 도움이 된다. 그 사람이 하는 말에 동의해야 한다는 뜻이 아니다. 고객 서비스 일을 하는 사람들은 고객의 분노를 진정시키는 가장 좋은 방법 중 하나가 그의 감정을 인정하는 것이라고 교육받는다. 그렇다고 그 회사가 잘못을 인정

한다는 얘기는 아니다. 고객이 어려움을 겪고 있다는 사실에 대해 회사가 배려를 한다는 의미다.

헬드먼은 당신이 상대방의 말을 제대로 이해하고 싶어 한다는 것을 보여주려면 그의 말의 요점들을 바꾸어 말하거나 되풀이해 주라고 제안한다. 이에 관한 당신 나름의 방식을 개발하여 자연스럽게 전달되도록 하라.

해석을 보류하라. 상대방의 말을 해석하지 않도록 주의하라. 상대방을 화나게 하고 방어적으로 만들 수 있다. 다음 두 가지 예에서 바꾸어 말하는 것(paraphrasing)과 해석하는 것(interpreting)의 차이점을 살펴보자.

경계성 성격장애가 있는 사람
"넌 이제 나에게 전화를 걸지 않아. 내가 늘 먼저 걸어야 하지. 네가 여전히 내 친구로 남고 싶어 하는지, 아니면 다른 모든 사람들처럼 나를 거부하려는 건지 의문이 가기 시작해. 난 지금 정말 고통스러워. 요즘 네 행동은 내 예전 남자 친구 릭이 경계성 성격장애가 있는 나를 더이상 못 견디겠다며 떠나려고 결심했을 때와 같아. 너희들 정말 역겨워. 내가 원해서 이런 장애를 가지게 된 건 아닌 줄 알잖아. 너와 릭, 둘 다 지옥에나 가버렸으면 좋겠어."

그를 아끼는 사람(바꾸어 말하기)
"내가 요즘 전화를 안 했다는 생각에 화가 많이 난 것 같네. 네 말을 들어 보니 내가 너하고 더는 친구를 하고 싶지 않은 건지 걱정하고, 몇 주 전에 릭이 그랬던 것처럼 행동한다고 불안해하는 것 같아."

🍃 그를 아끼는 사람(해석하기)

"네 말을 들어 보니 넌 나와 릭을 뒤섞어 생각하고 있는 것 같아. 릭이 너를 떠났으니 나도 그러리라고 추측하는 거지. 그 일 때문에 상처를 많이 받은 나머지 나한테 화풀이를 하는 게 틀림없어." (상대의 말을 해석하면서 '너' 진술을 한다는 데 주목하라.)

중립적으로 소견을 말하라. 반영적 경청(reflective listening) 또한 유용한 의사소통 방식이다. 상대방의 말을 듣고 있으며 그에게 마음을 쓰고 있다는 것을 보여 주기 위해 상대방의 생각이나 느낌에 대한 당신의 인상을 말해 주면서 확인을 구하는 것이 바로 반영적 경청이다. 헬드먼은『말이 상처를 줄 때』에서 이렇게 말한다.

> 우리 모두에게는 감정이 있다. 그리고 다른 사람의 감정에 이의를 제기하거나 그런 식으로 느끼지 말라고 하는 것은 소용없는 일이다. 그러나 상대방의 감정을 관찰하고 그에 대한 중립적인 소견을 말해 주는 것은 그가 마음을 열도록 이끌고 그에게 움직일 공간을 만들어 주는 좋은 방법이다. 그 사람이 어떤 감정을 느끼는지에 대한 당신의 진술이 반드시 '옳을' 필요는 없다. 생각을 정직하게 말해 주는 것만으로도 소통의 문을 열기에 충분할 때가 많다.

상대방의 감정이 명백히 드러난다면 "정말 화가 났군요", 혹은 "지금 아주 슬퍼 보여요"와 같이 당신의 소견을 평서문으로 얘기해도 괜찮다. 반면, 상대방의 감정이 미묘하고 말로 표현되지 않았다면 "내가 이 결혼에서 물러날까 봐 두려워하고 있는 거요?"와 같이 질문을 하는 것이 더 나을 수 있다. 그러나 마치 조사라도 하듯이 지나치게 파고드는 것은 피해야 한다. 당신의 목표는 상대방이 자신의 감정을 표현하도록 돕는 것이지 그를 분석하는 게 아니기 때문이다.

헬드먼은 앞의 책에서 말한다. "말하는 이가 당신을 비난하고 있다면 반영적 경청은 어려울 수 있다. 하지만 당신이 침착함과 통제력을 유지할 수 있다면, 그 사람은 화풀이를 좀 한 뒤 아마도 기분이 나아질 것이다. 그리고 그에게 자유로운 감정 표현을 허용함으로써 당신은 자신이 열려 있다는 것을 전했다."

경계성 성격장애에 맞춘 의사소통 기술

다음 내용의 일부는 마샤 리너핸의 워크북 『경계성 성격장애의 치료를 위한 스킬 훈련 매뉴얼(Skills Training Manual for Treating Borderline Personality Disorder)』(1993)에서 제시된 것을 재정리했다.

● 당신의 메시지에 집중하라.

당신이 말하는 동안 상대방은 당신을 공격하거나 위협할 수도 있고, 대화의 주제를 바꾸기 위해 노력할 수도 있는데, 그러는 이유는 여러 가지다. 예를 들면 당신이 민감한 주제에 대해 얘기하고 있기 때문에 당신의 주의를 다른 곳으로 돌리려는 것일 수 있다. 이럴 경우 상대방의 시도를 무시하고 차분히 당신의 이야기를 이어 가라. 그런 연후에 필요하다면 상대방이 하고자 했던 얘기로 돌아가도 된다.

● 단순화하라.

민감한 주제에 대해 얘기할 때, 혹은 경계성 성격장애가 있는 사람의 기분이 상한 듯한 상태에서 얘기할 때는 소통하고자 하는 내용을 단순화하라. 당신과 경계성인 사람이 모두 아주 강한 감정을 느끼고 있다면 고차원적 사고를 할 만한 에너지가 없을 수 있기 때문이다. 짧고 단순하며 명확하고 직설적인 문장들을 사용하라. 오해의 여지를 남기지 말라.

● 상대방을 위해, 둘의 관계를 위해 적절한 긍정적 피드백을 하라.

경계성 성격장애가 있는 어떤 사람은 이렇게 말했다. "나는 나의 괜찮은 부분을 살리면서 살아 보려고 노력하는데, 주변 사람들은 걸핏하면 내 문제를 상기시킵니다. '너는 정신적으로 문제가 있어. 경계성 성격장애잖아'라고요. 나는 행복하고 생산적인 미래를 위해 열심히 가능성을 찾고 있어요. 한데 나에게 꼬리표를 붙이고 나의 개성과 성장 가능성을 보지 않으려는 사람들이 미래에 대해 꿈꾸는 일을 힘들게 만드네요."

● 질문하라.

문제를 상대방에게 넘겨 다른 해결책이 있는지 물어보라. 예를 들어, "이 시점에서 우리가 어떻게 해야 한다고 생각해?" 혹은 "나는 '그래'라고 말할 수 없는데 넌 내가 그렇게 말하길 정말 원하는 것 같아. 이 문제를 어떻게 풀 수 있을까?"와 같은 질문들을 할 수 있다.

● 자기 목소리의 억양과 비언어적 의사소통에 유의하라.

의사 전달의 측면에서 이런 요소들은 당신이 사용하는 단어들 못지않게—어쩌면 그것들보다 더—중요할 수 있다. 말을 할 때는 침착하고 명확하고 자신감 있게 하라.

당신이 원하거나 필요한 것을 얘기할 때는, 질문을 하듯이 문장의
끝을 올리는 것은 좋지 않다. 이를 '평서문의 말끝 올리기'라고 하는
데, 이는 말의 효과를 훼손할 수 있다.

공격이나 교묘한 조종에 반응하는 법

앞에서 제시한 반응 방법들이 적절치 않은 상황이 있다. 경계성 성격장
애가 있는 사람이 자신의 신경에 거슬리는 당신의 말이나 행동에 대해 솔
직한 대화를 하려 들기보다 그저 지엽적으로 비난하려고만 하는 경우가
그렇다. 이런 유의 상황에서 당신은 경계성인 사람에게 공격당한다는 느
낌이나 교묘하게 휘둘린다는 느낌, 혹은 훼손당하는 듯한 느낌을 받을 수
있다.

- "항상 네 언니가 너보다 예뻤어."
- "엄마가(아버지가) 더 나은 엄마(아버지)였다면 나도 더 나은 자식이
  됐을 거야."
- "또 네 친구들이랑 놀러 나가는구나." (못마땅하다는 투로.)
- "그건 네 생각일 따름이지."

헬드먼은 저서 『말이 상처를 줄 때』에서 대부분의 사람은 비난을 받을
때 어린 시절에 배운 행동으로 반응한다고 지적하고 있다. 그가 "네 가지

금기"라고 부르는 이 행동들은 '방어, 부인, 반격, 그리고 위축되어 물러나기'다. 경계성 성격장애가 있는 사람의 공격에 이런 식으로 반응하는 것은 좋지 않다.

- 방어하지 말라.
  당신에게 잘못이 없음을 증명하려 애쓰는 일은, 실제로 실수가 없었을 경우에조차, 자신을 바보 같고 유치한 사람으로 느끼게 만든다. 죄책감까지 느낄 수 있다.

- 부인하지 말라.
  당신은 경계성 성격장애가 있는 사람이 비난하는 것에 대해 정말로 책임이 없기 때문에 그의 말을 부인할 수도 있다. 그러나 반복해서 부인하다 보면 자신이 어린아이 같다고 느낄 수 있다("안 했어!", "진짜 했어!").

- 반격하지 말라.
  당신은 경계성 성격장애가 있는 사람과의 말싸움에서 이기기 위해, 혹은 당신의 감정을 발산하느라 반격을 펼칠 수도 있다. 하지만 그렇게 하는 순간 당신은 경계성인 사람이 무의식적으로 설치해 놓은 투사와 투사적 동일시(projective identification)라는 덫에 걸리게 될 것이다(방어기제의 하나인 '투사적 동일시'는 연구자와 맥락에 따라 의미에 차이가 있으나, 여기서는 예컨대 A가 자신의 어떤 성격이나 감정, 행동 따위를 B에게 투사했을 때 B가 내사[introjection, 내적 투사]라는 과정을 통해 투사된 내용에 동일시하게 되는 것을 말한다. ─옮긴이).

● 타인과의 상호작용에서 물러나지 말라.

방어, 부인, 반격이 모두 통하지 않음을 깨닫게 되면 경계성 성격장애를 가진 사람을 사랑하는 이는 종종 위축되어 타인과의 상호작용을 그만 둬 버린다. 완전히 입을 다물기도 하고, 아예 자리를 뜨기도 하며, 해리 (解離)를 익히기도 한다. 공격당한다고 느꼈을 때 그 자리를 뜨는 것은 잘못된 행동이 아니다. 사실 그게 더 나을 때도 있다(8장 참조). 이런 일에서 피해가 생기는 것은 수동적인 자세로 침묵을 지키면서 상대방의 비판과 비난을 그대로 흡수하고, 자신의 무력함을 절감하면서 자존감 이 무너질 때다.

완화하는 기법들

헬드먼은 경계성 성격장애가 있는 사람에게 반응하는 좋은 방법으로 다음과 같은 것들을 제안한다. 이 방법들은 비난하는 사람을 무장 해제 하고 당신의 힘을 강화해 준다. 이 제안들에 따라 반응을 할 때는 진지하 게, 자연스럽게, 그리고 중립적으로 말해야 한다. 경박하게 말하거나 반격 을 하는 것은 삼가라. 또한, 상대방이 어떻게 반응할지 알 길이 없으므로 신중하게 사용하기 바란다. 같은 기법이라 해도 쓰이는 시기나 맥락에 따 라 다른 반응을 불러일으킬 수 있다.

진술의 일부분에 동의하기

비난: "또 네 친구들이랑 놀러 나가는구나." (못마땅하다는 투로.)

반응: "네, 놀러 나가요."

비난: "내가 네 나이였을 때는 절대 그런 꼴로 데이트에 나가지 않았어."

반응: "네, 아마 그러지 않으셨겠죠." (우호적인 말투로.)

비난: "제 방에서 대마초를 좀 발견했다고 해서 친구들과 못 만나게 하다니 정말 어이가 없네요. 엄마가 내 엄마가 아니라면 내 삶은 훨씬 더 행복할 거예요."
반응: "그래, 난 네가 친구들이랑 놀러 나가도록 내버려 두지 않을 거야. 넌 대마초를 피웠으니까."

비난하는 사람이 옳을 수도 있음을 인정하기
비난: "그래, 내가 외도를 했어. 그게 무슨 대단한 일이라고!"
반응: "어떤 사람들은 남편이 바람피운 게 별일 아니라고 생각할 수 있겠지만 나는 안 그래."

비난: "어떻게 엄마를 파티에 초대하지 말자는 얘기를 할 수 있어? 엄마가 가끔 이상하게 행동하긴 하지만 그래도 엄마는 엄마야."
반응: "그래 엄마는 엄마지. 그리고 가족이나 친척이 무슨 행동을 하든 모두 파티에 초대 하는 사람들도 있지. 하지만 난 엄마가 자신이 어떻게 행동할지를 스스로 선택할 수 있다고 생각해. 그런데 엄마가 곧잘 터무니없는 말을 해서 다른 사람들을 마음 상하게 하니까 난 엄마를 초대하고 싶지가 않아."

비난하는 사람에게 나름의 견해가 있다는 것을 인정하기
비난: "아이들은 아빠가 아니라 엄마하고 사는 게 더 좋아. 판사도 그렇게 볼 거라고 생각해."

반응: "당신이 양육권에 대해 확고한 의견을 갖고 있다는 거 알겠어. 판사가 당신처럼 생각할 수도 있겠지. 아닐 수도 있고."

비난: "우리 둘 중 누군가에게 경계성 성격장애가 있다면 그건 내가 아니라, 당신이야."

반응: "당신에게 경계성 성격장애가 있다는 치료사의 견해에 당신이 동의하지 않는다는 걸 알겠어."

적절한 때에 부드럽게 유머 감각을 발휘하기

비난: "어떻게 숯 사 오는 걸 잊을 수 있어? 이제 생선은 어떻게 구울 거야?"

반응: "우리가 늘 스시를 먹어 보자고 했는데, 이 기회에 회를 한번 떠 볼까?" (빈정거리지 않는 투로.)

처음에는 덜 위협적인 상황에서 이 같은 완화 기법들을 연습하는 것이 좋다. 어떤 결과가 나오든, 노력했다는 사실만으로도 스스로 축하할 자격이 있다.

이번 장에서 우리는 경계성 성격장애가 있는 사랑하는 사람과의 관계에서 중요한 변화를 이루기 위해 꼭 알아야 할 기초적 사항들을 당신과 함께 살펴보았다. 다음 장에서는 경계성인 사람과 이런 문제를 실제로 논의하는 방식에 대해 이야기할 것이다. 그 단계로 나아가기 전에, 이 장에서 제공한 정보를 완전히 이해하도록 하라.

당신은 다음의 사항들을 명확히 알고 있어야 한다.

- 경계성 성격장애 행동을 촉발할 수 있는 요인들. 그리고 당신이 그런 행동을 촉발할 수도 있지만, 그게 당신 탓은 아니라는 것
- 경계성 성격장애가 있는 사람이 당신의 두려움과 의무감, 죄책감을 촉발하는 방법들
- 개인적 경계가 관계에 도움을 주는 방식
- 경계성 성격장애가 있는 사람이 준수해 주기를 당신이 바랄 개인적 경계들
- 경계를 설정할 당신의 '권리'에 대해 논의하는 것은 무의미하며, 문제는 '권리'의 유무가 아니라 당신이 어떤 취급을 받고 싶은지에 대한 개인적인 감정이라는 점
- 원활한 의사소통을 위한 지침들

다음 장에서 우리는 경계성 성격장애가 있는 사람에게 당신의 필요와 욕구를 효과적으로 주장하는 방법을 검토할 것이다.

7

당신의 요구를 자신있고 명확하게

나는 아내에게 당신을 지극히 사랑한다고, 무슨 일이 있어도 절대로 당신을 떠나지 않겠다고, 당신은 정말로 아름답고 똑똑한 사람이라고 수백 수천 번이나 말했다. 그러나 아내에게는 어떤 말도 결코 충분치 않았다. 거스름돈을 내주는 여자 점원의 손가락이 내 손가락을 스치기라도 하면 아내는 내가 점원과 시시덕거린다고 비난했다. 경계성 성격장애가 있는 사람 내부의 감정의 블랙홀을 채우려고 노력하는 것은 마치 물총으로 그랜드캐니언을 채우려는 것과 같다. 한 가지 차이라면 그랜드캐니언에는 바닥이 있다는 사실이다.

—'웰컴 투 오즈' 인터넷 지지 커뮤니티의 글에서

당신이 경계성 성격장애가 있는 사람에게 반응할 방법은 크게 보아 두 가지다. 스펀지처럼 반응하기(sponging)와 거울처럼 반응하기(mirroring)가 그것이다. 한 사람이 두 방법을 모두 쓰는 경우도 흔하다. 그들은 어떤 때는 스펀지처럼 흡수하고 다른 때는 거울처럼 반사한다.

| 스펀지이기를 멈추고 거울이 되라 |

어떤 사람들은 경계성 성격장애를 가진 사람이 투사한 것을 흡수하고 그의 고통과 분노를 자신의 것으로 받아들인다. 이러한 사람들은 자신이 사랑하는 사람을 돕는다는 환상에 빠져 있을 수 있다. 그러나 사실은 다르다. 그들이 그 고통스러운 느낌을 본래의 주인인 경계성 성격장애를 지닌 사람에게 반사하지 않는 것은 결과적으로 그로 하여금 투사 같은 방어기제들을 사용하도록 장려하는 일이 된다. 그래서 그 사람은 이후에도 계속 이 방어기제들을 쓰게 될 가능성이 크다.

스펀지처럼 행동하는 사람은 흔히, 자신이 사랑하는 사람 내부에 있는 공허의 블랙홀을 채우려고 애쓰는 듯하다고 말한다. 그러나 아무리 많은 사랑과 배려, 헌신을 쏟아부어도 결코 충분치 않다. 그러면 그들은 자신을 탓하면서 구멍을 채우는 일에 더더욱 진력한다. 한편 경계성 성격장애가 있는 사람은 그 구멍의 생생하고 끔찍한 아픔 때문에 그들에게 더 열심히, 더 빨리 구멍을 채우라고 재촉하게 된다. 그 사람이 타인을 향해 경계성 행동을 하는 유형이라면, 그는 자기를 사랑하는 사람에게 게으르다고, 혹은 자신의 고뇌에 무관심하다고 혹독하게 책망할 것이다. 반대로 경계성인 사람이 주로 스스로를 향해 경계성 행동을 하는 유형이라면 눈물을 글썽이며 자신의 고통을 끝낼 수 있는 무언가를 좀 해 달라고 애원할 것이다.

그러나 이런 것들은 하나같이 양쪽 모두가 진정한 문제를, 즉 그 내적 공허는 경계성인 사람 자신에게 속하며 그걸 채울 수 있는 사람도 그 자신뿐이라는 사실을 대면하지 못하도록 주의를 딴 데로 돌리는 일일 따름이다.

집중하여 자신의 경계를 지키기

경계성 성격장애를 지닌 사람의 비난과 책망, 불가능한 요구와 비판에 사로잡히지 말라. 그의 고통을 빨아들이지 말고 다음과 같이 노력하라.

- 그 사람이 무슨 말을 하든지 자신의 현실감각을 유지하라.
- 고통은 원래의 주인, 즉 경계성 성격장애가 있는 사람에게 반사하여 돌려보내라.
- 경계성인 사람 스스로 자신의 감정에 대처하는 법을 배울 수 있으리 라는 당신의 신뢰를 표현하라.
- 그 사람을 응원해 주라.
- 사랑하는 그 사람의 감정과 반응을 통제할 수 있는 이는 결국 그 자 신뿐이라는 점을 확실히 하라.
- 당신이 받아 줄 수 있는 행동 유형에는 한도가 있다는 점을 당신의 행 동으로 보여 줘야 한다.
- 이러한 한도 즉 경계들을 명확하게 제시하고, 거기에 맞춰 일관성 있 게 행동하라.

경우에 따라 당신은 자신이나 자녀를 보호하기 위한 조처를 취해야 할 수도 있다. 다른 사람의 행동을 심판하거나 무슨 꼬리표를 붙여서가 아 니라, 자신과 자신의 감정을 소중히 여기기 때문이다. 그 조처에는 다음의 것들이 포함될 수 있다.

- 당신 자신이나 자녀들을 학대적인 상황에서 벗어나게 하기
- 경계성 성격장애가 있는 사람에게 자신의 행동에 대한 책임을 지우기

- 당신의 감정과 소망을 확고히 표명하기
- 욕설이나 도발적 행동을 무시해 버리기
- 분노를 터뜨리는 사람과 말하기를 거부하기
- 경계성인 사람이 여러 사람 앞에서 무슨 행동을 해도 그것에 휘둘려 당황하거나 창피해하지 않기
- "싫어"라고 말하기

당신의 한계선은 어디인가?

다양한 유형의 상황마다 당신이 고수할 한계선도 알고 있어야 한다. 당신이 사랑하는 경계성인 사람이 당신에게 한 행동을 다른 사람이 한다면 당신이 어떻게 반응할지를 생각해 보면 도움이 될 것이다. 예를 들어, 슈퍼마켓에서 어떤 낯선 사람이 경계성 성격장애가 있는 사람과 같은 방식으로 당신에게 말하기 시작한다면 어떻게 하겠는가? 낯선 이가 당신을 그런 식으로 대하는 걸 멈추게 하려고 어떤 조처를 취할 거라면, 같은 행동을 하는 경계성인 사람에게도 무슨 조처를 해야 하는 게 아닐까? 경계성인 사람이 아이에게 하는 행동이 걱정된다면, 아이의 학교 선생이 같은 행동을 아이에게 할 경우 어떻게 할지 생각해 보라. 어느 쪽이 아이에게 더 해로우리라고 생각하는가? 교사의 학대인가 보호자의 학대인가? 이런 어려운 문제들을 고려하는 또 다른 방식은, 친구나 아끼는 사람이 당신과 같은 상황에 처했다면 어떤 조언을 해 줄지 생각해 보는 것이다. 그런 후 스스로에게 물으라. 이 조언들 중 나 자신에게도 해당되는 것이 있는가라고.

> '일체'나 '결코', '절대로' 같은 말들을 피하라. 모든 것이 '이렇지 않으면 저렇다'고 이분법적으로 생각하지 말고, 두세 가지 대안을 더 생각해 보라.

앞에서 든 것 같은 상황들에서 어찌하면 좋을지 모르겠다고 느낀다면 치료사를 찾아가 그와 함께 당신의 개인적 경계를 모색하여 설정하는 게 좋을 법하다. 이는 당신 곁의 경계성인 사람과의 관계뿐 아니라 다른 모든 인간관계에도 도움을 줄 것이다.

경계성 행동을 거울처럼 반사하는 데 도움이 될 전략들

당신이 경계성 성격장애 행동을 흡수하지 않고 반사하는 데 활용할 수 있는 구체적 전략이 몇 가지 있다.

1. 숨을 깊이 쉬라. 스트레스를 받을 때 사람들은 숨을 가쁘고 얕게 쉬는 경향이 있다. 심장박동과 혈압이 증가하고 혈관이 수축하는 이른바 '투쟁-도피반응(fight-or-flight response)'이 나타나게 되어, 논리적으로 생각하기가 어려워진다. 경계성인 사람에게도 이런 반응이 나타날 수 있다. 이 같은 상황에서는 천천히 깊게 숨을 쉬면 진정이 되면서 상황에 감정적으로만 반응하지 않고 논리적으로 생각할 수 있게 된다.

2. 회색의 영역을 보려고 노력하라. 경계성인 사람을 사랑하는 이들도 종종 분열, 즉 흑백논리 같은 경계성 방어기제를 자기도 모르게 배

220

위서 사용한다. 그러지 않으려면 모든 상황에 내재하는 미묘한 요소들에 유념해야 한다. 상대방의 극단적인 반응에 휘말리지 말라. 당신의 직감을 믿고 스스로 판단하라.

3. *경계성인 사람의 감정에서 당신의 감정을 분리하라.* 경계성 성격장애가 있는 사람들이 종종 투사를 통해 타인으로 하여금 자신의 감정을 대신 느끼도록 한다는 점은 앞부분에서 설명했다. 그러니 어떤 감정이 진짜 당신의 것인지 늘 확인할 필요가 있다. 혹 당신이 무력하다고 느끼거나 화가 나기 시작한다면, 그건 그 사람이 자신의 무력감이나 분노를 당신에게 투사하기 때문은 아닌가?

4. *대화를 나눌 때 자신의 견해가 타당함을 입증하는 동시에 열린 마음을 가지라.* 경계성 성격장애가 있는 사람은 당신이 거짓임을 알고 있는 '사실'을 말하거나 당신이 전혀 동의하지 않는 의견을 주장할 수도 있다. 반면 그들은 때로 날카로운 통찰력을 보일 수도 있다. 그러므로 그들이 하는 말을 객관적으로 따져 보아야 한다. 만약 그들의 말을 반사한 후에도 여전히 그 말에 동의하지 않는다면, 당신이 생각하는 현실이 다른 누가 생각하는 현실 못지않게 타당하다는 사실을 상기하라. 경계성 성격장애를 가진 사람의 감정만큼 당신의 감정도 인정될 필요가 있다.

5. *타이밍에 유의하라.* 어떤 주제를 꺼내기에 좋은 때와 나쁜 때가 있다. 무슨 이유에서건 경계성 성격장애가 있는 사람이 거부되고 버림받고 인정받지 못했다고 느끼고 있다면 당신의 말에 극단적으로 반응할 수 있다. 그런 경우에는 그의 기분이 차분해질 때까지 대화를 미루는 것이 좋다.

6. *자신의 기분을 잘 살펴라.* 당신이 상처받기 쉽다고 느끼거나, 외

롭거나 슬프다면—심지어 피곤하거나 배고프기만 해도—자신이 좀
더 강해졌다고 느낄 때까지 기다리라.

7. *당신은 자신의 감정을 선택할 수 있음을 명심하라.* 어떤 사람이
무엇을 느낄지는 대체로 본인의 선택에 달려 있다. 예를 들어 딸이 당
신에게 "엄마는 세상에서 제일 나쁜 엄마야"라고 말했을 때, 그 말을
믿고 죄책감을 느낄지, 아니면 그 말이 사실이 아님을 알고 있기 때
문에 개인적으로 받아들이지 않을지는 당신의 선택에 달린 것이다.

반박하기 전에 인정해 주기

경계성 성격장애가 있는 사람은 특정한 상황에 대한 자신의 느낌에 맞
춰 그 상황의 사실 관계까지도 무의식적으로 바꾸어 생각할 수 있다. 당신
은 사랑하는 그 사람과 무엇이 사실인지에 대해 따져 보고 싶겠지만, 그
렇게 하면 문제의 진정한 근원을 간과하게 된다. 경계성인 사람의 감정 말
이다. 다음의 예를 통해, 사실에 관한 경계성인 사람의 주장에 동의하지도
반박하지도 않으면서 그의 감정을 다루는 방법을 살펴보자.

사실: 경계성 성격장애가 있는 십대 딸 제시의 엄마 신시아는 가끔 밤에
친구가 찾아오면 와인 한 잔을 즐긴다.

느낌: 엄마의 친구들이 집에 올 때면 제시는 엄마에게 외면당하는 것 같
아서 우울하고 화가 난다.

제시의 '사실': 수치심과 분열 기제 때문에, 제시는 자신의 부정적인 감정
에 대해 책임을 지지 않는다. 대신 제시는 엄마가 그런 느낌들을 불러일으
켰다고 비난한다. 엄마에게 음주 문제가 있다고 실제로 믿으면서. 제시에
게는 (그리고 경계성 성격장애가 있는 다른 사람들에게도) 어떤 설명이 '옳

다고 느껴지면' 그게 '옳은' 것이다. 자신의 생각에 들어맞지 않는 사실은 편의적으로 부정하거나 무시하곤 한다.

제시가 엄마를 알코올 중독자라고 비난할 때 엄마가 바로 자신을 변호하기 시작한다면(자연스러운 반응이다), 제시는 그걸 이런 의미로 해석할 것이다.─"네가 엄마에 대해 그렇게 느끼다니. 그 느낌이 틀렸을 뿐 아니라 너는 나쁜 아이야." 그렇게 되면 제시는 더욱 화를 내게 된다. 자기 감정의 타당성이 인정받지 못했기 때문이다. 더구나 진짜 문제, 즉 '버림받았다'는 제시의 감정은 다뤄지지도 않을 테이니 아무것도 해결되지 않을 게 분명하다.

제시가 주장하는 사실에 이의를 제기하기 전에 제시의 감정을 주제로 삼는다면 그녀는 좀 더 열린 마음으로 엄마 신시아의 지적을 들으려 할 것이다. 다음의 대화에서, 신시아가 자신이 사실로 보는 것을 얘기하기 전에 먼저 제시로 하여금 감정을 충분히 표현토록 하는 데에 주목하라. 신시아는 자신이 알코올 중독인지 아닌지를 말하면서 대화를 시작하지 않는다. 그것은 사실을 다루는 일이기 때문이다. 제시의 경계성 세상에서 지금 무엇보다도 중요한 것은 바로 감정이다.

제시: (화가 나서) 엄마는 여기 베란다에서 몇 시간이나 친구들이랑 술을 마셨잖아. 엄마 완전히 술꾼이야!

신시아: 우리 딸, 지금 굉장히 화가 나고 기분이 상한 것 같네.

제시: 그걸 말이라고 해? 만약 엄마의 엄마가 알코올 중독자라면 기분이 어떻겠어?

신시아: (진심으로) 당연히 싫겠지. 엄마가 나를 제대로 돌보지 못할까

봐 겁도 나고 걱정도 될 거야. 지금 네 기분이 그런 거니?

제시: 나 정말 화났어. 내일 아동학대방지센터에 전화할 거야. 엄마가 술에 취해서 하루 종일 집에 널브러져 있다고 말할 거야.

신시아: 어느 누구도 엄마가 종일 취해서 널브러져 있는 걸 좋아하지는 않겠지. 엄마가 그렇다고 생각하는 것 같구나. 너는 네 감정과 의견에 대한 권리가 있지. 비록 나는 상황을 다르게 보지만 말이야. 그리고 내게도 내 감정과 의견에 대한 권리가 있어. 내가 생각하기에 나는 하루 종일 꽤 바쁘게 지내고 술도 그리 자주 마시지 않아. 술을 할 때도 취할 정도로 마시진 않지. 지금도 취한 느낌은 없는걸. 취한 듯이 행동하는 것 같지도 않고.

제시: 엄마는 너무 많이 마셨어. 지금 꼭 할아버지가 술에 취하셨을 때처럼 행동하고 있다고. 왜 친구들하고 집에서 놀아야 하는 거야? 난 엄마 친구들이 싫어. 엄마 친구들은 그저 잘난 체만 하는 마귀할멈들 같아.

신시아: 네가 엄마 친구들을 좋아하지 않는다는 거 알아. 엄마 친구들에 대해 네 나름의 의견을 가질 권리가 있지. 우리가 반드시 같은 사람을 좋아해야 할 필요는 없거든.

제시: 왜 그 아줌마들이 매일 우리 집에 오는지 모르겠어.

신시아: 아줌마들이 늘 여기 있는 것처럼 네게 보인다는 거 알아. 하지만 실제로 엄마는 로니 아줌마랑 마사 아줌마를 몇 주 만에 봤는걸. 엄마는 친구들과도 재미있게 시간을 보내지만 너랑 쇼핑을 하거나 다른 뭔가를 할 때도 기분이 아주 좋아. 어제 네가 졸업 파티에 입고 갈 드레스를 같이 가서 찾고 햄버거랑 밀크셰이크를 먹었을 때처럼 말이야. 재미있었잖아. 기억하지?

제시: (좀 더 차분해져서) 응. 하지만 난 엄마가 아줌마들이랑 술을 안 마셨으면 좋겠어.

신시아: (이해하는 태도로) 그래. 네가 싫어한다는 걸 엄마도 알아.

　이 사례에서 신시아는 술을 마시는 것은 곧 술에 취하는 것이라는 생각에 동의하지 않으면서 제시의 감정을 잘 반사하고 있다. 물론 말도 안 되는 비난의 대상이 되는 일은 기분 좋지도 않고 공평하지도 않다. 어쩌면 신시아는 위층으로 올라가 갑갑한 마음으로 이를 악물 수도 있고, 제시가 다른 곳에 살았으면 할지도 모른다. 그러나 신시아는 딸의 기분을 상하게 한 진짜 문제를 함께 얘기하는 데 성공했다. 그와 더불어 신시아는 제시의 의견을 무시하지 않으면서도 자신의 의견과 관찰 내용을 얘기할 수 있었다. 이것은 큰 성과다.

　이런 종류의 상황에서는 3장에서 설명한 발달 단계를 떠올리는 게 도움이 될 법하다. 제시는 청소년처럼 보이고, 청소년처럼 말을 한다. 그러나 정서적으로는 작고 상처받기 쉬운 어린아이다. 그 아이는 자신의 존재조차 모르거나 안다 해도 전혀 상관하지 않는다고 생각되는 엄마에 의해 버림받았다고 느낀다. 그러나 제시는 진짜 어린아이가 그러듯 엄마를 찾으며 우는 게 아니라 소리를 지르고 위협을 한다. 제시는 어린아이 같은 감정을 다 자란 사람의 방식으로 표현하고, 그만큼 현실적인 결과를 낳는 것이다. 그것이 경계성 성격장애의 특징이다. 어른처럼 행동할 수 없는 사람에게 그런 행동을 기대하거나, 당신의 부정적인 감정을 억누르고 그런 감정을 갖는 자신을 꾸짖는다면 상황은 당신에게 더 어려워질 수 있다.

뜻밖의 일들을 겪더라도 놀라지 말라. 당신의 감정을 있는 그대로 받아들이고, 당신과 같은 상황에 처해 있는 사람들에겐 그런 감정들이 정상적인 것임을 알라. 경계성 성격장애가 있는 사람의 내면을 꿰뚫어 보고, 어쩌면 그는 대부분의 사람이 '정상적'이라고 생각하는 행동을 할 능력이 지금은 없을지도 모른다는 점을 깨달으라.

| 논의에 앞서 준비하라 |

경계성 성격장애를 지닌 사람과 당신의 개인적 경계에 대해 이야기하려면 사전에 준비를 해야 한다. 필요한 요령 몇 가지를 들겠다.

● *구체적으로 말하기*
예를 들어, "당신이 나를 좀 더 존중해 줬으면 좋겠어"라는 말은 모호하다. 존중이란 게 정확하게 무엇이며 존중받는다는 걸 어떻게 아는가? "당신 몸이 아픈 것을 내 탓으로 돌리는 일은 그만해 줬으면 좋겠어"라는 말은 구체적이며 결과의 측정이 가능하다.

● *한 번에 경계 한 가지씩만 말하기*
경계성 성격장애가 있는 사람은 당신이 참기 어려운 다양한 방법으로 당신을 괴롭힐 수 있다. 그러나 그들에게 뭐든지 당신 탓을 하는 걸 그만두고, 소리를 지르지도 말고, 욕설도 그만하라고 하는 것은 경계성인 사람이 한 번에 처리하기에는 너무 많은 요구일 수 있다. 한 가지를 선택해서 그것부터 요구하라.

● *쉬운 것부터 시작하기*

욕설을 멈추라고 부탁하는 것은 지나친 탓하기를 그만하라고 부탁하는 것보다 간단할 수 있다. 보다 쉬운 요구로 시작하면 상대가 받아들일 가능성이 커지고 당신의 자신감도 쌓을 수 있다.

● *가까운 친구와 연습하기*

친구와 역할을 나누어서 연습해 보라. 몇 차례 연습하되 경계성 성격장애가 있는 사람의 반응을 매번 다르게 만들어 보라. 연습할 때든 실제 상황에서든 서두르지 말고, 충분한 시간을 가지고 생각한 후에 반응하라. 많이 할수록 더 잘할 수 있고 더 쉽게 느껴질 것이다. 그러니 인내심을 가지자.

● *얻을 수 있는 보상들을 생각하기*

경계성인 사람과의 관계에서 당신의 인격적 온전함을 지키게 되면 자신에게 힘이 있다는 느낌, 자존감과 자신감, 희망, 자부심 등이 생기게 마련이다.

| 당신의 현실을 규정하고 그것을 고수하라 |

진실이 무엇인지가 명확하지 않은 때가 종종 있다. 경계성 성격장애를 지닌 사람을 사랑하는 많은 이들이 우리와의 인터뷰에서 말하기를, 그들 곁의 사람이 '내가 옳고 너는 틀렸다'는 주장을 워낙 그럴듯하게 해서 자신의 현실 인식을 믿기가 어렵다고 했다.

사라와 경계성 성격장애인 엄마 마리아의 예를 보자. 사라는 엄마에게 자신과의 전화 통화 중 엄마가 비난과 탓하기를 하면 전화를 끊겠다고 말한다. 그리고 일주일에 몇 번 엄마의 전화를 받을지 한도를 정하겠다고 한다.

"나 같으면 내 엄마에게 그 따위로 하지 않겠어!" 마리아가 날카롭게 말한다. "어떻게 넌 엄마와 통화하기를 거부할 수 있니? 어쩌면 내 마음을 이렇게 아프게 할 수 있어? 이렇게 배은망덕하고 이기적인 딸을 키웠다니, 믿을 수가 없구나."

아버지인 조지도 마리아를 거든다. 그는 사라를 옆으로 데리고 가서 이렇게 말한다. "사라야, 네 엄마가 하루 이틀 저러는 거 아니잖니. 엄마 자신도 어쩔 수가 없어. 착하게 엄마하고 잘 지내려무나."

사라는 혼란스럽다. 내가 나쁘게, 이기적으로 구는 건가? 엄마가 전화로 질책을 퍼부을 때마다 견딜 수 없을 만큼 가슴이 조여 오는데도 엄마니까 전화를 끊지 말아야 하나?

경계성 성격장애가 있는 사람이나 주변의 다른 사람들이 당신에게 맞서 올 때는, 당신에겐 자기 의견과 생각과 감정을 가질 권리가 있다는 믿음을 되새길 필요가 있다. 좋든 나쁘든, 옳든 그르든, 그것들은 당신의 일부다. 아울러 자신을 위해 설정해 놓은 개인적 경계들도 기억해야 할 것이다.

현실진술을 확고히 하기

사라가 부모와 올바른 전화 예절에 대한 공방을 벌이기로 한다면 진짜 문제를 다루지 못하게 될 테다. 진짜 문제란, 성인으로서 사라는 남들로부터 자신이 어떠한 대우를 바라는지 스스로 선택할 책임이 있다는 점이다.

사라는 아버지에게 말한다. "아빠, 제가 엄마에게 통화 한도를 지켜 달라고 부탁한 데 대해 의견이 다르시다는 걸 알아요. 두 분이라면 다르게 행동했으리라는 것도 이해해요. 그러나 저는 엄마나 아빠가 아니에요. 저는 저라고요. 저 자신과 제 감정을 존중하기 위해 엄마 전화를 일주일에 한 번만 받을 거예요. 그리고 통화 중에 엄마가 비난이나 탓하기로 제 기분을 상하게 하신다면 통화를 계속하지 않을래요."

이 같은 '현실진술'은 검정색과 흰색처럼 대비되는 당신의 진실과 그들의 진실 사이에 존재하는 회색지대를 볼 수 있도록 도와준다. 당신은 경계성 성격장애가 있는 사람과 협상할 수도 있다. 예를 들어, 사라와 마리아는 협상 끝에 일주일에 한 번이 아니라 두 번 통화하는 데 합의할 수 있다.

책임을 그에게 되돌려 주라

당신의 현실을 확고하게 진술했다면, 다음으로 해야 할 일은 경계성 성격장애가 있는 사람의 감정이나 행동에 대한 책임을 그 자신에게 돌려주는 것이다. 당신이 경계성 성격장애인 사람을 지지한다는 점을 알려 줄 수는 있지만, 그의 기분을 나아지게 할 수 있는 유일한 사람은 결국 그 자신이기 때문이다.

설사 경계성 성격장애인 사람이 자기에게 장애가 있음을 인정한다 해도, 그에게 책임을 되돌릴 때 그 장애를 거론하는 것은 현명치 못한 일이다. 경멸적이거나 무례한 행동으로 비칠 수 있다.

사라와 마리아의 예를 활용하여 책임을 옮기는 좀 더 긍정적인 방법을 살펴보자. "엄마가 전화 통화 한도에 동의하지 않는다는 걸 알아요. 엄마가 전화에서 제게 하시는 부정적인 말들에 대해 제 느낌을 주장하는 것이 언짢으시겠죠. 며칠 동안 이 문제를 생각해 보셨으면 좋겠어요. 그래서 엄마가 저를 탓하거나 비난하지 않을 때는 저도 엄마하고 얘기하고 싶어 한다는 걸 깨달으시기 바라요. 저 엄마를 좋아하고 엄마 전화도 받고 싶어요. 다만 저를 성숙하고 책임 있는 성인으로 대해 주었으면 하는 거지요."

책임 나누기

당신이 실수를 저질렀고 그것 때문에 경계인의 기분이 상했다면 그 책임은 당신에게도 있다. 예를 들어 당신이 도서관에서 빌려 오겠다고 약속했던 책을 잊어서 경계성 성격장애가 있는 딸이 마음 상했다고 하자. 그런데 딸은 지나치게 화를 내면서 당신이 '항상' 이렇게 약속을 지키지 않는다고 주장한다. 약속을 잊어버린 것은 자기를 사랑하지 않기 때문이며, 자기가 죽어 버리기를 당신이 바란다고까지 말한다.

이런 경우에 책임을 딸에게 그저 되돌리기보다 함께 나누는 것이 어떨까. 이 부분을 읽으면서, 당신은 앞에서 이미 상대의 말을 잘 듣고 몸짓, 표정 등에 주목하기, 충분히 이해하기 등등의 과정을 이수했음을 상기하라. 당신은 이렇게 말할 수 있다. "엄마가 책 빌려 오는 걸 잊어버려서 네가 속상하고 화가 났다는 걸 잘 알아. 네가 한 말을 통해, 엄마가 항상 약속을 지키지 않고 너를 사랑하지 않는다고 느낀다는 것도 알았어. 책을 잊어버린 실수를 벌충하기 위해 엄마가 할 수 있는 일은 우선 미안하다고 너에게 사과하고 내일은 꼭 빌려 오겠다고 약속하는 거야. 그 말은 좀 전에 했지? 엄마는 네 부탁을 들어주었던 경우들을 상기시킬 수도 있어. 그리고 엄마가 너를 정말 사랑한다고 말해 줄 수도 있어. 사실이 그러니까. 그게 엄마가 해 줄 수 있는 전부야. 엄마는 지나간 일을 바꿀 수 없단다. 너를 사랑한다는 걸 억지로 믿게 만들 수도 없지. 네가 속상하고 화가 났다는 거 엄마도 알아. 계속 이 일에 대해 아까 같은 생각들을 하든지, 아니면 진정하려고 노력하고 엄마의 사과를 받아들인 후에 이제 뭘 어떻게 할지 보든지, 선택은 네가 하는 거야."

> 당신이 실수를 해서 경계성 성격장애가 있는 사람이 마음 상했다
> 면, 당신은 그 상황에 대한 책임을 공유해야 한다.

의사소통 기술 기르기

경계성 성격장애를 지닌 사람이 흥분한 상태가 아닐 때 당신은 신시아
가 제시와 했던 것 같은 논의를 더 밀고 나가, 쟁점들을 보다 명확히 하려
고 노력하면서 해결까지 시도해 볼 수도 있다. 이런 종류의 대화를 나눌
때, 당신이 들을 차례가 되면 상대의 말을 진짜 '경청'해야 한다. 다음은 몇
가지 도움말이다.

- 들으면서 당신이 할 말에 대해 생각하지 말라.
- 경계성 성격장애가 있는 사람이 당신이 전혀 하지 않은 행동이나 말을
  갖고 당신을 비난하더라도 방어적이 되지 말고 귀를 닫아 버리지도
  말라. 나중에 그것에 대해 말할 기회가 있을 것이다.
- 그 사람의 말, 몸짓, 표정, 그리고 어조에 유의하라. 그의 감정을 확인
  하고 인정하는 데 도움이 된다. 경계성 성격장애인 사람들이 항상 자
  신의 감정을 알고 있는 것은 아니다. 주의 깊게 들음으로써 당신은 그
  의 말 이면에 있는 감정을 감지할 수 있을 것이다.

경계성 성격장애가 있는 사람이 무엇 때문에 화가 나 있는지를 충분히

이해하는 일 또한 중요하다. 그는 가끔 당신에겐 말이 안 되는 소리를 하거나 터무니없이 당신을 비난하기도 한다. 그러한 상황에서는 속이 타고 화를 내기 쉽지만, 그러면 경계성인 사람은 자신이 인정받지 못했거나 오해받았다는 느낌을 갖게 돼 상황이 더 격해질 수 있다.

> 이런 일이 생겼을 때는 당신과 경계성 성격장애인 사람이 서로 다른 언어를 사용하고 있을지도 모른다는 데 유념해야 한다. 평정심을 유지하려고 노력하면서 상대방에게 그의 말이 무슨 뜻이었는지 명확하게 설명해 달라고 부드럽게 요청하라.

다음은 타라와 코리의 대화로, 경계성인 사람을 더 잘 이해하려고 노력하는 방식의 한 예를 보여준다. 타라가 아무리 화를 내고 속상해해도 코리는 시종일관 침착하고 차분하다.

타라: 당신이 바람났다는 거 다 알아.

코리: (놀라며) 왜 그런 생각을 하는 거지?

타라: 왜냐하면 당신은 이제 나를 사랑하지 않으니까. 당신은 나를 사랑한 적이 없어. 그리고 날 떠나고 싶어 해.

코리: 잠깐! 한 번에 하나씩만 얘기하자. 당신에 대한 내 사랑을 왜 의심하지?

타라: 우선, 당신은 나와 함께 충분한 시간을 보내지 않잖아.

코리: 내가 당신과 충분한 시간을 보내지 않는다고? 그게 무슨 뜻인지

말해 줄 수 있어?

　타라: 무슨 뜻인지 알잖아!

　코리: 아니. 잘 모르겠어. 당신 말을 제대로 이해하고 싶어. 그러니 날 좀
도와줘.

　타라: 지난 토요일에 당신은 나를 빼놓고 당신 친구들이랑 영화를 보러
갔잖아.

　위의 상황에서 코리는 타라에게 좀 더 자세히 설명해 달라고 부탁함으
로써 꼭 필요한 정보를 얻게 되었다. 만약 코리가 타라의 말에 즉각적으로
반응해 바람났다는 말을 부정했다면 아마도 두 사람은 진짜 문제, 즉 코
리가 타라 없이 친구들과 놀러 나간 사실에 의해 촉발된 '버림받음에 대한
두려움'을 알아채지 못한 채 긴 시간 말싸움을 벌였을 것이다.

그 사람의 감정을 인정하기

　대화를 통해 변화를 촉진하려 한다면 경계성 성격장애가 있는 사람의
감정을 인정해 주어야 한다. 그러기 위해서는 6장에서 배운 바꾸어 말하기
와 반영적 경청의 기술을 함께 쓰는 것이 필요하다.

🍀 린

　마침내 카운슬링을 받으면서 나는 마치 기적을 만난 듯했다. 나 자
신의 감정을 느껴도 좋다는 것, 내가 처했던 상황에서 그런 기분이 든 것은
건전하고 이성적인 반응이라는 것, 이런 말들을 듣는 것이 바로 그랬다.
가족들은 늘 내가 느끼는 방식이 옳지 않다고 했고, 그런 말들은 나를 더
화나고 속상하게 만들곤 했기 때문이다.

당신은 경계성 성격장애가 있는 사람의 느낌들을 이해할 수 없을지 모르지만, 그 자신에게는 너무나 당연하고 말이 되는 것들이다. 다음은 그런 감정을 다루는 데 참조할 몇 가지 지침이다.

- 경계성인 사람의 감정을 섣불리 심판하거나 부정하거나 하찮게 여겨서는 안 되며, 그 감정이 '정당한지 아닌지'에 대한 당신의 생각을 얘기해서도 안 된다.
- 경계성인 사람이 표현한 감정을 당신이 다시 말하고, 그 이면을 약간 파고들어 명백히 드러나지 않은 감정을 찾아보라.
- 그렇게 해서 당신이 감지한 것이 맞는지 상대방에게 물어보라.
- 그의 말을 경청하고 있음을 보여 주라.
- 선심 쓰는 듯하거나 잘난 체하는 태도는 당신이 그 사람의 걱정을 진지하게 받아들이지 않는다는 인상을 주어 그의 화를 돋울 수 있으니 피해야 한다.

다음 대화에서 코리가 어떻게 타라의 감정을 인정하는지 보자.

타라: 지난 토요일에 당신은 나를 빼놓고 당신 친구들이랑 영화를 보러 갔잖아.

코리: 내가 친구들하고 영화 보러 간 것과 내가 당신을 사랑하지 않는다는 생각 때문에 당신이 무척 속상하고 화가 났군. 당신 목소리나 얼굴 표정으로 그렇다는 걸 알겠어. 타라, 내가 당신을 사랑하지 않는다는 생각이 든다면 당신이 얼마나 속상할지 충분히 이해해. 만약 그게 사실이라면 그저 속상한 데 그칠 일이 아니지. 정말 끔찍한 일일 거야. 지금 마음이

아프고 슬퍼?

　타라: 그래, 맞아!

당신의 현실과 감정을 얘기해 주기

경계성 성격장애가 있는 사람의 감정을 인정한 후, '내 현실'의 진술로 당신의 견해를 확고하게 주장하라. 앞의 예에서 코리가 아는 현실은 단순명료하다. 그는 타라에게 함께 영화를 보러 가겠느냐고 물었고 타라는 그 제안을 거절했다. 그는 자신이 타라를 진심으로 사랑한다는 것도 안다. 그러니 코리는 이렇게 얘기할 수 있다. "타라, 내가 친구들과 외출한 것은 사실이야. 당신이 같이 가고 싶어 하지 않아서 혼자 갔지. 재미있었어. 나는 친구들하고 있는 게 좋으니까. 그렇다고 내가 당신을 사랑하지 않는 건 아냐. 나는 정말 당신을 사랑해. 그것도 많이."

현실진술은 사실에 관한 것일 수도 있고("뭔가 타는 냄새가 난다고 말했을 때 난 당신의 요리 솜씨에 대해 얘기한 게 아니었어. 그저 뭔가 타는 냄새를 맡았을 뿐이라고."), 당신의 의견을 반영한 것일 수도 있다("친구들과 영화를 보고 싶어 하는 게 이기적이라고 생각지 않아. 두 사람이 결혼을 한 후에도 각자의 친구들과 계속 연락하며 지내고, 나름의 관심사를 추구하는 게 바람직하다고 생각해.").

당신의 현실, 즉 당신이 아는 사실과 당신의 의견, 감정을 명확하게 진술하라. 경계성 성격장애가 있는 사람은 누가 '옳은지', 누구 '탓인지'에 대해 당신과 입씨름을 벌이려 할 것이다. 그 주장의 일부는 비논리적일 수도 있다. 예컨대 경계성인 어떤 사람은 자기 남편이 그녀에게 '폭력적'이라고 했으므로 남편을 주먹으로 치고 발로 차는 것이 정당하다고 주장했다. 당신은 정당화하거나 과도하게 설명하거나 논쟁을 하려는 유혹을 떨쳐 내야 한다. 오직 당신의 메시지에만 집중하라. 예를 들면, 경계성인 사람의 비난에 대해 이렇게 반응할 수 있을 것이다. "당신이 그런 식으로 느낀다는 걸 알지만 내 생각은 좀 달라." 이런 식의 말을 필요할 때마다 반복하라.

| 변화를 요청하라 |

당신의 개인적 경계를 알게 되었다면 이제는 그것에 대해 경계성 성격장애가 있는 사람과 의사소통을 할 차례다. 그 전에 우선 당신이 합당하게 요청할 수 있는 것과 그렇지 않은 것이 무엇인지 명확하게 알아야 한다.

경계성 성격장애가 있는 사람에게 행동을 바꿔 달라고 요청하는 일은 합당하다. 그가 다른 친구들과 함께 있을 때나 공공장소 혹은 직장에 있을 때의 행동은 당신과 함께 있을 때의 행동과 아마 다를 테다. 경계성인 사람이 이처럼 어떤 환경에서 자신의 행동을 조절할 수 있다면 다른 환경에서도 그럴 수 있을 것이다.

물론 경계성인 사람이 행동을 바꾸는 데는 도움이 필요할지 모른다. 당신 곁의 사람이 그런 도움을 받고 있다면 그러지 않는 경우에 비해 당신의 경계를 준수하는 일이 훨씬 수월해질 것이다. 그러나 알다시피, 도움을 받을지 말지는 그 자신이 결정해야 한다.

어떤 사람에게 행동을 바꿔 달라고 청하는 것은 합당한 일인 반면, 그 사람에게 어떻게 느껴야 한다고 말하는 것은 합당치 못한 일이다. 다시 말해서, 경계성 성격장애가 있는 사람에게 소리 지르지 말아 달라고 할 수는 있지만 분노를 느끼지 말라고 할 수는 없다. 그 사람에게 하루에 두 번 이상은 전화하지 말라고 부탁할 수는 있지만 당신이 그의 곁에 없을 때 외로움을 느끼거나 공황 상태에 빠져서는 안 된다고 할 수는 없다는 얘기다. 경계성 성격장애가 있는 사람이 의지만으로 자신의 감정을 바꿀 수 있다면 이미 오래전에 그렇게 했을 것이다.

해리엇 골더 러너는 『분노의 춤』에서 이렇게 말한다.

우리 대부분은 불가능한 것을 원한다. 우리는 자신의 결정과 선택을 통제하고 싶어 할 뿐 아니라 그에 대한 다른 사람의 반응까지도 통제하고 싶어 한다. 우리는 변화를 일으키고자 할 뿐 아니라 상대가 그 변화를 좋아하기를 원한다. 우리는 더 높은 수준의 자기주장과 명쾌함을 원하는 동시에, 예전의 익숙한 모습을 보고 우리를 선택했던 사람들에게서 새로운 변화에 대한 칭송과 북돋움도 얻고자 한다.

당신의 경계를 알려 주기

대화하기에 좋은 시간을 고르라. 경계성 성격장애가 있는 사람과 당신 모두 기분이 좋고 심적으로 안정되어 있을 때가 적당하다. 아무 문제 없이 모든 것이 평안할 때면 그 좋은 분위기를 망치고 싶지 않아서 까다로운 문제를 거론하지 않으려 할 수도 있다. 긁어서 부스럼 만들지 않겠다는 식의 생각을 극복해야 한다.

경계성 성격장애 연구가 마샤 리너핸은 'DEAR[디에]'라고 부르는 의사소통 방식을 개발했는데 DEAR의 각 글자는 서술(describe), 표현(express), 주장(assert), 그리고 강화(reinforce)를 말한다. 각 단계는 어떤 것인지, 당신의 경계에 관해 얘기할 때 그것들을 어떻게 쓸 수 있는지 살펴보자.

서술한다(describe)

당신이 보는 상황을 서술하되 과장하지 말고 평가를 내리지도 말며, 상황에 대한 당신의 느낌을 설명하지도 말라. 그저 최대한 객관적이고 구체적으로 서술한다. 비디오카메라처럼 일어나는 상황을 그대로 포착만 한다고 생각하면 된다. 주관적 판단이나 저의가 담긴 표현은 쓰지 않는다. 당신이 상대방의 내적 동기나 감정에 대해 알고 있다고 주장하지 말라. 그 사람이 '~한 것처럼 보였다'라는 말 정도는 할 수 있다. '화가 난 것처럼 보였어', '속상한 것처럼 보였어' 식으로.

이 같은 서술의 예를 하나 보자. "어제 가족 휴가가 끝나 집으로 차를 몰고 오고 있었지. 점심시간이 다 돼서 어디쯤에서 식사를 할지 의논하는데 갑자기 당신이 화난 목소리로 내게 말하기 시작했어. 당신 목소리는 점점 커져만 갔지. 그 전날 일어났던 무슨 일인가에 굉장히 마음이 상한 것 같았어. 10분쯤 지나서 내가 이 대화를 다른 때 하면 안 될까 물었지만 당신은 계속 나에게 소리를 질렀어. 몇 분 뒤에 내가 다시 청했지, 집에 가서 얘기를 계속하자고. 하지만 당신은 안 된다며 나에게 계속 욕설과 험한 말을 했어."

표현한다(express)

상황에 대한 당신의 감정과 의견을 명확하게 표현하라. 자신의 감정에 대해서는 스스로 책임을 져야 한다. "당신 때문에 내 기분이 이러저러했어"보다는 그냥 "내 기분이 이러저러했어"라고 말하는 편이 좋다. 당신의 감정이 정확히 무엇이었는지 미리 생각해 두는 것도 좋은 방법이다.

예를 들면 다음과 같이 말할 수 있다. "당신이 나한테 소리를 지를 때, 나는 마음이 아주 안 좋았어. 당신이 무슨 말이나 행동을 할지 몰라 정말 두려웠다고. 우리 모두 차 안에 있어서 내가 피할 곳도 없었기 때문에 속수무책으로 느껴졌어. 당신이 나에게 화가 났다는 게 슬프기도 했고. 내가 차를 멈춰 달라고 부탁했지만 당신은 멈추지 않았지. 당신이 내 말을 무시하는 것 같아서 화가 났고, 한편으로는 우리의 언쟁이 뒤에 앉아 있던 아들에게 어떤 영향을 미칠지 걱정도 됐어."

경계성 성격장애가 있는 사람은 당신이 그 사람 때문에 화가 나거나 속이 상하더라도 여전히 그를 사랑할 수 있다는 사실을 이해하기가 어렵다. 따라서 뭔가가 당신의 신경에 거슬리더라도 당신은 여전히 그 사람을 깊이 사랑한다는 사실을 상기시켜 줄 필요가 있다.

주장한다(assert)

경계를 주장하되 그 경계는 간명한 편이 좋다. 당신이 문제의 경계를 정한 이유는 그게 올바르거나 일반적으로 기대되거나 정상적인 것이어서가 아니고, 상대방이 '당연히' 따라야 할 행동 기준이어서도 아니라는 점을 설명하라. 그보다는 그것이 당신이 선호하는 바이며, 당신이 대우받고 싶은 방식이자 당신을 편안하게 해 주는 행동이라는 것을 그 사람에게 이해시키도록 하라.

주장하기의 예를 보자. "나는 당신의 감정을 진심으로 존중해. 그리고 우리 사이의 어려움들도 해결하고 싶어. 하지만 분위기가 격해지고 서로에게 소리를 질러 대기 시작할 경우엔 내가 대화를 잠시 멈추어야 할지 몰라. 그리고 나중에 우리 둘 다 진정됐을 때 다시 대화를 나누면 좋겠어. 이건 내 기분을 위해 내가 해야 할 일이야."

경계성 성격장애를 지닌 사람은 무엇이 옳고 그른지, 혹은 누가 잘못했는지를 따지는 논쟁에 당신을 끌어들이려 할지 모른다. 이 시점에 당신은 정당화하거나 과도하게 설명하거나 논쟁을 벌이고 싶은 유혹을 다시 한 번 떨쳐 내야 한다. 상대방의 말을 주의 깊게 듣고, 당신의 메시지를 반복하라. "당신 말이 무슨 뜻인지 알겠어. 그리고 이 모든 것이 내 잘못이라고 생각하는 것도 알겠어. 그러나 내 생각은 달라. 내 확고한 입장은 나에게 이런 식으로 행동하는 것을 받아들일 수 없다는 거야. 그런 행동은 하지 않았으면 좋겠어."

강화한다(reinforce)

상황이 적절하다면, 당신의 경계가 상대방에게 주는 이득에 대해 강화하라. 당신이 그 사람에게서 필요한 것을 얻었을 때 생기는 긍정적인 효과들을 설명하라. 역시 적절한 상황이라면, 경계가 없는 현 상태가 유지될 때의 부정적 효과들을 상대방이 이해하도록 도우라.

예컨대 이렇게 말할 수 있다. "나중에 대화를 재개한다면 내가 차분해지고 집중력이 나아져서 당신 이야기를 더 진지하게 들을 수 있을 거야. 우리 둘 다 화가 나서 대화를 하다 보면 교착 상태에서 아무 문제도 해결 못하고 서로 기분만 상하게 돼."

행동을 통제하기 위해 사랑하는 사람을 위협해서는 안 된다. 예를 들어 당신과 경계성인 그 사람이 당신 할머니의 85세 생신 잔치에 갔다고 하자. 잔치에 온 다른 모든 사람이 멋지게 차려입은 것을 본 그 사람은 반바지와 빛바랜 티셔츠를 입은 당신에게 화를 내기 시작한다. 다른 모든 사람 앞에서 당신에게 지저분한 게으름뱅이라고 소리 지른다. 그런 행동에 대한 당신의 자연스럽지만 결코 도움이 되지 않는 반응은 화가 난 목소리로 이렇게 말하는 것이다. "그러는 거 당장 멈추지 않으면 여기서 나가 버릴 거야!"

그러지 말고, 당신이 상대방에 대립하여 행동하는 게 아니라 그저 당신 자신을 위해 행동하고 있음을 명확히 하라. 예컨대 이렇게 말할 수 있다. "당신이 나한테 소리 지를 때, 특히 다른 사람들 앞에서 그럴 때면 난 마음이 극도로 불편해져. 화도 나고, 도대체 어떡해야 할지 모를 만큼 무력감을 느낀다고. 그러니 소리 지르는 걸 당장 그만둬 주었으면 해. 그래야 우리 모두 잔치에서 계속 즐거운 시간을 보낼 수 있잖아." 경우에 따라 당신이 바라는 바를 강력하게 주장하는 일과 그것의 긍정적인 결과에 대해 강화하는 일("우리 모두 계속 즐거운 시간을 보낼 수 있잖아" 같은 말)을 두 번 이상 할 필요가 있을지도 모른다.

행동을 통제하기 위해 사랑하는 사람을 위협해서는 안 된다. 그러지 말고, 당신이 상대방에 대립하여 행동하는 게 아니라 그저 당신 자신을 위해 행동하고 있음을 명확히 하라. 경우에 따라 당신이 바라는 바를 강하게 주장하는 일과 그것의 긍정적인 결과에 대해 강화하는 일을 두 번 이상 할 필요가 있을지도 모른다.

당신은 상황에 따라 부정적인 결과를 언급할 수도 있다. "당신이 이런 행동을 멈추지 않는다면 난 당장 다른 곳으로 가서 혼자 좀 쉴 수밖에 없어." 경계성 성격장애를 지닌 사람이 이런 말에도 반응하지 않는다면 당신

의 말을 실행하라.

저항에 대비하라

싸우고 있는 두 사람 중 어느 한쪽이 쓸데없는 싸움을 포기하고 자신의 필요나 욕구, 신념 들을 명확하게 말하기 시작하면 상대방도 보통 그에 맞춰 자신의 행동을 바꾼다. 이런 현상은 모든 종류의 인간관계에서 나타난다. 그런데 상대가 경계성 성격장애를 지닌 사람이라면, 당신이 만드는 변화에 그 사람이 어떻게 반응할지를 예측하는 일이 매우 중요하다.

경계성 성격장애가 있는 사람은 다른 이들과의 상호작용을 통해 자신의 고통을 조절하려고 한다. 우리가 이미 설명했듯이 투사와 격노, 비난, 탓하기, 그 밖의 방어기제들은 당신으로 하여금 경계성인 사람 자신의 고통을 대신 느끼게 하려는 시도일 수 있다. 당신이 의지를 가지고 경계성인 사람의 고통을 그에게 되돌려 스스로 아픔을 다스리도록 할 때, 당신은 그와의 사이에 자기도 모르게 성립된 계약을 깨는 셈이다. 당연히 그 사람은 그 같은 상황에 관해 스트레스를 받는다. 그리고 저항 행동(대항 행동, 반발 행동)을 할 가능성이 크다. 모든 것을 예전의 상태로 돌리기 위해서 말이다. 저항 행동은 그가 자신의 행태를 스스로에게, 그리고 당신에게 정당화하는 데도 도움이 된다. 정당화라는 요소는 경계성 성격장애를 지닌 사람의 협박을 용인할 만한 일로, 심지어는 고귀한 일로까지 보이도록 할 수 있다는 점에서 매우 중요하다. 아 같은 저항 행동들을 당신이 버텨 낼 수 있느냐가 두 사람 관계의 미래를 결정할 것이다.

해리엇 러너의 『분노의 춤』에 따르면 경계 설정에 대해 사람들은 흔히 세 단계로 반응한다. 예측할 수 있고 연속적인 이 세 단계는 가벼운 반대와

강한 반대, 그리고 협박이다(경계성 성격장애가 있는 사람은 바로 협박으로 건너뛸 수도 있다는 점에 유의하라). 이중 가벼운 반대와 강한 반대 단계를 먼저 설명하겠다. 위험한 협박에 대해서는 다음 8장에서 살펴볼 것이다.

가벼운 반대에 어떻게 반응할 것인가

다음은 수전 포워드와 도나 프레이저가 『정서적 협박』(국역본 『사랑하는 사람이 나를 조종할 때』)에서 설명한 몇몇 저항 전술이다.

- *비틀기*: 저항하는 사람(나중 단계에서 협박자가 될 사람—옮긴이)은 자신의 동기는 순수하고 고결한 반면 당신의 동기는 음흉하고 부도덕하며 이기적이라고 말한다(경계성 성격장애를 지닌 사람이 경계를 설정하는 상대를—분열 기제를 통해—'나쁜' 사람으로 보는 일은 매우 흔하다).
- *꼬리표 붙이기*: 저항하는 사람은 자신이 비틀어 놓은 관점을 강화하고 당신의 현실감각을 혼란스럽게 할 험한 말들을 퍼붓기 시작한다. 이런 욕설과 비난의 대부분은 투사(projection)다.
- *병리화(病理化)*: 저항하는 사람은 당신이 그저 나쁘게 행동할 따름이 아니라 당신 자체가 나쁜 사람(혹은 병적이거나, 정신이나 정서가 불안정하거나, 온전치 못한 사람)이라고 설득하려 든다. 걸려 있는 것이 클수록 이런 행동을 할 가능성도 커진다. 우리가 인터뷰한 많은 이들이 말하기를, 경계성인 사람이 오히려 그들에게 경계성 성격장애가 있다고 주장한다는 것이다.
- *자기 편 끌어들이기*: 저항하는 사람은 다른 사람에게 부탁해 당신에

게 압력을 넣으려고도 한다. 이는 경계성인 사람이 아버지나 어머니인 경우에 가장 흔히 나타난다. 한 예로, 경계성 성격장애가 있는 어느 어머니는 자신을 지지해 줄 네 명의 친척과 함께 딸의 집을 찾아갔다고 한다.

이런 작전들에 반응할 때, 당신의 경계가 옳은지 그른지에 대한 논쟁은 피해야 한다. 경계성 성격장애인 사람이 전형적으로 하는 얘기들에 어떻게 반응할 수 있는지 다음의 예들을 보자.

경계성인 사람: 나에게 이런 요구를 하다니 당신은 나쁜(이기적인, 등등) 사람이야.
그를 사랑하는 사람: 당신이 나를 나쁜 사람이라고 생각한다는 걸 알겠어. 하지만 나는 나 자신에 대해 좋게 생각해. 그리고 이런 경계를 세울 정도로 내가 자신을 존중한다는 사실이 무척 뿌듯해.

경계성인 사람: 당신은 나를 미워하는 게 틀림없어.
그를 사랑하는 사람: 그렇지 않아. 오히려 당신을 진심으로 아끼기 때문에 우리 관계를 개선하기 위해 함께 노력하려는 거야. 그리고 나는 자신을 좋아하고 존중해. 그래서 당신에게 이런 얘기를 꺼내는 거야.

경계성인 사람: 당신은 남을 조종하고 통제하려는 사람이야.
그를 사랑하는 사람: 내가 남을 조종하고 통제하려는 사람이라고 생각한다는 걸 알겠어. 당신이 어떤 선택을 하고 어떻게 행동할지는 당신이 결정할 일이라고 생각해. 마찬가지로, 내가 편안하게 느끼는 일과

244

그렇지 않은 일에 대한 판단은 내가 할 일이지. 난 경계를 설정하는 것에 대해 아주 많이 생각해 봤고, 그것이 나 자신과 내 자존감에 정말 중요하다는 결론을 내렸어.

경계성인 사람: 그런 식으로 생각하면 안 돼.
그를 사랑하는 사람: 당신이 내 입장이었다면 이렇게 느끼지 않았을지 모르지. 우리는 서로 다른 사람이고, 각자의 신념과 감정과 견해가 있어. 비록 당신이 내 감정들을 공유하지 않더라도 존중해 줬으면 좋겠어.

경계성인 사람: 너는 자식이고, 나는 네 엄마(아버지)야.
그를 사랑하는 사람: 제가 엄마(아버지)의 자식이라는 거 알아요. 하지만 저는 이제 어린애가 아니고 성인이에요. 제 감정과 신념에 따라 스스로 결정을 내릴 때가 됐어요. 엄마(아버지)는 제 의견에 동의하지 않으실 수도 있고, 그건 엄마(아버지)의 권리죠. 그러나 저에게는 자신을 존중하는 방식으로 행동할 권리가 있어요.

비논쟁적인 반응의 다른 예들을 보자.

● 그건 당신이 선택할 일이야.
● 상황이 진정되었을 때 이 문제를 다시 얘기했으면 좋겠어.
● 이 문제에 대해 좀 더 생각해 봐야겠어.
● 당신도 나도 나쁜 사람은 아냐. 우리는 그저 생각이 다를 뿐이지.
● 나는 50% 이상의 책임은 지지 않을 거야.
● 당신이 이걸 좋아하지 않는다는 것은 알지만 타협할 수 있는 일이 아

니야.

- 당장 내 대답을 원한다는 걸 알지만 생각할 시간이 필요해.
- 난 중간에 끼이고 싶지 않아. 그 문제는 그 사람들과 직접 해결해.

강한 반대에 어떻게 반응할 것인가

경계성 성격장애를 지닌 사람이 저항의 강도를 높일 때 그가 보내는 무언의 메시지는 다음과 같다. "당신은 나의 대처 방법들을 빼앗고 있어. 그것들 없이는 나의 이런 느낌들을 견디지 못해. 그러니 예전처럼 되돌려놔!" 이전에 그가 소리를 질렀다면, 이제는 걷잡을 수 없게 분노를 폭발시킬지도 모른다. 이전에 당신을 이기적이라고 비난했다면 이제는 당신이 세상에서 가장 자기중심적이고 독선적이며 강압적인 사람이라고 할 테다. 그들의 대처 방법이 폭력적인 것(자해 혹은 남에 대한 폭력)이었다면 이제 폭력은 더욱 심해질 수 있다. 8장에서는 이런 폭력으로부터 당신을 지키는 방법을 얘기할 것이다.

저항은 당연한 반응임을 잊지 말기

상대방의 저항은 당신이 취한 행동이 잘못된 것이거나 성공하지 못했음을 나타내는 신호가 아니라는 점을 명심해야 한다. 저항은 당신이 경계성 성격장애를 지닌 사람에게 어려운 일을 해 달라고 요구했다는 것을 의미한다. 누구라도 자신을 불편하게 만드는 일을 하고 싶어 하지는 않는다.

당신이 경계를 설정하면 그 사람은 시간이 지나면서 자신을 면밀히 돌아보고 필요한 도움을 받기로 결심하게 될 가능성이 있다. 아니면 그 사람은 당신을 폄하하거나, 당신이 그를 버렸다고 비난하거나, 다시는 당신을 보고 싶지 않다고 할지도 모른다. 혹은 이 두 가지 행동을 모두 할 수도 있다.

무슨 일이 일어나든, 그 일은 언젠가는 결국 일어났을 가능성이 크다. 당신이 취한 행동은 그저 사태의 진행을 조금 앞당겼을 뿐일 테다.

| 변화를 위하여 끈기 있게 |

당신의 경계가 지켜지지 않는가

당신이 사랑하는 경계성인 사람이 바뀌기를 바란다면, 그가 당신의 경계를 지켜 주지 않고 침범할 때 당신이 나서서 변화를 촉진해야 한다. 당신이 할 수 없을 것 같은 일들에 연연하지 말고, 할 수 있는 일만을 생각하라. 창의성을 최대한 발휘하라. 예를 들면 다음과 같다.

- 대화의 주제를 바꾸거나 제기된 문제에 대해 논의하기를 거부할 수 있다.
- 방에서 나가거나 전화를 끊을 수 있다.
- 전화번호를 바꾸거나 문의 자물쇠를 바꿀 수 있다.
- 당신 방으로 가서 문을 닫아 버릴 수 있다.
- 제삼자가 있을 때만 상대방과 함께할 수 있다.
- 상대방의 편지나 이메일을 읽는 걸 거부할 수 있다. 이메일 주소를 바꿀 수도 있다.
- 운전하던 차를 세우거나, 그 사람이 계속 동승하는 것을 거부할 수 있다.
- 마음을 바꾸지 않고 단호하게 "아니" 혹은 "싫어"라고 말할 수 있다.

- 경계성 성격장애를 지닌 사람이 그러기를 원치 않더라도 치료사나 친구에게 도움을 청할 수 있다.
- 위기상담 서비스나 쉼터(보호소)로 전화를 걸 수 있다.
- 경찰에 연락해 접근금지 명령을 받을 수 있다.
- 잠시 상대방으로부터 떨어져 있거나 아예 관계를 끊을 수 있다.
- 아이가 따로 지낼 만한 장소를 찾아볼 수 있다(그룹 홈, 먼 친척의 집 등).
- 학대가 일어나는 상황으로부터 아이들을 지키는 조처를 취할 수 있다(그 사람이 격렬히 화를 낼 때 아이들을 다른 곳으로 데려가기, 아동학대 신고, 단독 양육권 얻어 내기 등).

경계성 성격장애가 있는 사람은 물론 이런 조처들을 자신을 버리는 행동으로 여길 것이다. 그러므로 당신의 행동이 그를 노린 게 아니라 당신 자신을 위한 것임을 부드럽게 알려 줘야 할지도 모른다. 당신과 그 사람이 오랫동안 건강하고 행복한 관계를 맺기 위해서는 당신의 개인적 경계가 반드시 필요하다는 점, 그래서 그에게 경계를 준수해 달라고 요청하는 것이라는 점을 잘 설명해야 한다.

일관성이 열쇠다

당신에게 당부할 것이 하나 있다. 특별한 경우가 아니라면 항상 당신의 경계를 지키는 게 좋다. 피곤할 때나 싸움을 피하고 싶은 때라 해도 마찬가지다. 가급적 부드러운 방식으로 그렇게 하라. 매번 즉각적으로 행동을 취할 수는 없을지라도, 받아들일 수 없는 행동을 못 본 척 내버려 두어서는 안 된다. 경계성인 사람의 부적절한 행동이 강화될 수 있다. 여기서도,

미리미리 대비하는 것이 중요하다. 다양한 상황을 가정해 각기 어떤 조처로 대응할지를 가능하면 미리, 충분히 생각해 두어야 한다.

대처가 어려울 듯하면 바로 도움을 구하라

경계성 성격장애는 심각한 장애다. 어떤 이유에서든 경계성인 사람의 저항 행동이 당신 혼자 다루기에는 너무 격심할 것 같다고 생각된다면 유능한 정신건강 전문가의 도움을 구하라. 이것은 대단히 중요한 일이다. 다음은 도움을 구하는 몇 가지 구체적인 방법이다.

- *자격을 갖춘 전문가와 상의하라.* 어린이들이 관련되어 있다면, 어떡해야 어려운 상황에서 아이들을 잘 보호할 수 있을지 정신건강 전문가와 상담할 것을 강력히 권한다. 전문가를 찾을 때는 그가 경계성 성격장애는 물론 아동에 관한 문제들에도 충분한 지식이 있는지를 알아보아야 한다. 그가 권하는 것이 당신의 직감과 어긋난다면 다른 전문가의 의견도 들어 보는 편이 좋다. 경계성 성격장애가 있는 사람도 개개인마다 다르고 아이들 역시 모두 다르다는 점을 명심해야 한다.
- *필요한 경우 법률 자문을 하라.* 당신이 자녀에 대한 방문권이나 양육권, 혹은 상대의 허위 고발 때문에 걱정하는 아버지나 어머니라면, 성급하게 행동하기 전에 성격장애에 관해 잘 알고 있는 변호사와 먼저 의논하기를 강력히 권한다. 당신의 경우와 비슷한 상황들에 익숙하고 그런 일들을 성공적으로 다뤄 본 사람과 상담하는 것이 매우 중요하다.
- *정서적으로 준비하라.* 경계성 성격장애인 사람이 당신의 어머니나 아

버지이고, 당신이 어린 시절 신체적 혹은 정서적으로 학대를 받았다면, 그분에게 당신의 경계를 준수해 달라고 부탁할 정서적인 준비가 되어 있는지, 그분이 보일 어떠한 반응도 견뎌 낼 채비가 되었는지를 확실히 알기 위해 정신건강 전문가와 상담하기를 권한다.

어떤 상황에 처해 있든 당신이 스스로를 옹호하기 위해서는 주변의 사랑과 지지, 그리고 인정이 아주 많이 필요할 것이다. 당신의 삶에서 중요한 사람들 중 일부는 당신에게 그런 지지를 보내 줄 수 있을 테다. 그들에게 도움을 청하라. 다른 일부는 당신이 취하는 행동이 경계성 성격장애인 사람과 그들 자신의 관계를 위협한다고 생각해서, 혹은 인간사에 대한 그들 나름의 굳은 신념에 어긋난다고 생각해서 당신의 행동에 찬성하지 않을 수도 있다. 이는 자연스러운 일이다. 그들이 자기 의견을 가질 권리를 인정하고, 당신이 경계성 성격장애를 지닌 사람과의 관계와는 별도로 그들과의 관계를 유지하고 싶어 한다는 것을 알려 주라.

통제할 수 있는 것들로 성공을 측정하라

당신 곁의 경계성 성격장애를 지닌 사람은 그때그때의 대화 중에 당신이 바라는 대로 반응할 수도 있고 그러지 않을 수도 있다. 이는 당신이 통제할 수 없는 것이다. 그러므로 당신의 의도가 얼마나 이루어졌는지는 당신이 통제할 수 '있는' 요소들로써 측정해야 한다. 자신에게 다음과 같이 물어보라.

● 당신은 어린아이처럼 반응하지 않고 성인답게 반응했는가?
● 당신의 자존감을 드러내는 방식으로 행동했는가?

- 당신의 입장을 명확하게 표현하였는가?
- 경계성 성격장애가 있는 사람이 당신의 주의를 다른 곳으로 돌리려고 했을 때도 이야기의 초점을 유지했는가?
- 침착하고 차분한 태도를 보였는가?
- 상대방이 자극하는 데도 불구하고 승산 없는 논쟁에 말려들기를 거부했는가?
- 상대방이 당신의 감정을 배려해 주지 않았더라도 당신은 상대의 감정을 배려했는가?
- 경계성인 사람의 걱정들에 대해 열린 마음을 유지하면서도 당신의 현실감각을 굳건히 유지했는가?

만약 위의 질문들 중 어느 하나에라도 "네"라고 대답할 수 있다면 자신에게 상을 주라.

우리는 이 장에서 아주 많은 주제를 다루었다. 그 모든 것을 단번에 소화하려고 애쓰지 말라. 어떻게 해야 할지 당장은 아득하겠지만, 경계성 성격장애를 지닌 사람과 상호작용 하는 방식을 변화시키는 일은 가능하다. 다음의 요점들을 기억하라.

- 당신이 개인적 경계를 주장하는 것은 당신 자신만을 위해서가 아니라 경계성 성격장애를 지닌 사람과 장기적으로 건강한 관계를 유지하기 위해서임을 잊지 말라.
- 스펀지가 되지 말고 거울이 되라.
- 진로에서 벗어나지 말라. 당신을 의사소통의 목표로부터 멀어지게 만들려는 그 사람의 시도에 휘둘리지 말라.

● 당신이 취한 조처들에 대해 자신감을 가지라. 당신은 이미 많은 진전을 보았다.

다음 장에서는 경계성인 사람의 행동이 위험한 수준이 되었을 때 어떻게 해야 할지를 살펴보겠다.

8

안전대책 세우기

그래, 팔에서 피가 나게 해, 침대 머리판에 네 이마를 들이받아, 세게, 더 세게! 네가 사랑하는 사람들이 겁에 질려 슬슬 도망갈 때까지 그들에게 악을 써, 배신자들! 레인지에 네 손가락을 태워, 핀으로 손을 콕콕 쑤셔, 쑤셔, 쑤셔, 쑤셔. 그 악들을 삼켜. 더 사둬, 쌓아 놔. 어쩜 드디어 빛의 완전한 소멸을 맞게 될지도 몰라.
—멜리사 포드 손턴, 『빛의 소멸—경계성 성격장애의 이면』에서

경계성 성격장애를 지닌 사람의 행동 중에서도 곁에 있는 사람들에게 가장 겁나고 그들을 고립시키는 것이 격노, 신체적 학대, 자해, 자살 위협 등이다. 경계성인 사람을 사랑하는 이들 자신도 가끔은 걷잡을 수 없이 분노하거나 가학적이 되거나 자살을 고려하게 된다. 이처럼 어려운 상황들을 다루는 비결로는 7장에서 얘기한 반사 기술 외에 미리 계획 짜 두기, 외부의 도움 구하기 등이 있다. 잘만 하면 이런 조처들은 사랑하는 사람이

자신에게 절실히 필요한 전문적 도움을 받겠다고 결심하는 것을 촉진할 수 있다.

| 통제할 수 없는 분노 |

경계성 분노는 흔히 격렬하고 무섭다. 이럴 때 그 사람은 결과는 생각지 않고 충동적으로 행동하곤 하기에, 통제하는 게 완전히 불가능해질 수도 있다.

🍀 캐런 앤
화가 났을 때 나는 이성적으로 생각할 수 없다. 감정들에 사로잡혀 아주 못된 행동을 하는 것이다. 감정이 나를 제압하면 나는 그걸 발산해 버리기 위해 사납게 행동하는 것이다. 내 행동이 다른 사람을 나에게서 더 멀리 쫓아 보낸다는 것을 알지만, 나 자신을 지키기 위해서는 어쩔 수 없다.

🍀 딕
내가 누군가에게 격노할 때면, 그들은 더이상 감정을 지닌 인간으로 보이지 않는다. 그저 내 증오의 대상이자 내 아픔의 원인일 따름이다. 그들은 적이다. 나는 피해망상에 사로잡혀 그들이 나를 해치려 한다고 믿고는, 그들을 통제할 힘이 있음을 보여 주기 위해 공격을 가한다.

🍀 로라
내가 생각하기에 경계성 성격장애가 있는 사람들의 걱정은 오직 한

254

가지다. 바로 사랑을 잃는 것이다. 이런 걱정에 몰리게 되면 나는 공포에 질리고, 화를 냄으로써 그것을 드러낸다. 공포보다는 분노가 더 쉽고, 화를 내면 내가 덜 연약하게 느껴지기 때문이다. 나는 맞기 전에 때린다.

분노와 논리는 섞이지 않는다

임상전문 공인간호사인 제인 드레서는 우리와의 인터뷰에서 이렇게 말했다. "경계성 성격장애가 있는 사람이 감정적으로 매우 흥분했을 때는 논리적인 행동을 기대하지 마세요. 그런 일은 없을 겁니다. 자신이 원치 않아서가 아니라 그럴 수 없기 때문이죠."

드레서는 심적 외상(psychological trauma, 정신적 외상)을 경험한 사람들이 감정적으로 흥분했을 때는 그들의 뇌 속 논리를 담당하는 부분의 기능이 평소보다 떨어지는 듯하다는 연구 결과를 언급했다. 당신에겐 이 얘기가 놀랍지 않을 것이다. 경계성 성격장애인 사람을 사랑하는 이들 대부분은 그 사람이 격노했을 때 그와 이치를 따지며 얘기하는 게 얼마나 헛되고 좌절감을 주는 일인지 알고 있기 때문이다. 이성적인 논의는 그 사람과 당신 둘 다 진정된 뒤에나 가능해진다.

경계성 성격장애가 있는 사람의 상당수는 자신의 감정을 조절할 능력이 없는데, 그럴 경우 모든 분노의 강도가 동일할 수 있다고 드레서는 지적한다. 가벼운 짜증과 격렬한 분노를 분간하기가 어려울 수 있다는 얘기다. 드레서는 말한다. "때로는 경계성 성격장애가 있는 사람에게 이렇게 묻는 게 도움이 됩니다. '1에서 10까지의 눈금으로 따진다면 지금 얼마큼 화가 난 거예요?'라고."

해야 할 일

경계성 성격장애가 있는 사람이 격렬하게 화를 낼 때, 최선의 행동은 당신 자신과 아이들을 일시적으로 그 상황에서 빼내는 것이다. 우리가 인터뷰한 심리치료사 마거릿 포팔은 경계성인 사람에게 차분한 태도로 이렇게 말하라고 조언한다. "내게 계속 소리를 질러 대면 더이상 이 문제에 대해 당신과 얘기하지 않을 거요. 하지만 당신이 원하거나 필요한 것이 무엇인지 침착하게 말해 준다면 기꺼이 당신을 돕겠소." 당신이 경계성인 사람에게 선택의 기회를 주었으며, 당신이 일시적으로 그 상황에서 물러나게 된다면 그의 행동 때문임을 명확히 했다는 사실에 주목하라. 그래도 그가 분노를 멈추지 않으면 즉시 안전한 곳으로 피해야 한다. 다음과 같은 방법들을 참고하라.

- 다른 모든 사람은 출입 금지인 방으로 피한다.
- 친구에게 전화를 걸고 그 집으로 간다.
- 친척에게 전화를 걸어 당신 집으로 와 달라고 한다.
- 아이들을 데리고 극장에 영화 보러 간다.
- 헤드폰을 쓰고 음악을 듣는다.
- 택시를 타고 집으로 돌아간다.
- 전화의 자동 응답기를 켜 놓거나 전화선을 뽑아 놓고 뜨거운 물로 목욕한다.
- 경계성 성격장애가 있는 사람의 편지나 이메일을 읽지 않는다.

경계성 성격장애인 사람이 걷잡을 수 없는 화내기를 일상적으로 반복한다면 다음번 그럴 때에 대비하여 당신이 선택할 수 있는 조치들을 미리 생각하고 구체적인 계획을 세워 놓는 것이 좋다. 필요하다면 신속하게 집을 떠날 수 있도록 준비를 해 놓으라. 예컨대 핸드백이나 지갑의 위치를 잘 기억해 두거나 대피차 찾아갈 만한 친구들의 리스트를 만들어 두라.

해서는 안 될 일

분노를 계속 무시하지도 용인하지도 않는 것이 중요하다. 당신이나 자녀를 향한 극단적 분노는 언어적, 정서적 학대라는 사실을 인식해야 한다. 설사 당신이 그 분노를 다룰 수 있다고 생각하더라도, 시간이 지날수록 그런 분노는 당신의 자존감을 좀먹고 두 사람의 관계를 해칠 수 있다. 즉시 도움을 구하라.

경계성 성격장애가 있는 사람의 분노에 당신 자신의 분노로 맞서는 것은 좋지 않다. 심리학자이자 인지요법 전문가인 코리 뉴먼은 우리와의 인터뷰에서 이렇게 말했다. "그러면 적개심과 강압적 통제의 패턴이 격화될 것입니다. 불에 불로 맞선다면 문제만 더 심각해질 뿐 아무것도 해결되지 않습니다." 경계성인 사람이 의식적 또는 무의식적으로 당신의 화를 돋우려 노력하는지도 모른다는 것을 기억하자. 당신이 자제력을 잃고 있다고 느끼면 즉시 모든 것을 멈추고 그 자리를 떠나는 게 좋다. 하지만 같이 화를 냈다 해서 너무 자책할 필요는 없다. 공격에 맞서 저항하려는 것은 인간의 본성이다. 다음번엔 더 차분하게 반응하자고 스스로를 다독이면 된다. 아마 당신은 경계성인 사람에게 맞서 싸우는 방법과 그에게 상처를 주는 말을 알고 있을 터이며, 그의 분노에 직면했을 때 응수하고 싶은 유혹을 떨쳐 내기가 쉽지 않을 것이다. 하지만 그 사람의 수치심을 자극하거나 그를 인정하지 않는 언행은 가능한 한 피하도록 하라. "당신은 화낼 권리가 없어"와 같은 말들은 상황을 더 악화시킬 수 있다. 비록 당신이 그 사람의 행동을 통제할 수는 없다 해도 그의 분노를 잘 다루었음을 알면 자신감이 생기게 마련이다.

당신의 좌절감을 엉뚱한 사람들에게 터뜨리지 말라. 다른 사람의 가학적 행동을 참고 견디기만 하는 일이 좋지 않은 또 하나의 이유가 바로 이것이다. 감정을 억누르려고만 들면 그것은 다른 어딘가에서 당신이 예상치 못한 방식으로 표출되게 마련이다. 이는 장기적으로 봤을 때 당신을 더욱 고립시킬 수 있다.

격노에 대한 개인적 경계의 설정

앞의 7장에서 우리가 얘기한 경계 설정에 관한 내용은 격렬한 분노에도 적용된다. 가능하다면 다음과 같이 해 보라.

- 분노에 대한 당신의 개인적 경계에 대해 경계성 성격장애가 있는 사람과 미리 의논하라. 그렇게 하면 다음에 비슷한 상황이 생길 경우 당신이 어떤 조처를 취할지 그 사람도 알게 될 것이다.
- 경계 설정은 별일 없이 평온할 때, 앞 장에서 제시한 의사소통 도구들을 이용하여 두 사람이 함께 하라.
- 상황에 따라 당신이 잠시 그 사람 앞을 떠나더라도 곧 되돌아올 것임을 확실히 말해 주라.
- 경계성인 사람 자신도 그 문제에서 어느 정도 통제력이 있다는 것을 설명하라. 그가 진정하는 쪽을 택하면 당신은 그대로 머물 터이다.

분노 표출을 택한다면 당신은 그 자리를 떠났다가 분위기가 진정되었을 때 돌아올 수 있다. 어느 쪽이 될지는 그 사람에게 달려 있다.

이 계획을 실행에 옮기기 전에, 저항 행동에 반응하는 법에 관한 7장의 설명을 다시 살펴보기 바란다. 어떠한 상황 악화에도 대응할 준비가 되어 있어야 한다. 아울러 일관성의 중요함도 되새겨야 한다. 치료사인 마거릿 포팔은 이렇게 말했다. "화를 내며 비난하는 것을 받아들이지 않겠다고 오늘 당신이 말했다면, 내일 역시 그런 비난을 받아들일 수는 없지요." 그렇지 않다면 5장에서 말한 간헐적 보상을 해 주는 셈이 되어 경계성 성격장애가 있는 사람의 행동이 강화될 수 있다.

경계성 성격장애인 사람은 진심으로 당신에게 사과를 해 놓고는 다음번 화가 났을 때 똑같은 행동을 반복하기도 한다. 아마도 자신을 진정시키고 다른 행동을 선택하는 데 필요한 도구들이 없기 때문일지 모른다. 그 사람이 도움을 구하려 들지 않거나 같은 행동을 반복한다면, 당신은 그와의 관계에서 받아들일 수 있는 것과 없는 것은 각기 무엇인지를 결정해야할 것이다. 어떻게 할지는 당신에게 달려 있다.

경계성 성격장애가 있는 사람들의 제언

경계성 성격장애를 지닌 많은 사람이, 경계성 분노를 받아 내야 하는 사람들에게 전하고 싶은 얘기를 우리에게 해 주었다. 당신의 개별적 상황에 비추어 다음의 권고들을 고려해 보라. 사람도 상황도 저마다 다르기 때문에 이 권고들은 당신에게 맞을 수도 있고 안 맞을 수도 있다. 치료사와 의논해 보는 것도 좋을 법하다.

🍀 크리스

사람들이 나를 진정시키려 할 때면 나는 더 화가 나고, 있는 그대로의 나를 인정받지 못한다는 생각이 든다. 내가 느끼는 감정을 느껴서는 안 된다고 그들이 얘기하는 것처럼 말이다. 그들의 의도가 내가 해석한 대로는 아니라는 걸 머리로는 이해하면서도 어쩔 수 없이 그런 기분이 든다.

🍀 로라

내 화를 누그러뜨릴 수 있는 단 한 가지는 바로 남편이 "당신이 화가 난 게 아니라 단지 두려워하고 있다는 걸 알아"라고 말하며 나를 껴안아 주는 것이다. 그 순간 나의 화는 눈 녹듯이 사라지고 다시 두려움을 느낄 수 있게 된다. 경계성인 사람의 공격을 받을 때 왜 사람들이 화를 내는지 충분히 이해할 수 있지만, 분노에 분노로 맞서는 것은 상황을 악화시킬 뿐이다.

🍀 진

경계성 성격장애가 있는 사람이 위협적이 되면 주변 사람들은 상황이 안전해질 때까지 멀찍이 떨어져 있는 게 좋다. 화내는 일 자체는 잘못도 아니고 이상한 일도 아니지만 다른 사람의 자존감을 공격하지 않는 방식으로 화를 표출해야 한다는 점을 경계성인 사람에게 알려 주면 도움이 될 수 있다.

🍀 애니

내가 화가 났을 때 그걸 누그러뜨리기 위해 다른 사람이 할 수 있는 최선의 반응은 내 말을 들어 주는 것이다. 경계성 성격장애를 다룬 문헌 중 상당수가 경계성인 사람들이 하는 말을 무시하라고 권한다. 그들은 진실이 무엇인지 모르며 남을 '조종하려' 든다는 것이다. 내가 화를 내는 주된 이유는 사람들이 내 말을 듣지 않거나 믿어 주지 않아서다. 그럴 때마다 내 존재가 사라져 버린 것 같다.

| 신체적 학대 |

캐나다 브리티시컬럼비아 대학의 심리학자인 돈 더튼은 우리와의 인터뷰에서, 배우자나 자녀에게 폭력을 행사하는 남성 중 약 30%에게 경계성 성격장애가 있다고 추정했다. 주변 사람에게 신체적 학대를 가하는 여성 중 경계성 성격장애인 사람의 비율은 아마 더 높을 것이다.

신체적 학대는 어떤 유형과 사례라도 아주 심각하게 여겨야 한다. 전에 그런 일이 전혀 없었으며 앞으로 다시는 일어나지 않으리라고, 즉 일회성이라고 생각되는 경우에도 마찬가지다. 폭력이 늘어나거나 악화될 가능성은 언제나 존재한다. 폭력을 목격만 한 아이들도 직접 학대당한 아이들이 받는 악영향의 많은 부분을 겪게 된다. 그러므로 대비가 돼 있어야 하는 것이다.

가정폭력 피해자들이 자신과 자녀를 보호하기 위해 취해야 하는 조처들을 제한된 지면에 모두 나열할 수는 없다. 그런 정보들은 피해자 쉼터나 가정폭력 상담 및 위기 개입 프로그램, 온라인 검색 등을 통해 쉽게 얻을 수 있다. 이것들을 참고하여, 만약 비슷한 상황이 다시 생긴다면 어떻게 행동할지 계획을 짜 놓는 것이 좋다. 법적 대응 방안도 알아 두라.

남성 피해자들

가정폭력은 여성들의 심각한 문제로 인식되고 있다. 하지만 '매 맞는 남성'의 문제는 대개 조용히 묻히거나 농담거리로 치부된다. 목욕 가운을 입고 머리에 클립을 줄줄이 매단 몸집 큰 여자가 반죽용 밀대를 휘두르고, 왜소하며 채신없는 남자는 두 손으로 머리를 가린 채 도망가는 모습을 담은 만화처럼 말이다.

그러나 경계성 성격장애가 있는 여성을 사랑하는 일부 남성들은 그녀에게 뺨을 맞고, 할퀴이고, 주먹으로 맞고, 작은 물체로 찔리는 등의 경험이 있다고 보고했다. 한 남성은 여성의 딴죽에 걸려 계단에서 굴러 떨어지기까지 했다.

🍀 마이크

내 전처는 분노가 치밀면 나를 손톱으로 할퀴고, 머리를 옆으로 후려때리고, 주먹으로 내 가슴을 치기도 했다. 나는 키가 190cm에 몸무게가 97kg이나 나간다. 그러나 그녀는 나를 숨이 턱턱 막히게 만들 수 있었다. 내 아버지는 절대로 여자를 때리지 말라고 가르치셨다. 그러니 내가 무엇을 할 수 있었겠는가?

여성에게 신체적으로 공격당하는 남성들은 그것을 자신의 문제로 생각지 않을 수도 있다. 대개는 상대방 여성의 문제일 뿐이라고 본다. 많은 남성은 학대하는 여성을 '보호'하기 위해, 혹은 창피하기 때문에, 입도 뻥끗하지 말고 상황을 감내해야 한다고 믿기도 한다.

학대받는 남성들이 자신에게 도움이 필요하다는 사실을 깨닫더라도, 이 사회가 그들의 고충을 믿거나 이해하지 않기 때문에 적절한 도움을 구하기가 매우 어렵다. 이러한 현실은 그들에게 상처를 줄 뿐 아니라 폭력적인 여성들이 필요한 도움을 받을 기회도 박탈하는 결과를 낳는다.

당신이 구타당하는 남성이라면 다음의 제언들을 참고하여 당신이 처한 상황을 어떻게 다루고 극복할 것인지 생각해 보기 바란다.

1. 어떤 상황에서든 상대방을 다치게 해서는 안 된다. 당신이 경계성 성격장애가 있는 사람보다 신체적으로 크고 강하다면 더욱 주의해야 한다. 항상 자제하면서 침착한 태도를 유지하려고 노력하라. 관련 당국자들과 얘기할 때는 더욱 그렇다.

2. 가정폭력 관련 기관들이 남성에 대한 여성의 신체적 학대에 대해 보이는 태도는 천차만별이다. 아무튼 매 맞는 남성의 보고된 사례는 생각만큼 드물지 않다(그중 일부는 다른 남성, 주로 동성애 파트너나 남자 친척에게 구타를 당한 경우다). 만약 당신이 현재 구타를 당하고 있다면, 위급한 사태가 일어나 경찰이나 사법기관이나 사회복지 기관들이 개입하게 될 때까지 기다리지 말고 지금 당장 누군가에게 상황을 알리는 것이 좋다.

3. 학대의 증거 자료 확보, 당신과 자녀들의 보호 등에 관해 법률적 상담을 하는 일도 중요하다. 당신의 법적 권리와 책임을 숙지하라. 모르는 사항에 대해 억측을 하거나 친구가 다른 친구로부터 들은 충고 따위에 따라 행동하지 말라. 사실들을 파악하고, 스스로를 보호하기 위해 자신의 기지와 수단, 자원들을 적극적으로 활용하라.

| 자해 행위 |

사랑하는 사람의 자해 행위에 직면하면 당신은 겁에 질리고 화가 나며, 좌절감을 느끼고, 정이 뚝 떨어지고, 깊은 무력감을 느낄 수 있다. 그 같은 행위에 대응하는 데는 균형을 잘 잡는 일이 필수적이다. 즉, 부지불식간에 그런 행위를 장려하거나 반대로 수치심을 배가시키지 않으면서 상대방에 대한 걱정과 지지를 보여 줘야 한다.

하지 말아야 할 일

- 다른 사람의 행동에 대해 책임지지 말라. 당신 때문에 그런 일이 일어난 게 아니다. 만약 당신이 관련된 일이 경계성 성격장애가 있는 사람의 자해 행위에 앞서 일어났다면, 5장에서 설명한 '경계성 행동의 촉발 요인과 원인의 차이'를 되새겨 보라.
- 안전한 환경을 만들기 위해 당신이 최선을 다하더라도, 자해에 쓰일 수 있는 모든 물건을 집에서 싹 치울 수는 없고 경계성인 사람을 24시간 지켜볼 수도 없다는 점을 명심하라. 경계성인 십대 아이를 둔 한 어머니는 이렇게 말했다. "내 딸이 자해하기로 정말 마음먹는다면 어떻게든 하고야 말 거예요."
- 그 사람의 치료사가 되려고 노력하지 말라. 그 일은 전문가에게 맡기는 것이 좋다.
- 총 같은 무기를 집안에 두지 말라.
- 자해 행위로써 그 사람을 정의하려 들지 말라. 자해는 그들의 행위일 뿐이지, 그들이 누구인지를 말해 주는 것은 아니다.
- 자해 행위에 대해 경계성 성격장애인 사람과 얘기할 때 행위의 세부 사

항을 너무 길게 언급하지 않는 게 좋다. 자해는 중독성일 수 있으므로 그 행동을 유발하지 말아야 한다. 심리학자 코리 뉴먼은 우리와의 인터뷰에서 말했다. "중독성 행동은 외부의 자극에 의해 유발될 수 있습니다. 흡연자가 다른 사람이 담뱃불 붙이는 얘기를 하면 담배가 피우고 싶어지듯이 말입니다. 그러나 당신이 경계성인 사람에게 자해 문제를 따진 뒤 그가 자해 행위를 하더라도 당신 탓은 아닙니다. 내 말은 단지, 다이너마이트를 다룰 때는 아주 조심해야 한다는 것입니다."

- 도덕적으로 훈계하거나, 설교를 하거나, 역겨운 듯이 행동하지 말라. 자해를 하는 한 여성은 이렇게 말한다. "친구들은 마치 내가 자해 행위가 옳지 않다는 걸 모른다는 양 내게 설교하려고 들어요. 내가 비만이었다면 어땠을까요? 그래도 친구들은 내 뒤를 졸졸 쫓아다니며 초콜릿을 집으려 할 때마다 내 손을 때렸을까요?"

- "네가 어떻게 이럴 수 있어!"와 같이 수치심이나 죄책감을 일으키려는 말은 하지 말라. 경계성 성격장애가 있는 사람은 이미 수치심을 느끼고 있다.

- 화내거나 통제하는 방식으로 상대방을 위협하려 들지 말라("당신이 이런 행동을 한 번만 더 하면 난 당신을 떠날 거야!"). 이러한 위협은 처벌로 느껴질 수 있다. 당신이 경계성 성격장애인 사람의 자해 행위에 대해 경계를 설정하더라도 그것은 그를 타깃으로 한 게 아니라 당신 자신을 위한 행동으로 그에게 인식되어야 한다. 예를 들어, 당신과 경계성인 사람이 모두 차분할 때, 당신이 용인할 수 없는 행동은 어떤 것들이며 그중 당신을 떠나게 만들 행동은 무엇인지를 그에게 설명해 줄 수 있다.

해야 할 일

- 경계성 성격장애가 있는 사람이 자기 자신(혹은 다른 사람)을 해치 겠다고 위협할 경우엔 그 사람의 치료사(치료사가 있다면)에게 최대 한 빨리 알려야 한다. 당신과 경계성인 사람, 치료사가 한자리에 모 여 앞으로 자해 행위를 당신이 어떻게 다룰지 의논하는 게 좋을 것이 다. 그게 가능하지 않다면 당신 혼자서라도 이런 상황을 다루는 법 에 대해 전문가의 조언을 듣도록 하라. 경계성인 사람이 자신이나 타 인에게 위험을 초래할 수 있다고 생각된다면 입원의 필요성 여부를 평 가받도록 해야 할지도 모른다.

- 침착함을 잃지 말고 차분하게, 별일 아니라는 듯이 말해야 한다. 정 신과 의사인 리처드 모스코비츠는 『거울 속에서 나를 잃다—경계 성 성격장애의 내면 들여다보기(*Lost in the Mirror: An Inside Look at Borderline Personality Disorder*)』(1996)라는 저서에서 이렇게 말한다. "경계성 성격장애가 있는 사람은 대개 통제력을 잃어버렸다고 느낄 때 자해 행위를 하는데, 주변 사람들까지 당황해서 허둥대면 그의 내 적 혼돈이 심화될 수 있으므로 주의해야 한다." 그런 행동이 당신에게 는 충격적이고 생소할지 모르지만 사실은 오랫동안 지속되어 온 것일 수 있다고 모스코비츠는 지적한다.

- 필요하다면 그 사람이 적절한 의학적 치료를 받도록 하라. 당신이 전 화로 의료 전문가의 조언을 구하는 것도 좋은 방법이다. 우리가 인터 뷰한 치료사 엘리스 벤험은 이렇게 말했다. "상대방에게 치료를 받으 라고 권할 때도 그를 지지하는 방식으로 얘기하면서 침착하고 객관 적인 태도를 유지해야 합니다. 저는 보통 이렇게 말합니다. '우선 상 처부터 돌보도록 합시다' 혹은 '같이 의사에게 가서 이걸 보이도록 하

지요'라고요."

- 경계성인 사람을 도와 그를 지원해 줄 팀을 만들어라. 당신의 부담이 너무 크며 진이 빠진다는 느낌이 들지 않도록 말이다. 팀원 1호는 그의 치료사여야 한다. 치료사는 그 사람이 자해 행위를 줄이도록 도울 수 있다.

- 그 사람에게 감정이입을 하고 그의 말을 경청하라. 그가 어떻게 느끼는지 이해하기 위해 당신이 노력하고 있다는 것을 보여 주라. 걱정하는 마음을 담아서 "기분이 어때?" 혹은 "내가 해줄 일이 없어요?" 같은 질문을 하라. 경계성 성격장애인 사람의 두려움과 고통, 내적 혼란을 과소평가하면 안 된다. 당신의 기분이 최악이었던 때를 상상한 후 그 기분을 세 배로 곱하면 얼추 비슷할지 모른다.

- 그 사람에게 사랑과 수용의 메시지를 힘주어 전하는 한편, 그 사람이 자신의 문제를 지금까지와는 다른 방법으로 다루게 되길 바란다는 점을 명확하게 알리라. 경계성 성격장애가 있는 어떤 사람은 다음과 같은 말을 해 주라고 제안한다. "당신이 스스로에게 상처를 입힐 때면 나는 무력감을 느끼고 화가 나. 당신의 행동을 이해하고 싶어. 아직은 제대로 모르지만 말이야. 무엇보다 당신이 이런 행동을 다시는 하지 않기를 바라. 만약 또 그런 욕구를 느낀다면 나에게 얘기하거나 치료사에게 전화를 걸어."

- 긍정적인 점들을 강조하면서 격려하라. 예를 들면, "이번 일이 있기 전에 당신은 몸에 상처를 내지 않고 두 주일을 버텼어. 난 당신이 다시 그렇게 잘 할 수 있다고 믿어."

- 자해를 대신할 행동을 제안해 보라. 얼음 조각을 꽉 쥔다든지, 차디찬 물에 손을 담근다든지, 힘든 운동을 한다든지, 강한 향이 나는 무

언가(매운 고추나 껍질 안 벗긴 레몬, 라임, 자몽 따위)를 깨문다든지 등등 유해하지 않으면서 강한 자극을 주는 일들이 그런 예다. 그러나 그런 방법을 쓰고 안 쓰고는 경계성인 사람 자신이 선택해야 한다는 점에 유념하라.

● 좋은 결과가 전혀 나올 수 없는 상황에 놓이기를 거부하라. 예를 들어, 경계성 성격장애인 사람이 창피하고 수치스러워한다 해서 당신이 외부 도움을 청하지 않겠다고 약속하는 것은 당신과 그 사람 모두에게 온당치 못한 일이 될 수 있다. 도움을 줄 수 있는 사람들에게조차 자해 행위를 비밀에 부쳐야 한다고 그가 주장할 경우엔, 당신은 이런 상황을 혼자서 다룰 수 있는 적격자가 아니라는 사실을 지적해야 한다. (자살 위협이 수반된 진퇴양난의 상황에 대해서는 뒤의 절을 참조하라.)

사랑하는 사람의 행동 때문에 당신의 심신이 소모된 느낌이 들기 시작하면 한 걸음 뒤로 물러서라. 어쩌면 당신은 경계성 성격장애인 사람의 자해 행위에 대한 당신의 영향력을 과대평가하고 있는지도 모른다. 당신이 오랫동안 그 사람을 곁에서 보살필 수 있게 해 줄 가장 좋은 방법은 우선 당신 자신을 잘 돌보는 것이다.

자해 행위에 대해 경계 세우기

격한 분노의 경우와 마찬가지로, 당신이 아끼는 사람이 자신을 해치는 상황에서 당신의 삶을 되찾게 해 주는 열쇠는 미리 경계를 설정하는 일이다. 상대가 그 경계를 준수하지 않으면 어떤 결과가 빚어질지를 예고하고, 그대로 꼭 실행토록 하라.

🍀 페니

내 치료사는 나보고 친구들에게 다음과 같이 말하라고 했다. 내가 자기파괴적인 행동을 하기 전에 그들에게 전화를 걸 경우, 그들이 원한다면 나와 대화를 하면서 안심시켜 달라고. 그러나 내가 술을 마시든지 몸에 상처를 내는 도중이나 그 후에 전화를 할 경우엔 그저 이렇게만 말해 달라고. "페니, 난 너를 사랑해. 하지만 네가 이런 상태일 때는 너하고 얘기하지 않겠어." 그런 후 전화를 끊고, 내가 그런 상태에 있는 동안에는 더 이상 내 전화를 받지 말라고.

이렇게 하면 친구들은 언제든지 나를 돌봐 주어야 한다는 압박감을 느끼지 않을 테고, 그런 스트레스가 적은 만큼 우리의 우정이 오래 지속될 가능성이 커질 것이었다. 그것은 또한 나의 자기파괴적인 행동이 강화되는 것을 막아 주었는데, 술을 마시거나 몸을 긋는 일이 더이상 친구들의 염려와 위로라는 보상을 받지 못하게 됐기 때문이다. 이후 지금까지 자해의 재발을 방지하는 데는 사전에 친구들에게 거는 전화 한 통이면 충분하다. 나는 상대방이 전화를 끊은 뒤에 들리는 신호음과 그것이 의미하는 바를 두려워하기 때문에, 나의 어려움에 대처하는 데 자해 이외의 방도들을 찾게 되었다. 한편 내 친구들은 말하기를, 이런 식의 상황별 대응 지침 덕에 나를 내버려 두는 데 대해 죄책감을 느낄 필요가 없어서 걱정과 부담을 상당히 덜게 되었다고 했다.

🐝 캐런

　내 남편 에릭의 자해 행위는 그 자신보다 나에게 더 큰 상처를 주곤
했다. 이 점을 알아챈 남편은, 다른 어떤 것도 나에게 통하지 않고 기분이
아주 엉망이며 원하는 것을 얻을 수 없을 때면 자해를 하곤 했다. 그것에
대해 내가 느끼는 죄책감은 엄청났고, 내 삶을 지배했다. 그러나 나는 그
런 상황에 계속 얽매이기를 거부했다. 남편이 평온한 상태였을 때 나는 명
확하게 말했다. 그의 행동에 대해 더이상 책임을 지지 않겠다고. 그가 피
를 흘린다면 나는 구급차를 부른 후 그 자리를 떠나겠다고. 내가 남편 옆
에 남아 그를 위로한다면 남편이 그런 행동을 거듭하도록 부추기는 것과
마찬가지였다. 이제 남편은 혼자 남겨지기 싫다면 나의 경계를 준수해야
한다는 사실을 알고 있다. 더불어, 남편이 협조적인 태도를 보이는 시기에
그의 치료사와 나는 각기 그에게서 자해를 하지 않겠다는 약조를 받아 냈
다. 그는 명예와 정직성을 소중히 여기기 때문에 이 방법도 좋은 성과를 내
고 있다.

| 자살 위협 |

　지난 20여 년간의 연구에 의하면 경계성 성격장애가 있는 사람 중 10%
쯤이 자살을 기도한다고 한다. 이 분야의 전문가인 베스 브로드스키와 존
맨은 1997년에 발표한 논문에서, 우울증이나 조현병이 있는 사람들에 비
해 경계성 성격장애가 있는 사람들은 치명적이지 않은 자살 시도를 하고
끊임없이 자살을 생각하며 자살 위협을 거듭할 가능성이 더 크다고 했다.
또한 경계성 성격장애에다 주요우울장애나 물질남용, 섭식장애 같은 다른

질환이 동반될 경우 실제로 자살할 가능성이 더욱 커지는 것 같다고 했다.

> 만약 당신 주변의 경계성 성격장애가 있는 사람이 진심으로 죽고 싶어 한다면, 이 책이 제공할 수 있는 것 이상의 도움이 필요하다. 당장 전문적인 도움을 구하라. 생명의전화 등 위기상담 전화나 병원 응급실에 연락해 대처법을 물어보는 것도 좋은 방법이다. 만약의 사태에 대비해, 이런 사람들이나 기관의 전화번호를 집 전화기 바로 옆에 적어 두거나 휴대전화에 입력해 놓자.

자살 위협에 휘둘린다고 느낄 때

경계성 성격장애가 있는 사람의 자살 위협이 당신에게 겁을 주거나 당신이 원치 않는 일을 하게 만들려는 시도로 보일 때 그에 대한 당신의 연민과 걱정은 분노와 적의로 바뀌기 시작할 수 있다. 예를 들면 경계성 성격장애가 있는 사람의 예전 파트너들 중 많은 이들이 말하기를, 두 사람의 관계가 끝났을 때 경계성인 사람은 '당신이 돌아오지 않으면 내가 죽어 버릴지도 모른다'고 위협했다는 것이다. 당신이 이런 유의 위협을 받아 보았다면, 그게 얼마나 극심한 죄책감과 혼란감, 걱정을 불러일으킬 수 있는지 잘 알 테다.

심리학자인 토머스 엘리스와 코리 뉴먼은 『삶을 택하다—인지요법으로 자살을 이겨 내기(*Choosing to Live: How to Defeat Suicide Through Cognitive Therapy*)』(1996, 국역본 『자살하고 싶을 때』)라는 책에서 다음과 같이 말한다.

[자살 위협을 받게 되면] 그 위협을 하는 사람과 이전에 나누었던 협동의식과 일체감이 줄어들고 불유쾌한 힘겨루기가 확대된다. "내가 살지 죽을지에 대해 당신이 정말로 걱정한다면 내게 돌아올 거야"라든가 "당신 때문에 죽고 싶어" 같은 말들에는 공통점이 있다. 타인이 자신의 생사를 당신의 반응에 따라 결정하겠다는 것이다. 이는 양쪽 모두에게 매우 부당한 일이다.

경계성 성격장애를 가진 사람은 때로 당신으로 하여금 자기의 불행이 당신 탓이며, 자기가 목숨을 끊으면 당신 책임이라고 믿게 만들려 든다. 이런 상황에서 헷갈리지 말아야 할 것은, 당신이 상대방을 죽이겠다고 위협하고 있는 게 아니라 상대방이 자살 위협을 하고 있다는 사실이다. 당신이 상대하고 있는 사람은 당신의 항복보다는 전문가의 즉각적인 도움이 더 절실히 필요한 사람인 것이다.

해서는 안 될 일

자살 위협을 하는 사람에게는 다음과 같은 행동들을 하지 않는 게 좋다고 뉴먼과 엘리스는 말한다.

● *싸우지 말라*

당신이 정말로 화가 났고 그 화를 쏟아 내고 싶더라도, 경계성 성격장애가 있는 사람이 진심으로 죽고 싶어 하는 건지 아닌지에 대해 그와 논쟁하지 말라. 그는 단지 당신이 틀렸음을 증명하기 위해 자살을 시도할 수도 있다.

● *비난하지 말라*

경계성 성격장애인 사람에게 맞서서 그가 당신을 교묘하게 조종하고 있다고 비난하지 말라. 이것 역시 힘겨루기로 변할 수 있다. 그 사람이 당신의 건전한 판단에 어긋나는 뭔가를 해 달라고 부탁할 경우, 당신 직감에 따라 행동하라. 그러나 당신과 경계성인 사람이 함께 정신건강 전문가와 상담하고 있을 경우엔, 그의 이런 행동에 대해 당신이 어떻게 느끼는지를 얘기하는 일도 도움이 될 수 있다.

● *협박에 굴하지 말라*

당신이 경계성 성격장애가 있는 사람을 진정 생각한다는 사실을 증명하려고 그에게 져 주는 일을 특히 조심해야 한다. 화가 나서 제정신이 아닌 그가 당신에게 말하는 것과는 반대로, 당신은 그에게 아무것도 증명할 필요가 없다. 뉴먼과 엘리스는 『삶을 택하다』에서 이렇게 말한다. "경계성 성격장애가 있는 사람의 위협에 져 주더라도 당신은 여전히 성난 상태일 것이고, 그가 언제든 자해할 위험도 여전히 남아 있으며, 근본적인 문제들은 다루어지지 않았을 테다. 게다가 다음에도 똑같은 시나리오가 거듭 반복될 것이다."

● *당신 자신도 도움을 구하라*

경계성 성격장애가 있는 사람이 금방이라도 자살할 수 있다고 믿었기에 그의 요구에 응해 온 내력이 있다면, 같은 위기 상황이 다시 벌어지기 전에 당신이나 그 사람, 혹은 두 사람 다 전문가의 도움을 받기를 권한다.

해야 할 일

당신을 조종하는 수법으로 느껴지는 자살 위협이야말로 당신이 어떻게 해도 좋은 결과를 낼 수 없는, 승산 없는 상황의 궁극적인 형태다. 경계성 성격장애가 있는 사람의 소망을 들어주든 안 들어주든 위험은 너무나 크다. 그 사람이 자신의 생사가 당신에게 달려 있다고 느끼게 만들려 하더라도, 그런 상황에 놓이는 일 자체를 거부하는 것이 최선의 방법이라고 뉴먼과 엘리스는 충고한다. 다음의 지침들을 따르면서 "안 돼"라고 말하라.

경계성 성격장애인 사람에 대한 지지와 걱정을 표현하면서도 당신의 개인적 경계는 굳게 유지해야 한다. 당신은 이 두 가지를 동시에 해낼 수 있다. 그 사람은 그렇게 생각지 않을지라도 말이다. 삶과 죽음의 선택을 행위의 주체인 그에게 반사해 되돌려 주는 동시에, 당신이 그 사람을 진심으로 걱정한다는 것, 그가 죽음 대신 삶을 선택하고 필요한 도움을 받기 바란다는 것을 최대한 확고하게 말하면 된다.

다음은 뉴먼과 엘리스가 제시한 반응 예를 약간 바꿔 쓴 것이다.

"당신이 날 떠나면 죽어 버릴 거야"에 대한 반응

"당신에게 잔인하게 구느라고 떠나는 게 아냐. 당신을 아프게 하는 데 대해선 정말 미안해. 당신의 앞날이 행복하기를 진심으로 바라. 하지만 그 미래에 내 자리는 없어. 설사 당신 곁에 머문다 하더라도 우리의 문제가 해결되지는 못할 거야. 무엇보다도 당신의 삶은 나와의 관계를 유지하는 것보다 훨씬 큰 가치를 지니고 있음을 알아야 해. 그리고 당신도 마음 깊은 곳에서는 우리의 관계가 당신이 죽을까 봐 내가 머무르고, 당신은 나 없이 살 수 없다고 생각하기에 머무르는 식이어서는 안 된다고 생각할 거야. 그건 건강치 못한 일이니까. 난 당신을 좋아해. 그렇기 때문에 당신이 살기를 바라고, 나 없이도 당신 스스로의 행복과 삶의 가치를 찾기를 바라."

"내가 사는지 죽는지 정말 걱정된다면 주말마다 날 보러 와야 해"에 대한 반응

"제가 엄마를 사랑하고 진심으로 걱정한다는 건 의심할 수 없는 사실이에요. 제 사랑을 엄마에게 계속 보여드렸다고 생각해요. 그리고 설사 제가 주말마다 집에 온다고 하더라도 엄마가 그걸로 만족하실 것 같지 않다는 생각이 드네요. 저도 엄마가 보고 싶고, 한 달에 한 번쯤 찾아뵐 계획이에요. 저도 이제 제 가정이 있고 제 생활이 있기 때문에 주말마다 가기는 힘든 게 사실이에요. 그 대신 엄마 혼자서 할 수 있는 일들이나 주말에 함께 어울릴 친구분들을 더 찾아보시는 게 좋을 듯해요. 예전에 카드 게임을 같이 했던 아주머니 말씀을 가끔 했잖아요, 교회에서 만난 분 말이에요. 최근에 보신 적 있으세요?"

위와 같은 얘기들을 당신이 상대방의 자살 위협을 매우 심각하게 여긴다는 걸 보여 주는 말들과 함께 해야 한다. 당신의 목소리와 행동에 따뜻함과 배려를 담으라. 예를 들어 이렇게 얘기할 수도 있다. "나와 함께 병원에 가야겠어. 이건 생사가 걸린 문제니까." 심각한 위협에는 심각한 반응이 따르게 마련이라는 사실을 알게 해야 한다. 이런 식으로 하면 경계성 성격장애가 있는 사람의 구조 요청이라 할 행동에 적절한 관심을 보이면서도 당신에게는 극한 상황에서 필요한 전문적인 도움을 줄 능력이 없다는 점을 명확히 할 수 있다.

상황에 따라서는 당신이 사랑하는 이의 주변 사람들(부모, 친척, 친구, 선생님 등)에게서 도움과 지지를 얻는 것도 좋은 방법이다. 그 사람의 자살 위협 같은 행동을 비밀로 덮어 두지 말고, 당신과 그를 기꺼이 도와줄 사람들에게 손을 내밀라.

| 경계성 성격장애인 사람이 당신의 자녀라면 |

어린이나 십대 아이가 자신과 다른 사람들에게 위험한 존재가 될 때 그들의 부모는 어디에다 도움을 청해야 할지 몰라 당황하는 수가 많다. 그들은 자녀의 모든 행동이 자기 책임이라고 믿기 때문에, 다른 사람이 그런다면 결코 용인하지 않을 행동도 봐주고 넘어가기 쉽다. 당신의 자녀가 자신이나 타인에게 폭력적으로 군다면 그걸 숨기려 하지 말고 치료사를 비롯한 외부의 전문가나 기관, 가족과 친지들, 위기상담 전화, 치료 센터, 그리고 지지모임들에 도움을 청하는 것이 좋다.

치료 시설 입원과 퇴원
치료 시설 입원은 대개 자발적으로 하는 것이다. 즉, 자녀 자신이 거기 들어가 치료받는 데 동의해야 한다. 그러나 전문가들이 판단하기에 그 아이가 자신이나 다른 사람에게 위험을 초래할 수 있다면, 그들과 경찰 당국의 권한으로 일정 기간 비자발적 입원을 시킬 수 있다.

경계성 성격장애 자녀를 둔 부모들을 위해 인터넷 지지모임을 운영하는 샤론에 따르면, 그 모임의 일부 부모들은 상황이 정말로 안전해졌다고 자기네가 판단하기 전에 자녀가 퇴원이 될까 봐 걱정한다고 한다. 실제로, 너무 이르게 퇴원 조치를 받은 한 아이는 금방 약을 과다 복용하는 바람에 도로 입원하게 되었다고 한다. 이 같은 위험이 있는 상황에서 부모가 취할 수 있는 최후의 수단은, 병원 측에서 항의하더라도 아이를 집에 데려가기를 거부하는 것이라고 샤론은 말한다. 일단 그렇게 해 놓으면 부모들이 시설 거주가료 등 다른 방도를 찾아볼 시간을 벌 수 있다는 것이다. 그러나 이런 일에 관한 법률이나 규정은 미국의 경우 주마다, 심지어는 군마다 다르다. 어떤 지역에서는 부모가 자녀 방임으로 고발될 수도 있다. 따라서 사전에 관련 법률 전문가에게 자문을 하는 것이 좋다.

경찰을 부를 때

자녀가 폭력적으로, 혹은 위협적으로 행동할 경우 부모는 경찰을 부를 수도 있다. 긴급 신고들에서 대개 그렇듯, 출동에 걸리는 시간은 위험이 얼마나 긴박하다고 여겨지느냐에 따라 달라진다. 따라서 신고할 때 위험이 명백하고 현존하는 것임을 잘 설명하면 반응 시간이 빨라질 수 있다.

샤론은 경찰에 신고를 할 때 아이에게 정신장애가 있다는 사실을 가급적 빨리—가능하면 상황 설명에 앞서—알리라고 권하며 말한다. "안 그러면 그저 반항적인 십대가 심하게 말썽을 부리는 흔한 사건의 하나라고 생각해 버릴 수 있어요."

크리스틴 아더멕은 저서 『정신질환이 있는 사람과 함께 사는 법』에서, 사전에 아이에 관한 '위기 정보'를 일반적 양식에 따라 정리해 안전한 곳에 보관했다가 경찰이 오면 즉시 건네주라고 권한다. 위기 정보 양식의 기본적 내용은 다음과 같다.

- 아이의 간단한 병력
- 진단명과 그 의미
- 담당 의사들의 이름
- 복용 중인 약 이름

경찰은 도착 즉시 상황 수습부터 하고는 이제 어떻게 할 건지를 당신과 의논할 것이다. 위기가 일단 지나갔다면 더 이상의 개입은 없을 테며, 만약 부모가 아이를 고소하겠다고 하면 경찰관이 그 절차를 설명해 줄 것이다.

샤론의 말에 따르면, 인터넷 지지모임의 일부 부모들은 경찰이 돌아가면 아이가 다시 폭력적이 될지 모른다고 걱정해 그 애를 보다 안전한 환경으로 데려가라고 강하게 요구하기도 한다.

아이의 행동이 계속 악화되고 치료를 받으려 들지도 않으면 소년원에 하룻밤 구금하거나, 정신질환일 가능성이 있는 것으로 보아 가까운 공립병원에 긴급 수용하기도 한다.

경계성 성격장애가 있는 사람을 아끼고 돌보는 이들에게 가장 어려운 것은 그 사람의 위험한 행동이다. 그러나 대처 계획을 잘 세우고 외부의 도움을 구해 위험을 완화하면 그런 행동이 훨씬 덜 겁나게 될 것이다. (이 절에서 언급한 당국의 조처들은 미국의 경우라는 점에 유의할 것-옮긴이)

9

경계성 성격장애 행동으로부터
아이들을 보호하기

나르시시스트인 나의 아버지는 어머니의 경계성 행동에 관한 이야기를 나에게 한마디도 하지 않았다. 아직 초등학생일 때 나는 아버지에게서 정서적으로 버림받았다. 아버지가 나에게 조건 없는 사랑을 보여주었더라면 얼마나 좋았을까. 자식들을 어머니와 어머니의 기분 앞에 방치하지 않았더라면 얼마나 좋았을까.

나는 태어났다는 사실에 감사한다. 그러나 가끔은 태어나지 않은 편이 나았으리라고도 생각한다. 나는 아직도 감정의 롤러코스터를 타고 있다. 마음 깊은 곳에서 나는 여전히 어린아이다. 지금껏 받지 못했던 조건 없는 사랑을 갈구하는 아이. 그 사랑을 찾는 일에 나는 이미 늦었을지라도, 경계성 성격장애를 지닌 아버지나 어머니와 사는 다른 아이들은 너무 늦지 않도록 이 글을 쓴다.

—경계성 성격장애가 있는 여성 존

경계성 성격장애를 지닌 사람 중 많은 이가 자기 자녀 앞에서는 절대로 경계성 행동을 표출하지 않는다. 또 다른 사람들은 그런 충동을 느끼긴 하지만 자녀들을 자기 행동으로부터 보호하기 위해 의식적으로 노력한다. 실제로, 경계성인 사람 중 자신의 문제를 인식하고 극복 노력을 하는 이들은 훌륭한 부모가 될 수 있다. 아니, 그런 장애는 없지만 자기성찰을 할 줄 모르는 사람들보다 더 나은 부모일 수도 있다.

그러나 경계성 성격장애가 있는 사람 중 일부는 자녀 주변에서 행동을 조절하지 못하거나 조절하지 않으려 한다. 예컨대 필요 이상으로 언성을 높이는 수가 있다. 또는 종종 우울증 상태가 되어 원하는 만큼 자녀와의 관계에 집중하지 못하기도 하고, 그와 반대의 극단에서 경계성 성격장애는 아버지나 어머니로 하여금 자녀를 심하게 학대하거나 방치하게 만들기도 한다.

이번 장을 읽으면서 유념해야 할 점이 있다. 경계성 성격장애가 있는 모든 이가 자녀에게 자신의 충동을 표출하는 행동을 하지는 않는다는 사실과, 자녀에 대한 경계성 행동의 강도는 그때그때의 상황과 개개인의 상태에 따라 크게 다를 수 있다는 사실이다.

| 경계성 성격장애 부모의 전형적인 문제점들 |

이 책 2장에서 언급했듯이, 경계성 성격장애가 있는 사람들은 정서적 측면과 발달 측면에서 어린아이와 비슷한 데가 있다. 어린아이들과 마찬가지로 그들은,

- 자기의 필요나 욕구를 미루어 놓고 타인의 필요나 욕구에 초점을 맞추는 일이 어려울 수 있다
- 자녀의 필요와 감정, 소망을 제대로 고려할 능력이 없을 수도 있다.

- 자신의 정서적 어려움에만 정신이 팔려 자녀의 정서적 욕구를 간과할 수 있다.
- 자녀의 욕구나 감정이 자신의 것과 다르면 불쾌하게 여겨 그걸 조롱하거나, 인정하지 않거나, 무시해 버릴 수 있다. 자기는 슬픈데 자녀가 행복해한다면 부모인 자신에 대한 배신이나 둔감함의 표시로 간주하기도 한다.

문제: 자녀와의 관계를 타인과의 문제에서 분리하기가 어렵다

경계성 성격장애가 있는 사람 중 일부는 자녀와의 관계를 자신과 다른 사람 사이의 문제에서 분리하는 데 어려움을 겪는다. 예를 들어, 자기가 좋아하지 않는 사람인데 자녀가 호의적인 관계를 유지할 수 있다는 것을 인정하기가 힘들 수 있다. 어떤 경우엔 자녀를 통해서 다른 사람에게 복수를 하려 들기도 한다. 자녀에게 부모와의 관계와 스스로에게 충실한 것 중 어느 하나만을 택하라고 강요하려 드는 사람도 있다. 이런 이들은 예컨대 자녀가 친구들과 시간을 보내고 싶어 하면 이기적이라고 꾸짖는다.

문제: 양육에 일관성이 없다

경계성 성격장애가 있는 일부 부모들은 자식을 양육하는 과정에서 일관성 없는 모습을 보인다. 자기 기분과 그때그때의 정서적 필요에 따라 과잉간섭과 방임 사이를 오간다. 그들은 자녀가 부모의 필요와 욕구에 부응하는 행동을 할 때에만 자녀에게 관심을 보이기도 한다. 어떤 경계성 부모는 자녀에게 완벽해지기를 요구함으로써 스스로에게 느끼는 부족감을 채우려 든다. 이런 상황에서 아이들은 뭐가 조금만 잘못되어도 자신이 쓸모없다고 느끼기 쉽다. 아이들을 이용하여 부적절한 방법으로 자신의 정서적 욕구를 충족시키려 하는 경우도 있다(예를 들면, 경계성인 아버지나 어머니가 홀로 있기 싫어서 열 살이나 된 아이를 같은 침대에서 재우거나 학교 친구의 생일 파티에 못 가게 하는 것).

문제: 사랑을 줄지 안 줄지 예측할 수 없다

경계성 성격장애를 가진 어떤 부모는 자식에 대해 너무 많은 책임감과 너무 적은 책임감 사이를 오락가락한다. 예를 들면, 자신의 행동이 자녀에게 미치는 부정적 영향은 무시하면서도 아이가 학교에서 나쁜 성적을 받아 오면 과도한 죄책감이나 우울감을 느낄 수 있다.

또 어떤 경계성 부모는 아이들을 전적으로 착하거나 전적으로 나쁜 존재로 대하는데, 이는 아이의 자존감에 상처를 입힐 수 있을 뿐 아니라, 아이가 일관된 자아감을 발달시키는 걸 저해할 수도 있다. 경계성 부모들은 자식에 대한 사랑을 마치 전기 스위치처럼 껐다 켰다 하기도 한다. 그 결과 자녀들은 부모에 대한 불신을 배운다(어떤 경우에는 아무도 신뢰할 수 없게 된다). 경계성인 부모의 행동이 워낙 종잡을 수 없어서 아이들의 노력이 부모를 안정시키고 그들의 기분과 행동을 예상하는 데 집중되기도 하는데, 이런 상황은 아이의 정상적인 발달에 악영향을 미친다.

건강 전문 저널리스트 킴벌리 로스와 경계성 성격장애 전문 심리치료사 프리다 B. 프리드먼은 공저서 『경계성 부모에게서 살아남기—아동기의 상처를 치유하고 신뢰와 경계 및 자존감을 확립하는 방법(Surviving a Borderline Parent: How to Heal Your Childhood Wounds and Build Trust, Boundaries, and Self-Esteem)』(2004, 국역본 『가족의 무서운 진실』)에서, 경계성인 부모의 자녀는 종종 '부모화(parentification)'된다고 말한다. 즉, "그들은 형제자매나 부모를 돌보는 사람으로 행동하는 법을 배운다. 그런 자녀들은 성인이 되었을 때, 자신이 그저 잘 노는 철부지 같은 기분이었던 때가 있기나 했는지 떠올리기 어려운 경우가 많다"는 것이다.

문제: 아동의 정상적인 행동에 위협을 느낀다

경계성 성격장애 부모는 자녀의 정상적인 행동에 위협감을 느낄 수도 있다. 아이가 성장하고 점점 독립적이 되어 감에 따라 그들은 버림받았다고 느끼고 그 결과 점점 우울해질 수 있으며, 자녀에게 심한 분노를 터뜨리기도 한다. 또한 자녀가 자기에게 더 의존적이 되게 하려고 무의식적으로 노력하기도 한다. 이럴 경우 아이들은 자신을 그러한 어머니나 아버지로부터 분리하는 데 어려움을 겪거나, 자기 삶을 꾸려 가는 데 대해 자신감을 못 가지게 되기 쉽다. 아이가 화를 내면 경계성인 부모는 그걸 인정하지 않는 방식으로 행동하거나 자신의 분노로 맞받아침으로써 상황을 더 심각하게 만들 수도 있다.

문제: 무조건적으로 사랑할 수 없다

경계성 성격장애를 지닌 일부 부모에겐 자녀를 무조건적으로 사랑하는 게 어려울 수 있다. 자신이 부족하다는 느낌을 보상하기 위해 자녀가 모든 면에서 완벽하기를 원할지도 모른다. 아이가 말을 듣지 않으면 그들은 자신이 사랑받지 못한다고 느껴 심하게 화를 내거나 우울해하며, 아이에 대한 사랑을 거두기도 한다. 그러면 아이들은 자기에 대한 아버지나 어머니의 사랑이 조건적인 것임을 알게 된다. 자신에게 문제가 있다고 생각하는 경계성 성격장애 부모는 자기만 그런 게 아니라고 느끼기 위해 자녀가 멍청하다거나 실패자라거나 매력이 없다고 믿을 필요가 있을지도 모른다. 이 같은 조건부 사랑은 경계성인 어머니나 아버지로 하여금 자기 삶

속의 다른 누군가보다 자신이 유능하다고 믿도록 해 주는 구실도 한다.

문제: 아이의 감정과 견해에 위협을 느낀다

경계성 성격장애 부모는 아이가 자신과 똑같기를 바라고 혹 아이가 자신과 다른 감정이나 의견을 가지면 위협감을 느낄 수 있다. 부모로서의 이러한 특징은 자기애성 성격장애가 있는 사람들에게서도 흔히 보인다. 임상심리학자인 일런 골럼은 『거울 속에 갇혀—나르시시스트의 성인 자녀들, 자기를 찾는 몸부림(*Trapped in the Mirror: Adult Children of Narcissists in the Struggle for Self*)』(1992)이라는 저서에서 다음과 같이 설명한다.

기대에 부응해야 한다는 압력은 물고기를 에워싼 물과 같다. 얼마나 빈틈없고 한결같은지 아이는 그것을 거의 깨닫지 못한다. … [이 아이들은] 마치 자신이 존재할 권리가 없는 것처럼 느낀다. 독립을 향한 모든 움직임이 [자기애성 성격장애인] 어머니나 아버지에게 회복 불가능한 상처를 줄 수 있는 배신 행위로 간주되기 때문에, 아이들의 자아는 본래의 자연스러운 형태가 아닌 뒤틀린 모양을 가지게 된 것이다.

골럼이 얘기하는 것은 다른 종류의 성격장애지만, 아이에게 미치는 영향은 비슷하다. 경계성 성격장애가 있는 부모들 일부는 아이를 신체적 혹은 정서적으로 학대하거나 아이에게 전혀 무관심하다. 그들의 충동적인 행동은 아이의 안전이나 복지를 위협하기도 한다. 그들은 아이를 때릴 수도 있고, 아이에게 상처를 주는 욕설을 하거나 대놓고 '너는 나쁘고 하찮다'는 식으로 말하기도 한다. 이런 행위들은 아이의 자아 개념, 자존감, 자기 가치감을 파괴할 수 있다. 이만큼 직접적인 학대는 아니어도 손상의 정도가 다를 바 없는 행동은, 경계성 성격장애인 사람이 자신의 파트너 등 다른 사람의 학대로부터 아이를 보호하지 못하거나 그러려고 들지 않는 것이다. 아이를 감싸면 자신과 그 학대자의 관계가 위협을 받는다고 생각하거나, 자신의 문제에 너무 빠져서 아이를 보호할 여력이 없기 때문이다. 그들이 이렇게 행동하면 아이들은 자신이 가치 없는 존재여서 그런다고 생각하기 쉽다.

| 고삐 풀린 경계성 행동이 낳을 수 있는 결과 |

의사인 앤드루 피컨스는 우리와의 인터뷰에서 이렇게 말했다. "자녀에게 언어폭력을 가하는 부모는 아이에게 정서적으로 손상을 줍니다. 그 손상의 심각도는 아이의 타고난 기질, 주변의 다른 어른들이 아이에게 주는 사랑과 공감의 정도, 아이의 연령(아이가 어릴수록 학대의 영향을 더 크게 받지요), 언어폭력의 강도, 그 밖의 다른 요소들에 의해 달라집니다."

'전환기 가족을 위한 주디스 월러스타인 센터' 소장인 재닛 존스턴은 한 인터뷰에서 경계성 행동이 아이들에게 미치는 영향은 경계성인 부모의 행동 양태와 아이의 기질에 따라 달라진다고 말한다. 예를 들어 경계성 행동을 남에게보다는 자신에게 주로 하는 아버지나 어머니와 '돌보는 사람' 즉 보호자 성향을 지닌 아이가 만난다면, 그 아이는 부모의 생존과 행복을 자신이 책임져야 한다고 느낄 수 있다.

🌑 셀라

나의 세 살배기 딸 베스는 내가 약을 과다하게 복용해 구급차에 실려 나가는 모습을 목격했다. 내가 우울증이 너무 심해 딸에게 먹을 것도 거의 챙겨 주지 못하고 침대에 누워 있기만 할 때에도 베스는 장난감을 가지고 혼자서 조용히 논다. 내가 우는 척만 해도 딸의 눈에는 눈물이 그렁그렁 맺힌다. 딸아이가 처음으로 말한 온전한 문장은 "엄마 괜찮은 거야?"였다. 내 기분이 좋아져서 나를 가두었던 그 시커먼 구덩이에서 빠져나오기 시작하면 베스는 빛의 속도로 성장하고 변화한다. 마치 그동안 나의 그림자 밑에서 버텨 내려 애쓰며 흘려보낸 시간을 만회라도 하듯이 말이다. 그런 딸을 보면서 나는 이 지긋지긋한 모든 걸 이겨 내겠다고 결심했다. 내가 딸에게 짐이 아닌 진짜 엄마가 될 수 있도록.

주로 타인을 상대로 경계성 행동을 하는 부모와 자기주장이 강한 아이의 조합은 독특한 유형의 혼란을 만들어 내기도 한다. 한 예로, 경계성 성격장애를 지닌 어느 엄마가 불같이 화를 낼 때 그녀의 아들은 "닥쳐요!"나 "난 엄마가 싫어!" 같은 말을 종이에 써서 엄마에게 던진다고 한다.

많은 연구에 따르면 경계성 성격장애는 집안의 내력인 경향이 있다고 한다. 그런 경향이 유전 때문인지, 환경적 요인 때문인지(경계성 성격장애 같은 정신질환이 있는 어머니나 아버지의 행동을 보고 배우는 것 등), 아니면 이 두 요소가 어떤 비율로든 함께 작용해서인지는 아직 완전히 밝혀지지 않았다. 이런 집안에서는 경계성 성격장애가 생기지 않는 아이들도 이 장애와 관련된 다음과 같은 특징들을 보이게 될 수 있다.

- 감정 조절의 어려움
- 섭식장애, 중독, 물질남용 같은 문제
- 사람들을 과대이상화 하거나 평가절하 하는 경향

● 수치심이나 공허감, 열등감 같은 감정

《성격장애 저널(*Journal of Personality Disorders*)》에 발표된 한 연구에 따르면 어머니의 경계성 성격장애 증상은 사춘기 자녀가 보이는 대인관계 및 가족관계의 문제들, 그리고 그들의 공포-회피 애착 유형(가까운 관계에 대해 복합적 감정을 갖고 있어서, 정서적 친밀함을 원하면서도 그걸 불편해하기도 하는 애착 유형이다.–옮긴이)과 관련이 있으며, 이런 자녀들은 가족 밖의 환경에서도 심리적, 사회적 문제들에 휘말릴 위험이 있다는 것을 발견했다(책 맨 뒤 참고 문헌 목록의 Herr, Hammen, and Brennan, 2008).

심리학자 메리벨 피셔에 따르면, 어머니나 아버지에게 경계성 성격장애가 있을 경우 그들의 자녀는 정상적으로 정체성을 형성하기가 어려워질 수 있다고 한다. 우리와의 인터뷰에서 피셔는 "[이럴 경우] 아이의 '자기'는 내적이며 응집적인 것이 아니라 경계성인 부모를 조절하기 위한 하나의 기제로서 움직이게 됩니다"라고 말했다(대상관계 이론에서 '응집적 자기'란 '파편화된 자기'와 대비되는 것으로, 건강한 자기 인식, 타인과 건강한 관계를 맺을 수 있는 공감 능력, 창의력 등을 특징으로 한다.–옮긴이).

『경계성 부모에게서 살아남기』에서 로스와 프리드먼은 다음과 같이 말하고 있다.

당신은 누구인가? 간단한 질문으로 보인다. 그렇잖은가? 당신은 자기 이름이 뭔지, 어디 사는지, 생업이 무엇이며 나날을 어떻게 보내는지를 안다. 자신이 누구의 엄마나 아버지이고 고모나 이모나 삼촌이며 누구의 아들, 누이나 친구인지도 다 안다. 그런 거 말고, 당신은 정말로 누구인가? 당신이 경계성 성격장애나 그 밖의 정서적 혹은 인지적 어려움이 있는 사람의 자녀라면, 이런 질문에 답하는 것이 놀라우리만큼 어려울 수 있다. 당신은 아기가 세상에서 자신이 어디에 서 있는지, 자신이 보고 듣고 느끼는 것이 건강하고 정상적인지를 아는 데 필요한 거울반응(mirroring), 즉 인정받기를 어린 시절에 아마 충분히 겪지 못했을 것이다. 그 초기 거울반응이 없었기에 자기 자신을 느끼고 인식하기가 어려웠을 수 있다. … 어린아이 때 당신은 부모를 기쁘게 하고 싶었다. 엄마가 어린 발레리나 딸을 원했다면 당신은 사실 밖에 나가서 공차기를 하거나 집에서 책을 읽고 싶었음에도 발레 수업에서 남들보다 잘하려고 열심히 노력했다. 아빠가 너무 취해 차고에서 비틀거리고 있어서 누군가 집 안으로 데려올 사람이 필요했다면 아마 당신은 자신의 감정이나 욕구를 억누르면서 착한 사람이 되기로 했을 것이다. (양육 과정에서의 거울반응[미러링]이란 아기와 부모 간의 아주 중요한 상호작용으로, 아이의 표정을 부모가 흉내 내면서 그 표정이 뜻하는 아기의 감정을 말과 소리로 표현하는 것이다. 그러면 아기는 그 표정과 감정을 서로 짝지으면서 자신의 감정이 부모에게 인정받았다고 느끼게 된다. —옮긴이)

일런 골럼은 『거울 속에 갇혀』에서 이렇게 말한다.

인격 형성 단계에 있는 아이들이 균형 잡힌 원만한 사람으로 성장하기 위해서는 부모에 의한 진정한 수용을 경험해야 한다. 즉, 아이들은 부모가 아이 자신을 있는 그대로 받아들이면서도 그걸 완벽하게 여긴다는 것을, 자기가 비틀거리며 걷고 때로는 넘어졌을 때도 부모가 달래는 웃음으로 맞아 주리라는 것을 알게 되어야 한다. 부모에게 수용되는 경험을 통해 아이들은 자신의 '존재성'이, 즉 본질적 자아가 사랑받을 가치가 있다는 사실을 알게 된다.

이와 비슷하게 로스와 프리드먼은 『경계성 부모에게서 살아남기』에서 "건강한 아이를 키워 내는 여섯 가지 씨앗"을 다음과 같이 제시한다.

1. 지원
2. 존중과 수용
3. 발언권
4. 무조건적인 사랑과 애정
5. 일관성
6. 안전

그런데 경계성 성격장애를 지닌 부모들은 "아마도 어렸을 때 자신의 부모가 이런 씨앗들을 주거나 그 본보기가 되어 주지 않았기 때문에 적절하고 건전한 준거점이 없었을 것이다. 그리고 연약한 자아감 탓에 도움을 요청하거나 자신의 결점들을 받아들이지 못했을 수 있다"라고 말한다.

경계성인 부모의 아이들은 대인관계가 어떠해야 하는지에 대한 왜곡된 관점을 물려받기도 한다. 예를 들어, 심리학자 메리벨 피셔의 한 남성 환자는 상대방이 자기 삶을 완전히 장악해 버릴지도 모른다는 두려움 때문에 어떤 사람과도 정서적 유대관계를 맺을 수 없었다고 한다. 그는 인간관계를 아주 표피적으로만 맺었고, 자연히 그의 정서적 삶은 메말라 갔다.

경계성인 부모가 과도한 애정과 분노나 방임 행동 사이를 수시로 왔다 갔다 하는 경우, 아이는 타인과 신뢰 관계를 형성하는 데 특히 어려움을 겪는 수가 많다. 그들은 다른 사람의 사랑을 확인하기 위해 무의식적으로 상대방을 시험하거나, 상대의 사소한 거절 혹은 상상된 거절에도 버림받았다고 느낄 수 있다.

매슈 머케이 등이 공저한 『분노가 아이에게 상처를 줄 때—부모를 위한 안내서(*When Anger Hurts Your Kids: A Parent's Guide*)』(1996, 국역본 『화내는 부모가 아이를 망친다』)는 화를 잘 내는 부모 밑에서 자란 아이들이 화를 덜 내는 부모 밑에서 자란 아이들보다 성장 후 심각한 문제를 더 많이 갖게 된다는 연구 결과들을 전하고 있다. 여성의 경우, 그런 문제엔 다음의 것들이 포함된다.

- 우울증
- 정서적 무감각
- 친밀함과 일체감에 대한 고통스러울 정도의 갈망
- 무력감
- 학업과 직장에서의 성취 부진

남성은 주로 정서적인 애착 관계를 유지하는 데 어려움을 겪는 것으로 보인다.

| 자녀 보호를 위한 실천적 제안 |

경계성 성격장애를 지닌 부모의 대부분은 자녀를 매우 사랑하고, 자신의 경계성 행동이 자녀에게 미치는 영향에 대해 걱정한다. 자기 행동이 자녀에게 해가 될 수 있다는 걸 깨닫고 나서 경계성 성격장애를 극복하겠다는 의지와 용기가 생겼다고 우리에게 고백한 사람도 많다. 당신 곁의 경계성인 사람이 이와 비슷한 태도를 보인다면 그를 지지하고 경계를 설정하는 일, 양육 방식을 개선하려는 그의 노력을 돕는 일이 두루 용이해질 것이다.

그러나 자신의 행동이 가학적이며 아이들에게 해를 끼친다는 사실을 경계성인 사람이 인정하지 않는다면, 혹은 그가 달라지려 들지 않는다면, 당신은 더 적극적인 태도를 취해야 할 테다. 여기서 기억해야 할 것은, 아이들은 경계성 행동에 대처하는 일이 어른의 경우보다 훨씬 더 힘들다는 사실이다. 아직 현실에 대한 균형 잡힌 관점을 발달시키지 못했고, 삶의 경험이 적으며, 경계성 성격장애에 대한 지적인 이해 역시 적거나 아예 없기 때문이다. 더군다나 아이들은 자신의 가장 기본적인 신체적, 정서적 필요와 욕구를 충족하는 일에서도 경계성인 부모에게 의존해야 한다.

경계성 행동으로부터 당신이 아이들을 얼마나 보호할 수 있을지는 여러 요소에 의해 결정된다. 여기에는 당신과 아이의 법적·정서적 관계, 당신과 경계성 성격장애인 사람과의 관계의 성격, 관련 법률의 내용, 그리고 경계 설정에 대한 당신의 의지와 능력 등이 포함된다. 하지만 일반적으로는 당신이 경계성인 사람과 아이 모두에게 가까울수록 당신의 영향력이 더 커진다. 물론 그와 함께 책임도 커진다. 다음은 당신을 위한 몇 가지 제언이다.

우선순위 정하기

어떤 사람들은 자신과 경계성 성격장애를 지닌 사람의 관계를 해치는 게 두려워서 아무런 행동도 하지 않는다. 자기가 아이들에 관해 경계를 세우면 그 사람이 분노를 터뜨리거나 자기를 폄하하거나 관계를 끊어 버릴까 봐 겁이 나서다.

어느 정도의 위험을 감수할지는 오직 당신만이 결정할 수 있다. 어떤 결정을 내리든 그에 따른 장기적인 결과들을 받아들일 수 있어야 한다.

당신은 자신에게 솔직해져야 한다. 경계성 성격장애를 지닌 사람의 행동이 아이에게 미치는 부정적 영향을 가볍게 보거나 그럴싸하게 둘러대고 넘어가선 안 된다. 어떤 아버지는 새 아내가 자녀들에게 분노를 폭발시키곤 하는 모습을 보면서도 아무런 조처를 취하지 않은 데 대해 자신에게 이렇게 변명했다. "아이들은 새엄마에게서 '세상살이라는 게 아주 어려울 수 있다'는 값진 교훈을 얻을 거야." 이러한 정당화는 자기 마음을 편하게 해 줄지는 몰라도 아이들을 보호하는 데는 전혀 도움이 되지 않는다.

모범 보이기

아이들은 대부분 관찰을 통해 학습한다. 당신의 행동이 말보다 더 중요하다는 얘기다. 그렇기 때문에 멘토와 롤 모델은 "건강한 행동의 본보기가 되고 부모의 정서적 어려움에 대한 통찰을 제공하거나 필요할 때마다 자녀를 역기능 가정에서 격리하는 데 큰 역할을 할 수 있다"라고 로스와 프리드먼은 『경계성 부모에게서 살아남기』에서 설명한다.

우리가 이 책에서 얘기하는 방법들을 당신이 실천에 옮기는 것을 아이들이 본다면 그들은 경계성 성격장애를 지닌 부모로부터 자신을 분리하기와 자신을 돌보기, 경계 설정하기 등등에 관한 기본적 요령들을 아주 효율적으로 익히게 된다. 물론 그 반대도 마찬가지다. 당신이 아이들에게 덜 건전한 대응 방식을 보여 준다면 그것 역시 따라 할 것이다.

샘의 경우를 예로 들어 보자. 샘은 자신과 경계성 성격장애 아내가 싸우는 것을 아이들이 목격하자 당황스러웠다. 그는 아내의 경계성 행동이 자신의 체면을 깎는 일이라고 잘못 생각한 것이다. 그래서 그는 아내와의 평화를 유지하기 위해 할 수 있는 모든 일을 했다. 그녀의 언어폭력도 묵인하면서 말이다. 그가 아내에게 한마디 이의라도 다는 날이면 그녀는 욕설을 하고 비난을 퍼부어 댔다. 이런 일이 아이들 앞에서 생길 때마다 샘은 수치심을 느꼈다.

샘은 친절하고 책임감 있는 남편과 아빠가 되고 싶었다. 그러나 자녀들이 그의 행동을 통해 배운 것은, 엄마가 식구들에게 마구 행동할 때는 그냥 받아들여야 한다는 거였다. 그들은 엄마가 하는 말들이 모두 옳은 게 틀림없다고 생각하기 시작했다. 엄마가 틀렸다면 아빠가 그렇게 얘기하리라고 믿었기 때문이다.

샘이 경계 설정과 반사 기법을 통해 상황을 완화하고 설정된 경계를 계속 유지했다면, 자녀들은 엄마가 종종 비정상적으로 행동하지만 그건 엄마 자신이 책임져야 할 일이라는 중요한 교훈을 배울 수 있었을 테다.

아이들 앞에서 건강한 행동을 보이는 방법을 두 가지 더 제시하겠다.

- 첫째, 아이들 앞에서 당신의 경계를 반드시 지키라. 아이들에게 이렇게 설명하라. "엄마들은 가끔씩 화를 내기도 해. 화를 내는 것은 괜찮지만 엄마가 아빠에게 마구 소리를 지른 건 옳지 않았어."
- 둘째, 경계성 성격장애가 있는 사람이 종종 예측이 불가능할 정도로 기분 변화가 심하다면, 그 기분이 다른 가족원 모두에게 영향을 주거나 자녀의 계획을 망치지 않도록 하라. 경계성인 아버지나 엄마의 기분이 좋지 않더라도 아이들은 즐거워하고 재미있게 놀 수 있다는 것을 그들에게 보여 주라. 경계성인 배우자가 기분 상해 있다 해도 아이들과 즐길 계획은 가급적 취소하지 말라.

경계성 성격장애가 있는 사람의 협력 얻기

사회복지사이며 치료사인 재닛 존스턴과 심리학자 비비언 로즈비는 『아이의 이름으로—갈등과 폭력에 휘말린 이혼 가족의 자녀들을 이해하고 돕는 데 대한 발달론적 접근(In the Name of the Child: A Developmental Approach to Understanding and Helping Children of Conflicted and Violent Divorce)』(1997, 국역본『부모의 갈등과 폭력을 경험하는 이혼 가족 자녀를 위하여』) 이라는 책에서 경계성 성격장애가 있는 사람들은 남들의 지지와 배려를 느끼고 싶어 하며, 자신이 최선을 다한다는 것을 인정받고 싶어 한다고 말한다. 그러나 아무리 지지하고 격려하는 방식으로 말한다 해도, 경계성인 사람에게는 당신의 모든 비판과 제안이 아주 가혹한 비난으로 들릴 수 있다.

존스턴은 이를 극복할 방안을 세 가지 제시한다.

1. 아이들을 위해 최선의 것을 원하는 부모로서의 자연스러운 성향에 호소하라. 바꿔 말하면, 경계성 성격장애를 지닌 사람이 부모 노릇을 잘 못한다고 암시하지 말라. 그저 부모의 어떤 행동은 아이들에게 좋은 영향을 미치는 반면 어떤 행동은 해를 끼칠 수 있다는 점만을 지적하라.
2. 아이를 키우는 일은 세상에서 가장 힘든 일이라는 점과 이 세상 어떤 부모도 가끔씩은 양육에 대한 도움이 필요하다는 점을 강조하라.
3. 경계성인 사람이 불행한 어린 시절을 보냈다면, 자식에겐 자신보다 나은 경험을 갖게 해 주려는 그의 소망에 호소하라.

심리학자 메리벨 피서는 경계성인 사람의 기분이 차분할 때 접근하되 자녀에 대한 그의 진정한 사랑과 헌신을 인정하는 말로 대화를 시작하라고 조언한다. "그 사람의 긍정적인 점과 당신이 그에게 동의하는 부분을 강조하면서 협력 관계를 이뤄 내야 합니다. 공정성에 대한 그의 감각에 호소하십시오. 책망하거나 수치심을 느끼게 하거나 공격을 하지 마십시오. 그런 건 사람들을 방어적으로 만들 뿐이니까요."

수치심을 일으키는 말들의 두 가지 예로는 "당신 어디가 좀 이상한 거 아냐?"와 "어떻게 그럴 수 있어?"가 있다. 이런 말 대신 다음과 같이 얘기하면 어떨까. "요즘 같은 때에 애들을 키운다는 게 보통 일이 아니지. 난 당신이 팀을 위해 좋은 것만을 바란다는 거 잘 알아. 그렇지만 가끔 당신이 팀 앞에서 자제력을 잃어버리는 듯이 행동하는 데 대해서는 얘기를 좀 해야 할 것 같아. 당신이 직장에서 힘든 하루를 보내고 집에 왔을 때 팀을 상대하는 게 얼마나 버겁게 느껴질지 충분히 이해해. 그리고 당신이 요즘 스트레스 많이 받는다는 것도 알아. 하지만 일전에 당신은 팀을 금방이라도 때릴 것 같아 보였어. 솔직히 난 그런 게 몹시 걱정이 돼. 다음에 비슷한 경우가 생길 때를 대비해 뭔가 다른 방법을 강구해 놓을 필요가 있지 않을까? 당신이 팀 앞에서 자제력을 잃는다고 느낄 때, 가령 누군가에게 전화를 걸거나 다른 곳으로 잠시 가 있을 수도 있겠지. 그리고 많은 사람들이 그러는데, 일을 더 잘 풀어 가는 방법에 관해 심리상담사의 조언을 받는 게 도움이 된다더군."

경계성 성격장애가 있는 사람이 외부의 도움을 구하는 일을, 그리고 지지를 제공할 네트워크를 구성하는 일을 도와주라. 비난과 책망보다는 긍정적인 피드백과 건설적인 조언을 해 주라. 메리벨 피셔는 이렇게 말한다. "경계성 성격장애인 사람이 소외되지 않도록 하면서 요령 있게 도와야 합니다. 예를 들어 [경계성인 사람이 엄마일 경우] 사람들은 다 같이 '엄마가 문제야'라고 생각한 후 거기서 멈춰 버리는 경향이 있습니다. 그것보다는 '엄마가 문제이긴 해. 그래도 어떻게 하면 우리가 엄마를 계속 존중하면서 가족관계를 온전하게 유지할 수 있을까?'라고 말하십시오."

경계성인 사람이 자신의 자녀 양육 방식에 대한 피드백을 언제 어떤 방법으로 얻기 원하는지 본인에게 물어보는 것도 좋은 방법이다. 무엇보다도, 아이들을 사랑하지만 가끔씩은 감정을 통제하지 못하는 어머니나 아버지와 함께 사는 현실에 아이들이 적응하도록 돕는 일에 경계성인 사람도 참여시키려고 노력하라.

당신과 아이의 관계를 강화하기

당신이 아이의 부모나 다른 가족 구성원이든 가족의 친지든, 아이들과 함께 보내는 재미있고 의미 있는 시간의 양을 늘리는 것만으로도 큰 효과를 볼 수 있다.

아이들에게 요즘 어떤 일이 있고 무슨 생각을 하는지를 물어보라. 그들에게 적극 관여하라. 많이 안아 주라. 큰 아이들에게도 본인이 허락한다면 그렇게 하라. 그들에게 지속적으로 사랑과 애정을 보여 주라.

경우에 따라서는 경계성인 사람의 걱정되는 행동에 조용하고 섬세한 방식으로 대응하라. 스물일곱 살 난 리사의 예를 들어 보자. 리사는 남자 친구의 딸이 집에서 사생활을 제대로 보장받지 못하는 것이 걱정스러웠다. 당시 열 살이었던 딸 스테파니는 양육권을 가진 경계성 성격장애 엄마와 한 침대에서 자고 있었다. 리사는 자신이 남자 친구 집에 가 있을 때 스테

파니가 방문하면 그 애의 경계를 존중하고 사생활을 보장해 주려고 특별히 신경을 썼다. 또한 스테파니와 서로 신뢰를 쌓아 가는 일에 시간을 많이 들였다. 결국 스테파니는 친엄마에게 자신만의 공간을 가져야겠다고 주장할 수 있게 되었다.

섣불리 판단 내리려 하지 말고 아이들의 말을 액면 그대로 듣는 일이 중요하다. 아이들이 자신의 지각력을 신뢰할 수 있도록 도우라. 슬픔과 분노를 포함해 자신이 느끼는 다양한 감정에 대해 솔직하게 얘기하도록 격려하라. 그들은 어쩌면 당신에게 화를 낼지도 모른다. 경계성 성격장애 엄마나 아빠에게 화를 내는 것보다는 당신에게 그러는 것이 안전하다고 느끼기 때문일 테다. 그들이 느끼는 감정들이 정상적이라는 걸 알려 주라. 최대한 일관성 있는 태도를 보이라. 약속은 반드시 지키라. 당신을 믿고 의지해도 된다는 걸 아이들이 알도록 하라. 필요하면 언제든 당신에게 전화하라고 말해 주고, 당신이 불편하지 않은 한도 안에서 자주 당신을 찾아올 수 있게 하라.

> 주변의 다른 친척 어른들도 아이들과 나름의 관계를 유지하게끔 북돋우라. 조부모, 이모나 고모, 삼촌, 인척들, 가족의 친지들 모두가 아이의 삶에 실질적인 변화를 줄 수 있다. 관여하는 모든 사람은 자기가 누구의 편을 드는 게 아니라 부모와 아이 모두에게 사랑과 지지를 보내고 있다는 점을 확실히 해야 한다.

독립적 사고와 새로운 경험을 장려하기
자신이 경계성 성격장애를 지닌 아버지나 어머니에게 의존하고 있다고 느끼는 아이들에게 다른 부모 및 그 자녀들과 어울리는 경험은 긍정적인 영향을 줄 수 있다. 아이들이 경계성 부모 없이 다양한 경험을 하도록 해 주고, 그들의 자연스러운 호기심과 모험심을 칭찬 등으로 보상해 주라. 자신의 관심과 꿈을 좇도록 격려하라.

우리와의 인터뷰에서 메리벨 피셔는 이렇게 말했다. "아이를 경계성 성격장애가 있는 부모에게서 억지로 떼어 놓으려고 하지 마세요. 만약 아이가 엄마 없이 몇 시간 동안 어디를 가는 게 싫다고 하면 강요하지 마십시오. 그래도 아이와 잠시 산책을 할 수는 있겠지요. 산책에서 돌아왔을 때 엄마가 이곳에 있으리라는 사실을 알려 주면서요."

당신이 공동양육자인데, 경계성 성격장애인 사람이 아이의 독립성에 반대한다면 당신은 어느 정도 경계를 설정할 필요가 있을 것이다. "이제 해나는 친구 집에서 하룻밤을 잘 수 있을 만큼 컸어. 당신이 그걸 싫어한다는 것은 알지만 해나가 다른 아이들과 정상적인 우정을 키우도록 우리가 격려해야 한다고 진심으로 생각해. 내가 친구 집에서 자도 좋다고 허락했으니 해나는 그렇게 할 거요. 그날 밤에 우리 둘이 외식하고 영화나 한 편 보는 건 어떨까?"

자녀가 부모의 경계성 행동을 객관화하도록 돕기

대부분의 아이들은 모든 것이 자신의 잘못이라고 생각한다. 그러므로 아버지나 엄마의 경계성 행동에 노출된 아이들이 그 행동을 자신과 무관한 것으로 객관화할 수 있게끔 도와주어야 한다. 특히 경계성인 사람이 겉으로 드러내어 아이를 비난하는 경우에는 그런 도움이 더 절실하다.

레이철 라일런드는 저서 『나를 여기서 꺼내 줘—나의 경계성 성격장애 극복기』에서 자신의 두 자녀가 엄마의 장애를 객관화하도록 남편 팀이 어떻게 도왔는지를 설명한다.

그는 우리 아이들에게 이렇게 말하곤 했다. "엄마가 아프단다. 목이나 배를 아프게 하는 병이 아니라, 사람을 아주아주 슬프게 만드는 병이야. 엄마가 병원에 입원했던 건 이런 병을 치료할 특별한 의사, 그러니까 엄마가 나아져서 그전처럼 많이 울거나 많이 화내지 않도록 도와줄 의사가 거기 있기 때문이야. 엄마가 그렇게 화를 내거나 운 것은 너희가 한 일 때문에 그런 게 아니고 아프기 때문이야. 엄마는 너희를 너무나 사랑하고, 너희들은 엄마를 더없이 행복하게 한단다. 엄마가 조금이라도 미소 짓거나 웃을 수 있는 가장 큰 이유 중 하나가 바로 너희 둘이야." 그는 이 말을 거듭해서 해주었다. 그리고 그것은 정말로 큰 변화를 가져왔다. 그 애들의 눈에서 안도감을 볼 수 있었으니까.

🍀 제니퍼

경계성 성격장애가 있는 남편이 신문을 읽을 때 아이들이 귀찮게 하자 그는 10분 동안이나 그 애들에게 고함을 질러 댔다. 나는 아이들을 다른 방으로 데리고 가서 이렇게 말했다. "너희들이 한 행동 때문에 아빠가 화내셨다는 걸 엄마도 알아. 하지만 아빠는 사실 그것보다는 다른 이유로 더 화가 났다는 걸 이해해야 해. 아빠가 그토록 심하게 반응한 데서도 알 수 있잖니. 아빠는 너희에게 이따가 얘기하자고 조용히 말할 수도 있었는데 그러지 않고 막 흥분해서 고함을 질렀지. 그건 너희의 행동에 비해 너무 심한 것이었어. 아빠는 어른이지만 가끔은 자신을 통제하지 못할 때가 있단다. 어제 엄마가 슈퍼에서 사탕을 안 사준다고 했을 때 너희가 막 짜증을 냈던 거 기억해? 그러곤 울기 시작하더니 그치질 못해서 엄마가 한참을 달래 줘야 했잖아. 아빠도 그거랑 비슷한 거야. 하지만 아빠의 행동에 대한 책임은 아빠 자신에게 있단다. 너희 탓이 아니야."

물론 조금 큰 아이들은 이런 사실을 직감으로 알 수도 있다. 그러나 경계성 성격장애가 있는 부모의 행동이 자기 잘못 때문은 아님을 머리로는 이해한다고 하더라도 아이는 여전히 어느 정도의 책임감을 느끼게 마련이다. 아이가 경계성인 사람의 행동을 이해하고 자신의 감정을 잘 다룰 수 있도록 돕는 최선의 방법은 당신이 항상 아이와 가까운 관계를 유지하는 것이다.

경계성인 사람에게 아이에 대한 경계를 설정하기

레이철 라일런드

남편인 팀은 나에게 아이들에 대한 경계를 확고하게 설정했다. 내가 최악의 상태였을 때는 걷잡을 수 없는 분노와 히스테리로 얼룩진 사건들이 일어나곤 했다. 팀은 아이들이 내 행동을 오금이 저릴 정도로 무서워한다는 것을 알고 있었다. 그럴 때면 그는 나를 옆으로 데리고 가서 아이들이 내 말을 들으며 겁을 내고 있다고 단호하게 말했다. "아이들 앞에서 또 이럴 수는 없어. 당신은 지금 자제력을 잃었어. 잠시 딴 방으로 가 있는 게 어때?" 나는 거의 언제나 남편의 말을 따랐다. 어쩌다 내가 말을 듣지 않았던 경우에는 진정될 때까지 남편이 아이들을 데리고 다른 곳으로 피했다.

경계성 성격장애를 지닌 사람 대부분이 그렇듯이 나 역시 자신을 조절할 수 있는 때와 그럴 수 없는 때가 있다. 남편의 단호한 말은 단순히 경계를 상기시키는 것만이 아니라 현실을 확인시키는 것이기도 했다. 그 말들은 내가 어린 시절로 퇴행하려는 순간마다 나를 붙잡아 주었고, 나에겐 성인으로서의 책임이 있으며 내 행동이 아이들에게 영향을 미칠 수 있다는 사실을 깨닫게 해 주었다. 그것은 내가 정신을 번쩍 차리고 이성적으로 생각토록 하기엔 충분치 않았을지 몰라도, 내 행동을 다른 곳으로 유도하기에는 충분했다.

그러나 레이철처럼 긍정적으로 반응하지 않는 경계성 부모도 적잖다. 일을 마치고 집으로 돌아온 한 아버지는 직전에 아내가 아들의 머리를 때리고 부적절하며 모멸적인 욕을 했다는 것을 알게 되었다. 그는 흐느끼는 아들을 진정시킨 후 예정돼 있던 저녁 식사를 하러 아내와 함께 나갔다. 식사를 하면서 그는 아내에게 아이를 때리고 험한 말을 하는 것은 좌절감을 표출하는 좋은 방법이 아니라고 부드럽게 말했다. 그녀는 동의했으나 자신의 행동을 이렇게 변명했다. "그때 머리가 좀 아팠어." 남편은 아내가 문제의 심각성을 제대로 이해 못 하고 자신의 행동에 대한 책임을 회피하는 데 대해 실망했다.

경계성 성격장애를 지닌 사람에게 부드럽게 생각을 말해 주는 것이 최선의 방법인 때도 있다. 그러나 위와 같은 경우는 그에 속하지 않는다. 이 사례에서 남편은 외식 계획을 미루고 바로 그 자리에서 문제를 논의할 수도 있었다. 아내의 행동이 아들에게 어떤 상처를 줄 수 있는지 설명하고, 이런 일이 다시 일어나서는 안 된다는 점을 확실히 하면서 아내가 좌절감에 대처할 다른 방도를 찾도록 돕는 일을 곧바로 할 수도 있었다는 얘기다.

아이들에 대한 모든 종류의 신체적, 정서적 학대는 당신이 그것을 처음 보거나 듣는 순간부터 심각하게 다루어야 한다. 학대를 무시하고 넘어가면 경계성 성격장애를 지닌 사람에게 그런 행동을 다시 해도 된다고 허용하는 셈이 된다. 아이에 관한 경계를 일단 세우고 나면 일관성 있게 지켜야 한다.

아이를 치료받게 하기

아이들은 경계성인 사람과 그 가족을 치료한 경험이 풍부한 치료사를 만나면 정말 큰 도움을 받을 수 있다. 아이들이 다음과 같은 모습을 보일 경우, 전문가에게 치료를 받도록 하는 것이 좋다.

- *고통스러운 감정의 처리를 어려워한다.* 강렬하거나 장시간 지속되는 슬픔 혹은 다른 괴로운 감정들, 자기 자신이나 다른 사람 또는 동물을 해치고 싶다는 반복적인 생각 등이 이에 포함된다.
- *자기패배적인 행동을 한다.* 가정과 학교에서, 혹은 친구들과의 우정에 문제를 일으키는 행동들이 여기 포함된다(중독물질 남용, 싸움, 현저하게 낮아진 성적, 그 밖의 통제할 수 없는 행동들). 어린아이들에게 나타나는 징후로는 이유 모르게 막무가내로 성질부리기를 거듭하는 일, 지속적으로 부모의 말을 안 듣거나 공격성을 보이는 일 등이 있다.
- *이유를 알 수 없는 신체적 문제가 생긴다.* 수면 습관이나 식습관의 두드러진 변화, 과다활동.

아동 전문 치료사를 찾으려면 아이가 다니는 소아과 의사에게 추천을 부탁하거나 지역의 전화 상담 서비스, 인터넷, 그리고 미국의 경우 전미정신질환연맹(NAMI) 등을 통해 정보를 얻도록 하라. 후보가 정해지면 치료를 시작하기 전에 통화를 하거나 직접 만나서 이야기해 보고 믿을 만한지를 확인하는 것이 좋다.

학대 상황에서 아이를 떼어 놓기

상황이 위험해지면 당신은 아이를 데리고 잠시 다른 곳으로 피해야 할지도 모른다. 그에 앞서 경계성 성격장애를 지닌 사람에게 아이들이 들을 수 없는 곳에서 잠깐 얘기하자고 청하라. 앞의 사례에서 레이철의 남편 팀이 그런 것처럼 아이들이 경계성 행동에 노출되어서는 안 된다는 점을 지적하고 나중에 둘이서만 문제를 의논하자고 하라. 혹은, 경계성인 사람이 시간을 갖고 진정할 수 있도록 아이들을 다른 곳으로 데리고 가겠다고 제안하라.

그 상황에서 아이를 빼내라

경계성인 사람이 자제력을 되찾지 못하면 아이들을 데리고 쇼핑을 가거나, 아이스크림을 먹으러 가거나, 친척 집에 가거나, 공원이나 극장, 어린이 박물관, 놀이터, 동물원 같은 데에 가서 시간을 보내도록 하라. 그 사람이 빈번히 아이들 앞에서 경계성 행동을 한다면 그런 상황에 대비하여 미리 계획을 세워 놓는 편이 좋다. 할 만한 일과 갈 만한 장소의 목록을 만들고, 아이들에게 필요한 물건 몇 가지를 배낭 같은 데 꾸려 두어 그냥 들고만 나가면 되도록 해 놓는다. 비상시에 전화를 하면 도와 달라고 친구나 친척들에게 부탁해 놓는 것도 좋은 방법이다.

아이들을 방과 후 활동에 참여시키라

아이들이 학교에 다니는 나이라면, 방과 후 보람된 특별활동에 참여토록 하자. 이 방법에는 네 가지 효과가 있다.

1. 아이가 경계성 행동에 노출되는 것을 최소화할 수 있다.
2. 그런 활동을 통해 아이는 자신감과 자존감을 키울 수 있다.
3. 보살펴 줄 다른 성인들과 접촉할 기회가 많아진다.
4. 아이가 이런 활동에 참여하는 동안에는 당신의 부담도 줄게 된다.

이혼을 원한다면

경계성 성격장애가 있는 배우자와 이혼하기로 결심했다면 아마 당신의 걱정은 그 사람이 자녀를 학대할 때 곁에서 말릴 수 없다는 것일 테다. 이런 두려움은 여성보다 남성에게 훨씬 더 흔하며, 그럴 만도 하다.

아이의 양육권을 요구했던 남성들이 우리에게 말하기를, 그들은 세 가지 주된 장애물에 맞닥뜨렸다고 한다.

1. 사법부, 즉 재판부는 종종 어머니 편으로 기우는 경향이 있다. 이런 경향은 바뀌고 있지만 그 속도가 매우 느리다.
2. 대체로 재판부는 이 장에서 논의한 종류의 정서적 학대에는 크게 관심을 두지 않는다. 신체적 학대는 법정에서 입증할 수 있고 측정 가능한 데 비해 정서적 학대는 그럴 수 없기 때문이라고 판사, 변호사나 시민단체 활동가들은 말한다. 판사들은 친권이나 양육권을 두고 싸우는 부모들이 종종 상대방에 관해 거짓되거나 과장된 주장을 한다는 사실을 알고 있다. 당신에게 전문가의 증언(비용이 비쌀 수 있다)이나 재판부가 믿을 만한 증인이 없다면 판사들은 당신이 극도의 정서적 학대라고 여기는 일들도 판결에 별로 반영하지 않거나 아예 무

시해 버릴 수 있다.

3. 남편과 이혼 수속을 밟고 있는 경계성인 아내들의 일부는 양육권을 잃을지도 모른다는 두려움과 남편이 자신을 버렸다는 데 대한 분노 때문에 정직하지 못한 방법으로 남편의 신뢰성을 떨어뜨리기도 한다. 그들의 전략에는 아이를 방문하지 못하도록 하기(자녀 면접교섭권 거부), 접근금지명령 신청하기, 남편이 아이를 성적으로 학대했다고 거짓으로 고발하기 등이 포함된다.

당신이 양육권을 주장하려는 남성이라면 남성의 양육권 관련 문제들을 다룬 경험이 많을 뿐 아니라 방금 얘기한 종류의 정직하지 못한 전략들도 많이 상대해 본 변호사에게서 가능한 한 빨리 법률적 도움을 받는 것이 자녀와 당신 자신을 위해 절대적으로 중요하다.

변호사이며 이혼소송 등의 중재인이자 치료사인 빌(윌리엄) 에디는 경계성 성격장애나 자기애성 성격장애 같은 고갈등 성격의 사람들을 상대로 한 법률적 분쟁의 전문가로 국제적인 명성을 얻고 있다. 그의 공저서『분열—경계성 또는 자기애성 성격장애인 사람과 이혼할 때 자신을 보호하는 법』은 소송 준비, 재판 과정, 특수 쟁점 등에 관한 절들에서 그런 전문적 변호사를 찾는 방법 등에 관해 많은 정보를 제공하고 있다.

에디는 그의 다른 저서『별거나 이혼 소송에서 고갈등 성격의 사람을 다루는 법(Dealing with High-Conflict People in Separation and Divorce)』(2003, 오디오 북)에서 이렇게 말한다. "고갈등 성격의 사람을 다루다 보면 자신이 하고 싶은 말이나 행동과는 반대되는 내용의 기술들을 사용해야 할 경우가 많다. 이런 기술들은 배우는 데 시간과 연습이 필요하지만, 갈등이 심한 분쟁의 해결과 관리, 억제에 놀라운 효과를 발휘할 수 있다."

이 책에서 에디의 주된 메시지는, 이혼 이후 경계성 성격장애가 아닌 배우자와 자녀 간 관계의 여건과 방향은 이혼 과정에서 사실상 결정된 다는 것, 그리고 여기서 열쇠는 그가 '자기주장적 접근법'이라고 부르는, 섬세하되 소극적은 아니고 끈질기되 공격적은 아닌 대처 방식이라는 것 이다.

에디는 소송에 들어가면 사법체계가 일반인의 생각과는 달리 '분열(splitting, 사물을 혹 아니면 백으로만 보는 것—옮긴이)'을 조장할 수 있다고 말한 다. "법정에 선다는 것은 사람들을 이분법적으로 '완전히 좋거나 완전히 나쁜' 사람으로 가르는 대립적 의사결정 체계에 들어가는 것이다. … 이러 한 분열의 강화는 [경계성 성격장애가 있는 사람의] 취약한 정체성과 깊이 뿌리 내린 불안에 극도로 위협적일 수 있다. 법정에서는 그들의 일상적인 과장과 두려움을 진지하게 취급하는 걸 허용하고, 모든 책임을 '나쁜 배우 자'에게 돌릴 수 있는 비난의 장(場)을 제공한다."

'자기주장적 접근법'에는 다섯 가지 원칙이 포함된다.

1. *반사적이 아니라 전략적으로 생각하라.* 화가 났을 때 잠시 멈추고 생각하라. 충동적으로 행동하지 말라.
2. *싸움을 잘 고르라.* 변호사와 상의하면서 대응이 필요한 문제와 그 렇지 않은 문제를 골라내라. 예를 들어, 소송 상대가 보내 온 도발적 인 편지들 중엔 응답할 필요가 없는 것들도 있다.
3. *자신을 표적으로 만들지 말라.* 법정에 나가면, 당신의 무해한 말이 나 행동조차 적대적인 상대에 의해 왜곡될 수 있다는 점에 유의하라. 평정을 잃지 말라.
4. *철저하게 정직하라.* 거짓과 사실이 섞여 있는 반쪽 진실은 당신이 완

전히 거짓이라 입증할 수 있는 진술에 비해 부정하기가 어렵다. 감정적인 비난에 맞서기 위해서는 정직성을 보임으로써 얻게 되는 신뢰가 필요하다.

5. *배우자의 행동 양식의 실체를 보여주는 증거를 수집하라.* 가장 유용한 증거 중 일부는 실제 재판 중에 상대방이 자신의 행동을 통해 제공하게 될 수도 있다.

어린아이들에게 말하기

존스턴과 로즈비는 『아이의 이름으로』에서 아빠들에게 이렇게 조언한다. 아이가 네 살에서 여섯 살 정도라면 "그건 사실이 아냐. 누가 뭐라고 해도 아빠는 너를 많이많이 사랑한단다" 같은 좋고 긍정적인 말만 해 주라는 것이다. 또한 "엄마가 하고 있는 말들을 아이에게 어떻게 설명하고 반박할지에 신경 쓰지 말라. 그 나이의 아이들은 동기를 이해하기에는 너무 어린 데다가, 한 번에 한 무리의 정보만을 수용할 수 있기 때문이다"라고 말한다.

좀 더 큰 아이들에게 말하기

아이가 좀 더 커서 여덟 살에서 열 살 정도라면 서로 다른 관점들을 구분하여 이해할 능력이 있다. 아이에게 경계성 성격장애를 가진 사람과 반대되는 '당신 입장에서 본 이야기'를 함으로써 그가 중간에 끼이도록 만들지 말고, 사실에 근거한 정보만을 제공하면서 아이가 진실을 확인하고 믿게끔 부드럽게 인도하라. 최근의 구체적인 사례들을 들면서 아이와 당신이 함께했던 정겨운 추억들을 떠올리게 하는 것도 좋은 방법이다. 아이가 자신의 감정을 들여다볼 수 있도록 도와주고 당신의 사랑을 확신시키라. 무슨 얘기를 하든 간에, 아이 엄마를 헐뜯는 말은 삼가야 한다.

당신이 어린 자녀에게 해 줄 만한 이야기의 예를 하나 보자. 자녀가 십 대라면 핵심 메시지는 같게 하되 그 나이에 맞춰 표현을 조절하라.

"있잖아, 이혼은 엄마와 아빠 모두에게 힘든 일이야. 사람들이 헤어질 때면 모두 마음에 상처를 입어. 그렇기 때문에 엄마가 지금 아빠에게 몹시 화가 나 있는 것 같아. 엄마는 화가 날 때면 사람들에 대해 나쁜 것들을 생각하는 버릇이 있어. 네 생일날 아빠가 늦게 왔던 거 기억해? 그때 엄마는 아빠가 친구들이랑 밖에서 놀고 있었다고 했지만 사실은 길바닥의 못 때문에 차 타이어에 구멍이 나서 늦게 왔다는 걸 아빠가 집에 왔을 때 너도 알게 되었잖아. 그날 밤 아빠가 선물로 농구공을 줬고, 그걸 가지고 공원에 가서 함께 놀았던 거 기억하지? 재밌었잖아. 아빠는 그때도 너를 사랑했고, 지금도 너를 사랑하고, 앞으로도 변함없이 너를 사랑할 거야. 누가 너에게 뭐라고 얘기하든 간에 말이야. 혹시라도 겁이 나거나 하면 바로 전화를 해. 그러면 낮이든 밤이든 아빠가 전화로라도 너를 꼭 안아 줄게."

에이브

몇 주 전 나는 세 아이와 함께 휴가를 갔다(아내는 함께 가지 않았다). 나는 아이들에게 엄마가 아빠에 대해 나쁜 말 하는 것을 들은 적이 있을 거라고 했다. 그리고는 엄마가 하는 말을 꼭 믿을 필요는 없다고, 너희 자신이 진실로 보거나 느끼는 것을 믿으면 된다고 말해 주었다. 또한 나는 그들에게 엄마의 방식이나 아빠의 방식 중 하나로 세상을 보도록 강요하지 않겠으며, 무엇이 진실인지는 스스로 판단하는 것이라고 말했다. 설사 그들이 나와 견해를 달리 한다 해도 화를 내지 않겠으며 여전히 그들을 사랑할 것이라고 했다. 나는 이런 말들이 아이들에게 많은 도움이 됐음을 알 수 있었다.

| 아이 갖기를 고려하는 사람들에게 |

이번 장에서 우리는 경계성 성격장애 행동으로부터 아이들을 보호하는 데 관한 다양한 제안들을 제시했다. 다음의 말로 이 장을 마무리할까 한다. 당신과 경계성 성격장애 파트너 사이에 아직은 자녀가 없지만 앞으로 가질까 생각 중이라면, 파트너가 상당히 회복될 때까지 그 계획을 미루기를 권한다.

이유는 이렇다. 경계성 성격장애가 있는 사람들의 부적절한 행동을 촉발하는 가장 큰 요인 중 하나는 자신의 감정을 인정받지 못하는 것이다(6장 참조). 그런데 아이들은 툭하면 부모의 감정과 생각을 부정하곤 한다. 아이들이란 그렇게 마련이다.

부모가 필요한 규칙과 경계를 세우면 아이들은 지침을 주어서 고맙다고 하지 않는다. 그들은 울고 비명을 지른다. "세상에서 가장 나쁜 엄마(아빠)야"라고 소리칠지도 모른다. 부모가 너무 피곤해서 조용히 있게 해달라고 부탁해도 아이들은 책을 읽어 달라거나 쇼핑몰에 데려가 달라고 조를 테다.

부모가 자녀들과 가까워지기를 원할 때 아이들은 자신의 독립성을 주장하려 들 수도 있다. 부모가 어떤 가치를 가르칠 때 그 가르침을 거부할 수도 있다. 그리고 대개 아이들은 부모가 치른 희생이 얼마나 크고 감사한 일인지를 오랫동안—흔히는 어른이 되어 자기 아이를 키우게 될 때까지

─깨닫지 못한다.

　부모 노릇은 세상에서 가장 어려운 일 중 하나다. 자녀로부터 인정을 통 받지 못하는 것도 그 일의 일부다. 장기적으로 봤을 때 당신과 경계성 성격장애 파트너, 그리고 두 사람이 갖게 될 수 있는 아이를 위해 무엇이 최선인지 심사숙고하여 결정하기 바란다.

3부

특수한 문제들 해결하기

10

가슴 졸이는 삶

당신의 자녀가 경계성 성격장애일 때

딸에게 경계성 성격장애가 있는 로리

내 딸 마리아는 이제 스물한 살이다. 마리아가 열네 살 때 나는 그 애가 성관계를 하고, 학교를 빠지고, 술과 담배를 하고, 모든 규칙을 무시하고, 몰래 빠져나가고, 남자 아이들을 집으로 불러들이고, 숙제하기를 거부하고, 등교해서는 집에서 입고 나간 것과는 다른 부적절한 옷으로 갈아입는다는 사실을 알게 되었다. 그 애가 장신구를 훔치려 했다는 쇼핑몰 경비원의 전화를 받기도 했다. 자기 지갑에 그걸 살 돈이 충분히 있었는데도! 나는 그 애를 수많은 치료사에게 보였고, 학교 상담사의 도움을 받기도 했다. 우리가 부자는 아니지만 아이를 위해 생각할 수 있는 모든 일을 다 했다. 입원 시설에 보내는 것만 빼놓고 말이다. 돌이켜 생각해 보면 아이가 십대였을 때 그런 곳으로 보냈더라면 좋았을 텐데.

나는 그 아이의 문제를 다른 사람들에게 숨기려고 노력했었는데, 이제는 그때 우리 사정을 사람들한테 정직하게 털어놓을 걸 하는 생각이 든다. 하지만 마리아를 다른 무엇보다 자극하는 일이 바로 그런 거였으니…. 그 애는 창피한 걸 무척 싫어했다. 물론 나도 부끄러웠겠지만, 그래도 사람들에게 말해서 도움이 되었다면 그만한 가치가 있었을 것이다.

지금 내 딸은 더러운 아파트에서 두 살배기 딸을 데리고 여전히 혼돈 속의 삶을 살고 있다. 손녀가 너무 걱정스러워서 내가 직접 아동보호 서비스 핫라인에 전화도 해 봤지만, 마리아가 심한 약물중독이 아니기 때문에 아무런 도움도 줄 수 없다고 했다.

다른 부모들에게 드리고 싶은 조언은 이렇다. 자녀에게 심각한 문제가 있다면 아이가 어렸을 때 최대한 도움을 구하라. 만약 입원 치료가 필요하다면 그렇게 하라. 마리아에게 경계성 성격장애가 있다는 것을 그때 알았더라면 좋았을 텐데, 우리가 만난 치료사들이 문제는 바로 이것임을 알아보고 마리아를 도왔더라면 좋았을 텐데, 그렇지 못했다. 그들은 대개 마리아의 문제가 나 때문이라고 했다. 나는 마리아를 도우려고 녹초가 되도록 애쓰고 있었는데.

부모는 도움이 필요하다. 하지만 아직도 많은 정신건강 전문가들은 경계성 성격장애 진단은 성인에게만 내려야 한다고 믿는다. 18세 미만 미성년자를 그렇게 진단해도 괜찮다고 생각하는 전문가들도 있지만, 너무 낙인을 찍는 것 같다고 여겨 부모에게는 진단명을 알리지 않는다. 그러나 병에 걸린 사람이 성인이든 어린아이든 간에, 정신건강 진단 내용에 대해 침묵하는 것은 신체건강 진단에 대해 침묵하는 것과 마찬가지로 비윤리적이다.

경계성 성격장애가 있는 청소년에게 흔히 일어나는 일은 다음과 같다.

그들의 부모는 아이를 계속 이 전문가, 저 전문가에게 데려간다. 그리고 주의력결핍장애(ADD)에서 "그냥 성미가 안 좋은 아이예요"까지 매번 다른 진단 결과를 듣게 된다. 그러다 드디어 한 전문가가 그 아이를 양극성 장애로 판정하는데, 이는 경계성 성격장애와 양극성 장애 모두 기분 변화를 수반하기 때문이다. 그러나 두 질병은 전혀 다르며 치료법도 다르다(그 차이에 대한 자세한 설명은 이 책 82쪽 박스 참조). 사정이 이러니 부모와 아이 모두 점점 더 좌절하게 된다.

일부 임상전문가들이 생각하는 것과는 달리 *DSM-5*(『정신질환의 진단 및 통계 편람』 5판)에서는 아동을 경계성 성격장애나 그 밖의 다양한 정신장애로 진단하는 것을 금지하지 않는다. 또한,

- 국립정신건강연구소(NIMH)는 경계성 성격장애에 대해 다음과 같은 정보를 온라인으로 게시했다. "식별 가능한 증상은 일반적으로 청소년기(십대 시절) 또는 성인기 초기에 나타난다. 그러나 이 질병의 초기 증상은 아동기에도 나타날 수 있다."
- 보건복지부 산하 물질남용 및 정신건강 서비스국(SAMHSA)에서 의회에 제출한 경계성 성격장애에 관한 상세한 보고서에는 다음과 같은 구절이 있다.

"소아와 청소년을 경계성 성격장애로 진단하는 경우는 거의 없으나, 연구 결과 경계성 성격장애의 증상과 위험 요인(위험 인자)들을 아주 어린 아동에서까지 관찰할 수 있다는 것이 결정적으로 입증되었다. 경계성 성격장애인 사람들이 종종 보이는 자해 행동은 10~12세의 어린 나이에도 나타날 수 있다. 오랜 세월 지속되는 장애와 손상을 피하려면 경계성 성격장애의 조기 발견에 주력하는 것이 아주 중요하다.

우리가 면담한 많은 소비자[즉 환자]와 가족들은 조기 발견과 개입의 부재로 인해, 또는 여러 번의 오진 때문에 잃어버린 세월을 한탄했다."

- 매사추세츠주 매클레인 병원의 청소년 경계성 성격장애 치료 프로그램 책임자인 정신과 의사 블레이즈 아기레는 저서 『청소년의 경계성 성격장애(Borderline Personality Disorder in Adolescents)』(2007)에 이렇게 썼다. "두 가지는 더할 나위 없이 분명하다. 첫째, 경계성 성격장애가 있는 성인은 거의 모두 자신의 증상과 고통이 아동기나 청소년기에 시작되었음을 알고 있다. 둘째, 일부 청소년이 보이는 증상은 경계성 성격장애와 워낙 일치하기에, 이 장애로 진단하고 그에 따라 치료하지 않는 것은 비윤리적일 것이다."

경계성 성격장애가 있는 아이가 성인이 되기 전에 확진을 받는 것이 아주 중요한 또 다른 이유가 있다. 18세가 되면 투표할 수 있고, 군에 입대하거나, 차를 운전할 수 있는 등, 전반적으로 성인 세계의 일부가 된다. 더 주목할 점은 그 시점부터 부모는 더이상 그들에 대한 법적 권한이 없다는 것이다. 경계성인 성인 자녀가 점점 더 병이 깊어 가고 통제가 더욱 불가능해지는 가운데 부모는 두려움에 떨며 지켜보는 것 외에는 아무것도 할 수 없는 경우가 비일비재하다.

딸에게 경계성 성격장애가 있는 에이바

캐런이 16살이었을 때는 정신과 의사 진료에 가끔 가지 않으려 해도 대개는 설득해서 가도록 할 수 있었다. 하지만 이제 18살 성인이 되고 나니 시급한 치료조차 받게 만들 수 없다. 그 애에겐 여전히 도움이 필요하다는 것을 우리 거의 모두가 알고 있다. 캐런 자신만 빼고.

| 경계성인 아이와 정상 청소년의 비교 |

일부 임상전문가들은 경계성 성격장애가 있는 십대와 평균적인 청소년을 구별하는 것은 불가능하다고 주장한다. 하지만 그것은 명백히 사실이 아니다. 능력 있는 심리상담사나 치료사가 일시적으로 우울한 내담자(來談者, client)와 임상적 우울증으로 고통받는 내담자를 구분할 수 있는 것처럼, 능숙한 정신건강 전문가는 정상적인 청소년 행동과 경계성 성격장애 행동을 구별할 수 있다.

자녀가 파랗게 염색한 머리를 모호크 인디언 스타일로 깎고, 몸의 몇 군데 당신이 눈살을 찌푸리는 곳에 피어싱을 할 수도 있다. 당신을 향해 맙소사 하듯 눈을 위로 굴리고, 자기 방 청소하는 걸 거부하고, 때로는 발칵 화를 내고는 제 방으로 가서 문을 쾅 닫을 수도 있다. 그러나 이런 모든 것은 많은 십대들의 전형적이며 피상적인 행동일 따름이다.

이와 대조적으로, 경계성 성격장애가 있는 일부 청소년은 반복적으로 격한 분노를 표출한다. 그들은 물건을 던지고, 자신이나 남에게 신체적 상해를 입히고, 형제자매를(어쩌면 교사나 부모까지도) 공포와 불안에 떨게 만들 수 있다.

마찬가지로, 많은 청소년이 기분을 변화시키는 향정신성 약물을 시험적으로 복용한다. 그러나 가끔 마리화나(대마초)를 피우는 것과 메스암페타민(중추신경 흥분제로, 흔히 '필로폰, 히로뽕'이라고 한다. ─옮긴이)이나 헤로인에 의존하게 되는 것은 많이 다르다. (중독은 경계성 성격장애 아이들에게 흔한 일이다.)

많은 청소년은, 특히 자신의 삶이 좋지 않을 때 자해나 자살에 대한 생각을 잠깐씩 하지만 그런 생각을 행동으로 옮기는 경우는 거의 없다. 이에 비해, 경계성 성격장애 청소년은 자해나 자살, 혹은 둘 다를 시도할 위험이 크다.

랜디 크레거와 크리스틴 아더멕, 대니얼 로벨은 공저서 『경계성 성격장애 자녀 대처법』에서 경계성 성격장애인 십대와 일반적인 청소년을 자세히 비교한다.

다음 표는 거기서 든 예들을 압축해 정리한 것이다.

〈일반적인 청소년 행동과 경계성 성격장애 행동의 비교〉

전형적인 십대	경계성 성격장애가 있는 십대
주변의 다른 십대들이 하기 때문에 자신도 한 번쯤 커팅 (cutting) 즉 몸을 긋는 것 같은 자해를 해 볼 수 있다. 하지만 아파서 그만둔다.	커팅을 시도할 수 있다. 그리고 그럴 때마다 자신이 실재한다는 느낌, 그리고 살아 있다는 느낌이 더 강렬해진다는 걸 알게 된다. 시간이 지남에 따라 커팅은 그들이 상황에 압도되어 어쩔 줄 모르거나 마음이 상하고 동요할 때 대처하는 방법의 일부가 된다.
가끔 또는 반복적으로 밤 11시인 귀가 시간을 어기고 자정께나 집에 들어올 수 있다. 그럴 경우 뉘우치거나 미안해한다.	밤새 나가 있다가 오전 5시나 그 이후에 들어와서는 부모에게 자기가 뭘 하든 상관 말라고 대든다.
더이상 부모를 절대 오류가 없거나 영웅적인 사람으로 보지 않고 보통의 인간으로 본다.	부모가 자신과 관련해 가장 최근에 한 일(예컨대 자기가 가장 좋아하는 음식을 해 줬다거나, 칭찬을 했다거나, 꾸중을 했다거나 자기 요구를 거부했다거나)에 따라 완벽하거나 최악의 부모로 본다.
마리화나 피우기를 몇 번 시도한다.	마리화나가 너무 진부하다고 생각한다. 필로폰(메스암페타민), 엑스터시, 옥시코돈 따위 위험하거나 중독될 수 있는 약물을 써 본다. 그들은 뭔가 다른 느낌, 더 나은 느낌을 원한다고 말한다.

남자 친구와 말다툼을 하고 마음이 상해서는 부모에게 "내 기분을 전혀 이해할 수 없을 거야"라고 말한다.	남자 친구와 말다툼을 하고 마음이 크게 상해서 남자 친구가 이제 자신을 멸시한다고 믿는다. 부모에게 "내가 보잘것없고 나쁜 사람이기 때문이겠지. 아니, 사실은 바로 걔가 보잘것없고 나쁜 놈이야. 죽었으면 좋겠어"라고 말한다.
성적이 오를 때까지 전화 통화 시간을 제한하는 것 같은 규제에 대해 부모에게 화를 낸다.	통화 시간 제한에 대해 부모에게 분노하며 "내 전화기를 돌려주지 않으면 아동보호 서비스(CPS)에 학대 신고를 할 거야"라고 말한다. 부모가 제한을 풀지 않으면 아이는 정말로 CPS에 전화를 걸고, 그 결과 가족에 대한 조사가 시작된다.
의견 차이로 엄마와 다투고는 기분이 상해서 문을 세게 걷어차 페인트가 벗겨진다.	의견 차이로 엄마와 다투고 화를 펄펄 낸다. 유리잔을 여러 개 문에 던져 박살을 낸다. 어쩌면 고의적으로 깨진 유리조각을 밟아 많은 피를 흘린다. 엄마는 119에 전화해야 한다.

| 경계성 성격장애 청소년의 치료 |

보통의 청소년은 나이가 들면서 청소년 시기의 행동에서 벗어난다. 그러나 경계성 성격장애가 있는 청소년은 치료를 받지 않는 한 행동을 바꾸지 않으며, 행동이 훨씬 더 악화될 수도 있다.

경계성 성격장애가 있는 십대에 대한 효과적인 치료법에는 일반적으로 다음과 같은 것이 있으며, 이중 두 가지 이상을 함께 쓸 수도 있다.

- 변증법적 행동치료(DBT)
- 인지행동치료(CBT)
- 숙련된 치료사 나름의 치료법 조합
- 약물치료

각각에 대해 자세히 살펴보겠다.

변증법적 행동치료(DBT, dialectical behavior therapy)

청소년에게 맞도록 효과적으로 조절된 변증법적 행동치료는 자해나 자살 시도 성향이 있는 청소년에게 자주 사용된다. 숙련된 전문가가 변증법적 행동치료를 잘 활용하면 치료 대상인 십대로 하여금 스스로가 인식하는 현실이 남들이 보는 자신 및 자신의 상황과 크게 다를 수 있다는 것을 받아들이는 데 도움을 줄 수 있다. 그들이 자기 생각이 틀렸다고 결론 내리기를 기대하지는 않는다. 그보다는 그저 남들은 자신과는 전혀 다른 견해를 가질 수 있다는 사실을 받아들이는 법을 배우게 된다. 전문가들은 변증법적 행동치료가 십대들이 자신의 감정을 더 잘 수용할 수 있게 해 주며, 스스로의 생각을 통해 문제되는 감정들을 바꾸는 일도 도와준다고 말한다.

조절되지 않은 감정은 경계성 성격장애를 지닌 사람 대부분에게 큰 문제일 수 있다. 경계성인 청소년은 감정이 통제할 수 없게 격해지면 충동적, 자기파괴적으로 행동하는 수가 많다. 그들은 자신의 강렬한 감정에 대처하는 방법을 전혀 모르는 것이다. 변증법적 행동치료는 이런 감정들에 대처하고 그걸 관리하는 법을 배우는 데 도움이 된다.

인지행동치료(CBT, cognitive behavioral therapy)

인지행동치료는 미국에서 매우 흔하게 사용되는 요법이다. 이 치료는, 많은 사람이 비합리적인 생각들을 자신의 삶을 영위하는 원리로 삼으며 그 때문에 괴로움을 겪는다는 전제에 근거한다. 유능한 인지행동치료사는 시간이 지나면서 내담자에게 가장 흔한 인지적 왜곡들이 뭔지 밝혀낸다. 이런 흔한 왜곡 중 하나는 어떤 목표의 달성에 실패하면 자신의 삶이 파괴되리라고 상상하는 '파국화(catastrophizing, 안 좋은 일을 확대 해석하여 그것이 최악의 결과를 가져오리라고 생각하는 인지 왜곡 현상—옮긴이)'다. 예를 들면, 경계성 성격장애가 있는 어떤 십대는 수학 시험에서 F를 받고 나서는 이제 자신의 인생은 끝났다고 생각할 수 있다. 이런 경우, 치료사는 수학 시험에 실패하는 것이 좋은 일은 아니지만, 그게 정말로 재앙이라 할 정도는 아니라는 점을 그 십대가 깨닫도록 도울 것이다. 나아가, 수학 과목의 개인 지도를 받고 수학 공부에 더 많은 시간을 할애하는 등 미래에 더 나은 결과를 창출할 조치들을 제시할 수 있다.

맞춤형 치료 조합

대부분의 치료사는 이런저런 요법을 조합해서 쓴다. 예컨대 인지행동치료와 함께 변증법적 행동치료의 어떤 부분들—가령 내담자의 감정을 타당화, 즉 이해하고 인정하는 것 등—을 사용할 수 있다. 또 어떤 치료사들은 수용-전념치료(acceptance and commitment therapy, ACT), 해결중심치료(solution-focused [brief] therapy, SFBT, 해결책중심[단기]치료), 안구운동 민감소실 및 재처리요법(eye movement desensitization and reprocessing, EMDR) 등의 방법을 나름대로 조합해 사용할 수도 있다. 좋은 치료사는 내담자에게 세심한 주의를 기울이고 그의 필요에 맞춰 치료 방법을 선택한다.

그렇긴 해도, 뛰어난 치료사 중엔 한 가지 유형의 치료를 전문으로 하는 사람이 적잖다. 특정 유형의 치료가 자녀에게 잘 맞는다면 다른 치료적 접근법을 추가하지 않아도 되며, 따라서 당신이 그런 요구를 할 필요도 없다.

약물치료

약간 충격적이겠지만, 성인이나 아이들의 경계성 성격장애 치료용으로 미국 식품의약국(FDA)의 승인을 받은 약물은 없다. 대신 정신과 의사들은 특정한 문제와 특성들을 치료하기 위해 이른바 '오프라벨(off label)' 약물을 사용한다('오프라벨'이란 해당 품목 허가 시에 명시된 것 이외의 용도로 사용되는 의약품을 뜻한다.-옮긴이). 자녀를 위한 약물과 관련된 모든 결정은 자격을 갖춘 숙련된 임상의 등 전문가가 해야 하며, 물론 당신과 상의해야 한다.

정신과 의사 블레이즈 아기레의 저서『청소년의 경계성 성격장애』에 나오는 설명에 따라 경계성 성격장애가 있는 십대에게 단독으로 또는 조합하여 널리 처방되는 약물들을 요약 정리하면 다음과 같다. (여기서 주목할 점은, 현재까지 이러한 약물들과 그것이 경계성 성격장애에 미치는 영향에 관한 모든 연구가 성인만을 대상으로 수행되었다는 것이다.)

〈청소년의 경계성 성격장애 치료에 사용되는 약물〉

약의 유형	예	효과
소량의 항정신병 약물 (신경이완제)	성분명 올란자핀(상품명 자이프렉사), 상품명 아빌리파이(성분명 아리피프라졸), 세로켈(성분명 쿠에티아핀), 리스페달(성분명 리스페리돈)	불안, 편집증, 분노/적대감, 우울과 대인관계 민감성 등을 완화한다.
항우울제	상품명 프로작(성분명 플루옥세틴), 졸로프트(성분명 설트랄린), 팍실(성분명 파록세틴)과 성분명 플루옥세틴(상품명 프로작, 사라펨 등), 플루복사민(상품명 듀미록스, 루복스 등)을 포함한 선택적 세로토닌 재흡수 억제제들(SSRIs) 성분명 이미프라민(상품명 토프라닐 등)과 같은 삼환계 항우울제들	불안, 우울, 급격한 기분 변화를 완화한다. 활력을 높이는 효과가 있을 수 있다.

기분안정제	상품명 데파코트(성분명 밸프로에이트), 토파맥스(성분명 토피라메이트), 라믹탈(성분명 라모트리진)	과민성, 분노 및 충동적 공격성을 감소시킨다.

　이 모든 약물에는 부작용이 있음에 유념해야 한다(유감스럽게도 경우에 따라선 자살 충동을 유발하기도 한다). 이상적으로는 한 명의 의사가 자녀의 정신과 약물과 기타 질병에 대한 약물 모두를 책임지고 처방하는 게 좋다. 경계성 성격장애 청소년을 위한 약물의 자세한 지침은 아기레의 『청소년의 경계성 성격장애』를 참조하라.

　경계성 성격장애가 있는 아이들은 일반적으로 시간이 지남에 따라 여러 임상전문가를 만나기 때문에 처방받는 약이 아주 많아지기 쉽다. 당신의 자녀가 이런 경우라면 당신이 약을 잘 관리해야 한다. 다음과 같이 아이의 모든 약을 하나하나 자세히 설명한 문서를 작성하는 (그리고 필요에 따라 업데이트하는) 것이 아주 중요하다.

- 이름(가급적 상품명과 일반명[성분명]을 모두 적는 게 좋다)
- 현재 복용량(일회 투여량과 빈도)
- 이전 복용량(변화가 있는 경우)
- 목적
- 부작용(발생 가능한 것과 관찰된 것)
- 유효성(또는 그것의 결여)에 대한 당신의 최선의 판단

　자녀가 의사 등 임상전문가를 새로 만날 때마다 그 시점에 사용 중인 모든 약물에 대한 위와 같은 정보를 제공하는 것이 매우 중요하다.

| 숙련된 치료 전문가 찾기 |

기술, 훈련 및 경험이 최적으로 결합된 재능 있는 정신건강 전문가를 찾는 일은 그리 쉽지 않을 것이다. 이상적인 치료사는 다음과 같은 사람이다.

- 청소년을 포함한 경계성 성격장애 환자들을 치료한 경험이 많다.
- 당신 자녀와의 치료 세션(session, 회기) 내용에 관한 비밀 유지의 원칙을 어기지 않으면서 그 아이에 대해 당신과 솔직하게 터놓고 이야기하려 한다.
- 자녀를 위한 치료의 목표가 무엇인지, 진척이 있으려면 몇 번의 치료 세션이 필요한지를 명확히 제시한다.

당신이 아는 한 당신이나 다른 누군가가 그 아이를 학대했던 적이 없는데도 치료사가 그런 적이 있다고 가정한다면 이를 큰 위험 신호로 간주하라. 어떤 집단에나 그런 아이가 있는 것처럼, 경계성 성격장애 청소년의 일부는 학대받거나 방치된 적이 있을 수 있다. 하지만 대부분은 그렇지 않다. 치료사는 당신의 자녀를 지지하고 옹호하는 사람이어야 하지 결코 당신의 공공연한 적이 되어서는 안 된다.

당신은 또한 당신의 자녀가 나아질 수 '있다고' 생각하는 치료사를 택해야 한다. 경계성 성격장애가 있는 사람은 어떤 식으로도 개선될 수 없으며, 따라서 실패할 수밖에 없다고 믿는 치료사는 당신의 자녀에게 부적절한 치료사다.

경계성 성격장애는 치료하기 어려운 장애지만 헌신적이고 재능 있는 치료사의 도움을 받으면 확실히 치료가 가능하다. 자녀의 문제에 대해 쉽고 빠른 해결을 요구하거나 기대해서는 안 되지만, 치료사의 근본적 관점이 희망적인 게 아니라면 그는 당신의 아이를 돕기에 적절한 사람이 아니다.

마지막으로, 당신의 직감을 따르라. 전문가가 겉으로는 괜찮아 보이지만 당신 내면의 무언가가 "안 돼, 안 돼, 안 돼!"라고 외친다면, 그 내면의 소리를 들으라. 뭔가 문제가 있을 수 있다. 딱히 짚어 낼 수는 없지만 말이다. 당신의 직관적 느낌을 믿으라.

치료사 후보에게 다음과 같은 질문들을 해 보는 게 좋을 것이다:

1. 아동이나 청소년이 경계성 성격장애 증상을 보일 수 있다고 생각하는가? (물론 정답은 "그렇다"이다.)

2. 나와 정기적으로 만나 아이 일이 어떻게 되어 가는지에 대해 이야기를 나눌 것인가? 내가 걱정되거나 묻고 싶은 게 있으면 전화를 해도 되는가? (당신의 자녀가 18세 이상인 경우를 제외하고는 두 가지 모두 "그렇다"라고 답해야 한다.)

3. 내 아이를 도울 수 있다고 생각하는가? (누구도 치료의 성공을 보장할 수는 없지만, 좋은 대답은 "그렇다", "아마도", "가능성이 매우 크다", 그리고 "나는 당신의 자녀가 나아질 수 있다고 확신한다" 등이다.)

4. 경계성 성격장애를 가진 청소년은 모두 학대를 받았다고 생각하는가? 아니면 이 장애를 후천적인 양육과 환경뿐 아니라 유전 등 타고난 본성 때문이기도 하다고 보는가? (첫 번째 질문에는 "아니요", 두 번째 질문에는 "예"라고 답해야 한다.)

5. 내담자를 돕기 위해 어떤 종류의 치료법을 사용하는가? (좋은 선택은 변증법적 행동치료, 인지행동치료, EMDR, 수용전념치료, 기타 경계성 성격장애에 대한 효과가 입증된 치료법들이다.)

| 당신의 배우자와 가족 |

자녀에게 경계성 성격장애가 있으면 부모의 결혼 생활에도 어려움이 생기게 마련이다. 당신과 파트너(결혼한 사람 즉 배우자일 수도 있고, 아닐 수도 있다.–옮긴이)는 한 팀으로 양육을 해야 한다. 여기엔 늘 서로에게 힘을 실어주는 것이 포함되며, 어느 한쪽이 상황에 압도되거나 낙담했을 때 특히 그렇다. 한 팀이라는 것은 또한 두 파트너 중 하나가 경계성 성격장애 자녀를 양육하는 일의 크고 힘든 부분을 짊어질 필요가 없도록 할 일과 책임을 나누거나 번갈아 맡는 것을 의미한다. 나아가 자녀 양육의 모든 측면에서 확실하게 공동보조를 취함으로써, 아이가 두 사람을 갈라놓고는 둘 사이를 이간질할 방도를 찾지 못하게 하는 걸 의미한다. 경계성 성격장애가 있는 자녀를 양육하는 일은 기나긴 롤러코스터 타기다. 하지만 파트너와 같은 자리에 함께 앉아 있으면 견뎌 내기가 훨씬 쉽다.

아이를 키우는 데는 본디 비용이 많이 든다. 아이가 경계성 성격장애인 경우엔 추가적으로 큰 비용이 들어가는 게 보통이다. 자녀가 거주치료(생활치료) 프로그램에 들어가야 하는 경우, 좋은 건강보험에 가입해 있더라도 본인부담금이 꽤 많이 들 수 있다. 자녀가 여러 전문가에게 다닐 필요가 있다면, 지불할 청구서도 여러 장이 될 테다. 이것은 주어진 조건, 기정사실이지 올바른 계획이나 전략, 태도로 피할 수 있는 게 아니다. 그러니 그냥 받아들이고, 그걸 관리하는 데 최선을 다하라. 매우 어려운(심지어 가슴이 미어지는) 선택들을 해야 할 수도 있음을 알라. 그리고 당신의 상황이 특이한 것이 아님을 상기하라. 경계성 성격장애 자녀를 둔 다른 많은 부모들도 비슷한 선택에 직면한다.

자녀가 두 명 이상인 경우 자녀 모두의 필요를 고려하는 것이 중요하다. 경계성 성격장애가 있는 아이에게 당신의 관심 대부분 또는 전부를 기울이고 싶은 생각이 들 수도 있다. 필요의 정도가 가장 큰 자녀가 그 아이이기 때문이다. 그러나 다른 자녀들이 상대적으로 행동을 바르게 하고 스스로 알아서 지낸다고 해서 그들에게 당신의 사랑과 관심과 지지가 필요치 않다는 것은 아니다. 그들 역시 그런 것들이 필요하다.

경계성 성격장애가 있는 아이의 형제자매는 대부분 자기들이 부모의 관심을 거의 받지 못한다고 불평한다. 이런 불평은 대개 정당한 것이다. 드러내 놓고 불평하지 않을 수도 있지만, 그렇다고 모든 게 괜찮다는 뜻은 아니다. 속으로는 외롭고 화가 날 수 있다.

마치 줄타기를 하듯 자녀들 사이에서 균형을 잡는 일이 얼마나 어려운 일일 수 있는지 우리는 잘 안다. 때로 당신은 경계성 성격장애가 있는 아이를 키우는 것 자체가 당신의 능력을 넘어서는 일이라고 느낄지 모른다. 그게 정상이다. 경계성 자녀를 둔 모든 사람이 가끔은 그렇게 느낀다. 당신은 '절대' 혼자가 아니다.

상황이 정말 어려워지면 당신이 처한 상황이 당신이나 파트너의 잘못 때문이 아님을 상기하고, 필요하면 파트너에게도 상기시키라. 경계성 성격장애에는 뇌 화학과 뇌 구조 둘 다가 관련된 광범한 생물학적 요소가 있다. 그것들은 당신이 통제할 수 없는 것이며, 앞으로도 그럴 터이다.

경계성 성격장애 자녀가 있는 다른 부모들과도 교류하고 손잡으라. 혼자 끙끙대지 말라(구체적인 지지 자원에 대해서는 '부록 C'를 참조하라). 또한 권하건대, 당신이 중심을 잡고 초점을 유지하고 따뜻한 마음으로 현실적인 태도를 견지하는 걸 도와줄, 당신 자신을 위한 치료사를 찾으라.

| 경계성 성격장애 아이와 경계 |

일반적으로 청소년들은 개인적 경계를 세우거나 지키는 걸 잘 못한다. 그들은 거의 언제나, 당신이 관여하거나 관심을 가질 어떤 것보다도 자신의 순간적 욕구들을 더 중요하게 여긴다.

경계성 성격장애가 있는 십대는 당신을 포함해서 다른 사람의 개인적 경계를 전혀 존중하지 않는 게 보통이다. 따라서 당신은(그리고 당신의 파트너도) 자녀와의 개인적 경계를 설정하고 유지하는 일을 각별히 신경 써서, 한결같이, 그리고 강한 의지를 담아서 해야 한다. 이러한 경계들은 아주 명확하게 그어지고, 명료하게 전달되고, 철저하게 일관성이 있어야 하며, 전혀 모호하지 않아야 한다(예컨대, 항상 7시까지는 집에 와서 함께 저녁 식사를 해야 한다고 아이에게 말했다면, 7시 1분에 귀가했다 해도 약속을 위반한 것이라는 얘기다. 5시에 시작하는 영화를 보러 갔는데 예상보다 영화가 늦게 끝나서 그랬다 해도 마찬가지다).

아이는 이러한 경계들을 계속해서 시험하고, 밀쳐 보고, 반론도 펴고, 위반도 할(또는 그러려고 시도할) 것이다. 당신은 경계를 엄격히 유지하고, 위반이 불러올 좋지 못한 결과, 말하자면 벌칙들을 명확히 정해 둔 다음, 위반 시에는 예외 없이 그 결과가 뒤따르게 해야 한다. 경계에 대한 이러한 세심한 주의는 가족이 아이의 행동으로 인한 혼란에 휩싸이지 않게 하는 데 도움이 될 것이다.

실행할 수 없거나 실행하지 않을 결과는 절대 설정하지 말라. 그리고 반드시 일관성을 보여야 한다. 아이의 유아 시절 차에 태우고 나갈 때마다 그 애를 유아용 카시트에 앉혔던 것처럼 말이다. 경계성 성격장애 아이의 경우, 일관성을 깨는 것은 아무런 경계를 두지 않는 것보다 더 나쁘다.

아이가 아무리 빌고 애원하며 앞으로 잘하겠다고 약속해도—또는 나치보다 더 나쁘다고 당신에게 격렬히 화를 내더라도—당신은 경계를 확고하게 지키고 예고한 결과를 일관되게 실행해야 한다. 그러지 않으면 아이는 당신의 말이 별로 중요하지 않다는 것을 알게 될 테다. 그러니 아이의 눈물과 고함과 비난을 굳세게 버텨 내야 한다.

경계와 위반 시의 결과를 설정하고 실행하는 것은 자녀의 행동을 직접적으로 바꾸려는 것이 아님에 유념하라. 경계는 '당신'을 위한 것이다. 가족이 안전하고 안정되도록 '당신'이 취하는 조치다.

그러니 예를 들어 자녀가 자동차 사용권을 남용하는 경우 당신이 미리 말했던 것처럼 아이한테서 자동차 키를 회수하라. 그리고 그 행동을 자녀를 통제하거나 처벌하려는 시도가 아니라 당신 가족의 안정과 통합을 유지하기 위한 방법이라고 생각하라.

| 치료와 돌봄의 총괄 관리자가 되라 |

시간이 지남에 따라 당신의 아이는 많은 임상전문가를 만나고, 그들에게서 두 가지 이상의 진단명을 받고, 기관과 클리닉 여러 군데를 다니면서 이런저런 프로그램에 참여하게 될 수 있다. 좋든 싫든 당신은(또는 당신과 파트너는) 아이의 치료와 돌봄을 총괄하는 CEO가 되어야 한다. 당신은 계획과 일정 수립, 각종 조정, 예산 편성, 아이에게 이런저런 사항을 상기시키기, 전문가와의 의논, 의사결정 등을 해야 하며, 대개는 운전도 해야 한다. 다른 누군가가 이러한 역할을 해 주거나 책임져 줄 것이라 기대하지 말라. 그런 일은 일어나지 않을 테니까. 모든 것을 놓치지 말고 세세하게 기록해 놓으라. 그리고 어느 누구도 당신의 아이를 당신만큼 걱정하지는 않는다는 것을 명심하라.

아이와 관련된 사건과 사고, 아이의 삶의 변화를 일지로 계속 적어 두기를 권한다. 당신이 아이의 행동 패턴을 파악하는 데 도움이 될 것이다. 또한 임상전문가나 사회복지사 등 다른 사람들이 아이에 대해 물어볼 수 있는 것들에 답변할 때 쉽게 참고할 자료도 된다.

다음은 부모가 기록하는 일지의 전형적인 한 페이지다. 명확하고 읽기 쉽다면 어떤 형식으로 기록하든 상관없음은 물론이다.

날짜	기관/장소	메모
20-11-5	클리닉	사우스 선생 진료 예약일. 마크의 프로작을 40mg으로 증량
20-11-5	학교	수학 교사 미즈 그완디 면담. 마크가 이번 학기에 숙제를 여섯 번 안 냈고, 세 번 지각했으며, 가끔 '수다스럽다'고 함
20-11-15	클리닉	오늘은 가족치료를 함. 주제는 우리와 마크의 '기대'
20-12-4	집	마크가 심하게 분노를 터뜨림. 자살하겠다고 위협했지만 한 시간 만에 진정됨. 우리가 자기를 신뢰하지 않는다고 말함. 우리는 '그렇다. 네가 어젯밤 집에서 정한 귀가 시간보다 두 시간 늦게 들어왔으니까'라고 답함
20-12-6	경찰	마크가 미성년자 음주로 걸려 경찰서에 갔다가 우리에게 인계됨. 마크는 그날 처음 만난 두 여자애와 함께 있었음
20-12-7	집	마크의 손목에서 베인 상처를 발견. 표재성 출혈. 마크는 많이 울었고, 우리를 겁먹게 한 데 대해 기분이 좋지 않다고 말함

| 전문가와 공조하되 결정은 당신이 |

많은 부모들은 정신건강 전문가들을 어려워한다. 하지만 이 점을 기억하라. 그들이 돕는 사람은 당신의 아이지만, 실은 당신과 당신 가족 전체를 위해 일하는 것임을. 그들의 직업적 견해와 전문성을 존중하되, 항상 그들이 옳다고 가정하지는 말라. 열린 마음으로 듣고, 질문하고, 잘 이해가 안 되거나 뭔가 아닌 것 같으면 그렇다고 말하고 더 자세한 설명을 요구하라.

궁극적으로 당신은(또는 당신과 파트너는) 그것이 새로운 약물이든, 다른 유형의 치료법이든, 전문가가 추천할 수 있는 여타의 어떤 선택이든, 자녀에게 가장 좋은 것이 무엇인지를 스스로 결정해야 한다.

직감에 유의하는 것도 중요하다. 누군가가 당신에게 아무리 강권하더라도, 내면의 목소리가 이건 정말 아닌 것 같다고 하면 동의하지 말라. 이는 모든 정신질환 진단에서 특히 그렇다. 자녀를 속속들이 알고 있는 아버지나 엄마로서 당신은, 아이를 평가할 시간이 짧을 수밖에 없는 임상전문가보다 더 나은 판정자일 수도 있다. 그리고 명심하라. 자녀가 18세가 될 때까지는 최종 결정은 당신의(또는 당신과 파트너의) 몫이라는 것을.

| 아이 주위를 맴돌지 말고 보상과 벌칙으로 |

이른바 '헬리콥터 부모'는 항상 혹은 대부분의 시간을 자녀 주위에서 맴돌다가 아주 사소한 것이라도 잘못되거나 그럴지 모른다 싶으면 즉각 들이닥쳐 좋지 않은 결과로부터 자녀를 구해 낸다.

자녀에게 심각한 정신건강 문제가 있을 때는 이런 역할에 빠지기 쉽다. 강조하건대, 이 같은 유혹에 저항하라. 경계성 성격장애가 있는 경우를 포함해서 모든 아이들은 자신의 실수에서 배워야 한다. 자전거 타는 법을 배울 때도 누구나 몇 번은 넘어진다. 자녀의 건강이나 복지가 정말로 크게 위험해지는 게 아니라면, 한 발짝 물러서서 자녀가 삶에서 교훈을 얻도록 하라.

하지만 아이가 뭔가를 제대로 했을 때는 꼭 보상을 하라. 그 애가 뭔가를 올바르게 하지 않고 있다면 행동을 바꾸도록 인센티브 즉 장려책을 부여하라. 이보다 더 좋은 방법은, 변화를 보이면 보상하겠다고 약속한 뒤 실제로 변하면 보상을 하고 변하지 않으면 부정적인 결과를, 말하자면 벌칙을 주는 것이다.

예를 들어, 당신의 아들 잭이 학교에 여러 차례 지각했다고 하자. 잭에게, 주중에 한 번도 지각하지 않으면 금요일 밤에는 밤늦게까지 자지 않고 놀아도 괜찮다고 약속하라. 그러나 다음 주에 단 한 번이라도 지각하면 그 다음 일주일 동안은 매일 방과 후에 개를 긴 시간 산책시켜야 한다. (물론 어떤 보상을 할지는 당신의 아이에게 맞추어 정해야 한다. 아이가 개와 산책하는 걸 아주 좋아한다면 그것을 벌칙 아닌 보상으로 활용하라.)

| 양육에 대한 전문가의 귀띔 |

『감정이 격렬한 십대 자녀 양육하기(Parenting a Teen Who Has Intense Emotions)』(2015)라는 책에서 저자 팻 하비와 브릿 H. 래스본은 유용한 조언을 아주 많이 제공한다. 우리는 이 책을 강력히 추천하며, 그들이

'BALANCED(균형 잡힌)'라는 두문자어(頭文字語)로 부르는, 부모 노릇하기의 효과적인 수칙들에 당신이 주목했으면 한다. BALANCED의 여덟 글자는 각기 큰 도움이 되는 중요한 개념을 나타낸다. 저자들의 허락을 받아 그 목록을 소개하고, 각각에 대한 우리 나름의 생각을 덧붙이겠다.

BALANCED는 다음을 의미한다.

- 당신 자신도 변화를 꺼리지 말라(**B**e willing to change)
- 변화를 위해서는 수용이 필요하다(**A**cceptance is necessary for change)
- 새로운 기술과 전략을 배우라(**L**earn new skills and strategies)
- 수용하면 고통이 덜하다(**A**cceptance leads to less suffering)
- 여러 관점이 각기 지닌 타당성에 주목하라(**N**ote the validity in multiple points of view)
- 행동을 바꾸는 일은 어렵지만 꼭 필요하다(**C**hanging behaviors is hard and necessary)
- 장단점을 두루 평가하라(**E**valuate pros and cons)
- 스트레스 상황에서는 잠시 주의를 다른 데로 돌리라(**D**istract temporarily from stressful situations)

당신 자신도 변화를 꺼리지 말라

자녀를 돕기 위해서는 때때로 새로운 발상을 배우고 오래된 관념들을 버려야 한다. 예를 들어, 아이가 당신에게 소리를 지르면 당신도 고함을 치는 것이 자연스럽고 마땅해 보일 수 있다. 그러나 당신의 고함은 아이의 행동을 악화시킬 수 있다. 그러지 말고 부드럽게 말하라. 일반적이고 자연스러운 반응과는 어긋나는 것이지만, 그렇게 해 보라.

변화를 위해서는 수용이 필요하다

변화를 이끌어 내는 과정의 첫머리는 현재의 상황을 받아들이는 것이다. 예컨대 당신은 항상 자녀가 좋은 성적을 올리길 원하지만 그 애가 받아 오는 것은 D나 F일 경우, 자녀의 향상을 돕는 첫 단계는 이 점수들이 현재의 노력과 몰입 수준을 반영한다는 사실을 받아들이는 것이다.

새로운 기술과 전략을 배우라

경계성 성격장애에 대처하는 새롭고 더 나은 방법들을 당신 스스로가 배워 놓으면, 아이가 자신의 증상에 더 잘 대처하도록 도울 수 있다. 예를 들어, 당신은 기본적인 마음챙김 기법이나 보다 효과적인 경청의 기술을 워크숍에 참가해서 배울 수 있다.

수용하면 고통이 덜하다

자녀에게 심각한 문제들이 있다는 것, 그리고 그 대부분 혹은 전부가 당신의 잘못 때문은 아니라는 것을 받아들이면 당신은 엄청난 부담에서 벗어날 수 있다. 또한, 자녀에게 경계성 성격장애가 있다는 사실을 일단 확인해 받아들이고 나면 더 이상 문제가 무엇인지 궁금해하느라 시간을 보낼 필요가 없다. 그래서 아이를 돕기 위한 계획을 세우고 구체적인 전략을 짜는 단계로 넘어갈 수 있다.

여러 관점이 각기 지닌 타당성에 주목하라

아이의 관점을 바꾸어 당신의 것과 일치시키려고 시간과 에너지를 소모하지 말고, 당신의 관점을 그저 사물을 보는 많은 방법들 중 하나로 생각하라. 아이의 관점이 누구에게도 위협이 되지 않는 한, 자신의 신념과 의견을 갖게 놔두라. 게다가 신념과 의견은 어차피 시간이 지나면 달라질 가능성이 크다.

행동을 바꾸는 일은 어렵지만 꼭 필요하다

변화는 쉽고 빠르게 진행되는 경우가 거의 없다. 이는 당신과 자녀의 경우에도 마찬가지다. 또한 행동하는 것, 말하는 것을 바꿀 때까지는 아무것도 개선될 수 없다.

그렇다고 당신이 바라는 모든 변화가 언젠가는 실현 가능하다는 얘기는 아니다. 당신의 아이가 변화의 대부분 또는 전부에 강력하게 저항한다면 더욱 그렇다. 그럼에도 우리는 당신에게 보장할 수 있다. 적어도 어떤 긍정적인 변화는 가능하다는 걸 말이다. 설사 아이의 병이 더 심해지더라도, 그 애와의 관계를 더 잘 관리하기 위해 당신이 할 수 있는 일들이 있다.

장단점을 두루 평가하라

자녀에 관한 결정을 내릴 때, 한 가지 이점이나 결점에만 초점을 맞추지 말라. 결정 대상인 사안의 모든 장단점을 나열한 다음 그것들을 비교 검토하라. 다음에 무엇을 해야 하는지를 더 명확하게 아는 데 도움이 된다.

스트레스 상황에서는 잠시 주의를 다른 데로 돌리라

아이가 최악의 상태—당신에게 악을 쓰고, 세상에서 제일 나쁜 부모라고 비난하고, 불합리한 요구를 반복하는 등의 상태—에 있을 때는 그 맥락에서 완전히 벗어난 말을 하여 아이의 주의를 딴 데로 돌리라. "저기 지나가는 멋진 빨간 컨버터블은 누구 차지?" "배가 너무 고프네. 당장 뭘 좀 먹어야겠어!" 이 같은 주의 분산 방식은 좀 우스꽝스러워 보일지 모르지만

(사실 그렇다), 놀랍게도 자주 효과를 보인다.

당신 자신의 경우도 마찬가지다. 궁지에 몰렸다거나 희망이 없다고 느낄 때는 주의를 다른 데로 돌려 보라. 자신의 상황을 곱씹지만 말고 산책을 하거나, 영화를 보거나, 친구에게 전화를 걸라(이때도 경계성인 자녀 이야기는 하지 말라).

『경계성 성격장애 자녀 대처법』의 공저자인 크리스틴 아더멕은 경계성 성격장애 청소년의 부모들에게 자신의 귀중한 통찰을 전하고 있는데, 그 중 키포인트들을 아래에 요약했다. 몇 가지는 우리가 이 장에서 지금까지 제시한 조언들과 상통한다.

1. *매일 아이의 감정을 인정해 주라.* 이를 실행하는 몇 가지 좋은 방법이 있다.
   —아이가 말할 때는 철저히 집중하여 주의 깊게 경청하라. 그런 다음 들은 내용을 당신의 말로 요약하고, 혹 잘못 이해한 부분이 있다면 아이로 하여금 바로잡게 하라.
   —아이가 감정을 표현할 때 왜 그런 느낌이 드는지 이해한다고, 당신도 그렇게 느낀 적이 있다고 말하라(당신이 실제 그랬었다면).
   —아이의 기분에 맞추어 주라. 즉, 그 기분을 반사하라. 아이가 행복하다면 함께 행복한 듯 행동하라. 그들이 우울해하거나 슬퍼한다면, 당신이 그들의 감정을 같이 느낄 수 있다는 걸 몸짓이나 목소리, 표정으로 보여 주라.
   —아이가 느끼고 있지만 드러내지는 않는 감정을 당신이 짐작할 수 있다면—예컨대 그들이 분명 화를 내긴 했으나 그 분노 뒤에 슬픔이 있음을 느낀다면—그 감정도 언급하라.

이 같은 인정은 아이의 감정 '배후에' 자리한 (당신에게는 말이 안 되는 것일 수 있는) 이유나 논리와는 전혀 관계가 없음을 이해하는 게 매우 중요하다. 인정은 또한 그러한 감정이 얼마나 현실적이거나 적절해 보이는지와도 무관하다. 자녀가 3+3=6이라는 데 대해 엄청 화를 낸다면, 여기서 진실은 자녀가 화를 내고 있다는 것이며, 당신이 인정하는 것도 그 점이다. 이 인정은 '오로지' 감정에 대한 것이다. "아이가 느끼는 것이 만약 사실이라면, 나 같으면 어떤 기분이 들까?"라고 상상해 보면 도움이 될 테다. (경계성 성격장애나 자기애성 성격장애가 있는 사람들은 감정을 곧 사실로 생각한다는 것을 기억하라.) 한 어머니가 말하기를, 경계성 성격장애가 있는 아들의 감정을 마침내 인정하기 시작했을 때 아들은 행복의 눈물을 흘렸다고 한다.

2. *자신을 탓하지 말라.* 자녀에게 문제가 있는 것은 당신의 잘못이 아니다. 죄책감을 느끼거나, 당신이 대체 무슨 끔찍한 짓을 했기에 아이가 이렇게 되었는지 궁금해하느라 단 일 분도 낭비하지 말라.

3. *아이의 기분, 특히 시간대마다의 지배적인 기분을 차트로(또는 목록으로) 기록해 두라.* 이것은 형사가 단서를 찾듯이 당신이 아이의 기분 패턴을 찾는 데 도움이 될 수 있다. 그렇게 발견한 패턴들은 유사시에 일을 더 잘 처리하고 미래에 어떤 문제가 일어날 수 있는지를 예측하는 데 도움이 될 것이다. (하루는 보통 아침-낮-저녁-밤의 네 부분, 즉 네 시간대로 나눈다.─옮긴이)

4. *당신의 자녀를 위해, 경계성 성격장애에 대해 속속들이 알고 있는 최*

소한 한 명의 유능한 정신건강 전문가를 찾으라. 치료사는 재능 있고 배려심 많은 것만으론 충분치 않다. 경계성 성격장애에 대한 이해가 깊어야 하고, 그 장애가 있는 다른 많은 청소년을 다루어 본 경험이 있어야 한다. 이 점이 중요한 까닭은, 정상적인 청소년에게 일반적으로 효과가 있는 방법이 경계성 성격장애 청소년에게는 통하지 않는 경우가 많기 때문이다.

5. *당신 자신을(또는 당신과 파트너를) 위해 경계성 성격장애에 대해 속속들이 알고 있는 좋은 치료사를 찾으라.* 다시 말하지만, 그 병에 대해 아주 상세하게 알고 있는 사람만이 당신이 느끼는 것과 겪고 있는 일들을 깊이 이해하고 현명한 권고와 지침을 제공할 수 있을 것이다.

6. *자신을 희생하지 말라.* 부모들은 자식을 위해 너무 많이 희생하고 너무 많이 해 주면서, 자녀에게 자기 일을 스스로 처리하는 법을 배울 기회를 주지 않는 수가 많다. 경계성 성격장애가 있는 아이의 부모는 더욱 그러기 쉽다. 특히 아이가 소리를 지르고 격렬히 화를 내며, 당신이 꼭 하라는 것을 도저히 할 수 없다고 주장할 때 그렇다. 그러지 말고 선을 지키라. 자녀를 신체적 상해로부터는 보호하되 실패하는 것은 그냥 놔두고, 자신이 하거나 하지 않은 행동의, 또는 자신의 잘못된 결정의 고통스러운 결과에 시달릴 경우에도 내버려 두라.

7. *아이를 놀라게 하라.* 특히 아이가 화를 내거나 행동화(acting out)를 했을 때 그렇게 하라. 예를 들면, 그 애가 당신에게 분노를 터뜨릴 때 유치한 농담을 하거나 즐겁게 노래 몇 소절을 불러 보라. 그들이 뭔

가로 당신을 비난한다면 눈썹을 치켜올리고 눈을 부릅뜨고는 애들 같은 목소리로 "으에에에에에에엑! 나는 괴물이다!"라고 말하라. 혼란이나 당혹이 분노보다 낫다.

8. *성인 자녀가 당신 집에 살면서 가정의 규칙을 따르지 않는다면 쫓아내라.* 물론 나갈 준비를 할 적정한 시간적 여유를 주면서 통보하라. 그리고 아이가 허용한다면 이사하는 걸 도와주고, 그러는 과정 내내 정서적으로 지지해 주라. 그렇지만 가정의 규칙을 따르지 않는 사람은 그게 누구든 쫓아내야 한다. 이처럼 건강한 경계를 설정하고 유지한다고 해서 나쁜 부모가 되는 건 아니다. 자녀가 정서적으로 협박하려 들어도 굴복하지 말라. 성인 자녀를 집에서 퇴거시켜야 할 필요가 있다면, 단호하게 행동하라. 필요하면 집 문의 잠금 장치를 바꾸라. 잠자리에 들 때는 전화기를 꺼 두라. 정말 필요하다면 경찰에 신고하라. 그런 다음 성인 자녀의 질병에서 벗어나 자유를 즐기라. 당신도 자기 삶을 살 자격이 있다.

11

거짓말, 낭설, 허위 신고

작전의 이름은 '왜곡'

경계성 성격장애가 있는 사람이 한을 품으면 오뉴월에도 서리가 내린다.
—'웰컴 투 오즈' 인터넷 지지 커뮤니티의 글에서

우리가 인터뷰한 사람들 중 상당수는 그들 곁의 경계성 성격장애를 지닌 사람에 의해 괴롭힘이나 학대에 관한 거짓된 비난을 받았거나, 악성 유언비어의 주인공이 되었거나, 정당한 근거도 없이 소송 등 법적 조치를 당한 적이 있었다. 우리는 이런 모든 것을 '왜곡 작전'이라고 부른다.

🍀 제리

곧 나와 이혼하게 될 여자는 법원에서 보호명령을 받아 내 집에서 나를 내쫓았다. 그녀는 딸들도 못 만나게 했고, 모든 이웃에게 내가 폭력적이라고 얘기했다. 이웃들은 이제 나와 눈을 마주치려고도 하지 않는다.

그 여자는 내가 속한 사교적 모임이나 직업 관련 조직 사람들을 두루 찾아내서는 그들이 내게서 돌아서게 만들려고 노력했다. 내 직장 상사에게는 내가 성불능이라고 말하고, 자기에게 헤르페스를 옮겼다고도 했다. 불능이라면서 무슨 소린지! 자기 변호사한테는 10년 전 내가 그녀를 강간했다고 했다. 자기가 원하지 않을 때 섹스를 했다는 것인데, 그녀는 당시 나에게 그럴 기분이 아니라는 얘기조차 하지 않았었다. 나는 지난 몇 달 그녀를 본 적도 없고 전화를 건 적도 없다. 그 와중에도 매달 3,500달러의 부양비를 주고 있다. 이 모든 부당한 행위들을 생각하면 밤에 잠조차 잘 수 없다. 다음 주 법정에서 또 뭐라고 억지를 부릴지 끔찍하기만 하다.

다음은 왜곡 작전의 몇 가지 예다.

- 밸러리의 어머니로 경계성 성격장애가 있는 해나는 밸러리가 자신의 돈을 훔쳐 갔으며 몇 번이나 폭력적으로 굴었다고 가족들에게 말했다. 가족들은 밸러리와 말하기를 거부했고, 그녀의 해명을 들으려고도 하지 않았다. 해나는 밸러리가 크리스마스 때 어머니 집에 올 수 없다고 하자 그 같은 얘기를 꾸며낸 것이었다.
- 주디는 예전 친구였으며 경계성 성격장애인 엘리자베스에게 스토킹을 당했다. 엘리자베스는 주디의 이름으로 자신에게 협박 편지를 보냈다. 그런 후 주디 전화의 자동응답기에 "그만 좀 협박하라"고 하는 애원을 남겼다. 그 문제는 법정에까지 가게 되었다. 재판에서 신문을 당하자 엘리자베스는 울음을 터뜨리며 "주디의 강요로" 자신에게 협박 편지를 썼다고 주장했다.
- 메이절의 아들 릭은 제리라는 경계성 성격장애 여성과 약혼을 했다.

제리는 메이절이 주위에 아무도 없을 때 자기한테 릭에 관한 나쁜 얘기들을 늘어놓았다고 릭에게 여러 차례 말했다. 모두 제리가 꾸며낸 얘기였지만 릭은 그의 어머니와 약혼자 사이에서 누구의 말을 믿어야 할지 알 수 없었다.

경계성 성격장애가 있는 사람 모두가 진실을 왜곡하는 것은 아니다. 그들 중 많은 사람은 절대 그런 일을 하지 않을 테다. 경계성 성격장애이면서 주변 사람에게 부당한 괴롭힘을 당한 이들의 경험을 인정하지 않는 것도 아니다. 단지 거짓되게 비난받은 사람들의 경험을 인정하는 것일 따름이다. 이와 더불어 우리는 정신적 장애가 있든 없든 온갖 유형의 사람들이 거짓 주장을 할 수 있다는 것을 강조하고 싶다.

| 어째서 왜곡 작전을 펴는가 |

다음은 경계성 성격장애가 있는 사람들이 왜곡 작전을 펼치게 되는 동기에 관한 이론들이다.

버림받음과 분노

우리가 앞에서 설명했듯이, 경계성 성격장애가 초래하는 행동은 보통 사람의 것과 근본적으로 다른 행동이 아니라 그저 한쪽으로 심하게 치우친 행동이다. 경계성 성격장애인 어떤 사람은 이렇게 표현하기도 했다. "경계성인 사람도 다른 사람들과 똑같아요. 다만 조금 더 심할 뿐이죠."

다른 사람과의 관계가 끝나거나 위협받을 때면 우리 누구나 상실감과 함께 거부당했다는 느낌을 갖게 마련이다. 떠나기로 한 사람이 상대방이고 자신은 관계의 지속을 바란다면 이런 감정들은 더욱 강렬해진다. 많은 왜곡 작전은 실제 일어났거나 경계성 성격장애인 사람에 의해 그렇게 인식된 버림받음, 상실, 거부 등—경계성인 사람들이 지극히 두려워하는 일들—을 둘러싸고 생겨나는 것으로 보인다.

이 장 첫머리 제리의 예에서 보듯이 이혼도 그런 반응을 불러일으키는 일이다. 해나는 딸이 크리스마스 때 집에 오지 않겠다고 했을 때 자신이 거부당했다고 느꼈을 수 있다. 엘리자베스는 주디가 친구 관계를 끝냈을 때 굴욕감을 느꼈을 법하다. 하지만 때로는 경계성인 사람이 인식한 버림받음이나 상실이 그리 명백한 게 아닐 수 있다. 예컨대 약혼녀 제리의 경우, 릭은 어머니와 그녀 모두를 사랑하는데도 불구하고 그와 어머니의 가까운 관계 때문에 자신과 릭의 사이가 위협받는다고 느꼈을 수 있다.

재닛 존스턴과 비비언 로즈비는 『아이의 이름으로』에서 상실에 대한 슬픔이 어떻게 분노로 나타날 수 있는지를 설명한다.

상실은—그것이 사랑하는 사람을 잃는 것이든, 가족의 해체든, 소중한 희망과 꿈의 무산이든, 아니면 자식을 잃을지 모르는 위기든—강력한 불안과 슬픔, 그리고 버림받아 혼자가 되는 데 대한 두려움을 불러일으킨다. 어떤 사람들은 그런 감정을 인정하는 데 어려움을 겪는다. 대신 그들은 상실에 대한 슬픔을 분노로 봉인한 채 배우자를 끝없는 다툼에 끌어들임으로써 불가피한 이별을 막아 보려고 애쓴다. 싸움과 언쟁은 두 사람의 접촉을 유지하는 방법인 것이다(비록 부정적 유형의 접촉이긴 하지만). 싸움을 하는 동안에도 이들은 상대방과 화해한다는 환상을 버리지 않는다. 과거에도 극적인 상실(부모의 죽음이나 이혼 등)을 겪은 사람들의 경우에는, 그

때 제대로 해결하지 못한 정신적 충격에 대한 반응까지 같이 하고 있는지 모른다.

정체성과 공격성

남편에게 이혼당한 여성은 아내로서의 정체성을 잃게 된다. 아이들이 모두 장성한 여성은 어머니로서의 정체성을 잃었다고 느끼기 쉽다. 실제이건 상상된 것이건 무언가를 상실했다고 느낄 때, 경계성 성격장애가 있는 사람들은 다음과 같이 느낄 수 있다.

- 공허하다.
- 자신이 하찮은 존재인 듯하다.
- 무력하다.
- 도저히 견뎌 낼 수 없다.

이에 대한 반응으로 그들은 지극히 독립적인 사람이라는 가면을 쓰고 자신의 일부를 잃지 않기 위해 그 어떤 협상도 거부하게 될 수 있다고 존스턴과 로즈비는 말한다(그들은 그런 심리를 "나는 싸운다. 그러므로 나는 존재한다"라는 말로 요약한다). 아니면 지나치게 의존적이 되어 상대에게서 떨어지지 않으려 할 수도 있고, 공격성과 의존성 사이를 오갈 수도 있다. 이렇기에, 경계성 성격장애가 있으면서 스스로를 피해자로 여기는 사람들은 왜곡 작전이 정체성을 얻는 데 도움이 된다고 느끼기도 한다.

수치심과 비난

이혼이나 인간관계의 문제들은 자신이 상대방에게 거부당했다는 느낌도 유발할 수 있으며, 이는 다시 자기가 부족한 존재이고 실패자라는 느낌, 수치심과 굴욕감을 일으키게 된다. 당신도 알다시피, 경계성 성격장애가 있는 사람은 종종 수치심의 물결에 휩싸이며 자존감이 낮다. 그래서 절대적 역량이라는 가면으로 자신을 가리려 들 수도 있다. 존스턴과 로즈비에 따르면 경계성 성격장애인 사람들은 이 같은 과장된 열패감 때문에, 상대방이 아주 문제가 많고 무책임한 존재임을 증명함으로써 모든 책임과 비난에서 벗어나려고 할 수 있다고 한다.

존스턴과 로즈비는 『아이의 이름으로』에서 이렇게 말한다. "이들의 연약한 자존감은 모든 열패감을 자기 외부로 밀어내야 유지될 수 있다. 그러므로 그들은 독선적인 분노의 분위기를 내뿜으며 자신을 우월하고 남다른 권리를 지닌 사람으로 내세우는 한편, 헤어진 배우자는 심리적, 도덕적으로 열등한 존재라고 비난한다."

경계성 성격장애가 있는 심리적으로 취약한 사람이 배우자가 떠난 것을 자신에 대한 전면적이고 무자비한 공격으로 받아들인다면, 그는 배신과 착취와 음모에 대한 피해망상적인 생각들을 갖게 될 수 있다. 이에 대해 두 저자는 다음과 같이 쓰고 있다. "경계성 성격장애가 있는 사람은 결혼 생활의 잔해들을 둘러보면서 역사를 다시 쓰기 시작한다. 그들은 배우자가 애초부터 자신을 착취하고 버리려는 음모와 계획을 꾸몄다고 믿게 된다."

그 시점에서, '배신을 당한' 배우자는 공격적으로 반응하여 상대에게 반격을 가할 수 있으며, 이런 반격은 그 사람의 삶에서 중심적인 강박관념이 된다고 존스턴과 로즈비는 말한다. "[이들에게] 배우자와 그의 동맹자들은 위험하고 공격적이며 박해하는 사람들로 비친다. 부당한 일을 당했으므로 상대에게 보복하려 하는 것이 당연하다고 이들은 느낀다. 혹은 더 긴박하게, 선제공격을 해야 한다고 생각한다." 그들의 신조는 이것이다.

"공격당하기 전에 먼저 공격하라."

| 위험을 평가한다 |

수십 건의 왜곡 작전을 분석하는 과정에서 우리는 몇 가지 유사점을 발견했다.

- 왜곡 작전을 펴는 경계성인 사람들은 자신이 다른 사람들에게 부당한 피해를 본 일련의 경험이 있었다고 주장하는 수가 많았다. 때로는 그 '가해자'들에게 자기가 어떻게 복수하려 했었는지를 설명하기까지 했다.
- 어떤 상황에서는 경계성인 사람들도 종종 침착하고 논리적이며 설득력 있는 모습을 보여 줄 수 있었다. 그러나 정서적인 스트레스를 받거나 사랑하는 사람과 단 둘이 있게 될 때는 현실감각을 잃거나 피해망상적이 되는 듯했다.
- 왜곡 작전으로 피해를 보는 사람들은 자신이 타인을 보호하거나 돌보아 주는 사람이라고 생각하는 경우가 많았다. 그렇기 때문에 스스로를 잘 돌보고 지키는 데는 매우 서툴렀다. 많은 사람이 문제가 일어날 조짐들을 간과했고, 친구들의 충고나 경고도 무시했으며, 벌어지고 있는 일들을 부인했고, 예방 조치를 하거나 자신을 방어하기를 거부했다.

사랑하는 사람이 당신에게 상처 줄 일을 할 수 있다는 사실을 받아들이기란 결코 쉽지 않다. 혹시 경계성 성격장애를 지닌 사람에 대한 사랑이나 둘이 좋았던 시절의 행복한 추억 때문에 그 사람으로부터 자신을 보호하기를 망설인다면, 그 사람은 당신과 생각이 다를 수도 있다는 점을 반드시 알아야 한다. '분열(splitting)'의 사고방식 때문에 경계성인 사람은 당신에 대해 지녔던 좋은 감정들을 기억하지 못하거나, 당신이 장단점을 모두 지닌 보통의 온전한 사람이라는 사실을 인식하지 못할지도 모른다. 결과적으로 그는 당신을 벌 받아 마땅한 사악한 괴물로 여길 수 있다. 이런 사실을 빨리 깨달을수록 품위와 권리를 잃지 않고 왜곡 작전에서 빠져 나올 가능성도 커진다.

마지막으로, 왜곡 작전으로 피해를 보았다고 말한 사람의 대부분은 최근 경계성 성격장애를 지닌 파트너와 헤어졌거나 그에게 이혼을 요구한 남성과 여성들이었다. 다음으로는 경계성인 자녀의 부모가 많았으며, 경계성 부모의 자녀들이 그 뒤를 따랐다.

| 왜곡 작전에 맞서 싸우다 |

먼저 전제해야 할 점 하나. 각 개인의 상황은 모두 다르다. 경계성 성격장애가 있는 이들 역시 한 사람 한 사람이 다 독특하다. 설령 상황이 비슷해 보일지라도 어떤 사람에게는 들어맞는 접근법이 다른 사람에게는 전혀 부적절할지도 모른다. 그런 전제하에, 이 절에서 제시하는 지침들이 당신에게 도움이 될 수 있다.

> 행동을 취하기 전에 먼저 당신이 처한 상황을 잘 알고 있는 정신
> 건강 전문가와 협의하라. 상대방의 왜곡된 주장이 법률적 문제와 연
> 관되어 있다면 최대한 빨리 변호사와 의논해야 한다.

다음으로, 경계성 성격장애는 정신장애라는 점을 인식해야 한다. 그 장애를 지닌 사람들을 대할 때는 존중심을 갖고 세심한 배려를 해야 한다. 당신 자신을 지키는 일은 좋지만, 악의나 복수심으로 상대에게 상처를 입히려 해서는 안 된다. 예를 들어, 배우자에게 이혼을 요청하기 전에 당신의 옷과 개인적인 물건들을 집에서 갖고 나오는 것은 분별 있는 행동의 범위에 속한다. 그러나 이삿짐센터를 고용하여 당신과 배우자가 소유한 모든 물건의 절반을 가져가려 하는 것은 아무래도 지나친 행동일 테다. 경계성 성격장애가 있는 사람이 이런 행동에 적대적으로 반응해도 이상할 것이 없다.

피해 볼 여지를 줄이기

왜곡 작전을 다루는 가장 좋은 방법은 그런 일을 미연에 방지하는 것이다. 이것이 불가능하다면 앞일에 대비하면서 최대한 자신을 보호하라. 법률적, 재정적, 정서적인 측면 모두에서 그리하라.

왜곡 작전 중에는 뚜렷한 이유 없이 벌이는 것도 일부 있는 듯하다. 그러나 나머지는 경계성 성격장애를 지닌 사람이 적대적이라고 인식한 행동에 의해 촉발된다고 볼 수 있다. 우선 다음과 같이 해 보라.

● 당신이 경계성인 사람과 관련해 취할 수도 있는 중요한 행동들을 떠

올려 보라. 경계 설정에서부터 이혼 요구에 이르기까지 무엇이든 말이다. 그들이 어떻게 반응하리라고 예상하는가?

- 다음으로 당신 자신을 생각해 보라. 다치기 쉽다고 느끼는 부분은 무엇무엇이며, 경계성인 사람이 취할지도 모르는 행동에서 당신을 보호하기 위해 미리 할 수 있는 일은 무엇인가? 최선의 상황을 바라되 최악의 상황에 대비하라. 많은 사람이 공통적으로 걱정하는 것으로는 재정, 자녀, 재산, 직업, 평판, 그리고 우정 등이 있다.
- 경계성인 사람의 반격을 촉발할 수 있는 행동을 하기 전에 대비 계획을 미리 짜고 그것을 실행에 옮겨야 한다.

린디아와 엘리시아의 예를 보자. 린디아는 경계성 성격장애로 거주시설에 들어가 있는 딸 엘리시아에게 이번 주말 집에 오지 말라고 말할 예정이었다. 엘리시아는 지난번 집에 왔을 때 중독물질 남용자인 남자 친구와 밤을 보내는 걸 허락하지 않으면 집을 불태워 버리겠다고 린디아를 협박했었다.

린디아는 엘리시아가 주말 얘기를 듣는 즉시 자기 상담사들이나 조부모, 그 밖에 자신의 말을 듣고 혹시 믿어 줄지도 모를 사람들을 찾아가리라는 것을 경험에 의해 알고 있었다. 엘리시아는 그들에게 엄마가 자기를 몹시 싫어하고(항상 싫어해 왔고), 자기는 아무 잘못이 없으며 린디아가 나쁜 엄마라고 얘기해 댈 것이 분명했다.

그래서 린디아는 엘리시아에게 오지 말라는 통고를 하기 전에 그 애가 찾아갈 만한 사람들에게 미리 연락을 해서 자신의 결정과 그 이유에 대해 알려 주었다. 엘리시아가 그 사람들에게 얘기를 하려 들 때 그들이 상황에 대해 이미 다 알고 있게끔.

반응하지 않는 것도 고려하기

당신이 어떤 반응을 보이든 반응한다는 것 자체가 경계성 성격장애를 지닌 사람의 공격적 행동을 연장시키는 경우가 있다. 그 모든 행동이 어떤 형태로든 당신을 자신과의 관계 안에 두려는 노력일 수 있기 때문이다. 당신의 어떤 반응도—특히 감정적인 반응은—그들의 행동을 보상하는 구실을 할 것이다.

상대방의 행동이 낳을 단기적, 장기적 결과들을 모두 고려하라. 그 결과들이 사소하거나 단지 당신을 좀 난처하게 만드는 수준이라면—혹은 당신을 자극해 자기와 자꾸 연락을 취하도록 만들려는 의도 같다면—반응 않고 그냥 넘어가는 편이 최선일 수 있다.

방어적 태도를 보이지 말고 물음에 답하기

앨리슨은 남자 친구 루크가 자신을 차 버리자 자살하고 싶은 충동과 루크에 대한 심한 분노를 번갈아 느꼈다. 앨리슨은 하루에도 몇 번씩 루크의 직장으로 전화를 걸어 그에게 소리를 지르거나 돌아와 달라고 애원했다. 루크가 직장 전화번호를 바꿔 버리자 앨리슨은 앙갚음하기 위해 루크의 상사인 데이비드에게 전화를 걸어 루크가 종종 근무 중에 코카인을 흡입한다고 말했다. "루크는 코카인 중독자예요. 그를 믿지 마세요"라고 앨리슨은 우겼다.

당연히 데이비드는 앨리슨의 주장이 사실인지를 루크에게 물었다. 루크는 몇 년 전 무대 담당 직원이 건넨 코카인을 해 본 적이 있었다고 말했다. 그 한 번뿐이었다. 그걸 제외한다면 루크는 업무 중 음주도 약도 하지 않는 책임감 있는 직원이었다.

루크는 자신이 잘못한 일을 고백하면서 그것이 단 한 번의 실수였음을 강조했다. 또한 앨리슨의 프라이버시를 불필요하게 침해하지 않는 범위 안에서 자신과 앨리슨의 상황에 대해서도 설명했다. 다행히 데이비드는 루크의 처지를 이해해 주었고, 마약에 관한 회사 방침을 어겼다고 해고하지도 않았다.

경계성 성격장애를 지닌 사람은 가족과 친구들, 아는 사람들에게 당신에 관해 사실무근의 말을 하고 다닐 수도 있다. 그런 행동에 반응할지 말지를 결정하기 전에 당신이 반응을 통해 달성하려는 것이 무엇인지 자신에게 물어보라. 결백을 증명하고 싶은가? 아니면 소중한 사람과의 우정 같은 실질적인 무언가를 잃을까 봐서인가?

경계성인 사람의 행동이 미치는 영향이 그다지 심각하지 않다면, 그 말들이 거짓임을 드러내는 방향으로 행동하는 것이 최선일 수 있다. 예를 들어, 당신 주변의 경계성인 사람이 이웃들에게 당신의 새 아내가 성질 사나운 잔소리꾼이라고 말하고 다닌다면 이웃들이 아내를 만나서 스스로 판단을 내리도록 하는 것이 가장 좋은 방법일 법하다. 그러나 경계성인 사람이 이웃들에게 당신이 아내에게 폭력을 휘둘러 경찰에 체포된 적이 있다고 말한다면, 그리고 이웃의 평판이 당신에게 매우 중요하다면, 오해를 바로잡으려고 노력하는 편이 좋을 것이다.

거짓된 비난에 대해 사람들과 얘기할 때는 다음의 지침들을 마음에 담아 두라.

- 당신의 기분이 많이 상했다 하더라도 중심을 잡고 침착하고 절제된 태도를 보여라.
- 사실을 설명하기 전에 먼저 대화 상대방의 우려가 당연함을 인정하라. 그 소문이 사실이라면 심각한 문제였으리라고 얘기하라.

- 경계성인 사람에 관한 험담을 늘어놓지 말라. 그런 말을 들어 마땅하다고 생각하더라도 마찬가지다. 그 대신 그 사람에 대한 당신의 염려를 진지하게 표현하든지, 그가 왜 그런 말을 했는지 혼란스럽다고 인정하라. 경계성 성격장애나 다른 심리적 문제를 언급하는 것에도 신중해야 한다. 당신이 그를 깎아내리려 든다고 듣는 이가 오해할 수 있기 때문이다.
- 다른 사람이 당신에 대해 생각하는 바를 통제할 수 없다는 점을 깨달아야 한다. 당신이 해야 할 말을 했으면 그것으로 그만이다.

🍀 벤저민

내가 전처에게 폭력을 휘둘렀다고 잘못 믿고 있던 이웃에게 나는 이렇게 말했다. "제가 이렇게 얘기를 꺼내는 것은 한 가지 오해를 풀기 위해서입니다. 이런 상황이 불편하실 수 있음을 이해합니다. 저 자신도 지금 불편하거든요. 하지만 이건 제게 중요한 문제이기 때문에 용기를 내어 말씀드립니다. 제가 전처인 캐시디에게 폭력을 써서 경찰에 체포된 적이 있다는 얘기를 전처에게서 들으셨다죠? 누군가에게 듣기로는, 캐시디가 자기 팔의 베이거나 긁힌 상처들을 사람들에게 보여주면서 제가 자기를 공격했었다고 말했다더군요. 당신이 경악해서 저와 말도 하고 싶지 않다 해도 뭐라고 할 수 없을 겁니다. 저 역시 제가 아는 누군가가 그런 짓을 했다고 생각하면 아마 그를 피했을 테니까요. 하지만 그런 일은 전혀 없었습니다. 전처와의 이혼이 쉬운 일이 아니었다는 것은 사실입니다. 그러나 저는 폭력은커녕 그 비슷한 짓도 하지 않았습니다. 사실 저는 캐시디를 위해 매우 걱정하고 있습니다. 그 사람이 그런 얘기를 사람들에게 한다는 것뿐 아니라 그 사람 팔이 뭔가에 베이고 있다는 사실에 관해서도 말입니다.

당신이 지금 헛갈리고 도대체 진실은 무엇일까 궁금해하더라도 이해합니다. 우리가 서로 알고 지낸 지도 꽤 되었기에 오해를 풀고 싶었을 뿐입니다. 제 말을 들어 주셔서 고맙습니다."

경계성 성격장애 자녀의 허위 학대 신고에 대비하기

부모가 자기를 학대했다고 허위 신고를 하는 아이들이 점점 늘고 있다. 이런 일을 하는 이유에는 자신이 학대라고 느끼는 일에 대한 보복, '부당한' 대우를 받는 데 대한 앙갚음, 부모 사이를 갈라놓으려는 시도 등이 포함된다.

거짓된 신고 대처 요령

짐작할 수 있겠듯이, 화가 난 아이가 경찰이나 아동보호 기관에 전화를 거는 일은 가족 전체에 매우 파괴적인 영향을 미칠 수 있다. 아이의 신고에 따라 이뤄지는 조사는 보통 한 달 넘게 걸린다. 그러는 동안, 신고당한 어머니나 아버지는 흔히 법원의 명령에 의해 아이에게 접근하는 게 금지되어 일시적으로나마 가족이 사는 집 밖에 머물러야 한다. 아이는 대체로 부모 중 신고당하지 않은 쪽과 지내게 된다. 이 경우에 그 어머니나 아버지는 곁에 있는 아이와 나가 있는 배우자(혹은 파트너) 어느 쪽도 저버리지 못하고 양쪽에 다 힘이 되고자 하는 갈등상태에 빠지게 된다. 가족의 친구와 친척들, 신고당한 사람의 직장 고용주는 또 그들대로 아이를 지지하는 것과 신고당한 사람 편에 서는 것 사이에서 선택을 해야 하는 것 아니냐고 느낄 수 있다.

우리와의 인터뷰에서 변호사 찰스 제이미슨은 허위 신고를 하는 아이의 부모들에게 다음과 같은 조언을 했다.

- 아이의 진단 내용이나 경계성 성격장애 행동에 관한 자세한 기록들을 보관하라. 여기에는 학교 당국에서 보낸 편지, 의료 기록, 법원 기록, 아이가 이전에 했던 비슷한 주장들이 근거 없었음을 보여 주는 보고서 등이 포함된다. 이런 자료들은 당신의 신뢰성을 높여 줄 것이다.
- 그날그날 당신이 어디 있었고, 누구와 함께 있었으며, 무엇을 했는지 등을 일지 형식으로 기록하라. 특히 아이가 주장하는 학대의 발생 시기가 몇 주나 몇 달 전일 경우, 이런 일지는 알리바이를 입증하는 데 매우 중요할 수 있다.
- 다른 자녀들에게, 당신의 결백을 당국자들에게 설명하는 걸 도와줄 의향이 있는지 물어보라.
- 필요하다면 당신이 아이와 있을 때 제삼자가 늘 함께 있도록 하라.
- 모든 거짓 주장을 심각하게 받아들여야 한다. 그것들은 금방 눈덩이처럼 커져서 걷잡을 수 없게 되어 버릴 수 있다. 상황에 따라서는 무고(誣告) 즉 허위 고소 사건 전문 변호사를 선임해 두는 것도 좋다.

당신의 감정에 대처하는 법

이런 상황에 잘 대응하기 위해 정서적인 측면에서 유념해야 할 점들이 있다. 거짓된 신고의 주된 주제는 대개 학대나 방임이다. 그래서 이런 내용의 신고가 접수되면 대개 그 지역의 사회복지 부서나 아동보호 부서에서 조사를 나오게 된다. 조사를 받다 보면 마치 죄인 취급을 받는 듯 느껴지기도 하겠지만, 그 조사는 단순히 사실을 확인하는 절차라는 점을 기억해야 한다. 정식으로 기소하려면 확실한 증거가 있어야 한다.

방어적이거나 비협조적인 태도는 당신에게 불리하게 작용할 수 있음을 명심해야 한다. 질문들을 개인적인 것으로 받아들여 기분 나쁘게 생각지 말라. 진짜 학대 사건을 가려내려면 이런 절차가 필요하다는 점을 거듭 상기하라. 조사가 진행되는 동안 부모가 자녀들과 떨어져 지내야 하는 경우도 있다. 그런 경우에는 경계성 성격장애가 있는 아이의 형제자매에게 부모와 떨어져 지내는 것이 일시적이며, 조사 과정에서 그들이 질문을 받을 수도 있다는 사실을 알려 주어야 한다. 당신이 아이들을 사랑한다는 것을 강조하고, 당국자들의 질문에 솔직하게 답해야 한다고 말해 주라.

마지막으로, 경계성 성격장애는 정신질환이라는 사실을 다시 한 번 상기하자. 그런 일을 벌인 자녀에게 당신이 분노를 느끼는 것은 당연하다. 그러나 진짜 책임은 아이가 아니라 그 질병에 있다는 점을 기억하자.

당신의 아이가 왜곡 작전을 통해 당신에게 상처를 주려 한다면 당신은 그를 적으로 간주하게 될지도 모른다. 그러나 실제로 당신의 적들은 따로 있다.

- *부정:* 문제가 저절로 사라지기를 바라면서 아무런 대응 행동도 하지 않는 것.
- *희망적 사고:* 기적이 일어나서 당신의 아이가 마음을 바꾸게 되리라는 턱없는 믿음 때문에 아무 행동도 하지 않는 것.
- *감정적 대응:* 차분함을 잃지 않고 심사숙고하여 문제에 대한 논리적인 해결책을 찾기보다 그저 감정적으로 반응하는 것.
- *자기희생:* 아이의 감정이 당신의 감정보다 더 중요하다고 생각하기에 그 애 마음에 상처 주는 일은 차마 할 수 없다는 이유로 마치 순교자처럼 아무 대응도 않는 것.
- *고립:* 주위 사람이나 전문가의 도움을 청하지 않고 모든 문제를 혼자서 처리하려고 애쓰는 것.

● *법적 대응의 지체:* 법적 권리들을 잃고 상황이 심각해질 때까지 적절한 변호사를 선임하지 않는 것.

대부분의 사람이 경험을 통해 알게 되듯이, 문제에 신속하게 논리적으로 대처하고 필요할 때 적절한 법률적 도움을 받으면 왜곡 작전은 동력을 잃고 실패하게 마련이다. 진실은 대개 드러나게 되어 있고, 거짓말은 결국 탄로 나는 법이다. 당신이 적절하게 대처한다면 진실의 순간은 더 빨리 올 것이다.

이제 무엇을?

관계에 대해 결정 내리기

경계성 성격장애가 있는 사람을 아끼는 이들은 대개 큰 고통을 겪게 된다. 그와의 관계를 이대로 유지하는 것은 견딜 수 없는 일로 느껴진다. 그러나 떠나는 것 역시 생각조차 할 수 없거나 불가능해 보인다. 당신이 이런 느낌이라면, 혼자가 아니다. 우리와 얘기를 나눈 사람들 거의 모두가 같은 감정을 토로했다. 그래도 당신은 선택할 수 있다. 선택지들이 무엇인지 당장은 감감하다 해도 말이다. 이 장에서 우리는 당신이 주어진 대안들에 대해 숙고하고 자신에게 적절해 보이는 결정을 내리도록 도와주려 한다.

| 예측 가능한 단계들 |

경계성인 사람을 사랑하는 이들은 그 관계에서 비슷한 단계들을 거치는 것으로 보인다. 관계가 오래 지속되었을수록 각 단계에 머무는 시간도 긴 것 같다. 다음의 단계들은 사람들이 일반적으로 거치는 순서에 따라 서술했지만, 대부분의 사람은 이런저런 단계들 사이를 왔다 갔다 하게 된다.

혼란 단계

일반적으로 이 단계는 그 사람이 경계성 성격장애 진단을 받기 전에 온다. 이 시기에 당신은 사랑하는 이가 왜 가끔 말이 안 되는 행동을 하는지 이해하려고 애쓸 것이다. 그러면서 잘 잡히지 않는 해결책을 찾으려고 노력하거나, 스스로를 탓하거나, 체념하고는 그냥 혼돈 속에서 살기로 할지 모른다.

장애에 대해 알게 된 후에도 이 복잡한 장애가 그걸 지닌 사람에게 어떤 영향을 미치는지를 머리로라도 이해하기까지는 몇 주 혹은 몇 달이 걸릴 수 있다. 그 정보를 가슴으로도 이해하고 수용하는 데는 더 오랜 시간이 걸릴 테다.

외부 지향 단계

이 단계에서 당신은 아마 다음과 같이 행동할 것이다.

- 경계성 성격장애가 있는 사람에게 관심을 쏟는다.
- 전문적인 도움을 받으라고 그에게 촉구하면서 그를 변화시키려고 시도한다.

- 문제 행동을 촉발하지 않기 위해 최선을 다한다.
- 사랑하는 그 사람을 이해하고 그와 공감하기 위해 경계성 성격장애
  에 대해 알 수 있는 모든 것을 배운다.

당신이 분노와 비탄의 감정을 인정하는 데는 꽤 오랜 시간이 걸릴 수 있다. 경계성인 사람이 아버지나 어머니, 또는 자식인 경우에 특히 그렇다. 대부분의 사람은 경계성 성격장애가 당사자의 탓이 아니라는 사실을 머리로는 알고 있지만, 그럼에도 이 장애에 대해 사람들이 가장 흔히 보이는 반응은 분노다.

하지만 경계성인 사람 스스로도 통제할 수 없어 보이는 상황에 대해 화를 내는 것은 적절치 못한 반응임을 알기 때문에, 그들은 종종 분노를 억누르고 그 대신 우울감이나 절망감, 죄책감에 시달리게 된다.

경계성 성격장애가 있는 사람을 사랑하는 이들에게 이 단계의 주된 과제는 다음과 같다.

- 자신의 감정을 있는 그대로 인정하고 다루는 일
- 경계성인 사람이 자기 행동에 대해 책임을 지도록 하는 일
- 경계성인 사람의 행동이 당신이 원하는 쪽으로 바뀌리라는 환상을 버리는 일

내부 지향 단계

그러다가, 경계성인 사람을 사랑하는 이들은 자신의 내면을 들여다보고 솔직한 자기평가를 하게 된다. 관계에는 두 사람이 필요하다. 이 단계에서 당신의 목표는 그 사람과의 관계가 지금과 같아진 데에 자신이 어떤

역할을 했는지를 더 잘 이해하는 것이다. 자기를 질책하기 위해서가 아니라 통찰과 자기 발견을 위해서다.

결정 단계

지식과 통찰을 얻은 당신은 이제 그 사람과의 관계에 대한 결정을 내리기 위해 애쓰게 될 것이다. 이 단계는 보통 몇 달에서 몇 년까지 지속될 수 있다. 이 단계에서 당신은 자신의 가치관과 신념, 기대, 그리고 전제들을 명확하게 이해할 필요가 있다. 예를 들어 보자. 신체적 폭력을 행사하는 경계성 아내와 사는 남자가 있었다. 그는 이혼은 절대 안 된다고 생각하는 보수적인 집안에서 자랐다. 그의 친구들은 아내와 별거라도 하라고 충고했다. 그러나 그는 자기 가족의 반응이 두려워서 그럴 수 없다고 생각했다.

당신은 자신의 신념과 가치들이 지금까지의 삶에 도움이 되었음을 확인할 수도 있고, 그 신념과 가치는 그게 당신을 진정으로 반영하는지를 따져 보지 않은 채 그저 가족으로부터 물려받은 것임을 깨닫게 될 수도 있다. 어느 쪽이든 간에, 다른 사람의 가치가 아닌 당신 자신의 가치를 삶의 지표로 삼는 것이 중요하다.

해결 국면

이 마지막 단계에서 당신은 자신이 내린 결정을 실행에 옮기고 그 결과를 받아들여야 하게 된다. 경계성 성격장애를 지닌 사람과의 관계가 어떤 것인가에 따라 당신은 시간이 지나면서 생각을 여러 번 바꾸고 다른 대안들을 시도할 수도 있다.

| 흑백논리를 넘어서 |

당신은 경계성 성격장애를 지닌 사람의 흑백논리적 사고방식을 받아들여 당신에게 주어진 선택이 오직 두 가지뿐이라고, 즉 머무르지 않으면 떠나는 것이라고 믿게 되기 쉽다. 그러나 그 두 가지 이외의 대안들도 많다.

- 경계성 성격장애인 사람이 당신의 경계를 침범할 때마다 일시적으로 그 상황을 떠나기
- 그 사람과의 관계를 일시적으로 끊기(며칠, 몇 주, 혹은 몇 달 동안)
- 그 사람의 행동을 객관화하는, 즉 개인적으로 받아들이지 않는 방법을 배우기
- 관계는 유지하되 따로 살기
- 관계의 친밀도를 줄이기
- 그 사람과 함께 보내는 시간을 줄이기
- 독자적으로 관심사나 취미를 추구하고 친구들을 사귀고 의미 있는 활동들을 하면서 당신의 삶에 균형을 잡아 주기
- 그 사람이 치료를 제대로 받거나 특정한 변화들을 보일 의지가 있어야만 당신이 그와의 관계를 지속하겠다고 말하기. 이는 그로 하여금 자신이 하는 모든 약속에 대해 책임을 지도록 하는 걸 의미한다. 또한 약속을 어길 때는 당신이 그를 떠날 수도 있음을 뜻한다.
- 편안한 마음으로 결정할 수 있을 때까지 결정을 연기하기
- 당신이 치료사를 만나 자신의 문제들을 개선하는 노력을 해 본 뒤까지 결정을 미루기

| 자신에게 묻는다 |

다음은 당신이 경계성 성격장애가 있는 파트너와의 현재 관계에 대해 스스로에게 해야 할 질문들이다. 대부분은 인간관계에서 채워져야 할 중요한 필요와 욕구들에 관한 물음으로, 답을 하다 보면 앞으로 당신이 나아갈 방향을 잡는 데 도움이 될 것이다. 일반적으로 볼 때, 충족되지 않는 필요나 욕구가 많을수록, 두 사람 중 한쪽에 더 많은 관심과 노력이 쏠려 불균형이 커질수록, 관계가 건강치 못할 가능성이 커진다.

- 이 관계에서 내가 원하는 것은 무엇이며, 필요한 것은 무엇인가?
- 경계성 성격장애를 지닌 이 사람에게 나의 감정을 얼마큼 솔직하게 얘기할 수 있는가?
- 이 관계에 머무르면 내가 신체적 위험에 빠지는 것은 아닌가?
- 이 결정이 아이들에게 어떤 영향을 미칠까?
- 이 관계는 나의 자존감에 어떤 영향을 미치는가?
- 나는 이 사람을 사랑하는 만큼 나 자신을 사랑하는가?
- 나는 이 사람이 스스로 변화할 준비가 되어야만 바뀔 것이라는 사실을 받아들이는가? 그렇게 될 때까지 기다릴 수 있는가? 그렇게 안 되더라도 지금 상태 그대로 살아갈 수 있는가?
- 내가 고려해야 할 현실적인 사항으로는 어떤 것들이 있는가? 특히 재정적 면에서는?
- 나는 내가 행복해질 권리가 있다고 믿는가?
- 나는 내가 다른 사람을 위해 희생할 때에만 가치 있는 존재가 된다고 믿는가?

- 현재 내가 가장 만족하는 때는 언제인가? 이 사람과 함께 있을 때인가, 혼자 있을 때인가, 아니면 다른 사람들과 함께 있을 때인가?
- 내 결정에 낙담하고 반대할지도 모르는 가족이나 다른 사람들에게 의연하게 맞설 수 있는 힘이 나에게 있는가?
- 나는 진정으로 나 자신의 결정을 내리고 있는가? 혹시 다른 사람들이 나에게 바라는 결정을 하는 것은 아닌가?
- 내가 내리는 결정의 법적인 결과와 여파는 무엇인가?
- 친구가 나와 같은 경우에 처해 있어서 나에게 이런 관계의 얘기를 들려준다면 나는 그에게 어떻게 조언하겠는가?

| 아이들에게 무엇이 좋은가 |

우리가 인터뷰한 어떤 사람은 이렇게 말했다. "나는 불행한 커플이라도 아이들을 위해 갈라서지 말아야 한다고는 믿지 않습니다. 한쪽은 비참할 정도로 불행하고 다른 쪽은 망상에 빠져 지내는 부모와 함께 사느니, 반쪽 부모라도 행복한 사람과 함께 사는 편이 아이들에게 훨씬 낫다고 생각해요."

많은 부모들은 이혼이 아이들에게 미치는 영향에 대해 걱정한다. 그러나 '전환기 가족을 위한 주디스 월러스타인 센터' 소장인 재닛 존스턴은 우리와의 인터뷰에서 많은 연구들이 일관되게 보여 주는 결과를 다음과 같이 요약했다. 부모의 혼인 상태보다는 아이들이 해결되지 않은 갈등이나 언어폭력, 신체적 학대에 노출되었는지의 여부가 그 애들의 적응도를 예측하는 데 더 나은 변수라는 것이다.

존스턴에 따르면 아이에게 가장 좋은 환경은 부모가 모두 아이와 함께 행복하게 사는 가정이며, 그다음은 부모가 이혼은 하지만 아이를 갈등으로부터 보호하는 가정이다. 그 뒤를 잇는 것은 이혼은 하지 않았지만 불행한 부모와 함께 살면서 아이들이 해결되지 않은 갈등과 언어폭력에 노출되는 가정이다. 최악의 환경은 갈등으로 찌든 이혼 과정과 그 이후에 아이들이 부모 사이에 끼이게 되는 경우다.

| 선택한 관계에서 |

결혼과 같은 스스로 선택한 관계들에서는, 경계성 성격장애가 있는 사람이 자신에게 문제가 있음을 인정하고 도움을 받으려 드는지가 두 사람이 계속 함께할지 헤어질지를 결정하는 가장 중요한 요소인 것으로 나타났다.

우리와 얘기를 나눈 수백 명의 사례를 보면, 경계성 성격장애가 있는 사람이 낫기 위해 진정으로 노력하겠다고 마음먹은 경우, 그들의 파트너는 거의 전부가 기꺼이 그를 지지하고 도우려 했다. 그러나 경계성인 사람이 둘 사이의 문제에 대해 어떤 책임도 지지 않으려 하면, 파트너가 관계를 살리기 위해 아무리 노력을 했더라도 대개 그들의 관계는 끝나게 되었다.

리처드

내가 아내 곁에 머문 이유는 그 사람과 사랑에 빠진 이유와 똑같았다. 아내는 영리하고 아름다우며, 재치가 있고 열정적인 사람이다. 그리고 아주 재미있다. 결혼할 때 나는 그녀에게 경계성 성격장애가 있다는 사실을 몰랐다. 사실 아내가 그런 진단을 받기 전엔 경계성 성격장애가 뭔지도 몰랐다.

문제가 있다는 것은 일찍부터 알고 있었다. 가끔 그 때문에 좌절하기도 하고 화를 내기도 했으며, 겁에 질린 적도 있었다. 그러나 무슨 일이 있든 그녀는 여전히 내가 사랑하는 사람이었다. 어쩌다 정신장애를 가지게 되었을 뿐인 사람. 상황이 최악으로 치닫던 동안에도 아내를 떠나겠다는 생각은 전혀 하지 않았다. 관계를 그리 쉽게 저버릴 수는 없었다. 게다가 좋기만 한 부분들이 그토록 많지 않은가. 아내는 아주 많이 아팠지만, 나는 언제나 아내의 좋은 면들을 볼 수 있었다.

4년간의 치료와 입원 후 우리는 더욱 가까워졌다. 그녀에게 성의를 다한 결과 받은 보상은 엄청났다. 처음 만났을 때 나를 사랑에 빠지게 만들었던 아내의 열정, 아름다움, 재치가 모두 그대로 남아 있었다. 사라진 것은 경계성 성격장애에 대한 두려움과 혼란뿐이었다.

🐝 로다

나는 경계성 성격장애가 있는 남자 친구와 여러 번 헤어졌다. 그가 정신을 차려 자신의 행동을 돌아보고는 사과를 하면서 앞으로 변하겠다고 얘기할 때마다 나는 그에게 돌아간다.

내겐 그럴 만한 가치가 있는 사람이다. 그는 친절하고 멋지며, 열정적이고 마음이 넓다. 이 세상 누구도 그 사람만큼 내가 사랑받고 있다고 느끼게 해 주지 못한다. 그리고 그는 나를 무너뜨리지 못한다. 내가 어떤 사람인지를 정의하는 것은 그가 아니라 나 자신이기 때문이다. 그 사람의 증상이 그리 심하지 않다는 것은 내게 큰 행운이다. 그는 쉽게 분노를 터뜨리거나 난폭한 돌발 행동을 하지 않고, 한눈도 팔지 않으며, 자신의 행동을 고치려고 진심으로 노력한다.

　나는 가끔 혼자만의 시간을 갖고 싶은 강한 욕구를 느끼기 때문에 이 관계는 내게 알맞다고 할 수 있다. 나는 그 사람 없이 홀로 시간을 보내면서 다른 일들을 즐기곤 한다.

　나는 그 장애에 서려 있는 위험들을 충분히 인지하고 있다. 하지만 나는 그를 사랑하며, 가능한 한 오랫동안 내 삶 속 그의 존재를 즐길 것이다.

🍂 마리

　오늘 오후, 곧 나의 전남편이 될 사람이 불쑥 찾아왔다. 우리의 대화는 돈 문제 등 사무적인 얘기로 시작되었다. 그러다 주제가 바뀌었다. 그는 내가 자기에게 기회를 주지 않았다고 했다(20년 동안 준 기회들이 충분치 않았다는 건지). 나를 죽이겠다고 명시적으로 협박했던 일은 잊어버린 모양이었다. 이런, 바보 같은 소리! 죽이겠다는 협박쯤은 그만 잊을 수도 있는 거잖아? 그 사람의 비틀린 논리, 편리한 건망증, 훤히 들여다보이는 속임수들에 대해 끝도 없이 늘어놓을 수 있지만 그냥 요점만 말하겠다. 그 요점은 '이젠 다 무의미한 얘기'라는 것이다. 그는 도대체 상황을 이해 못한다. 그 사람과 소통할 적절한 방법을 찾는 것도, 경계를 설정하는 것도, 그 병을 이해하는 것도 모두 내 일이었다. 그가 한 일이 뭐가 있었나?

　오직 한 사람이 모든 일을 다 해야 할 때 대체 어떤 관계가 가능하단 말인가? 한 사람만이 다 이해해야 하고, 다 용서해야 하고, 정서적으로 늘 궁핍한 상대방을 위해 그저 주기만 해야 하는 관계는 대체 무슨 관계란 말인가?

　몇 시간 후 그는 내게 전화를 걸어서는 한숨을 쉬며 직장을 그만두는 게 나을 모양이라고 말했다. 그는 지금 자기가 사는 집에 있는 권총을 응시하고 있다고 했다. 열두 살 난 아들이 내게 전화를 끊으라는 사인을 계속 보냈다. 그렇게 하기 위해서는 내가 지닌 모든 힘이 필요했다. 예전처럼 그를 구하고자 하는 마음이 슬그머니 고개를 들었기 때문이다. 결국 나는 전화를 끊었다. 그 사람을 자신의 가련한 고통 속으로 놓아 준 것이다. 그럴 힘이 내 안에 아직 있는지조차 몰랐는데, 있었던 거다. 다시 내 감정의 주인이 되어도 아무 문제가 없게 된 것이다.

이 글을 쓰면서 나는 여덟 살짜리 아들이 장식용 새장 안에 오트밀 쿠키를 가득 채우는 모습을 보고 있다. 아들의 과학 과제다. 그게 부모의 문제와 무슨 관련이 있냐고? 이제 아이는 자유롭고 안전하게 자기 자신이 될 수 있기 때문이다. 아이가 믿고 의지할 수 있어야 할 사람이 분노를 터뜨리거나 언어폭력을 휘두를 위험이 없이 말이다. 또, 아이를 평범한 여덟 살짜리일 수 있게 해 줄 자유와 안전을 얻은 엄마가 있기 때문이다. 다른 모든 사람들도 나와 똑같은 선택을 할 수 있다. 우리는 우리가 초래하지 않은 병에 대해 사과하지 않아도 되는 것이다.

새장을 가득 채운 쿠키 위에 우유를 듬뿍 쏟은 후 손가락으로 집어 먹으면서 마음껏 어지르자. 옆구리가 아프도록 소리 내어 웃어 보고, 속상한 일 있으면 실컷 눈물 흘리고, 아무것도 하지 말고 빈둥거려도 보고, 마음속 말들을 그대로 털어놓고 해 놓은 말은 그대로 지키자. 이제 당신 자신의 정신건강을 위해 투자하라는 얘기다.

| 선택하지 않은 관계에서 |

당신이 선택하지 않은 관계에서—즉, 경계성 성격장애가 있는 부모나 미성년 자녀, 또는 미성년 형제자매와의 관계에서—당신이 해야 할 일은 머무를지 떠날지를 결정하는 것보다는 경계를 설정하고 준수하며 경계성인 사람의 문제들이 당신의 삶을 압도하지 못하도록 하는 것일 때가 많다. 선택하지 않은 관계란 말 그대로 당신이 직접 택하거나 고르지 않은 관계인데, 그렇다고 무력감이나 절망감을 느낄 필요는 없다. 관계를 끊을 수는, 즉 '헤어질' 수는 없을지라도 그 사람과 얼마큼이나 접촉할지, 그리고 그와의 관계를 유지하는 데 얼마나 힘을 들일 것인지에 대해서 한도를 설정할 수는 있다.

선택하지 않은 관계에서는 당신이 주도권을 쥘 필요가 있다. 자신의 정서적, 신체적 경계를 확인하라. 경계성 성격장애인 사람과의 관계에서 설정한 경계들을 강화하기 위해서는 당신 스스로 그것을 지키는 모습을 계속 보이고, 그 사람의 경계성 행동에 대해 일관성 있게 반응해야 한다. 그 관계에서 받는 고통이 너무 크거나 상대가 변화하려 들지 않을 경우, 성인으로서 당신은 일시적 혹은 영구적으로 그 관계에서 물러나는 것을 택할 수 있다.

🍀 실비아

나는 경계성 성격장애가 있는 내 아들 존을 매우 사랑한다. 오랜 세월 나는 아들의 상태에 따라 죽고 살기를 반복해 왔다. 또 술을 마시나? 자기파괴적 성향의 여자와 사귄다고? 필요하지도 않은 것들을 사느라 가진 돈을 탕진했어? 존이 룸메이트에게 쫓겨날 때마다 나는 계속 그 애에게 돈을 주고 머물 곳을 마련해 주었다. 존이 자기 일생에서 잘못된 모든 일에 대해 나와 남편을 비난하고 고함을 지르며 야단법석을 할 때도 나는 묵묵히 들어 주었다.

남편 폴이 심근경색을 겪고 난 후, 상황은 달라졌다. 이제는 호전되었지만 한동안은 회복할 수 있을지 장담하지 못했었다. 이 일은 그동안 내가 아들에게만 집중한 나머지 나 자신과 남편을, 그리고 딸과의 관계를 잃어 가고 있었다는 사실을 깨닫게 해 주었다.

나는 아들의 혼란스러운 삶에서 한 발짝 물러서야 했다. 나는 존을 금전적 위기에서 구해 내는 일과 그의 장황한 비난들에 대해 경계를 좀 설정했다. 당연히 존은 이 새로운 제약에 반발했고, 3년 동안 우리와의 연락을 완전히 끊어 버렸다. 그건 매우 고통스러운 경험이었다. 그러나 결국 존은 우리와 아무런 관계도 가지지 않는 것보다는 경계가 있더라도 관계를 유지하는 편이 낫다고 생각한 모양이었다. 이제 우리는 한 달에 한 번쯤 존의 얼굴을 본다. 가끔씩 전화도 한다. 긴장된 관계이기는 하지만 이쯤은 견딜 수 있다.

이제 나는 다시 사람이 된 것 같다. 목표와 꿈을 지니고 행복을 느낄수 있는 그런 사람이. 우리가 설정한 경계는 모두에게 이득을 가져다주었다. 심지어 존도 좋은 영향을 받았다고 본다. 그는 우리 없이도 자신의 삶을 꾸려 나갈 수 있다는 것을 배웠다.

아직도 나는 아들과 더 가깝게 지낼 수 있기를 바란다. 또한 아들이 자신을 좀 더 잘 돌보고 필요한 도움을 받았으면 좋겠다. 그러나 나는 내가 존을 바꿀 수는 없다는 사실을 받아들이게 되었다. 나는 그저 그 애를 사랑하고 내 능력이 닿는 만큼 좋은 엄마가 될 수 있을 뿐이다. 나 자신과 나머지 가족들을 아끼고 사랑하는 것도 잊지 않으면서 말이다.

| 치유와 희망 |

당신이 어떤 결정을 내리든 거기에는 치유와 희망이 함께할 수 있다. 관계가 끝났을 때 따라오는 치유, 사랑하는 사람이 경계성 성격장애를 극복하리라는 희망이 그것이다.

온라인 지지모임 '웰컴 투 오즈'의 회원 중 많은 이들은 이미 여러 해 전에 경계성 성격장애인 사람과의 문제를 어느 쪽으로든 해결했다. 그러나 그들은 여전히 회원으로 남아 다른 사람들에게 힘을 주는 한편, 경계성인 사람과의 관계 이후에 삶이 실제로 더 나아진다는 점을 확인해 주고 있다.

🐾 매릴린

경계성 성격장애가 있는 전남편과 이혼한 지 10년이 되었지만 나는 아직도 후유증을 안고 있다. 남들에게 남편의 행동을 보이지 않으려고 워낙 오랫동안 노력하다 보니 그 흔적이 내게 남게 된 것이다. 타인에 대한 신뢰, 세상에 대한 믿음… 이런 것들이 내 안에서 무너져 버렸다.

하지만 지금 나의 삶은 대부분의 측면에서 더 이상 좋을 수 없다! 나는 행복하고 자신감이 넘친다. 예전의 경험을 통해 나는 자신에 대해 많은 것들을—그 이전에는 회피했거나 스스로에게도 인정하지 않았던 것들을—알게 되었다. 이제 나는 나의 부정적이거나 건강치 못한 점들을 고치는 데 힘쓰고 있다. 나는 보다 깨어 있는 삶을 살고 있다.

경계성인 사람 때문에 겪은 일들에 대해 새삼 억울해하지 말자. 나는 오랫동안 전남편에게 분노를 품고 살았다. 그러나 그가 일부러 내 삶을 비참하게 만들려고 했던 건 아니라는 사실을 깨닫게 된 후 분노는 사라졌다. 정도의 차이는 있었을지 몰라도, 그가 누구와 결혼을 했든 그런 일은 일어났을 것이다. 그 사람의 성격 문제 자체를 탓하는 일은 쓸데없을 뿐 아니라 상황을 개선하는 데도 전혀 도움이 되지 않는다. 이혼하고 몇 달 뒤 부모님과 함께 저녁을 먹던 중 아버지가 전남편에 대해 험담을 하기 시작했다. 나는 아버지를 보며 이렇게 말했다. "왜 그런 말씀을 하세요? 그 사람 상태가 어떤지를 아시면서 왜 미워하세요? 그이가 제게 준 상처보다 자신에게 준 상처가 더 크다는 걸 모르시겠어요?" 억울함과 분노 같은 감정은 사람을 과거에 매여 살게 만든다. 내가 그런 부정적인 감정들에 매달렸다면 내 삶을 다시 시작할 수도, 행복감을 다시 느낄 수도 없었을 것이다.

전남편이 나에게 한 마지막 말은 이랬다. "난 한 번도 행복한 적이 없었어. 평생 한 번도!" 그의 얼굴을 타고 내리던 눈물을 나는 절대 잊지 못할 것이다. 그의 목소리에 서려 있던 아픔과 고뇌 또한 결코 잊지 못할 것이다. 그가 느꼈을, 그리고 지금도 필시 느끼고 있을 고립감—세상으로부터 고립되어 혼자가 되는 데 대한 두려움—을 떠올리면 그에 대한 나의 분노는 가라앉는다. 나는 과거에 행복했던 경험이 있었다. 언젠가 다시 행복해지리라는 것도 알았다. 하지만 그 사람처럼 한 번도 행복을 알지 못한 사람은 도대체 어떡해야 한다는 말인가? 나는 그를 버렸다. 자기 삶에서 만난 모든 이가 자기를 버렸다고 느꼈던 그 사람을.

나는 오랫동안 심한 죄책감에 시달렸다. 그러나 내가 살아남기 위해서는 손을 놓아야만 했다. 나는 이 남자를 도울 수 없었고, 나 자신을 파괴할 수는 없었다.

마지막으로, 『나를 여기서 꺼내 줘』의 저자 레이철 라일런드가 '웰컴 투 오즈'에 올린 글을 소개한다. 그녀는 이 글을 통해 경계성 성격장애로부터 완전히 회복하는 것이 실제로 가능한 일임을 보여 준다.

🕮 레이철

치료를 시작하고 난 후 내 기분 상태가 이전보다 훨씬 안 좋았던 적이 한두 번이 아니었다. 나의 병에 대해 아예 몰랐더라면, 치료를 아예 시작하지 않았더라면 더 낫지 않았을까 하는 생각도 했다. 나의 모든 사고방식은 조각조각 분해되어 다시 조립되어야만 했다. 불확실한 정체성의 문제로 언제나 고심하던 나에겐, 오래된 사고방식은 분해되었지만 새로운 방식은 아직 받아들이지 못한 두렵기 짝이 없는 시간들이 있었다.

그 시기에 나는 무(無)라는 캄캄한 구멍 속을 들여다보며 나에게 정체성이란 것이 있기나 한 걸까 하고 생각했다. 나는 운이 좋았다. 훌륭한 정신과 의사가 도와주고 남편과 아이들이 지원해 준 덕분에 경계성 성격장애에서 벗어날 수 있었다. 그러나 나에게 일어난 일이 경계성 성격장애를 지닌 모든 이에게 일어나지는 않는다는 사실을 나는 안다. 어떤 사람들은 치유를 향한 여정에 오르고 싶어 하지 않는다. 다른 사람들은, 이유가 무엇이든, 아예 그럴 수가 없다. 그렇기 때문에 나는 경계성 성격장애를 지닌 사람과 가까운 모든 이들이 그와의 관계를 계속 유지하리라고는 생각지 않는다. 어떤 경우엔—아마도 많은 경우에—자신을 보호하고 자기 삶을 살아 나가는 것이 필요한 일이며 현명한 일이기도 하다. 그러나 다른 경우엔, 당신이 경계성 성격장애인 사람의 곁에 머물며 기다려 준다면, 당신이 꿈도 꾸지 못했을 만큼 친밀하고 멋진 관계로 보상받게 될 것이다.

나의 여정을 통해 배운 가장 큰 교훈 중 하나는 사람들이 놀라우리만큼 선할 수 있다는 것, 온갖 시련과 고통과 불의에도 불구하고 이 세상은 기적 같은 곳이라는 것이다. 세상은 증오로 가득하지만 그만큼의 사랑과 친절 또한 존재한다. 이 모든 것을 겪으며 나는 삶에 대한 새로운 관점, 결코 예전으로 돌이킬 수 없는 관점을 얻게 되었다. 나의 모든 고통과 몸부림은 그럴 만한 가치가 충분히 있었던 것이다.

이 책에서 당신은 경계성 성격장애가 무엇인지를 배웠고, 그 장애가 있는 사람들이 왜 이해하기 어려운 행동들을 하는지 알게 되었다. 또한 그 같은 심리적 역동에서, 그와의 관계에서 당신이 하는 역할은 무엇인지, 어떻게 하면 당신 자신의 삶을 되찾을 수 있는지에 대해서도 배웠다.

그러나 여행은 아직 끝나지 않았다. 경계성 성격장애 행동이 복잡하기는 해도, 그에 관한 지식을 얻는 것은 이 여정에서 수월한 부분이다. 이제는 배운 내용을 당신의 삶에 직접 적용하는 지혜를 보여야 한다.

그 방법은 다양하며, 다음의 것들을 포함한다.

- 긴 세월 동안 지녀 온 신념과 가치들에 의문을 제기하기
- 오랫동안 회피했던 문제들과 맞서기
- 당신과 경계성 성격장애를 지닌 사람 사이의 무언의 '협정'—그의 필요나 욕구, 관점이 당신의 그것보다 항상, 예외 없이 더 중요하고 더 '옳다'는 것—도 되짚어 보기(이런 유의 협정에 오래 얽매이다 보면 누구든 정신건강에 심각한 문제가 생기게 마련이다).

이 일이 쉬우리라고 보증할 수는 없다. 하지만 그럴 만한 가치가 있다고 자신 있게 말하겠다. 당신은 그 과정에서 자신이 참으로 소중히 여기는 게 무엇이며 자신이 진정 누구인지를 알게 될 것이다. 그리고 스스로 지니고 있는지조차 몰랐던 강점들도 발견할 것이다. 삶에서 이보다 더 중요한

것은 찾아보기 힘들다. 400년 전 윌리엄 셰익스피어는 이렇게 말했다.

무엇보다도 너 자신에게 충실하라.
그러면 밤이 낮을 자연스럽게 따르듯
다른 사람에게도 충실한 사람이 되지 않을 수 없느니라.

—『햄릿』, 1막 3장

이 책에서 얻은 지식과 도구들이 당신의 남은 여정에 도움이 되기를 바란다.

부록 A

경계성 성격장애의 원인과 치료

이 부록에 담긴 정보의 많은 부분은 이 책의 공동 저자인 랜디 크레거가 쓴 『경계성 성격장애에 대한 가족용 필수 지침서』(2008)에서 가져왔다.

| 경계성 성격장애의 위험 요인 |

경계성 성격장애는 어떤 단일 원인에 의해 발생하는 게 아니다. 그 대신, 경계성 성격장애가 생길 가능성을 높이는 몇 가지 위험 요인(위험 인자)이 있다. 위험 요인은 생물학적인 것과 환경적인 것 두 가지 범주로 나뉜다. 경계성 성격장애에 대한 생물학적 취약성이 문제 있는 환경과 결합되면 이 장애의 발생으로 이어질 수 있다. 사람에 따라 생물학적 위험 요인이 우세할 수도 있고, 환경적 위험 요인이 더 큰 역할을 할 수도 있다.

생물학적 요인

신경전달물질(neurotransmitter, 체내의 신경세포에서 방출되며 다른 신경세포나 근육에 정보를 전달하는 물질. 널리 알려진 것으로 아드레날린, 옥시토신, 도파민, 세로토닌 따위가 있다. ─옮긴이) 수준에서의 오작동이나 기타 신경전달물질 체계의 이상은 논리

추론 능력의 손상, 충동성, 정서 불안정 같은 문제를 유발할 수 있다.

뇌 자체에 기능상의 문제가 있을 수도 있다. 대뇌의 변연계(邊緣系) 부위에 있는 편도체는 정서(감정)의 강도를 조절하며, 우리가 자극에 대해 정서적으로 강렬히 반응했다가 정상으로 돌아가는 능력도 조절한다. 뇌 스캔을 해 보면 경계성 성격장애가 있는 사람들의 편도체가 대조군의 편도체에 비해 더 활동적인 것으로 나타난다.

정신과 의사이며 경계성 성격장애 치료 전문가인 로버트 O. 프리들은 이 장애와 직결된 특정한 단일 유전자는 없다고 본다. 그는 경계성 성격장애나 연관된 장애—양극성장애, 우울증, 물질사용장애, 외상후 스트레스장애 따위—가 있는 사람들이 이 장애의 발생 위험을 증가시키는 유전자들을 자손에게 물려주는 것 같다고 말한다.

프리들은 우리가 반드시 알아야 할 것은 경계성 성격장애가 뇌의 특정 신경경로(neural pathway, 신경통로)들이 불안정한 결과이며, 문제 있는 행동들이 의도적이거나 계획적인 게 아니라는 점이라고 말한다. 지속적인 연구를 통해 우리는 생물학적 위험 요인에 대해 더 잘 이해하게 될 테고, 이는 더 효과적인 치료로 이어질 것이다.

환경적 요인

경계성 성격장애가 아동기에 어떤 형태로든 학대를 받은 결과라는 것은 잘못된 통념이다. 경계성 성격장애를 지닌 사람 중 상당수가, 때로는 오랜 세월 지속된 학대나 유기, 방임, 기타 잘못된 양육의 희생자였던 건 사실이다. 그러나 연구상의 결함 탓에 우리는 얼마나 많은 사람이 그런 유형에 해당하는지를 알 수 없다.

관련 연구들의 대상은 경계성 성격장애가 있는 사람 중 정신건강 시스템 내에 들어와 있고 자살하고 싶어 하며 자해를 하는 사람들뿐이다. 그들은 경계성 성격장애가 있는 모집단 전체의 진정한 무작위 표본이 아니다. 모집단 중 고기능(高機能)인 사람, 즉 상대적으로 사회생활을 잘하는 사람들은 완전히 제외되었기 때문이다.

또 하나의 문제는 학대받았다는 주장이 자기보고이며, 따라서 학대의 표준화된 정의에 부합하지 않을 수도 있다는 것이다.

학대, 방임, 다양한 종류의 아동기 트라우마(심적 외상, 정신적 외상) 같은 환경적 요인은, 유전적 소인 때문에 이 질환에 걸리기 쉬울 수 있는 사람에게서 경계성 성격장애를 유발하는 것으로 보인다.

프리들은 이것을 '환경성 부담(environmental burdens)'이라고 부른다. 환경성 부담에는 학대 외에 다음의 것들이 포함될 수 있다:

● 비효과적인 양육(부족하고 부적절한 양육 기술에서 부모의 정신질환이나 물질남용에 이르기까지 어떤 것 때문이든)

● 안전하지 않고 혼란스러운 가정 상황

● 자녀와 부모 간 타고난 성향의 충돌

● 양육자를 갑작스럽게 잃거나 양육자의 관심이 갑자기 줄어들어(새 아이의 출산에 따른 것과 같은 흔한 경우도 이에 해당) 아동이 버림받았다고 인식하는 것

| 치료 |

여기서 아주 좋은 소식은 새로운 치료법들이 성공을 거두고 있다는 것이다(이 얘기는 뒤에서 다시 하겠다). 그렇다 해도, 사랑하는 사람이 꼭 치료를 받게 하고 싶다면 그 사람이 당신이나 다른 누군가의 최후통첩 때문이 아니라 자기 나름의 이유 때문에 진심으로 변화를 원하는 것인지를 확인하고, 아니라면 그렇게 되도록 노력해야 한다.

약물

약물은 경계성 성격장애의 증상인 우울증, 기분 변화(감정 기복), 해리, 공격성과 충

동성 등을 줄이는 데 도움이 된다. 이러한 종류의 치료는 매우 복잡한데, 그건 뇌의 화학 작용이 경계성 성격장애 증상을 유발하는 세세한 기전이 환자마다 크게 다를 수 있기 때문이다. 이 장애의 치료에 약물을 사용하는 의사는 특별히 훈련을 받아야 하며 환자에 대한 주의 깊은 관찰이 필요하다.

혼히 사용하는 약물은 다음과 같다.

- 올란자핀(olanzapine, 상품명 자이프렉사[Zyprexa]) 같은 항정신병 약물
- 설트랄린(sertraline, 상품명 졸로프트[Zoloft]) 또는 벤라팍신(venlafaxine, 상품명 에펙소르[Effexor]) 같은 항우울제
- 밸프로에이트(valproate, 상품명 데파코트[Depakote]) 또는 라모트리진(lamotrigine, 상품명 라믹탈[Lamictal])과 같은 기분안정제

심리치료(psychotherapy)

경계성 성격장애가 있는 사람이 자신의 문제를 해결하려는 동기 부여가 되어 있을 경우, 그를 도울 몇 가지 구조화된 프로그램이 있다('구조화된 치료[structured therapy]'란, 사용하는 기법들이 규정되어 있고—때로는 매뉴얼까지 마련되어 있으며—구체적인 치료 일정도 짜여 있는 심리치료들을 가리킨다.—옮긴이).

이들 구조화된 치료는 그동안의 통상적인 치료보다 좋은 결과를 낳는 것 같다. 하지만 그건 이런 치료들에만 국한된 것은 아닌 다음과 같은 요인 때문일 수 있다.

- 임상전문가로 하여금 더 효과적인 도구들을 갖추게 하는 특수 훈련
- 치료를 제공하는 사람들에게 환자의 회복 및 환자와의 협력에 대해 긍정적인 태도를 갖게 하는 임상전문가 교육
- 주 1회가 아니라 2회의 치료 세션(회기)

● 같은 장애가 있는 사람들과 교류할 수 있는 기회

이러한 치료법들은 모두 문제가 있는 경계성 행동에 중점을 둔다. 그러나 치료사와 환자 간 치유 관계의 형성을 얼마나 중요하게 보는가에는 요법들 간에 차이가 있다. 궁극적으로 대부분의 환자는 이용 가능한 프로그램들, 치료사와 서로 잘 맞는 정도, 건강보험 보장 범위, 그 밖의 요인들을 두루 따져 보고 어떤 치료를 받을지 결정한다.

변증법적 행동치료(dialectical behavior therapy, DBT)

변증법적 행동치료는 경계성 성격장애에 대한 구조화된 치료법 중 아마 가장 잘 알려진 것일 테다. 마샤 리너핸이 개발한 이 치료의 근간은 내담자가 있는 그대로의 자신을 받아들이도록 가르침으로써 그가 자신의 행동을 변화시킬 수 있게 하는 것이다.

이런 프로그램에 등록한 사람들은 대개 매주 집단적 기술 훈련 세션에 참석하여 괴로움을 참고 감정을 조절하는 방법, 마음을 더 잘 챙기고 대인관계의 기술(사회기술)을 향상시키는 방법 등을 배운다. 그들은 또한 매주 개인 치료사를 만난다.

마음챙김(mindfulness)은 변증법적 행동치료의 핵심 개념 중 하나다(자세한 내용은 '부록 B'에 있다). 마음챙김이란 그 순간에 존재하면서 주변에서 일어나는 일을 관찰하고, 자신의 감정을 알아차리되 그 감정에 휘둘리지 않는 것이다. 이 치료에 참여하려는 사람은 성실하게 치료에 나가고 주어진 서식의 일지를 매일 작성할 자세가 되어 있어야 한다. 전문 치료사 찾기를 포함하여 변증법적 행동치료에 대한 더 자세한 설명은 비헤이비어럴테크닷컴(www.behavioraltech.com)에서 볼 수 있다.

정신화 기반 치료(mentalization-based treatment, MBT)

정신화 기반 치료는 경계성 성격장애가 있는 사람들이 다음과 같은 것들에 집중하는 것을 돕도록 고안된 심리치료 유형이다('정신화'란 자신이나 타자의 행동 이면에 있는 마음의 상태를 이해하는 것, 그러한 능력을 가리킨다.—옮긴이).

- 자신의 생각과 다른 사람들의 생각을 구별하기
- 생각, 감정, 소망 및 욕망이 행동과 어떻게 연결되는지를 인식하기. 이는 다른 대부분의 확립된 치료법에서도 다루는 것이지만, 정신화 기반 치료의 경우는 이것이 주요 초점이다.

정신화 기반 치료는 기술 훈련에 치중하는 변증법적 행동치료와 달리 환자와 치료사 간의 상호작용에 초점을 맞춘다. 이 치료의 목표에는 다른 사람들과의 더 나은 관계, 그리고 감정과 행동에 대한 통제력 향상이 포함된다. 내담자와 치료자의 관계를 치료의 아주 긴요한 부분으로 간주하는데, 이에 비해 변증법적 행동치료는 역기능적 행동을 표적으로 한다.

스키마 치료(schema therapy, 심리도식치료)

이 요법을 창안한 사람들에 따르면 '스키마(도식)'란 어린 시절에 필수적인 욕구와 필요가 충족되지 않을 때 생겨날 수 있는, 확고히 뿌리 내린 자기패배적인 삶의 패턴이다(일반적으로 '스키마'란 우리의 신념과 생각, 인식, 경험을 구조화하는—그리고 역으로 그것들에 의해 형성되는—심리적 틀을 이른다.—옮긴이). 그들은 우리가 그것에 대해 지나치게 민감한 삶의 상황들('감정적 방아쇠들')을 만났을 때 우리의 스키마 모드가 작동한다고 말한다. 그러면 상황에 과잉반응을 하거나 자신에게 상처를 주게 될 방식으로 행동할 수 있다.

스키마 치료의 목표는 사람들이 자신의 진정한 감정에 접근하도록 돕는 것, 자기패배적인 스키마 모드를 끄는 것, 관계에서 정서적 욕구를 충족시키는 것 등을 포함한다.

스텝스 집단치료 프로그램(STEPPS group treatment program)

스텝스(STEPPS)는 '감정의 예측 가능성 및 문제 해결을 위한 시스템 훈련(systems training for emotional predictability and problem solving)'의 약자, 두문자어다. 이 치료는 네덜란드에서 인기가 있으며, 전통적인 요법을 대체하는 것이 아니라 그것에 추가하여 사용하게 되어 있다. 변증법적 행동치료와 마찬가지로 스텝스는 기술 훈련 중심의 접근 방식을 취한다. 가족 구성원들은 이 프로그램의 중요한 측면을 이룬다. 환자의 새로운 기술들을 강화해 주고 지지하는 방법을 배우는 것이다.

이 프로그램은 질병 자각, 감정 관리 기술 훈련, 행동 관리 기술 훈련의 세 단계로 구성된다.

치료사 찾기

안타깝게도 위와 같은 구조화된 치료법들은 널리 이용 가능하지는 않다. 또한 비쌀 수도 있다. 임상전문가들은 이론적으로 같은 학파 출신인 경우에도 각기 자신의 고유한 치료 '브랜드'를 가지고 있기 때문에, 적합한 치료사를 찾는 것은 일자리를 찾는 것과 비슷한 데가 있다.

경계성 성격장애를 다루는 치료사는 다음과 같은 몇 가지 자질을 갖추어야 한다.

- 경계성 성격장애에서 회복하는 것이 가능하다고 믿는다.
- 최신 연구에 대해 잘 알고, 이 장애가 있는 사람들에게서 뇌의 이상이나 질병이 어떤 역할을 하는지 이해한다.
- 치료의 구체적인 목표들을 현실에 맞게—특히 환자의 건강보험 플랜에서 허용된 치료 시간 한도에 맞춰—정립해 명확하게 설명할 수 있다.
- 이 장애를 치료하는 일에 동료들의 지지를 받고 있다.
- 자신의 능력에 확신을 갖고 있으며, 경계성 성격장애를 지닌 사람들이 어떻게 행동

할 수 있는지를 잘 알고 있다. 장애를 지닌 내담자에게 연민을 갖지만, 내담자가 치료사를 포함하여 다른 사람들과 관계를 맺는 역기능적인 방식에 감정적으로 빨려들지 않을 만큼 명석하다.

정신과 의사를 찾는 한 가지 방법은 지역사회에서 정신과 치료에 탁월한 병원의 목록을 작성하는 것이다. 여기에는 의과대학 부속병원을 포함시켜야 한다. 그런 다음 한 군데씩 전화를 걸어 정신과 병동의 간호관리자 또는 의료진의 행정 보조원과 통화하며 성격장애 치료를 전문으로 하는 정신과 의사가 누구누구인지 물어보라. 이 단계에서는 경계성 성격장애라는 병명을 구체적으로 언급하지 말라.

그런 다음, 당신의 보험 플랜이나 HMO(health maintenance organization, 폭넓은 의료 서비스를 통합해 소비자에게 약정된 금액으로 서비스를 제공하는 미국의 건강관리 기구들을 가리킨다.−옮긴이)의 의료인 명부에 그 의사들의 이름이 있는지 확인하라. 그리고 각 의사의 사무실에 전화를 하여 직원에게 그 의사의 성격장애 치료 경력에 대해 물어보라. 대답의 어조에 귀를 기울이고, 직원들이 열성적으로 설명한다고 느껴지는 고용주 즉 의사를 고르라. 이렇게 해서 적합한 정신과 의사를 찾고 나면 그에게 치료사 등 다른 유형의 임상전문가들도 소개해 달라고 요청할 수 있다.

몇 명의 의사로 대상을 좁혔다면 한 사람씩 약속을 잡고 만나서 다음의 질문을 하라.

- 경계성 성격장애가 있는 사람들을 치료하는가? 그렇다면 얼마나 많은 사람을 치료했는가?
- 경계성 성격장애를 어떻게 정의하는가?
- 이 장애의 원인은 무엇이라고 생각하는가?
- 이 장애가 있는 사람을 위한 치료 계획은 무엇인가?
- 이 장애가 있는 사람이 나을 수 있다고 믿는가? 당신이 치료해서 개선된 사람이 있

는가?

● 경계성 성격장애가 있는 사람과 함께 사는 삶의 스트레스에 대해 얼마나 알고 있
는가?

당신의 목표는, 성격장애들을 치료한 경험이 많고, 경계성 성격장애가 있는 사람들 일
부는 사회적 기능이 좋으면서도 특정한 문제들을 일으킬 수 있다는 것을 잘 알며, 경계
성 성격장애의 실제 원인들을 이해하는 그런 임상전문가를 골라내는 것이다. 예컨대 그
전문가가 경계성 성격장애는 하나같이 부모의 학대로 인해 발생한다고 잘못 생각하는
사람은 아닌지 확인하라는 얘기다.

마지막으로, 분명하고 구체적이며 달성 가능하고 명확한 목표가 있는 동시에 유연성
도 있는 치료 계획을 제시하는 사람을 구하라. 『경계성 성격장애에 대한 가족용 필수 지
침서』의 '전문가의 도움 찾기' 장에서는 이러한 주제를 다루면서, 치료의 질과 치료사의
평판을 평가하는 요령을 포함하여 구조화되지 않은 치료를 찾는 방법에 대해 자세히 설
명하고 있다.

부록 B

마음챙김 연습

| 경계성 성격장애가 있는 사람의 친구 및
사랑하는 사람을 위한 마음챙김 |

마음챙김은 경계성 성격장애가 있는 사람들에게 매우 효과적인 것으로 입증된 변증법적 행동치료(DBT)의 필수 구성 요소 중 하나다. 경계성 성격장애의 치료는 종종 마음챙김 기술들을 배우는 것으로 시작되며, 경계성인 사람은 치료 기간 내내 이러한 기술을 반복적으로 연습한다(마샤 리너핸, 『경계성 성격장애의 인지행동치료(Cognitive-Behavioral Treatment of Borderline Personality Disorder)』, 1993).

이 마음챙김 기술은 사랑하는 사람의 경계성 성격장애 증상에 대처해야 하는 사람들에게도 도움이 될 수 있다. 사실 지난 10년 동안 전미 경계성 성격장애 교육연합(NEABPD)은 경계성인 사람들의 가족 구성원에게 교육과 기술 훈련 및 지원을 제공하는 '패밀리 커넥션스' 프로그램에서 마음챙김 기술을 가르쳤다. (이 프로그램에 대해 자세히 알고 싶으면 NEABPD 웹사이트의 해당 페이지 https://www.borderlinepersonalitydisorder.org/family-connections/를 방문하라.)

마음챙김은 판단하지 않으면서 자각하는 것이다. 마음챙김 연구자인 존 카밧진이 말했듯이 마음챙김은 "자신이나 자기 경험을 판단하거나 비판하지 않고 현 순간의 생각과 감정, 신체적 감각 및 행동을 알아차리는 능력"이다(존 카밧진, 『당신이 어디를 가든 거기 당신이 있다(*Wherever You Go, There You Are*)』, 2005; 국역본 『존 카밧진의 왜 마음챙김 명상인가?』). 이것을 어떤 사람들은 '중심 잡기'라 부르고, 다른 사람들은 자신의 '진정한 자아'와 직면하는 것이라고 한다.

경계성 성격장애를 지닌 사람들은 종종 자신의 감정에 지배된다. 이는 약물 사용, 위험한 성관계, 자해와 같은 파괴적이고 충동적인 행동으로 이어질 수 있다. 변증법적 행동치료에서 마음챙김의 목표는 경계성 성격장애가 있는 사람들이 격렬한 감정과 위험한 행동의 이러한 패턴들을 자각하고 보다 사려 깊게, 덜 충동적으로 행동하도록 이끄는 것이다. 변증법적 행동치료의 언어로 말하자면, 마음챙김의 목표는 '현명한 마음'—즉, '합리적 마음'과 '감정적(정서적) 마음'(일부 임상전문가가 말하는 '감정 마음')이 균형을 이룬 것—을 연습하고 달성하는 것이다. 현명한 마음으로 우리는 삶을 우리에게 다가드는 그대로 경험할 수 있고, 우리가 흔히 맞닥뜨리는 모호성이나 미묘한 차이들을 제대로 이해할 수 있다.

지적이고 이성적인 관점에서 지식에 접근할 때 우리는 합리적 마음 상태에 있다. 합리적인 마음일 때 우리는 감정을 유보하고 계획적이며 통제된 반응을 보이게 된다. 이와 대조적으로, 우리의 생각과 행동이 그 시점의 감정에 의해 장악될 때 우리는 감정적 마음 상태에 있는 것이다. 감정적 마음에서는 합리적인 사고가 어려우며, 사실을 우리의 감정과 일치하도록, 또는 그 감정을 정당화하도록 왜곡할 수도 있다.

현명한 마음 상태에서는 우리의 감정과 생각이 함께 간다. 그 결과 우리는 적절하고 원활하게 행동한다. 우리의 삶과 관계들이 일시적으로 통제가 불가능하다고 느껴지더라도 그렇다.

마음챙김을 할 때 우리는 발생하고 사라지는 매 순간을 온전히 알아차리면서 있는 그대로의 삶 자체에 마음을 연다.

『변증법적 행동치료 기술 워크북(*The Dialectical Behavior Therapy Skills Workbook*)』(2007, 국역본 『알아차림 명상에 기반한 변증법적 행동치료(DBT) 워크북』)에서 공저자인 매슈 매케이와 제프리 우드, 제프리 브랜틀리는 "현 순간 당신이 경험하는 것을 온전히 알아차리기 위해서는 당신 자신과 당신이 처한 상황, 또는 다른 사람들을 비판하지 않으면서 그러는 것이 필요하다"라고 일깨운다. 변증법적 행동치료의 창시자인 리너핸은 『경계성 성격장애의 인지행동치료』에서 이를 '철저한 수용(radical acceptance)'이라고 부른다. ('철저한 수용'은 심리학자이자 명상 교사인 타라 브랙이 2004년에 낸 책의 제목으로도 쓰였다. [국역본은 『받아들임—자책과 후회 없이 나를 사랑하는 법』])

철저한 수용을 통해 우리는 지금 이 순간에 집중할 수 있고, 앞으로 생길지 모를 일이나 과거에 일어난 일에 초점을 맞추는 정신적, 정서적 함정을 피할 수 있다. 이것은 경계성 성격장애에서 흔히 보이는 예측할 수 없고 혼란스러운 행동을 극복하는 데 특히 유용하다.

마음챙김은—변증법적 행동치료가 전반적으로 그렇지만—경계성 성격장애인 사람들이 그들의 흑백논리와 관련된 감정적 롤러코스터에서 벗어나는 데 도움을 준다. 마음챙김을 꾸준히 행하는 사람들은 삶과 관계에서 고통을 더 잘 견디고 문제를 더 잘 해결하며 혼란과 스트레스에 덜 휘말리는 쪽으로 점차 나아가는 경향이 있다. 그러나 마음챙김의 목표는 깊은 행복을, 또는 스트레스나 어려움이 없는 삶을 경험하는 것이 아니라는 점에 유의하라.

우리 모두는 마음챙김을 할 능력이 있다. 마음챙김은 누구나 배울 수 있는 기술이다. 거기에 신비한 것이라곤 없다. 그저 지금 이 순간에 주의를 기울이면 된다. 정신이 어수선해지면 그러는 대로 두었다가 그 상태가 다시 사라지도록 내버려 둔다. 그러면서 계속 지금 여기로 돌아온다.

이렇게 하는 것이 말처럼 쉽지만은 않다. 특히 처음 배울 때는 더욱 그렇다. 하지만 누구나 연습만 하면 더 잘할 수 있다. 그 과정에서 우리는 자신과 타인, 우리가 맺는 관계들에 대해서도 많은 것을 배운다.

마음챙김을 수련하면 합리적 마음과 감정적 마음 사이의 균형을 더 잘 잡는 데 도움이 된다. 이렇게 되면 고통스러운 상황에 균형 잡히고 건강한 방식으로 현명하게 대처할 가능성이 더 커진다. 또한 더 나은 결정을 내리고 관계들을 개선하게 될 테며 신체적, 정신적 긴장 완화의 잠재력이 최적화될 것이다.

『변증법적 행동치료 기술 워크북』은 마음챙김이 어떤 것인지를 훌륭하게 소개하고 있을 뿐 아니라, 그것의 수련을 위한 많은 제안과 기회를 제공한다.

| 마음챙김 연습 #1—대상에 집중하기 |

이 연습의 목적은 하나의 대상에 마음을 집중하고, 그 순간에 머무르는 데 필요한 정신적 에너지를 자각하는 것이다.

TV나 라디오, 기타 주의를 산만하게 하거나 방해하는 요소에서 멀리 떨어져 혼자 있을 수 있는 장소를 찾으라. 앉아 있든 서 있든 3분 동안 유지할 수 있는 편안한 자세를 취하라. 눈을 뜨고 정상적으로 호흡하라.

명확하게 볼 수 있는 가까운 물체를 하나 선택하라. 당신이 뭔가 강한 느낌을 갖고 있지 않은 것—예컨대 식물이나 의자, 책, 컵 따위—이어야 한다.

그런 다음 3분 동안 그 물체에만 주의를 집중하라. 원한다면 여러 각도에서 살펴봐도 좋다. 그것을 집어 올리거나 만져 보라. 냄새도 맡아 보라(그러고 싶다면). 그것에 관한 갖가지 감각 정보를 모두 받아들이라.

당신의 마음이 다른 곳으로 방황하면(실제로 그렇게 될 것이다), 자신을 붙잡고 주의를 당초의 대상으로 되돌리면 된다. 이런 일이 여러 번 또는 더 자주 발생할 수 있다. 좌절하거나 자신을 비판할 필요는 없다. 계속 당초의 대상으로 돌아오면 그만이다.

| 마음챙김 연습 #2—자신의 생각을 관찰하기 |

이 연습의 목적은 자신의 마음과 생각에 대한 자각을 높이는 것이다. 시간을 갖고 꾸준히 연습하면 특정한 생각에 얽매이거나 괴로워하거나 압도되지 않는 데 도움이 될 것이다.

앞에서도 말했듯이, 주의가 산만해지거나 방해받지 않을 장소를 찾으라. 발을 바닥에 대고 등을 곧게 펴고 편안하게 앉은 자세를 취하라. (의자의 앞부분에 상체를 앞으로 조금 기울이고 앉는 것도 좋다.) 정상적으로 숨을 쉬고 눈을 뜨고 있으라.

5분 동안 어떤 특정한 것도 생각하지 말라. 그렇다고 굳이 아무것도 생각지 말라는 것은 아니다. 그저 생각이 표면으로 떠오르고 이리저리 휘돌다 사라져 버리는 것을 지켜보라. 생각들에 매달리거나 생각들을 밀어내거나 판단하려 들지 말라. 그것들이 오고 가는 것을 내버려 두라.

마음이 방황하거나 특정한 생각에 사로잡혀 있다면, 그걸 그냥 알아차리고는 당신의 마음을 조용히 관찰하는 일로 돌아가라. 자신이 자꾸 판단을 내리고 있다는 걸("난 이걸 잘 못해", "내가 왜 그런 끔찍한 생각을 하고 있는 거지?" 등) 의식하면, 그런 판단들을 그저 알아차리기만 하고 또다시 마음 관찰로 돌아가라.

이 기술을 익히면 강박적인 생각이나 걱정에 빠지는 걸 피하는 데 도움이 될 것이다. 역설적이게도, 필요할 때 중요한 과제나 관심사, 또는 활동—예컨대 국세청에 낼 소득신고서 작성하기 따위—에 더 잘 집중하는 데에도 도움이 된다.

부록 C

추천 도서와 기타 정보 소스

| 경계성 성격장애와 자기애성 성격장애를 모두 다룬 책과 오디오 |

모두를 위하여

Stop Caretaking the Borderline or Narcissist: How to End the Drama and Get on with Life, Margalis Fjelstad (Rowman & Littlefield, 2013, 국역본 『어떻게 당하지 않고 살 것인가』)

이 책은 당신 곁의 경계성 또는 자기애성 성격장애인 사람이 스스로를 돌보도록 하면서 그 사람과의 파괴적인 상호작용에서 벗어나 당신 자신의 욕구와 필요 및 삶의 목표에 집중하기 위해 어떤 새롭고 효과적인 행동들을 취할 수 있는지를 알려 준다.

파트너들을 위하여

Splitting: Protecting Yourself While Divorcing Someone with Borderline or Narcissistic Personality Disorder (Second Edition), Bill Eddy and Randi Kreger (New Harbinger, 2021)

경계성이나 자기애성 성격장애를 지닌 사람의 파트너로서 이혼을 진지하게 생각한 적이 있는(또는 이혼 위협을 받은) 사람들을 위한 책이다. 변호사 고용하기, 비난자의 행태와 그들이 누구를 표적으로 삼는지에 대해 알아 두기, 법정 공방 준비하기, 증거 수집하기, 법정에 가지 않고 문제를 해결하기 등 온갖 관련 주제들을 다루고 있다.

Dealing with High-Conflict People in Separation and Divorce, Bill Eddy (오디오 다운로드는 stopwalkingoneggshells.com에서 가능함)

두 시간짜리 이 오디오에서 빌 에디는 갈등의 정도가 심한 이혼의 기본 사항들을 다룬다. 여기에는 변호사가 없는 경우 사안을 다루는 법, 고갈등 성격인 사람의 특성과 행태에 관해 법원 측에 잘 설명하기, 거짓된 비난이나 고소를 다루는 방법 등이 포함된다.

Dealing with High-Conflict People in Separation, Divorce, and Co-parenting, Bill Eddy (오디오 다운로드는 stopwalkingoneggshells.com에서 가능함)

여섯 시간짜리 이 오디오는 앞의 것의 내용에다 양육권 문제 등 이혼하는 부모들이 알아야 할 자녀 관련 쟁점들에 관한 정보를 추가했다. 다루는 주제 중엔 자녀가 학대를 받았는지 확인하는 방법, 고갈등 배우자와의 관계를 관리하고 이혼의 여러 단계에서 자녀와의 관계를 관리하는 요령, 양육권 평가, 양육권과 방문권(면접교섭권)의 조정 유형들, 보호감독 방문(supervised visit, 양육권 없는 부모가 아이를 만날 때 아이의 안전을 위해 제삼자가 동반토록 하는 것–옮긴이)을 법원에 요청하기 등이 포함된다.

파트너가 경계성이나 자기애성 성격장애인 (또는 둘 다인) 부모를 위하여

Raising Resilient Children with a Borderline or Narcissistic Parent, Margalis Fjelstad and Jean McBride (Rowman & Littlefield, 2020)

당신이 고갈등 파트너와 함께 자녀를 양육하고 있다면 이 책을 읽어 보라. 이런 주제를 자세히 다룬 최초의 책이다. 관련된 모든 사람에 대한 연민 위에서 저자들은 당신이 파트너를 돌보아 주는 일을 멈추고 파트너의 고갈등 행동으로부터 자녀를 보호하는 데 힘을 쏟도록 도울 것이다. 또한 자녀의 옹호자 역할을 더 잘하게 해 줄 도구들을 제공한다.

자녀가 경계성이나 자기애성 성격장애인 (또는 둘 다인) 부모를 위하여

Parenting a Child Who Has Intense Emotions: Dialectical Behavior Therapy Skills to Help Your Child Regulate Emotional Outbursts and Aggressive Behaviors, Pat Harvey and Jeanine A. Penzo (New Harbinger, 2009)

이 책은 자녀의 격렬한 감정을 완화시키고 그들이 생산적인 방식으로 감정을 표현하도록 돕는 방법을 안내한다. 자녀의 감정이 통제 불능 상태일 때를 위한 전략들도 나와 있다.

Parenting a Teen Who Has Intense Emotions: DBT Skills to Help Your Teen Navigate Emotional and Behavioral Challenges, Pat Harvey and Britt H. Rathbone (New Harbinger, 2015)

제목 중의 'DBT'는 경계성 성격장애에 사용되는 증거 기반(evidence-based, 근거 기반, 근거 중심) 치료법인 '변증법적 행동치료'의 약자다. 이 책에는 파괴적이거나 위험한 행동, 물질남용 행동을 다루는 단계별 지침이 포함되어 있다. 다른 주제로는 효과적인 양육법, 구체적 양육 전략들, 불안, 섭식장애, 형제자매 관계, 자살, 자해, 부모의 자기 돌봄 등이 있다. (이 책과 바로 앞 책의 제목이 비슷하다는 점에 유의하라. 하지만 두 책의 내용은 서로 중복되기보다는 보완적이므로 둘 다 권장한다.)

When Your Adult Child Breaks Your Heart: Coping with Mental Illness, Substance Abuse, and the Problems That Tear Families Apart, Joel Young, MD, and Christine Adamec (Lyons Press, 2013)

이 책에서 다루는 주제에는 고칠 수 있는 것은 무엇이며 포기해야 하는 건 무엇인지, 자녀가 폭력적이 될 때는 어떡해야 하는지, 자신의 삶이나 재정을 파괴하지 않고 자녀를 돕는 방법은 뭔지 등이 포함된다.

어머니가 경계성이나 자기애성 성격장애인 (또는 둘 다인) 성인을 위하여

Understanding the Borderline Mother: Helping Her Children Transcend the Intense, Unpredictable, and Volatile Relationship, Christine Ann Lawson (Rowman & Littlefield, 2004)

이 책은 경계성 성격장애를 지닌 어머니를 무력감에 휩싸인 떠돌이, 겁먹은 은둔자, 앙심 품은 마녀, 사람을 쥐고 흔드는 여왕(경계성이자 자기애성 성격장애인 어머니)이라는 네 유형 또는 증상군(symptom cluster)으로 나눈다. 당신의 초기 아동기 발달에서 무엇이 결핍되었는지 밝혀내고, 성인으로서 생애 초기의 그 결핍을 바로잡고 사랑과 신뢰의 삶으로 나아가기 위해 무엇을 할 수 있는지를 명확히 하는 데 도움이 될 것이다.

| 경계성 성격장애에 관한 책 |

모두를 위하여

Borderline Personality Disorder Demystified, Revised Edition: An Essential Guide for Understanding and Living with BPD, Robert O. Friedel, MD. (Da Capo Lifelong, 2018)

정신의학적 관점에서 쓴, 경계성 성격장애와 관련된 모든 것에 대한 훌륭한 참고서다. 프리들은 경계성 성격장애의 역사, 위험 요인, 치료, 경계성 성격장애와 뇌, 동반발생 장애 (때로 경계성 성격장애와 공존하는 정신질환), 장애의 전형적인 경과, 아동의 경계성 성격장애, 약물치료 등등을 속속들이 살펴본다.

The Essential Family Guide to Borderline Personality Disorder: New Tools and Techniques to Stop Walking on Eggshells, Randi Kreger (Hazelden, 2008)

당신 곁의 경계성 성격장애를 지닌 사람에게 대처하기 위해 필요한 다섯 가지 기본 도구를 다룬다. 그 도구들은 다음과 같다. 자신을 돌보기, 당신을 꼼짝 못 하게 가두는 요소를 찾아내기, 당신의 말이 상대에게 가닿도록 소통하기, 경계 설정하기, 그리고 올바른 행동을 강화하기. 이 책에는 또한 경계성 성격장애의 위험 요인과 치료, 치료사 찾기 등을 다루는 기본적인 장들도 있다.

Loving Someone with Borderline Personality Disorder: How to Keep Out-of-Control Emotions from Destroying Your Relationship, Shari Y. Manning, PhD (Guilford, 2011)

매닝의 책은 통상적 유형의 경계성 성격장애가 있는 사람들—다른 이의 감정을 상하게 했을 때 사과하고는 찜찜해하고, 치료를 받으려 하고, 자살 충동을 느끼고, 자해를 하는 사람들—의 가족을 위한 것이다. 이런 유형의 경계성 성격애인 사람들의 부모를 위한 대부분의 책과 마찬가지로, 내용 중 많은 부분은 사랑하는 사람을 돕는 방법에 대한 지침들이다. 매닝의 책은 또한 정신건강 시스템 내에서 경계성 성격장애가 지니고 있는 여러 얼굴들, 의료상의 위기에 대처하기, 입원 여부의 결정과 관련된 문제들에 대해서도 논의한다. 당신 자신의 감정을 다루는 일에 관한 장도 있다.

경계성 성격장애 자녀를 둔 부모를 위하여

Stop Walking on Eggshells for Parents: How to Help Your Child (of Any Age) with Borderline Personality Disorder Without Losing Yourself, Randi Kreger, Christine Adamec, and Daniel S. Lobel (New Harbinger, 2022)

1999년에 『부모들에게 희망을』이라는 제목으로 냈던 소책자를 대폭 확충하고 업데이트한 것으로, 경계성 성격장애가 있는 미성년 및 성인 자녀의 부모를 위한 책이다. 자녀가 어떻게 이 장애를 갖게 될 수 있는지를 상세히 설명하고, 그들을 양육하거나 돌보는 일에 관해 폭넓고 다양한 조언과 정보를 제공한다. 관련 정부 기관, 정신건강 시스템, 학교 시스템 등을 제대로 이해하고 잘 이용하는 데도 도움이 될 것이다. 이 밖에도 진단받기, 입원과 거주치료, 어려운 상황에서 제 정신을 유지하기, 경계 설정 등 많은 주제를 다루고 있다.

Borderline Personality Disorder in Adolescents: What to Do When Your Teen Has BPD (Second Edition), Blaise A. Aguirre (Fair Winds Press, 2014)

십대 자녀를 둔 부모라면 반드시 소장해야 할 책이다. 이 2판의 주요 주제는 청소년에 대한 경계성 성격장애 진단 문제, 십대의 정상적인 행동과 경계성 행동의 차이점, 투여약물, 경계성 성격장애의 전개 방식, 치료법, 그리고 부모를 위한 조언과 전략 등이다.

부모가 경계성 성격장애인 (또는 과거에 그랬던) 사람을 위하여

Surviving a Borderline Parent: How to Heal Your Childhood Wounds and Build Trust, Boundaries, and Self-Esteem, Kimberlee Roth and Freda B. Friedman (New Harbinger, 2004, 국역본 『가족의 무서운 진실—어린 시절의 상처를 치유하고, 신뢰·건강한 경계·자존감을 확립하는 방법』)

경계성 성격장애를 앓는 사람에 의해 양육되는 것은 이후에도 지속적인 영향을 미치게 마련이다. 로스와 프리드먼의 책은 이를 이해하고 극복하기 위한 단계적인 지침들을 제공한다. 여기엔 낮은 자존감, 신뢰의 결핍, 죄책감과 과민반응 등에 대처하는 전략이 포함되어 있다. 이 책은 당신이 경계성인 아버지나 어머니에게 그분의 장애를 직접적으로 언급하며 이야기할지 말지를 결정하는 데에도 도움이 될 것이다.

| 자기애성 성격장애에 관한 책 |

모두를 위하여

Disarming the Narcissist: Surviving and Thriving with the Self-Absorbed (Third Edition), Wendy T. Behary (New Harbinger, 2021, 초판 국역본 『자아도취적 이기주의자 대응심리학』)

이 책은 자기애성 성격장애가 있는 사람 즉 나르시시스트가 세상을 어떻게 보는지, 그들의 대처 스타일을 어떻게 다루어 나갈지, 그리고 나르시시스트들이 왜 슬프고 외로울 수 있는지를 설명한다. 나르시시스트의 감정적 반응을 촉발하는 특정한 주제와 자극들을 예측하고 회피해, 공격을 불러일으키지 않으면서 그 사람과 좋은 관계를 유지하는 법을 배우는 데 도움이 될 것이다.

Unmasking Narcissism: A Guide to Understanding the Narcissist in Your Life, Mark Ettensohn, PsyD (Althea Press, 2016)

이 책은 당신이 나르시시스트의 행동에 대한 통찰을 얻고 궁극적으로는 그들의 방어를 돌파하여 더 건강한 관계를 발전시킬 수 있도록 도와줄 것이다.

파트너들을 위하여

Healing from a Narcissistic Relationship: A Caretaker's Guide to Recovery, Empowerment, and Transformation, Margalis Fjelstad (Rowman & Littlefield, 2017)

이 중요한 책에서 저자는 나르시시스트와의 관계가 미친 영향으로부터 치유되기 위해 당신 스스로 해야 할 일을 명확하고 강력하게 제시한다. 이 책의 각 부 제목 중에는 '어떻게 우리 관계가 끝날 수 있지?', '파탄 이후의 치유', '힘을 얻다' 같은 것들이 있다.

No More Narcissists!: How to Stop Choosing Self-Absorbed Men and Find the Love You Deserve, Candace Love, PhD (New Harbinger, 2016)

이 책은 왜 당신이 자기애성 성격장애인 사람들에게 끌리곤 하는지, 어떻게 하면 앞으로는 그런 관계 양상을 피할 수 있는지, 그리고 더 건강한 관계들로 나아가는 방법은 무엇인지 등을 알아보는 데 도움이 될 것이다.

| 기타 추천 서적 |

The Betrayal Bond: Breaking Free from Exploitive Relationships, Revised Edition, Patrick J. Carnes (Health Communications, 2019)

Emotional Blackmail: When the People in Your Life Use Fear, Obligation, and Guilt to Manipulate You, Susan Forward and Donna Frazier (HarperCollins, 1997, 국역본 『사랑하는 사람이 나를 조종할 때』)

Toxic Parents: Overcoming Their Hurtful Legacy and Reclaiming Your Life, Susan Forward and Craig Buck (Bantam, 2002, 국역본 『독이 되는 부모가 되지 마라』)

No More Mr. Nice Guy: A Proven Plan for Getting What You Want in Love, Sex, and Life, Robert Glover (Running Press, 2003)

The White Knight Syndrome: Rescuing Yourself from Your Need to Rescue Others, Mary C. Lamia and Marilyn J. Krieger (Echo Point, 2015, 국역본 『백기사

신드롬—나는 늘 베풀면서도 왜 배신감을 느끼는 걸까』)

The Dance of Anger: A Woman's Guide to Changing the Patterns of Intimate Relationships, Harriet Lerner (Avon, 2014[리프린트임. 초판은 Harpercollins, 1985], 국역본 『무엇이 여자를 분노하게 만드는가—무례한 세상에서 나를 지키는 페미니즘 심리학』). 남성들에게도 매우 유용한 책이다.

Get Me Out of Here: My Recovery from Borderline Personality Disorder, Rachel Reiland (Hazelden, 2004)

The Gaslight Effect: How to Spot and Survive the Hidden Manipulations Other People Use to Control Your Life, Robin Stern (Harmony, 2007, 국역본 『그것은 사랑이 아니다』)

The Buddha and the Borderline: My Recovery from Borderline Personality Disorder through Dialectical Behavior Therapy, Buddhism, and Online Dating, Kiera Van Gelder (New Harbinger, 2010, 국역본 『키라의 경계성 인격장애 다이어리』)

Reinventing Your Life: The Breakthrough Program to End Negative Behavior and Feel Great Again, Jeffrey E. Young, PhD, and Janet S. Klosko, PhD (Plume,1994, 국역본 『삶의 덫에서 벗어나 새로운 나를 열기』)

396

| 경계성 성격장애 관련 웹사이트, 지지모임과 기타 조직들 |

StopWalkingOnEggshells.com

1995년 랜디 크레거가 만든 사이트로, 2020년에 개편되었다. 경계성 성격장애와 관련된 다양한 도구와 정보를 제공하는데, 여기엔 전문적인 전자책들과 오디오 다운로드, 기타 온갖 연관 주제에 관한 자료들이 포함된다.

Moving Forward

경계성 성격장애에 대해 논의하고 더 알고자 하는 사람들을 위한 가족 지원, 정보 및 교육 그룹으로, 슬퍼하고, 회복하고, 치유하고, 성장할 수 있는 안전한 장소이기도 하다. 참여하려면 movingforward@groups.io 또는 https://groups.io/g/movingforward/join으로 가면 된다.

PsychologyToday.com

이 사이트에는 성격장애 및 고갈등 관계를 다루는 블로그들이 많이 있다. 또한 치료사들을 지리적 위치나 전문 분야, 관심사, 적용되는 건강보험 종류 등으로 검색할 수 있는 환상적인 치료사 디렉터리가 있다. 성격장애별로 검색할 수도 있다.

Quora.com

이 무료 웹사이트에서는 누구나 질문을 올릴 수 있으며, 전문가(및 사이트를 드나드는 일반인이) 능력껏 답변해 준다. 이 책의 공저자 랜디 크레거는 이 사이트에서 경계성 성격장애와 자기애성 성격장애에 관한 800건 이상의 질문에 답변했다.

neabpd.org

전미 경계성 성격장애 교육연합(National Education Alliance for Borderline Personality Disorder, NEABPD)은 경계성 성격장애에 대한 대중의 인식을 높이고, 교육을 제공하고, 연구를 촉진하는 한편 경계성 성격장애를 지닌 사람들의 삶의 질을 향상시키기 위해 노력하고 있다. 가족 교육 프로그램, 연례 회의, 지역 모임 등을 실시하고 교육 및 연구 자료를 제공한다. 회의 비디오와 라디오 방송 녹음은 대부분 오래된 것들이지만 일부는—특히 의학적 정보에 관심이 있는 사람들에겐—꽤 유용하다.

DisarmingTheNarcissist.com

국제 스키마 치료학회의 전 회장인 웬디 비하리가 운영하는 이 웹사이트에는 미국의 주별 스키마 치료사 디렉터리가 있다. 이 치료사들은 경계성 성격장애와 자기애성 성격장애 둘 다 갖고 있는 사람들을 치료하도록 훈련된 사람들이다.

BehavioralTech.com

이 웹사이트는 변증법적 행동치료(DBT)에 중점을 두고 있으며 이 치료를 전문으로 하는 사람들의 주별 명부도 있다.

PDAN.org

PDAN(Personality Disorder Awareness Network)은 성격장애에 대한 대중의 인식을 높이고, 그것이 가족에 끼치는 영향을 완화하며, 그런 장애가 어린이에게 발생하지 않도록 조기에 개입하는 데 전념하는 비영리 단체다. PDAN은 유용한 글과 기사가 많이 있는 웹사이트를 운영하면서 어린이를 위한 경계성 성격장애 책을 판매하고, 소셜 미디어 활동(특히 페이스북)도 하고 있다.

bpdworld.org

영국 사이트로, 경계성 성격장애에 관한 일반적 자료 외에 영국인을 위한 치료사 디렉터리 등 각종 정보와 서비스를 제공한다.

aapel.org

이것은 프랑스어로 된 경계성 성격장애 사이트다.

부록 D

당신은 학대받고 있는가?

성격장애가 있는 사람들 일부는 타인을, 그것도 종종 자신을 가장 아끼는 사람들을, 학대한다. 그리고 시간이 지나면서 그들에게 학대받는 사람 중 일부는 그 학대에 익숙해져서 그것을 정상적인 것으로, 더 나쁘게는 그들이 마땅히 받아야 하는 것으로 보기 시작할 수 있다.

웹스터 사전에 따르면 '학대'란 거칠고 모욕적인 언어를 사용하는 것, 정서적으로 잔인하게 대하는 것, 또는 부당하거나 막되게 행동하는 것을 의미한다.

'가정 내 학대(domestic abuse)'는 가정이나 가족 내에서 발생하는 학대다. '신체적 학대(physical abuse)'란(이것이 가정이나 가족 내에서 발생할 경우 '가정폭력[domestic violence]'인데) 난폭하게 밀치기, 손이나 물건으로 때리기, 빰따귀 올려붙이기, 주먹질 또는 목 조르기 등 모종의 신체적 폭행이 수반된 학대를 말한다(요즘은 가정폭력의 범주를 넓혀 신체적 폭력뿐 아니라 성적, 심리적, 경제적 폭력까지도 포함시키는 게 보통이다. –옮긴이).

당신이 아끼는 누군가가 경계성이나 자기애성 성격장애(또는 둘 다)라면, 당신의 온 세상이 완전히 뒤집어질 수 있다. 때로는 무엇이 진실이고 무엇이 거짓인지, 무엇이 현실이고 무엇이 환상인지 헷갈리게 될지 모른다. 당신은 학대를 받고 있다고 느낄 수 있지만, 사랑하는 사람은 거꾸로 자기가 당신의 학대를 받고 있다고 말할 수도 있다.

이 부록은 당신이 맺고 있는 관계에 대한 진실을 인식하는 데 도움이 될 것이다.

아래의 목록들에는 학대 관계의 전형적인 특징—특히 경계성이나 자기애성 성격장애인 사람, 또는 둘 다인 사람과의 관계에서 보이는 특징—들이 많이 포함되어 있다. 각 목록을 잘 살펴보면서 당신 자신이나 당신이 사랑하는 사람을, 또는 당신과 그 사람의 관계를 묘사한다고 생각되는 항목들에 동그라미를 쳐 보라.

당신은 이러한가?

- 사랑하는 사람에게 자주 두려움을 느끼는가?
- 그 사람이 화를 낼까 봐 특정 주제들을 피하는가?
- 당신이 그 사람에게 제대로 해 주는 일이 하나도 없다고 느끼는가?
- 당신이 상처를 받거나 학대를 받을 만하다고 생각하는가?
- 미친 건 당신 자신이 아닌가 하는 의심이 드는가?
- 감정적으로 무감각하거나 무력감을 느끼는가?

그 사람은 당신을 어떻게 위협하는가?

- 당신에게 고함을 지르는가?
- 당신을 창피 주거나 비난하는가?
- 당신의 친구나 가족 앞에서 당신을 못되게 대하는가?
- 당신의 의견이나 성취를 모르는 체하거나 하찮게 평가하는가?
- 자신의 부적절한 행동에 대해 당신을 탓하는가?
- 당신을 사람으로 대하기보다 그들의 소유물 또는 성적 대상으로 보는가?

당신이 그 사람을 두려워하는 이유는 무엇인가?

- 화를 잘 내고 예측할 수 없는 성미 때문인가?

- 당신을 다치게 해서, 또는 다치게 하거나 죽이겠다고 위협해서인가?

- 자녀를 해치거나 데려가겠다고 위협하기 때문인가?

- 당신이 떠나면 자살하겠다고 위협하기 때문인가?

- 자기와 섹스를 하도록 강요하기 때문인가?

- 당신의 소유물을 파괴하기 때문인가?

그 사람은 당신을 어떻게 통제하려 드는가?

- 당신에 대해 과도한 질투와 독점욕을 보이는가?

- 당신이 가도 되는 곳과 가면 안 되는 곳, 할 수 있는 것과 없는 것을 자기가 정하고 지시하는가?

- 당신의 친구나 가족을 못 만나게 하려 드는가?

- 돈이나 휴대전화, 자동차의 사용을 제한하는가?

- 당신의 행동이나 상황을 계속 확인하는가?

- 당신의 비밀번호들을 자기도 알아야겠다고 고집하는가?

(당신이 게이나 양성애, 트랜스젠더 또는 무성일 경우의 질문) 그 사람은 당신을 어떻게 대하는가? (여기서 '무성[ungendered 혹은 agender]'이란 젠더 정체성이 없는 사람, 즉 사회적으로 어떤 성에도 소속되지 않는 사람을 가리킨다. —옮긴이)

- 당신의 성적 지향, 즉 성정체성을 폭로하겠다고 위협하는가?

- 당신에겐 법적 권리가 없다고 말하는가?

- 당신에게 성적 일탈자라고 하는가?

- 당신은 '진짜' 게이나 양성애자, 트랜스젠더 또는 무성자가 아니라고 하면서 학대를 정당화하는가?

강조하건대, 위의 목록에 있는 '모든' 항목이 학대의 한 형태다. 사랑하는 사람과의 관계에서 이러한 것들이 많을수록 그 관계는 더 학대적이며, 그만큼 위험성도 커진다.

위 목록의 항목들 중 하나에라도 동그라미를 쳤다면 조만간 상담사를 만나 당신의 관계에 대해 의논할 것을 권한다. 둘 이상에 동그라미를 쳤다면, '가능한 한 빨리' 상담 사를 만날 것을 '강력히' 권한다. 또한 신속히 그 학대자와 거리를 두어야 할지 모른다. 경찰이나 119에 신고를 해야 할 수도 있다.

명심하라. 사랑하는 사람에게 어떤 정신질환이 있든, 그리고 그 사람이 무엇이라 주 장하든, 그들의 학대 행위는 여전히 그들이 선택한 것이라는 점을.

다음과 같은 경우라 해도 '역시' 학대다

- 신체적 폭력이 발생하지 않았다.—학대는 정서적인 것이거나 언어적인 것일 수도 있다.
- 당신과 그 사람의 관계에서 신체적 학대는 한두 번밖에 발생하지 않았다.—여러 연구에 따르면 파트너를 한 번 다치게 한 사람은 또다시 그런 일을 할 가능성이 크 다.
- 당신이 겪은 학대 사건들은 어디서 읽거나 들은 것, TV에서 본 것과 비교할 때 경 미한 것 같다.—"난 딱 한 번 찰싹 친 것밖엔 없어", "내가 자기를 협박하는 건 술 취했을 때뿐이야. 맑은 정신으론 절대 안 그러잖아" 같은 말이 학대를 정당화할 수 는 없다. "내가 아는 남자 대부분은 아내를 약간씩은 두들기곤 해"라는 말도 마찬 가지다.
- 당신이 굴복하고 수동적이 되어 그 사람이 당신의 자기표현 방식이나 당신이 가는 곳, 만나는 사람, 또는 당신이 내리는 결정들을 제한하도록 허용하면 학대 행위가 그쳤다.
- 당신은 남자고 학대자도 남자다.

- 남자인 그 사람이 말하기를, 남자란 타고나기를 폭력적이며 자제력이 없다고 한다.
- 당신은 부모고 학대자는 당신의 자녀다.
- 당신이 학대자보다 체구가 크다.
- 그 사람이 당신에게 정말 미안하다며 다시는 그러지 않겠다고 말한다.
- 그 사람이 변명하기를, 자기가 그동안 힘든 시간을 보냈거나 스트레스를 많이 받았다고 한다.
- 그 사람이 문제의 일들은 당신 탓이라고 말한다.
- 그 사람은 자기가 그런 행위를 한 것은 당신을 너무 사랑해서라고 말한다.

| 가정 폭력의 순환 |

『가정폭력 생존 가이드(Domestic Violence Survival Guide)』(1996)의 저자인 클리프 마리아니에 따르면, 치료받지 않는 가정폭력은 예측 가능하고 점차 악화되는 다음과 같은 사이클(순환 과정)을 보인다.

- 1단계: 학대가 확대되고 학대자가 피해자를 통제하려 함에 따라 긴장이 고조되는 시기. 이러한 통제 노력은 피해자의 두려움과 의무감, 죄책감에 힘입어 종종 성공하게 된다.
- 2단계: 심각한 신체적 또는 정서적 폭행. 이는 학대자의 힘과 통제력을 강화하는 것으로 보인다.
- 3단계: 상황이 차츰 완화되어 비교적 평온한 시기로 복귀. 때로는 가해자가 용서를 구하거나 뉘우침을 표하기도 한다. 그러면 학대 피해자는 대개 헛된 희망을 갖

게 되어, 관계를 끊거나 학대 내용을 기록해 두거나 형사 고소를 하려던 계획을 단념하곤 한다.

● 4단계: 2단계로 복귀. 즉 간간이 배려하는 행동이 끼어 있는 일상적 학대가 '정상 상태'가 된다.

당신이 현재 맺고 있는 관계가 이 같은 사이클을 보인다면 즉시 도움을 청하라.

미국의 경우 '전국 가정폭력 핫라인(National Domestic Violence Hotline, 1-800-799-7233, www.thehotline.org)'은 전화 및 실시간 채팅을 통해 비밀리에 지원 및 상담을 제공한다. 핫라인은 연중무휴 24시간 열려 있다. 모든 서비스는 무료이며 핫라인의 활동가들이 구사하는 언어는 도합 200개가 넘는다. (한국의 여성 긴급전화는 국번 없이 1366, 한국여성의전화는 사무실이 02-3156-5400이고, 상담 전화는 지역별로 번호가 다르다. ─옮긴이)

| 남성에 대한 가정폭력 |

당신이 파트너에게서 폭력적인 학대를 받고 있는 남자라면, 그런 사람이 당신 혼자가 아님을 아는 것이 중요하다. 남성에 대한 가정폭력은 대부분의 사람이 생각하는 것보다 훨씬 더 흔하며 연령, 직업 또는 성적 지향에 관계없이 모든 문화권, 모든 계층의 남성에게 발생한다.

최근 통계에 따르면 가정폭력 피해자 3명 중 1명은 남성이다. 그러나 남성은 가정폭력이나 학대 일반에 대한 신고를 꺼리는 경우가 많다. 신고해도 믿어 주지 않을까 봐, 또는 학대자가 복수할까 봐 두려워하기 때문이다.

그들은 또한 자신이 학대의 피해자라는 사실을 창피해하는 수가 많다. 남자들은 종종 '내가 여자한테 (또는 다른 남자한테) 얻어맞는다는 것을 남들이 알면 어떻게 생각할까?' 아니면 '비웃음을 받고 싶지 않아', 또는 '아무도 내 말을 믿지 않을 거야' 하고 걱정한다.

하지만 이 책을 쓴 우리는 당신을 믿는다. 우리는 여성이나 다른 남성, 또는 자신의 자녀에게 겁을 먹거나 위협을 받거나 신체적으로 해를 입은 수많은 남성을 알고 있다.

직관이나 통념에 어긋나는 또 하나의 통계를 보자. 우리는 스토킹을 남성과 연관시키는 경향이 있지만, 해치려는 의도로 누군가를 스토킹하는 여성도 남성 못지않게 많다.

아끼는 사람에게 학대를 당하고 있다면, 최선의 방책은 상황이 평온할 때 가까운 경찰서에 가서 당신이 처한 상황을 설명하는 것이다. 이전 사건 때의 경찰 조서, 타박상 흔적, 또는 사진 따위의 증거나 뒷받침할 자료가 있으면 가지고 가서 보여 주라. 당신이 학대당한 사건의 목격자를 알고 있으면 그 사람과 함께 가서 본 것을 설명케 하라. 또한 경찰에 이렇게 말하라. 경찰 입장에서 때로는 학대자가 어느 쪽인지를 밝혀내는 게 어려울 수도 있다는 점을 당신이 이해하고 있으며, 당신이 남성이기 때문에 학대자는 당연히 당신이라고 추정할까 봐 걱정된다고. 그러나 당신은 학대자가 아니라 피해자라는 걸 확언하고, 언젠가는 그들의 보호가 필요할지도 모른다고 말하라. 이렇게 사전 지식을 주어 놓으면 긴급 상황에서 전화로 신고할 경우 그들이 적절히 반응하게 될 것이다.

마지막 조언 하나.

누군가가 당신을 학대하거나 위협하거나 신체적 상해를 가하더라도, 그에 대한 반격으로 그 사람을 위협하거나 신체적으로 다치게 하는 일은 '결코' 하지 말라(정당방위를 위해 절대적으로 필요한 경우는 제외된다). 당신이 이러한 행동을 한 번이라도 한다면, 당신을 학대한 사람은 나중에 그 일을 과장하면서 당신을 공격하는 데 사용하고, 당신을 악마 같은 사람으로 묘사할 게 거의 확실하다.

　모든 학대 사건을 가능한 한 상세히 기록해 두라. 그동안 일어난 일을 신뢰하는 전문가들(당신의 의사, 치료사, 영적 지도자)에게 설명하라. 당신과 학대자의 관계가 끝나게 될 경우, 이처럼 기록을 남기고 당신의 이야기를 전문가들과 미리 공유한 것은 소송이나 자녀의 양육권 다툼에서 승패를 가르는 중요한 역할을 할 수 있다.

감사의 말

무엇보다 먼저, 이 책의 집필과 출간을 가능케 해 준 내 곁의 두 사람, 남편 로버트 버코와 내 좋은 친구이자 저작권 대리인인 스콧 에덜스타인에게 고맙다는 말을 하고 싶다.

스콧은 나에게 단순한 대리인이 아니었다. 멘토이자 코치이며 비상시에 호출하는 상담자일 뿐 아니라 나의 치어리더, 가장 열렬한 신봉자 역할도 했다. 이 책이 과연 출간될 수 있을까 하는 의구심이 들 때 그는 걱정 말라며 확신을 주었고, 책을 쓰느라 포기해야 하는 게 너무 많아서 그만두고 싶었을 때는 나로 인해 많은 이들의 삶이 바뀌었음을 상기시키며 격려했다. 그의 유머 감각과 굳건한 지지에 힘입어 나는 버텨 낼 수 있었고, 자신감도 갖게 되었다. 스콧이 없었다면 이 3판은 나오지 못했을 테다.

아래에 소개하는 임상전문가 세 분에게도 충심으로 감사드린다. 특히 자기애성 성격장애(NPD)를 다룬 3장을 쓰면서 이들의 도움을 크게 받았다.

● 웬디 T. 비하리. 『자아도취적 이기주의자 대응심리학』의 저자인 그녀는 자기애성 성격장애 치료를 전문으로 하는 뉴저지 인지요법센터의 설

408

립자이자 임상 책임자다.

● 빌 에디. 변호사, 치료사, 이혼 중재인. 캘리포니아주 샌디에이고에 있는 고갈등연구소의 공동 설립자이며 훈련 책임자다. 『분열—경계성 또는 자기애성 성격장애인 사람과 이혼할 때 자신을 보호하는 법』을 나와 함께 썼고, 다른 저서도 여럿 있다. 내가 아는 법률가 중 가장 상냥한 사람으로, 갈등이 심한 문제에 휘말린 성인과 아이들에게 특히 깊은 관심과 연민을 보인다.

● 엘리너 그린버그. 심리학자로 『경계성, 자기애성 및 조현성 적응—사랑과 흠모, 안전의 추구』라는 저서가 있다. 자기애성 성격장애의 치료가 전문이며, 사이콜로지투데이닷컴(psychologytoday.com) 사이트에서 이 장애를 주제로 한 블로그를 운영하고 있다.

고마워요, 웬디, 빌, 엘리너. 당신들이 없었더라면 이 일을 해내지 못했을 거예요.

『어떻게 당하지 않고 살 것인가』와 『나르시시스트와의 관계에서 회복하기—돌보는 이들을 위한 치유와 자율 및 변화 가이드』의 저자 마르갈리스 피엘스타드에게도 감사의 마음을 보낸다. 그녀와 나는 경계성 성격장애와 자기애성 성격장애의 특성을 모두 지닌 이의 가족 구성원들을 대상으로 글을 쓰는 몇 안 되는 사람에 속한다. 여러 면에서 나의 멘토인 그녀는 자신의 지식을 아낌없이 나누어 주었다. 고맙습니다, 마르갈리스.

그리고 릭 레미츠와 파하르 파이잔. 두 사람은 경계성 성격장애를 지닌 사람과 그 가족 및 친지, 임상전문가 등을 위한 비영리단체 '블랙 시프 프로젝트(Black Sheep Project)'를 설립하는 일에 적극 나섰고, 나에게 하나의 조직을 주춧돌에서부터 쌓아 올리는 평생 다시는 없을 기회를 주었다. 자신들의 새 영화에 내가 경계성 성격장애 컨설턴트로 참여케 해 준 데에도 감사한다. 모쪼록 영화가 대박 나기를!

저술가인 크리스틴 아더멕에게도 고맙다는 말을 하고 싶다. 그녀는 내가 이 책의 10장 '가슴 졸이는 삶―당신의 자녀가 경계성 성격장애일 때'를 쓰는 데 중요한 도움을 주었다. 『경계성 성격장애 자녀 대처법』의 공저자이기도 한 크리스틴은 그야말로 완벽한 안내자였다.

이들 외에도 세계 곳곳의 수많은 임상의와 정신건강 전문가, 경계성 성격장애 관련 활동가 들이 각자의 식견과 통찰을 이 책에 보태 주었다.

내가 인터뷰한 사람 중 일부를 거명하면 다음과 같다. 조지프 T. 버그스(의사), 로리 베스 비스비(심리학자), 바버라 블랜턴(공인간호사), 제임스 클레이번(심리학자), 케네스 A. 다크먼(심리학자), 제인 G. 드레서(공인간호사), 브루스 피셔(심리학자), 메리벨 피셔(심리학자), 존 M. 그롤(심리학자), 존 건더슨(의사), 페리 호프먼(전미 경계성 성격장애 교육연합 공동 창립자), 재닛 R. 존스턴(사회학자), 오토 컨버그(의사), 제럴드 J. 크라이스먼(의사), 마샤 M. 리너핸(심리학자), 리처드 A. 모스코비츠(의사), 토머스 미첨(의사), 수전 B. 모스(심리학자), 코리 F. 뉴먼(심리학자), 앤드루 T. 피컨스(의사), 마거릿 포팔(심리치료사), 조지프 산토로(심리학자), 래리 J. 시버(의사), 그리고 하워드 I. 와인버그(심리학자). (페리 호프먼은 2019년 별세했다. 페리, 경계성 성격장애 커뮤니티의 모든 사람이 당신의 빈자리가 얼마나 큰지를 절감하고 있습니다. 이제 편히 잠드세요.)

내 생각에 영향을 미친 책들 중에는 경계성 성격장애와 무관한 것도 많다. 대표적인 예가 임상심리학자 해리엇 골더 러너의 『무엇이 여자를 분노하게 만드는가』(1985)다. 이 저서의 근간을 이루는 개념들은 우리의 이 책 전체에 엮여 들어가 있다. 오래전 『무엇이 여자를』을 처음 읽고 내 삶은 바뛰었다. 그런 러너의 지혜를 널리 전할 수 있게 되어 영광이다. 오늘의 나는 그녀의 영감과 자극에 빚진 바 크다. 심리치료 전문가인 수전 포워드 또한 이 책에 영향을 주었는데, 『사랑하는 사람이 나를 조종할 때』(1997)와 『독이 되는 부모』(1989) 같은 저서가 특히 그랬다. 이 세 권의 책은 꼭 읽어 볼 것을 권한다.

마지막으로 이 책을 내 준 뉴하빈저 출판사와, 초등학교 시절부터 나의 글쓰기를 북돋워 준 어머니 재닛 크레거, 그리고 집필 과정 내내 나의 수호천사였던 이디스 크래키올로에게 고마움을 전한다.

—랜디 크레거

이 책의 집필과 관련해 많은 이들이 나를 격려하고 지지했다. 모두에게 감사드린다. 그중 다음의 몇 사람에게는 각별한 고마움을 표하고 싶다.

● 아내 모니카에게 감사한다. 이 책 작업을 하는 동안은 물론이고 우리가 함께한 31년간 모든 일에서 그녀가 나에게 보여 준 사랑과 절대적 신뢰, 믿음은 내 인생의 가장 귀중한 자산이다. 우리 아이들 재커리, 제이컵과 해나도 각기 특유의 방식으로 삶에서 소중한 게 무엇인지를 늘 일깨워 주곤 한다. 고마워.

● 대학원 시절 나의 멘토였던 캐슬린 러시 박사에게도 깊은 감사의 뜻을 전한다. 그녀는 경계성 성격장애에 대한 나의 관심을 시초부터 지지하고 북돋웠다, 그녀의 지도와 신뢰가 없었다면 이 책은 나오지 못했을지 모른다.

같은 맥락에서, 이 책에 자신의 통찰과 경험, 전문 지식을 보태어 준 숱한 임상전문가들과 경계성 성격장애 관련 활동가들에게도 고맙다는 말을 해야겠다. 너무 많아서 일일이 거명할 수는 없지만, 경계성 성격장애가 있는 사람과 그 가족을 위해 그들이 나날이 하고 있는 일들은 항상 나를 고무하고 자극한다.

끝으로 공저자 랜디 크레거와 저작권 대리인인 스콧 에덜스타인에게 감사한다. 스콧은 1996년 책 한 권의 아이디어를 가지고 나를 찾아 집필을 권했다. 그 책이 25년 후 3판을 내게 되리라고는 우리 누구도 상상조차 못 했었다.

—폴 메이슨

옮긴이의 말
사랑과 착취의 롤러코스터에서 내려라

내가 서울대병원 정신과에서 임상심리학 수련을 받던 1980년대 후반 〈사랑의 굴레〉라는 TV 드라마가 있었다. 탤런트 고두심이 '대단한 히스테리'를 지닌 변덕스럽고 통제 불능한 아내의 역을, 노주현이 아내 때문에 엄청나게 스트레스를 받는 남편 역을 맡았다.

내가 이 드라마를 잊지 못하는 이유는 남편 노주현이 아내의 문제로 정신과 의사와 면담하는 중에 그녀의 정신의학적 진단이 '경계성 성격장애(BPD)'로 내려졌기 때문이다. 당시에 이런 전문적인 의학용어가 드라마에 나왔다는 것이 이 분야를 전공한 나로서는 아주 인상적이었다.

생각해 보면 영화나 TV 혹은 소설에 이 장애를 가진 사람들이 많이 등장한다. 프랑스 영화 〈베티 블루〉에서는 주인공 여자가 산발한 머리에다 짙은 화장을 하고, 때로는 아무렇게나 시뻘건 루주를 문지르며, 심지어는 자신의 눈을 포크로 찌르기까지 하는 파괴적이고 충동적인 행동들을 보인다. 미국 영화 〈처음 만나는 자유〉에서는 경계성 성격장애가 있는 18세 여성 역할을 맡은 위노나 라이더가 남자 간호사를 유혹하고, 정신과 병동으로 병문안 온 남자와 오럴 섹스를 하는 등 무절제한 성생활을 하면서 자기 정체성을 확인하려고 몸부림친다. 여담이지만 위노나 라이더 자신도 심리적 문제를 적잖이 겪었다고 한다. 십대 때 학교에서 왕따를 당했고, 익사할 뻔한 사고 후 물공포증이 생겼으며, 성인이 된 뒤엔 백화점에서 옷을 훔치다가 구속된 적도 있고, 실연 후 불안장애와 우울장애에 시달리기도 한 것으로 알려졌다.

배우 김혜수가 주연한 영화 〈얼굴 없는 미녀〉의 여주인공 지수는 자신이 버림받을 것 같으면 먼저 남자를 버리고, 남편이 자신을 잘 대해 주지 않는다고 생각하면 자해를 한다. 드라마 〈불새〉의 여주인공 미란 역시 경계성 성격장애에 해당한다. 그녀는 어제는 죽도록 사랑한다고 했다가 오늘은 저주를 퍼붓곤 하며, 그런 행동에 대한 죄책감으로 괴로워한다.

강석경 소설 「숲 속의 방」의 여주인공 소양 역시 전형적인 경우다. 주변 인물들이 살아가는 방식에 회의를 느끼며 방황하던 그녀는 충동적으로 휴학을 하고 술집에 나가며, 나이 많은 남자에게 돈을 받고 몸을 맡기고, 거리에 드러눕기도 한다. 그 어디에서도 존재의 의미를 확인하지 못한 그녀는 결국 자살로 삶을 끝내고 만다.

이런 영화나 드라마, 소설이 흥행이 되는 것은 아마도 평범한 우리 내면에 경계성 성격장애적인 특징들이 잠재해 있기 때문일 테다. 이 책의 저자들도 경계성 성격장애를 지닌 이들이 아주 이상한 사람이 아니라 보통 사람이 갖고 있는 특징들을 좀 더 과장되게 지녔을 뿐이라고 설명한다.

대개의 정신건강 전문가들은 경계성 성격장애를 지닌 내담자들을 곤혹스러워한다. 이들은 대체로 순한 편인 우울증이나 불안장애 같은 신경증(neurosis) 환자도 아니고, 아예 약물치료를 중심으로 하거나 입원 치료를 해야 하는 정신증(psychosis, 정신병) 환자도 아니면서 치료에 잘 반응하지 않을 뿐더러 상담자들을 시험하고 골탕 먹이기도 하기 때문이다. 물론 '골탕을 먹는다'는 것은 상담자의 생각과 느낌이다. 그들의 행동은 나름대로 '살아남기 위해' 취하는 최선의 방어다. 그러나 상담자나 가족, 주변 사람들은 그들의 억지스럽고 상식적으로 이해하기 힘든 행동을 오랫동안 참고 견디기 어렵다는 데에 그 심각성이 있다. 어떤 이는 경계성 성격장애가 있는 사람과 사는 것이 마치 "안전밸브가 고장 난 압력솥 안에서 사는 것 같다"라고 할 정도다. 결국 가까웠던 사람들이 떠나고, 경계인은 그것을 보면서 역시 자신은 사랑받을 수 없으며 세상은 자신을 사랑하지 않는다고 재차 확신하는 악순환의 과정이 거듭된다.

이들에 관한 통계를 보면, 미국에선 2000년 전후를 기준으로 전체 인구의 2% 정도, 외래 정신과 환자의 약 10%, 정신과 입원 환자 중 약 20%가 이 장애로 추정되었다. 성격장애 진단을 받은 사람들 가운데 30~60% 정도가 경계성 성격장애로 분류될 만큼 이들이 차지하는 비중은 크다.

서울대병원에서 1996년 서울에 있는 세 개 대학 여학생들을 대상으로 조사한 결과, 약 5.6%가 이 장애를 지닌 것으로 나타났다. 경계성 성격장애가 주로 젊은 여성에게 많다는 점을 감안할 때 미국과 그 규모가 비슷한 듯하다. 일반적으로 남성보다 여성에게 많은데 미국의 경우 약 75%가 여성인 것으로 나타났다. 가족 중 누가 이 장애를 가진 경우엔 그렇지 않은 경우에 비해 다섯 배 정도로 높은 발병률을 보였다. 또한 이들의 자살률은 3~9.5%에 이른다. (조성호, 『경계성 성격장애』 66~67쪽)

안타까운 것은 이 장애는 치료가 대단히 어렵다는 점이다. 이 장애는 종종 정신증과의 변별이 어렵기도 하다(이처럼 정신증으로 넘어가는 경계선상에 있어 보이는 경우가 적잖다고 해서 1930년대에 일부 의사들이 '경계성'이라 부르기 시작했다 한다). 심리검사를 해 보면 엄청난 내면적 혼란을 시사하는 징후들이 보인다. 이들은 타인과 친밀해지고 싶어 하면서도 동시에 두려워하기 때문에 더욱 치료가 어렵다. 친밀해지다가도 친밀함 자체가 두려워 상대를 밀어내거나, 아니면 상대가 달아나도록 상황을 만들어 간다.

이들에게는 약물치료와 심리치료를 병행하는 경우가 많은데 심리치료는 대체로 정신분석적 접근이나 인지치료다. 즉 어린 시절의 정신적 외상(심각한 마음의 상처)이나 이들의 핵심적인 사고 내용에 초점을 맞추고 있다. 그러나 이 장애의 원인 중 20~25%는 어린 시절의 상처나 스트레스와는 무관하다는 연구가 있으며, 어떤 연구에서는 신경전달물질의 문제가 큰 영향을 줄 수 있다고도 했다. 따라서 한 가지 치료법에 너무 의존하는 것은 모든 장애의 치료에서 그렇듯이 바람직하지 않다. 인간은 다양한 기능을 사용하는 존재이기 때문에 치료에 있어서도 감정, 행동, 사고, 나아가 생리적인 요인까지 고려해서 치료할 때 효과가 극대화된다.

이 책의 장점은 수많은 사례들을 소개한 데에 있다. 경계성 성격장애를 지닌 사람과 그 주위의 사람들은 여기 나온 사례들을 접하면서 큰 위로를 받고 출구를 모색할 수 있을 것이다. 경계성 성격장애에 관한 책이 거의 모두 장애 당사자에게 초점을 맞춘 데 비해 이 책은 그의 곁에 있는 이들을 돕는 데 주안점을 두고, 궁극적으로는 당사자도 함께 도움을 받도록 하였다.

그런 점 때문에 이 책은 전 세계 30개국 이상에서 번역되고 장기적인 베스트셀러가 되었다. 국내에선 이 장애에 대한 연구와 효율적인 치료 프로그램이 부족한 실정에서 현실적 지침들을 풍부하게 제시한 책을 소개하게 되어 옮긴이로서 대단히 기쁘다. 정서적인 어려움 때문에 자신의 능력을

—때로는 놀라운 재능을—제대로 꽃피우지 못하고 괴로워하는 많은 사람들, 이들의 고통을 함께하는 가족과 친구들이 이 책을 통해 치유의 길을 찾기를 기원한다. (2007년)

3판을 옮기고 나서

3판은 본격 개정 · 증보판이다. 부록을 포함해 전체 내용의 3분의 1 남짓이 새로 쓰였다. 기존 내용을 조금 보완하거나 표현을 다듬은 것들은 제외하고도 그렇다. 저자들이 머리말의 '미리보기'에서 설명하고 있듯이 새로움의 포인트는 ●경계성 성격장애(BPD)에 관한 최신 정보와 새로운 대응 전략, 최근의 놀라운 발견들을 반영하고 ●그동안 부쩍 늘어난 남성 BPD를 전보다 상세히 살펴보았으며 ●BPD와 흔히 함께 가는 자기애성 성격장애(NPD) 얘기를 별도의 장으로 추가했다는 것, 그리고 ●BPD인 자녀와 그들의 부모에 관한 이야기를 전보다 충실하게 다루었고 ●BPD의 두 유형(통상적/비통상적)에 대한 설명을 새로 넣었다는 것 등이다.

아울러 특기할 점 하나. 이전 판들의 성격장애 관련 설명은 미국정신의학회에서 펴내는 매뉴얼 『정신질환의 진단 및 통계 편람(DSM)』 제4판(DSM-4)에 근거했는데, 3판은 이후에 나온 5판(DSM-5)의 수정 · 보완 내용을 반영하고 있다. 다만, 전과는 달리 DSM을 직접 인용하는—그래서 조금은 딱딱할 수 있는—부분은 거의 없다.

저자들은 언급하지 않았지만 꽤 의미 있는 변화가 또 하나 있다. '지칭의 수정'이 그것이다. 초판에서는 경계성 성격장애가 있는 사람을 대체로 'BP'나 'borderline'('경계인'으로 옮겼음)으로 불렀는데, 이런 용어들을 3판에서는 전혀 사용하지 않았다. 대신 초판에는 가끔씩만 나온 '경계성 성격장애가 있는 사람'이나 '당신이/그들이 사랑하는 [경계성 성격장애가 있는] 사람)' 따위의 좀 길고 번거롭지만 보다 가치중립적인 지칭 어구들을 쓰고 있다. (이에 따라 BP의 주변 사람을 가리키는 'non-BP, non-borderline' 즉 '비경계인'이란 용어도 사라졌다.) 아마도 '한 인간에게는 무수한 측면과 특성이 있는데, 병명 하나로 그를 뭉뚱그려 부르는 것은 옳지 않다'는, 많은 이가 공감할 법한 생각에서일 테다. 서술의 간결성 측면에서는 덜 좋게 보는 이도 있을지 모르지만, 저자들의 이 같은 자기수정은 공적인 언어의 고삐 풀린 자의성, 주관성이 심각한 문제로 대두한 시대에 말을 다루는 자세가 어떠해야 하는지에 관하여 적잖은 생각거리를 준다. (같은 맥락에서, 국역본의 이전 판에 종종 나온 '성격장애자'라는 말도 이번 판에선 모두 없앴다.)

마지막으로, 새로운 독자들을 위해 번역본 제목에 대한 설명을 덧붙인다. 저자들이 원서 3판을 쓰면서 '잡았다, 네가 술래야'라는 어구의 출처 부분을 빼어 버렸기 때문이다. 그 부분 내용을 요약하면 다음과 같다.

〈경계성 성격장애가 있는 사람은 언제나 자기가 '술래'인 것처럼 느낀다. 주변 사람들이 늘 자신에게서 도망가려는 듯하기에 외롭고 뼈저리게 아프다. 그래서 가까이 있는 누군가를 잡아 새 술래로 만듦으로써 그런 감정들을 극복하고자 한다. 내면의 고통을 타인에 대한 행동을 통해 표현하고 해소하는 유형에서 특히 그렇다. 경계성인 사람의 무의식적인 희망은 스스로 싫어하는 자신의 행동이나 느낌, 특성을 남에게 돌려—즉 '투사'하여—그를 술래로 만들고는 잠시나마 자신에 대해 좀 낫게 느끼는 것이다 (이는 불안이나 고통, 수치스러운 느낌을 덜기 위해 하는 행동으로, 저자들은 여기에 '잡았다, 네가 술래야[Tag, you're it]'라는 이름을 붙였다. 술래잡기에서 술래가 누군가를 잡았을 때 하는 말이다). 하지만 고통은 돌아오게 마련이다. 그의 '투사 게임'은 끊임없이 되풀이된다. 〉

아끼는 사람의 이런 모든 욕구와 언행 때문에 가슴 졸이며 살얼음판을 걸어 온 당신에게 이 책은 다시없는 선물이리라고 거듭 자신한다.

2022년 9월 김명권

참고 문헌

Adamec, C. 1996. *How to Live with a Mentally Ill Person*. New York: John Wiley & Sons, Inc.

Al-Anon Family Group Headquarters. 1981. *Detachment*. Virginia Beach, VA.

Beattie, M. 1987. *Codependent No More*. Center City, MN: Hazelden. (국역본 『공동의 존자 더 이상은 없다—타인에게 흔들리지 않고 자신을 돌보는 법』)

Brach, T. 2004. *Radical Acceptance*. New York: Bantam. (국역본 『받아들임—자책과 후회 없이 나를 사랑하는 법』)

Bradshaw, J. 1988. *Healing the Shame That Binds You*. Deerfield Beach, FL: Health Communications. (국역본 『수치심의 치유』)

Brodsky, B., and J. Mann. 1997. "The Biology of the Disorder." *California Alliance for the Mentally Ill Journal* 8:1.

Cauwels, J. 1992. *Imbroglio: Rising to the Challenges of Borderline Personality Disorder*. New York: W. W. Norton.

DSM-V. 2013. *Diagnostic and Statistical Manual of Mental Disorders*. Washington DC: American Psychiatric Association. (국역본 『정신질환의 진단 및 통계 편람』)

Ellis, T. E., and C. F. Newman. 1996. *Choosing to Live: How to Defeat Suicide Through Cognitive Therapy*. Oakland, CA: New Harbinger Publications. (국역본 『자살하고 싶을 때』)

Engel, B. 1990. *The Emotionally Abused Woman: Overcoming Destructive Patterns and Reclaiming Yourself*. New York: Fawcett Columbine.

Evans, P. 1996. *The Verbally Abusive Relationship: How to Recognize It and How to Respond*. Holbrook, MA: Adams Media Corporation. (국역본 『언어폭력—영혼을 파괴하는 폭력에 맞서는 법』)

Forward, S., and D. Frazier. 1997. *Emotional Blackmail: When the People in Your Life Use Fear, Obligation, and Guilt to Manipulate You.* New York: HarperCollins. (국역본 『사랑하는 사람이 나를 조종할 때』)

Gibran, K. 1976. *The Prophet.* New York: Alfred A. Knopf. (국역본 『예언자』)

Golomb E. 1992. *Trapped in the Mirror: Adult Children of Narcissists in the Struggle for Self.* New York: William Morrow.

Gunderson, J. G. 1984. *Borderline Personality Disorder.* Washington, DC: American Psychiatric Press, Inc.

Heldmann, M. L. 1990. *When Words Hurt: How to Keep Criticism from Undermining Your Self-Esteem.* New York: Ballentine.

Herr, N. R., C. Hammen, and P. A. Brennan. 2008. "Maternal Borderline Personality Disorder Symptoms and Adolescent Psychosocial Functioning." *Journal of Personality Disorders*, 22(5):451-465.

Johnston, J. A., and V. Roseby. 1997. *In the Name of the Child: A Developmental Approach to Understanding and Helping Children of Conflicted and Violent Divorce.* New York: The Free Press. (국역본 『부모의 갈등과 폭력을 경험하는 이혼 가족 자녀를 위하여』)

Kabat-Zinn, J. 2005. *Wherever You Go, There You Are.* New York: Hyperion. (국역본 『존 카밧진의 왜 마음챙김 명상인가?』)

Katherine, A. 1993. *Boundaries: Where You End and I Begin.* Park Ridge, IL: Fireside/Parkside.

Kreisman, J., and H. Straus. 1989/2021. *I Hate You—Don't Leave Me: Understanding the Borderline Personality.* New York: Avon Books. (국역본 『내 속에는 내가 너무 많다—남보다 내가 더 어려운 이들을 위한 치유의 심리학』)

Kreisman, J., and H. Straus. 1989. *Sometimes I Act Crazy.* New York: John Wiley & Sons, Inc.

Kübler-Ross, E. 1975. *Death: The Final Stage of Growth.* Englewood Cliffs, NJ: Prentice Hall. (국역본 『죽음 그리고 성장』)

Lerner, H. G. 1985/2014. *The Dance of Anger: A Woman's Guide to Changing the Patterns of Intimate Relationships.* New York: Harper Perennial. (국역본 『무엇이 여자를 분노하게 만드는가—무례한 세상에서 나를 지키는 페미니즘 심리학』)

Leving, J. M., and K. A. Dachman. 1997. *Fathers' Rights.* New York: BasicBooks.

Linehan, M. 1993a. *Cognitive-Behavioral Treatment of Borderline Personality Disorder.* New York: Guilford Press.

Linehan, M. 1993b. *Skills Training Manual for Treating Borderline Personality Disorder.* New York: Guilford Press. (국역본 『경계선 성격장애 치료를 위한 다이어

렉티컬 행동치료』)

Links, P. S., R. J. Heslegrave, J. E. Milton, R. van Reekum, and J. Patrick. 1995. "Borderline Personality Disorder and Substance Abuse: Consequences of Comorbidity." *Canadian Journal of Psychiatry* 40:9-14.

Links, P. S., M. Steiner, and D. R. Offord. 1988. "Characteristics of Borderline Personality Disorder: A Canadian Study." *Canadian Journal of Psychiatry* 33:336-340.

McGlashan, T. H. 1986. "Long-Term Outcome of Borderline Personalities." The Chestnut Lodge Follow-up Study. III. *Archives of General Psychiatry* 43:20-30.

McKay, M., J. C. Wood, and J. Brantley. 2007. *The Dialectical Behavior Therapy Skills Workbook*. Oakland, CA: New Harbinger Publications. (국역본 『알아차림 명상에 기반한 변증법적 행동치료(DBT) 워크북』)

McKay, M., P. Fanning, K. Paleg, and D. Landis. 1996. *When Anger Hurts Your Kids: A Parent's Guide*. Oakland, CA: New Harbinger Publications. (국역본 『화내는 부모가 아이를 망친다』)

Moskovitz, R. A. 1996. *Lost in the Mirror: An Inside Look at Borderline Personality Disorder*. Dallas, TX: Taylor Publishing Company.

Nace, E. P., J. J. Saxon, and N. Shore. 1983. "A Comparison of Borderline and Nonborderline Alcoholic Patients." *Archives of General Psychiatry* 40:54-56.

Nash, M. 1997. "The Chemistry of Addiction." *Time* 149(18):69-76.

Newman, C. F. 1997. "Maintaining Professionalism in the Face of Emotional Abuse from Clients." *Cognitive and Behavioral Practice* 4:1-29.

Novak, J. 1996. *Wisconsin Father's Guide to Divorce and Custody*. Madison, WI: Prairie Oak Press.

Oldham, J. M. 1997. "Borderline Personality Disorder: The Treatment Dilemma." *The Journal of the California Alliance for the Mentally Ill* 8(1):13-17.

Oldham, J. M., A. E. Skodol, H. D. Kellman, S. E. Hyler, N. Doidge, L. Rosnick, and P. Gallaher. 1995. "Comorbidity of Axis I and Axis II Disorders." *American Journal of Psychiatry* 152:571-578.

Preston, J. 1997. *Shorter-Term Treatments for Borderline Personality Disorder*. Oakland, CA: New Harbinger Publications.

Reaves, J., and J. B. Austin. 1990. *How to Find Help for a Troubled Kid: A Parent's Guide for Programs and Services for Adolescents*. New York: Henry Holt.

Roth, K., and F. B. Friedman. 2004. *Surviving a Borderline Parent*. Oakland, CA: New Harbinger Publications. (국역본 『가족의 무서운 진실—어린 시절의 상처를 치유하고, 신뢰·건강한 경계·자존감을 확립하는 방법』)

Santoro, J., and R. Cohen. 1997. *The Angry Heart: A Self-Help Guide for Borderline and Addictive Personality Disorders*. Oakland, CA: New Harbinger Publications.

Siever, J., and W. Frucht. 1997. *The New View of Self: How Genes and Neurotransmitters Shape Your Mind, Your Personality, and Your Mental Health*. New York: Macmillan.

Silk, K. R. 1997. "Notes on the Biology of Borderline Personality Disorder." *California Alliance for the Mentally Ill Journal* 8:15-17.

Stone, M. H. 1990. *The Fate of Borderline Patients*. New York: Guilford Press.

Thornton, M. F. 1998. *Eclipses: Behind the Borderline Personality Disorder*. Madison, AL: Monte Sano Publishing.

Tong, D. 1996. *Ashes to Ashes, Families to Dust: False Accusations of Child Abuse: A Roadmap for Survivors*. Tampa, FL: FamRights Press.

Waldinger, R. J. 1993. "The Role of Psychodynamic Concepts in the Diagnosis of Borderline Personality Disorder." *Harvard Review of Psychiatry* 1:158-167.

잡았다, 네가 술래야 개정·증보 3판

－경계성 성격장애로부터 내 삶 지키기

초판 발행 : 2007년 8월 5일
2판 발행 : 2013년 6월 11일
개정·증보 3판 1쇄 : 2022년 9월 18일
개정·증보 3판 3쇄 : 2024년 6월 11일

지은이 : 폴 메이슨, 랜디 크레거
옮긴이 : 김명권, 정유리

펴낸이 : 박경애
펴낸곳 : 모멘토
등록일자 : 2002년 5월 23일
등록번호 : 제1-3053호
주 소 : 서울시 마포구 만리재옛4길 11, 나루빌 501호
전 화 : 711-7024
팩 스 : 711-7036
E-mail : momentobook@hanmail.net
ISBN 978-89-91136-38-0   03180